企业
成长之道

王勇 著

清华大学出版社
北京

本书封面贴有清华大学出版社防伪标签，无标签者不得销售。
版权所有，侵权必究。举报：010-62782989，beiqinquan@tup.tsinghua.edu.cn。

图书在版编目（CIP）数据

企业成长之道／王勇著．—北京：清华大学出版社，2021.2（2025.7重印）
ISBN 978-7-302-56318-1

Ⅰ.①企… Ⅱ.①王… Ⅲ.①企业成长－研究 Ⅳ.①F271

中国版本图书馆CIP数据核字(2020)第156387号

责任编辑：刘志彬
封面设计：汉风唐韵
版式设计：方加青
责任校对：王荣静
责任印制：宋 林

出版发行：清华大学出版社
  网　　址：https://www.tup.com.cn，https://www.wqxuetang.com
  地　　址：北京清华大学学研大厦A座 邮　　编：100084
  社 总 机：010-83470000 邮　　购：010-62786544
  投稿与读者服务：010-62776969，c-service@tup.tsinghua.edu.cn
  质 量 反 馈：010-62772015，zhiliang@tup.tsinghua.edu.cn
印 装 者：三河市人民印务有限公司
经　　销：全国新华书店
开　　本：185mm×260mm 印　　张：16.75 字　　数：364千字
版　　次：2021年3月第1版 印　　次：2025年7月第3次印刷
定　　价：79.00元

产品编号：085379-01

探索企业成长之道

钱颖一

清华大学文科资深教授、清华大学经济管理学院教授、院长（2006—2018）

新古典经济学为了研究市场资源配置问题，通常把企业简化为一个使利润最大化的生产者的假设。这对分析市场中的供求关系十分必要而且有用。在这个假设下，企业就是一个"黑盒子"。20世纪30年代，科斯为了解释企业，特别是大型企业的存在以及相关联的企业和市场的边界问题，试图打开企业这个"黑盒子"。他为此引入了交易成本概念，最早把对企业的研究和对市场的研究放在了同一分析框架中。这对我们理解在市场上和在企业中资源如何有效配置是一个重大突破，为我们分析现实中企业的合并与分立、兼并与收购等问题提供了一个有用的分析方法。

不过，作为企业家，作为企业决策者，这个分析框架和分析方法对于思考和指导企业决策，尽管有用，但仍有其局限性。20世纪50年代末，彭罗斯（Edith Penrose）的专著《企业成长理论》（The Theory of the Growth of the Firm）开辟了对企业自身成长规律的研究。之后，企业生命周期理论又把企业类比成一个生物体，并以此为出发点研究企业从创立开始在不同发展阶段的特征以及相伴随的成长周期性规律。从企业的角度看，这个研究路径带来了更加丰富的内容，也为企业决策者提供了更多的决策选项。

王勇博士的这本《企业成长之道》延续了彭罗斯理论、企业生命周期理论以及资源基础理论（Resource-Based Theory）的分析框架。基于中国企业成长实践，他把企业成长的生命周期划分为4个阶段：创业阶段、快速发展阶段、相对稳定阶段和二次创业阶段。这里所说的二次创业阶段实际上是指企业转型阶段，就是企业从以往的产品或产业转变到不同的产品或产业的过程。同时，他引入了影响企业成长的九大因素，并评估了这九大因素对企业成长在这四个不同阶段的不同影响程度，以此探索企业成长的规律。

这条研究路径与王勇博士的工作经历有关。自2002年以来，他是清华经管学院EMBA教育中心和高管教育中心的主要管理者，在中国的顶尖商学院投身于商学教育管理工作的第一线。而这个时间段恰恰又是中国企业超高速发展的时期。这样的一个经历给他做此研究带来了两大优势。

第一，他可以接触到各种类型企业在各个成长阶段的企业家，包括企业创始人和企业高层决策者。虽然这本书中也有案例研究，但是它的主体是对一千多个企业数据的定量分析，这些企业大多是在清华就读的学生或学员的企业。因此，这些数据来源的地区、行业、企业类型都十分广泛和多样，这为分析在企业成长不同阶段影响企业成长的因素提供了较大的样本。从方法论上看，案例研究的优点是可以追踪一个企业的成长过程，并从中获得对该企业成长的较深入的认知。不过，案例研究方法也有它的局限，就是每一个企业都有它的特殊性，很难从中说明一般性规律。横截面数据的好处是样本中可以包括各种类型和处于不同成长阶段的企业，从中可以发现一般性规律。当然，我们在解读从这些数据中获得的结论时也要格外小心，因为这些结论是基于同一时间点处于不同成长阶段的企业特征，未必就一定是企业在成长过程中的规律。

第二，他熟悉商学院中完整的教学体系，这个体系中包括了商学院中各学科系的设置和 MBA/EMBA 课程体系的设置。正是对应了这个完整体系，他提出了九大因素，即企业家、战略管理、人力资源管理、市场营销管理、企业文化、创新管理、运营管理、风险管理和社会资本。因此，他的研究是站在一个企业家或企业高层决策者的角度来全方位思考企业的成长，而不是仅仅侧重于某一个方面。作为 EMBA 教学项目的管理者，这是一个很自然的视角。相比较而言，每一个教师都归属于某一个学科系，其研究视角必然聚焦在某一个学科领域。因此以往对企业成长的研究大多考虑某一因素，而非全面因素。

从这个研究中发现，影响企业成长的最显著因素在不同阶段有所不同：在创业阶段是风险管理、市场营销和企业家，在快速发展阶段是运营管理、企业家和技术创新，在相对稳定阶段是人力资源管理和市场营销，而在二次创业阶段即转型阶段是企业家和市场营销。由此看到，企业家这个因素在创业阶段、快速发展阶段以及二次创业阶段影响显著，但在相对稳定发展阶段影响并不显著，而市场营销因素在创业阶段、相对稳定阶段和二次创业阶段影响显著，但在快速发展阶段影响不显著。这些结果看上去合乎直觉，不过我们还需要更深一步探索其背后的原因，比如，我们想知道这是否与企业所处行业或企业所有制的特征相关联。

探索企业成长之道，特别是中国企业成长之道，是一个非常值得研究的问题，现在只是刚刚开始。在计划经济下，所有的"企业"不过是政府机构的延伸。改革开放以后，民营和外资企业从无到有，国有企业转型，有的企业壮大了，有的企业倒下了，更多的企业在艰难中成长。但是我们对于企业成长的规律知之甚少。这就是研究的意义。

企业成长有超越国界的一般性规律，不过在使用中国数据时要注意到中国企业所处的特殊时代背景。一个特殊背景是过去这 20 多年是中国经济高速增长时期，严格来说中国经济还没有出现过经济衰退，这与其他发达经济和发展中经济都很不同。在通常情况下，企业成长的过程都伴随着经济周期，这种经历对企业是考验也是检测，而经济周期这个因素在中国的这个阶段并不是普遍适用于所有行业。另一个特殊背景是中国经济体中有大量的国有企业，它们在一些产业中占有主导地位，这种情况也是其他经济体没有的。国有企业不同于民营企业，它们的所有者最终是一个主体，即国家。所以单个国有企业的"生命周期"概念与民营企业有所不同。这两个特殊背景都警示我们在解读用中国企业数据获得的结果时要格外谨慎。

向前看，中国经济自身正处在转型中，中国经济所处的全球经济环境也处在调整中，这两个外在因素无疑将对中国企业成长产生重大影响。一方面，中国企业成长面临巨大挑战；另一方面，探索企业成长之道也仍然在路上。

前　言

如果将商业经济体比作一个生命体，企业则可以比作生命体的组织细胞，居于重要的地位。宏观经济为企业提供了发展所必需的资源与环境，而作为微观个体的企业是否能够健康平稳地成长与发展既关乎宏观经济的增长，又关乎微观环境的改善。然而关于企业成长的学术研究起步较晚，远远滞后于企业经营实践。经济学和管理学是企业研究的两个重要领域，宏观经济的发展似乎是经济学的主流研究，获得较多关注，而企业层面的研究则往往游离于经济学的主流研究之外。在管理学领域，虽然企业成长是管理学研究的重要方向，但是研究的重点仅局限于企业内部管理，缺少站在企业整体的视角上对企业成长的研究。自亚当·斯密开始，涌现出众多学者形成不同学派，从不同的视角构筑了企业成长的学术研究体系。随着商业经济的变迁，不断演进的新模式、新因素对企业成长造成深远影响。因此，在不同时期学者们对企业以及企业成长的内涵、动因、影响因素等都作出了不同的解释。在古典经济学和新古典经济学时代，企业与企业成长被视为"黑箱"，如今在众多学者的不懈探索下，企业与企业成长的关系已经演变为理论繁杂的"丛林"。企业成长理论的"丛林"包罗万象，距离形成统一、完善的理论体系尚有一段距离，但通过对已有企业及企业成长理论的梳理，仍可以总结出目前企业成长研究硕果累累的主干和逐渐繁茂的枝干。目前，学术界关于企业及企业成长理论中，比较有影响力的研究主要有三大阵营：一是企业外生观点，即外部环境决定理论，认为外部条件决定了企业和企业成长，企业只是被动接受这些条件，完成自己的生产功能；二是内生观点，即企业内在能力对企业成长起决定性作用，因此内生理论致力于探讨企业成长的关键因素，以这些关键因素为抓手，推动企业成长，将企业成长作为被解释变量，分析影响企业成长的因素；三是企业成长生命周期理论，以拟人化、发展的眼光去理解企业成长的动态特征和过程特性。

纵观学者们对于企业成长的研究，仍存在三个方面的局限性。第一，现有的研究多以发达国家的健全经济环境为背景，对企业成长的外部环境过于理想化，忽略了外生因素（如社会资本等）对企业成长的影响。第二，当前的研究多数是采用定性研究的方法，缺乏有力的数据支撑研究结论，而数量有限的实证研究又往往由于地域、行业等方面的限制而存在一定的局限性。第三，以往的研究主要是针对企业生命周期的某一阶段，缺乏站在整个生命周期的视角下对企业成长的动态研究。

本书关于企业成长的研究建立在深入理论研究的基础上，尤其以企业资源基础理论为基本理论指导，以定量分析方法为主，辅以案例研究，深入探究企业家、战略管理、人力资源管理、市场营销管理、企业文化、创新管理、运营管理、风险管理、社会资本9大因素在企业生命周期的不同阶段对企业成长的影响。

本书通过实证研究从内生因素和外生因素两个角度综合考察影响企业成长的主要原因，与传统的企业成长理论相比，以更全面的视角考察影响企业成长的内外在因素。此外，本书将企业生命周期理论与企业成长的分析相结合，动态地分析了在企业不同发展阶段影响企业成长的主要因素；将企业的收入、利润和市场增长作为衡量企业成长的主要指标，在分析企业成长的影响因素时更具有针对性。本书的框架遵循着什么是企业→什么是企业成长→企业如何成长→什么决定企业成长的路线，重点整理企业的本质（生产第一性、交易第二性的组织）、企业的特性（契约性、异质性和协作性）、企业成长理论（以资源基础理论为重点）、企业生命周期理论（以四阶段论为划分）、企业成长评价指标（以收入、利润和市场增长为基准）、企业成长决定因素理论（综合内生和外生因素）。

本书的研究创新主要体现在以下几个方面：

（1）以往对于企业成长的研究更多地采用定性的方法进行描述性研究，我们采用问卷调查定量的方法对企业4个不同成长阶段的关键影响因素进行全面实证研究，系统完整地阐释企业成长的影响因素，完善了企业成长的理论研究，开拓了企业成长的实证研究。

（2）综合考虑了企业成长的内生因素，以及影响企业成长的外部条件，全面研究了影响企业成长的内外因素，克服了以往研究中只顾其一的局限。

（3）在研究9大因素在企业成长的4个阶段过程中发现，同一影响因素在企业不同成长阶段所起到的影响作用不同。如企业家在创业阶段和快速发展阶段都对企业成长具有显著的正向影响，而到了相对稳定阶段，企业家对于企业成长则不具有显著的影响，到了二次创业阶段，企业家又恢复了对企业显著的影响。这表明在企业成立的早期，企业家的魅力、能力和企业家精神可以有效地引领企业快速成长。随着企业进入相对稳定阶段，企业的各项业务逐渐步入正轨，企业家个人的作用逐渐弱化。当企业逐步衰退，进入二次创业阶段以后，企业家的领袖作用又重新得到凸显。

（4）在企业发展的某一阶段，并不是所有因素都起到关键作用，往往是几个因素起到关键作用。在创业阶段，风险管理、市场营销、企业家对企业成长具有显著的影响；在快速发展阶段，运营管理、企业家和技术创新三个因素会显著地刺激企业成长；而在相对稳定阶段，人力资源管理、市场营销成为企业成长的首要动力；进入到二次创业阶段以后，推动企业成长的因素则转变为企业家和市场营销。

（5）得出几个似乎"反常识"的结论。企业文化是公司的灵魂，但研究发现在相对稳定阶段和二次创业阶段，企业文化对企业成长的影响往往是负的，这说明公司过分进行企业文化的塑造而忽视企业文化与企业战略的协同，反倒会对企业成长产生不利作用。

本书关于企业成长的研究是一个比较宽泛的题目，是在研究前人理论和调研实践经验的基础之上得出的实证研究成果，既具有一定的学术价值，也对商业实践有一定的指导意义。未来可以对企业成长定量研究的结果进行更为深入的探讨，如可以按行业收集更多数据，更加有针对性地对具体行业进行深入的研究，更好地丰富理论研究成果和对企业管理实践有更大的贡献。

王勇

目 录

第一章
企业本质与企业的特性 ……………………………………………………… 1

第一节 企业本质 …………………………………………………………… 2
  一、企业作为生产组织 ………………………………………………… 2
  二、企业作为交易组织 ………………………………………………… 3
  三、企业作为内部知识、能力的集合体 ……………………………… 4
  四、企业作为企业家创新的载体 ……………………………………… 4

第二节 企业的特性 ………………………………………………………… 4
  一、企业的契约性 ……………………………………………………… 5
  二、企业的异质性 ……………………………………………………… 5
  三、企业的协作性 ……………………………………………………… 5

第二章
企业成长与企业成长理论 …………………………………………………… 8

第一节 企业成长 …………………………………………………………… 9
  一、企业成长的本质 …………………………………………………… 9
  二、企业成长机制 ……………………………………………………… 10

第二节 企业成长理论 ……………………………………………………… 11
  一、古典经济学：分工的规模经济利益 ……………………………… 12
  二、新古典经济学：企业生产规模调整 ……………………………… 13
  三、新制度学派：企业边界的扩大 …………………………………… 14
  四、熊彼特：企业家的创新行为 ……………………………………… 16
  五、资源、能力、知识基础理论：利用资源实现知识积累 ………… 17
  六、制度变迁理论：内部制度改革 …………………………………… 17
  七、演化经济学：形成惯例和动态能力 ……………………………… 18
  八、生命周期理论：成长阶段的递进 ………………………………… 18

第三节　资源基础理论……………………………………………………… 20
　　　　一、资源基础理论的基本假设………………………………………… 23
　　　　二、资源基础理论的基本概念………………………………………… 24
　　　　三、企业资源能力体系………………………………………………… 25

第三章
企业生命周期理论……………………………………………………… 30

　　第一节　生命周期理论主要学派………………………………………… 31
　　　　一、经济学派：借鉴经济增长理论…………………………………… 31
　　　　二、组织学派：借鉴组织成长理论…………………………………… 31
　　　　三、生命学派：借鉴生命成长………………………………………… 32
　　　　四、企业学派：来源于管理实践……………………………………… 34
　　　　五、综合学派：重视研究科学性和分析工具………………………… 35
　　　　六、我国学者对企业生命周期的研究………………………………… 35
　　第二节　企业生命周期阶段划分………………………………………… 36

第四章
企业成长关键因素的理论研究……………………………………… 40

　　第一节　企业成长动因理论……………………………………………… 41
　　　　一、企业成长的外生因素论…………………………………………… 42
　　　　二、企业成长的内生因素论…………………………………………… 42
　　第二节　企业成长关键因素研究………………………………………… 43
　　　　一、企业家与企业成长………………………………………………… 46
　　　　二、战略管理与企业成长……………………………………………… 56
　　　　三、人力资源管理与企业成长………………………………………… 63
　　　　四、市场营销管理与企业成长………………………………………… 68
　　　　五、企业文化与企业成长……………………………………………… 75
　　　　六、创新管理与企业成长……………………………………………… 83
　　　　七、运营管理与企业成长……………………………………………… 88
　　　　八、风险管理与企业成长……………………………………………… 96
　　　　九、社会资本与企业成长……………………………………………… 103
　　　　十、企业成长的评价体系研究………………………………………… 112
　　　　十一、企业生命周期阶段划分及特征………………………………… 114

第五章
企业成长关键因素实证研究 ... 117

第一节　问卷开发设计 ... 118
第二节　变量的测量 ... 119
　　一、企业成长测量 ... 119
　　二、企业成长关键因素的测量 ... 120
　　三、企业所处生命周期阶段测量 ... 126
第三节　样本描述 ... 127
　　一、按企业类型的样本分布 ... 127
　　二、按企业所处成长阶段的样本分布 ... 128
　　三、按企业所处行业的样本分布 ... 128
　　四、按企业所处地域的样本分布 ... 129
　　五、按企业总经理受教育程度的样本分布 ... 129
　　六、按企业在岗职工数的样本分布 ... 130
　　七、按企业年销售收入的样本分布 ... 130
第四节　问卷信度效度分析 ... 131
第五节　研究假设提出与模型构建 ... 133
第六节　数据结果及假设检验 ... 136
　　一、数据结果 ... 136
　　二、假设检验 ... 137
第七节　模型探索分析 ... 143
　　一、分行业探索分析 ... 143
　　二、三层结构方程模型分析 ... 148

第六章
企业成长实证研究结果分析 ... 155

第一节　各关键因素在企业不同成长阶段的作用变化 ... 156
　　一、企业家 ... 156
　　二、战略管理 ... 159
　　三、人力资源管理 ... 162
　　四、市场营销管理 ... 166
　　五、企业文化 ... 169
　　六、技术创新 ... 172

　　　　七、运营管理 ·· 175
　　　　八、风险管理 ·· 179
　　　　九、社会资本管理 ·· 183
　　第二节　各关键因素在企业相同成长阶段相对重要性对比 ············ 186
　　　　一、创业阶段 ·· 186
　　　　二、快速发展阶段 ·· 187
　　　　三、相对稳定阶段 ·· 189
　　　　四、二次创业阶段 ·· 190
　　第三节　基于生命周期的企业成长策略 ·· 191
　　　　一、创业阶段的企业成长策略 ·· 191
　　　　二、快速发展阶段的企业成长策略 ································ 201
　　　　三、相对稳定阶段的企业成长策略 ································ 210
　　　　四、二次创业阶段的企业成长策略 ································ 218
　　第四节　关于企业成长关键因素的进一步探讨 ···························· 223
　　　　一、探究企业文化：企业成长的双刃剑 ························ 224
　　　　二、运营管理的迷思：从"中国制造"到"中国智造" ···· 226
　　　　三、风险管理的艺术：防御措施的微妙平衡 ················ 227
　　　　四、社会资本在中国：经商中"关系"真的那么重要吗 ···· 228

附录 ·· 230

　　附录A　企业成长调研问卷 ·· 231
　　附录B　测量模型的结果汇总 ·· 237
　　附录C　因子分析矩阵 ·· 239
　　附录D　非标准化载荷系数表 ·· 241
　　附录E　各观测变量的描述性统计 ·· 243

参考文献 ·· 245

后记 ·· 253

致谢 ·· 254

第一章

企业本质与企业的特性

在不同的学科领域，对企业的理解以及研究有不同的侧重点，对于企业本质的认识不同，对于企业的定义也不尽相同。在经济学领域，主要考察商业活动的经济性，古典经济学认为企业是社会分工的结果，新古典经济学强调的是企业的生产性，制度经济学认为企业的显著特征就是作为一些机制的替代物。在管理学领域，主要关注企业运营管理优势，认为企业是运用资源、进行有效管理，进而创造利润的组织。在法学领域，主要着眼于企业法人的法律形式，将企业视为契约关系的组合。在社会科学领域，则着重突出企业的社会属性，把企业视作人的集合，各种利益交织在一起的集合体。

不同学科对企业的理解都是从自身的某一出发点定义了企业的特性，因而综合来看并不是很全面，很难给出一个得到各方广泛认可的定义。我国学者邓荣霖从商学的角度定义了企业："集合生产要素（土地、劳动力、资本和技术），并在利润动机和承担风险条件下，为社会提供产品和服务的单位。"[1] 我们认为这一定义较好地描述了企业，强调了企业的营利性、生产性、组织性等。

结合不同学科对企业的定义，以及笔者对企业现实经营状况的分析，本书总结出企业成长的四个特征：营利性、组织性、生产性和独立性。营利性是企业的首要特征，企业区别于其他组织的特征就是要能创造利润，这是企业存在的根本原因。组织性是指企业是人的集合，以某种形式把人、财、物组织起来，从而开展生产或服务活动。生产性是指企业要把自己所掌握的资源通过有效的组织、协调、管理，开展研发、生产、销售、服务等经营性生产活动，创造出新的价值。独立性则是指企业要有人、财、物方面的独立性，能独立核算、自收自支，要能独立自主地开展经营管理活动，而不是依附于任何其他组织。

第一节　企业本质

一、企业作为生产组织

古典经济学把企业视作高效率的生产组织。 亚当·斯密在其《国富论》中，首先提出了社会分工的观点，论述了劳动分工的科学性，以及企业进行分工的经济性。查尔斯·巴比吉在亚当·斯密分工理论的基础上进一步阐释了分工提高生产效率的内在逻辑。他认为劳动分工使企业能力出现分化，并随着分工的细化企业向专业化发展，进而促进企

---

[1] 董俊武. 企业的本质、性质与企业成长的理论研究 [D]. 武汉理工大学, 2004.

业生产效率的提升。

马歇尔把分工导致的效率提升视作企业存在的根本原因，他认为企业是生产效率不断提高的产物，同时企业也由于生产效率下降而走向衰落。他还进一步明确区分了企业内部和企业外部两个不同层面的分工，以及分工导致的专业化对效率提高的影响。

古典经济学基于分工观点出发，把企业当作了一个生产性组织，企业之所以能够存在则是源于分工所带来的效率提升，企业本质上是一个"高效率的生产组织"。

新古典经济学把企业当作利润最大化的生产者。新古典经济学建立在完全竞争市场假设条件下。一方面，假设总体是由最优决策理性的个体加总而成；另一方面，假设市场中的信息是充分流动且对称的。在这样的理想化的环境下，个体之间的交易发生在完全竞争的市场中，这个市场始终可以保持帕累托最优状态。

新古典经济学认为，企业作为专业化的生产组织，通过投入生产资料获得产品产出，追求利润最大化。在完全竞争市场假设下，生产要素的投入与产出得以精确计量，企业保持在最优产量水平上运营、实现利润最大化的条件也可以量化。

制度变迁理论认为企业是基于组织管理能力的生产单位。钱德勒是制度变迁学派的代表，他从企业的外部条件和内部条件两个方面阐释了企业的产生。从外部条件来看，现代大型一体化工商企业是市场和技术发展的必然产物；从内部条件来看，他认为随着企业经济活动量不断增加达到一定规模时，市场协调的效率低于管理协调的效率，此时作为"看得见的手"的企业管理协调会代替作为"看不见的手"的市场机制协调。不同于规模经济理论，钱德勒指出，生产协调能力的增强和反应速度的提升是生产率的提高和单位成本的降低的主要动力，而不是企业生产设备的增加和生产规模的扩大。这种经济性主要来自对企业内部各种生产资料的组织协调能力，而不是企业内工作的更趋专业化和进一步分工。可以看出，钱德勒对于企业本质的认识也是从生产角度出发，但他将企业存在、起源以及边界和竞争优势都主要归功于管理能力和管理速度，而不是规模经济。

钱德勒从生产性的角度出发来研究企业的本质，将生产属性作为其企业理论阐述的前提，他强调了企业管理协调的重要性，尤为强调管理反应速度的重要性，即时间效率。相比规模经济，钱德勒更看重速度经济。但钱德勒的企业制度变迁理论把企业通过创新而提升管理能力和速度的原因归功于技术，忽略了这一发展进程中的社会关系和人力资源因素。

二、企业作为交易组织

在新古典经济学的研究中，假设企业是在完全竞争条件下的竞争，交易费用为零，任何交易都可以方便、无费用地在市场上完成，不需要组织的任何协调。以科斯为代表的新制度经济学派对此并不认同，他们认为企业间的交易是有成本的，企业为降低交易成本把一些交易活动内化到企业自身体系之内，这样就从交易成本的角度阐释了企业存在的原因和企业的边界。同时，新制度经济学派认为企业是利用企业家的权威来代替市场价格机制进行资源配置的，因而市场活动内化到企业可以降低交易费用。然而由于企业家权威边际效用、管理收益递减，企业扩展到一定规模时，企业内部交易的管理成本将等于市场上进行同样交易的成本，则此时企业处于交易费用内外均衡的状态，这个规模限度就是企业的边界。此外，科斯还认为企业的本质是用长期契约代替市场的短期契约，这是一种与市场机制条件下不同的交易活动契约形式。因此，企业的显著作用就是作为市场价格机制的替代物。

三、企业作为内部知识、能力的集合体

彭罗斯被认为是"企业资源理论之母"，她创立的资源、能力、知识基础理论认为企业是生产性资源的集合体。她指出"企业不仅是管理单位，而且是在一个管理框架组织下的生产性资源集合体"。企业资源理论遵循其思路认为企业的本质是"资源的集合"。而后出现的企业能力理论和企业知识理论，是随着学者对企业资源认识的丰富，对资源基础理论的进一步发展和补充，分别认定企业的本质是"能力的集合"和"知识的集合"。

四、企业作为企业家创新的载体

在关于企业成长长久以来的探讨中还出现了以熊彼特为代表的创新理论，该理论着重阐述了企业家在企业中的关键角色和作用。熊彼特从企业家角度构筑了资本主义发展模式，他认为企业家是社会经济体系的中心轴，是企业成长、经济发展的推动者。企业家的任务是用创新方法把生产要素组织、综合起来，进行创造性经营活动。企业家的创新，特别是破坏性的创新会产生新的生产函数，从而增加生产总量。由于熊彼特构架了全新的动态论的思维框架，他认为经济发展和企业成长都是一种非连续的、突发的动态过程，而其发展和进步的关键就在于企业家的创新行为。

第二节 企业的特性

无论是作为生产组织、交易组织还是知识、能力集合体，众多企业从其产生到发展壮大的纷杂过程中呈现出许多类似的特性，主要有契约性、异质性和协作性三点。契约性主要指企业是基于若干组契约进行生产、交易。异质性则指企业拥有或控制不同的资源集合。此外，企业不单是组织内各成员产出的简单加和，而是以其组织架构为依托的所有参与者和生产要素的协作结果。

一、企业的契约性

科斯将企业视为代替市场的由若干契约构成的机制。他首次将交易费用引入企业理论，交易费用被视为与契约谈判、签订和执行等过程相关的成本。科斯认为企业产生的主要原因在于企业内部由于存在管理和协调，其交易成本会低于市场上的交易成本。契约的签订意味着企业以权威的形式用管理协调取代市场协调。而与企业签订契约的各方，包括企业家、投资者、雇员等，通过遵守契约规定的各方权利和义务在放弃一定自由的同时提升了自身的利益，获得了帕累托改进。

企业与各方签订的契约能够代替市场机制而存在主要有以下几点原因。首先，企业作为独立的个体可以分别与各方签订合约，对各方进行直接约束，从而避免各参与方之间互相签订合约，这在很大程度上减少了契约的绝对数量。其次，因为企业的生产和交易均具有连续性，因此企业的存在使大量的长期合同代替短期合同，降低了订立契约的频率，减少与契约相关的谈判、签订和执行成本。此外，企业将市场组织内部化后，可以更有效地配置资源，确保内部信息的沟通和任务的执行。从人力资源的角度来看，企业的人员更易获得长期的激励并减少企业遭遇逆向选择的风险。

二、企业的异质性

古典经济学将企业简单视作生产组织单位，新古典经济学在市场完全竞争的假设下把企业抽象为生产函数，并把通过调整投入和产出实现企业利润的最大化作为目标。然而现实中不同企业在其规模、组织方式和生产效率等方面均不相同。具体而言，企业在其拥有或控制的资源禀赋甚至运气成分上多有差异，彭罗斯则将企业在成长过程中的特有知识的积累视为决定企业效率水平的关键因素。此外，企业应对不断变化的外部环境制定的诸如竞争战略等决策也是有差异化的。

三、企业的协作性

企业的协作性起源于专业化的分工，亚当·斯密首次提出劳动分工理论并具体阐释分工对于劳动效率的巨大提升作用。分工在让独立个人和单个组织熟练、高效履行某一职能的同时，也使过去完整的生产、交易过程被分割为许多部分，需要所有参与者的配合才能完成，而企业作为统筹内部所有生产要素和相关方的核心被赋予了协作职能。通过企业对资源的配置、人员的管理，原本被割裂的生产和交易环节形成了有机的整体。此外，根据企业的契约性，由于与企业签订契约的各方受到了一定约束，企业必须创造大于各部分单独能够创造的价值的加总才有存在的意义，即企业的协作性使其获得超过部分价值之和的改进。

综上所述，从企业本质的认定为出发点，可将以往研究成果划分为两类，一类是交易组织观点，新制度学派认为企业本质上就是交易组织，着眼于企业和市场的交易费用；另一类则是生产组织观点，无论是古典经济学、新古典经济学、制度变迁理论、资源理论，还是创新理论，都认为企业本质上就是高效的、创造新价值的生产组织，着眼于分工协作和有效管理所带来的提升。企业同时具备生产和交易两大功能，并拥有契约性、异质性和协作性等特性。

扩展阅读

国有企业改革：企业内涵的变迁

一直以来，国有企业在我国的经济体系中都扮演着举足轻重的角色。2017年中国企业500强榜单中有274家是国有及国有控股企业，数量占比约为60%。在收入、利润和纳税等指标上，国企贡献比率均超过70%。与此同时，围绕着如何提高国企运营效率、改善公司治理状况的诸多论题的争议从未停息，国企改革作为我国经济改革的核心环节一直备受关注。改革开放以来，历经众多时期不同阶段和侧重点的改革，我国国企基本实现了向市场主体的转变[1]，在此过程中其作为企业的内涵也在不断地变迁。

新中国成立初期，在计划经济体制下国有企业实行"统收统支"制度。政府负责物资原料的划拨、生产计划的制订以及产成品的收购，企业经营所得的全部利润上缴财政。由于国企的投入和产出都是既定的，主要的任务是完成规定的产量，当时的国企并不追求生产效率的提升，有别于古典主义经济学中对企业的定义。另外，由于国企需要上缴所有利润，企业的盈亏不会影响其对投入和产量的调整，这一阶段的国企也非新古典经济学中描述的以利润最大化为目标的生产者。

1978年起乘着改革开放的春风，国有企业迎来了首轮改革。20世纪80年代初政府尝试将企业的自主经营权下放，利润方面不再要求企业全部上缴，而是实施多种形式的利润留成制度。[2] 在利润分配方面拥有更多的自主权很大程度上调动了国企管理人员和职工对盈利的积极性，也促使企业开始思考如何高效生产、制订生产计划等战略问题。然而利润留成制度也存在一定的弊端，例如国企并不承担亏损的后果并且更多关注短期的收益而非企业长期的发展。

因此，20世纪80年代初期政府开始加大力度推进国有企业的改革，推出了包括利改税和承包经营制等多项措施与制度，进一步加强了国企作为利益主体的自主性并明确了国家和国企的利润分配关系。20世纪80年代中期股份制企业在北京、上海等多地的国企中展开试点，这一制度通过推行企业所有权和经营权的分离尝试解决以前国企政企

---

[1] 国家发展改革委体管所课题组. 国企改革历程回顾与当前改革重点[J]. 中国经贸导刊，2015（3）.
[2] 任可. 国企利润分配制度历史沿革[J]. 中国经济周刊，2006（45）.

不分的弊端。1993年党的十四届三中全会上，中央提出建设社会主义市场经济体制，国企改革进入了新阶段并以建立现代企业制度作为改革的新方向，引入了诸如董事会、股东会和监事会等制度。2003年国资委的正式成立和2006年中国工商银行等多家国有企业IPO的成功均标志着国有企业改革的不断推进和深化。2015年政府发布了《关于深化国有企业改革的意见》，国企改革进入了混合所有制的新阶段。

在国企改革逐渐深化的过程中，其作为企业的内涵在不断变迁。我们似乎可以在不同时期的国有企业中寻找到从古典主义经济学到演化经济学关于企业本质的谈论的倒影。犹如国企改革的脚步从未停止，关于企业的本质的讨论也未曾停息，而企业自身的不断发展迭代也使企业理论的茂密丛林持续生长。

第二章

企业成长与企业成长理论

第一节 企业成长

　　成长是自然界和人类社会最为普通和常见的事物变化过程，是事物成长、发展，由低级演进为高级的历程。企业成长是通过创新、变革、管理等手段，积累、整合并促使资源增殖，实现企业规模扩张、素质与能力增强，并追求可持续发展的过程。一般来说，可以通过成长性指标、状态性指标和时间性指标，从三个维度来衡量一个企业的成长，这三个指标对应表现为企业规模、企业质量和企业寿命。

　　企业成长既是企业不断实现成长目标的结果，也是不断实现成长目标的过程。企业成长具有开放性、统一性、累积性、随机性和非平衡态等特点。开放性是指企业成长与外部环境密切相关，企业应是一个开放的系统，需要不断适应外部环境，并与外部环境发生生产资料的种种交换。统一性表现为企业成长的目标和路径应与企业内部资源和外部环境相统一，既要与企业内部资源和能力相契合，又要与企业外部行业和市场相协调。企业自创建而成长起来，都是一个累积、延续发展的过程，需要一定的资源、能力累积，以及环境的适应。同时，初创的基因和累积对后续企业的成长产生深刻的影响。由于整个社会、经济、技术发展的随机性，使得企业成长的外部环境相应也有一定的随机性，在这种情况下成长起来的企业也是随机的；同时由于企业管理的个体差异性，也会改变企业成长的轨迹，从某种意义上来说也具有一定随机性。通常情况下，企业成长并不是一个平衡的状态。首先，企业发展的速度是不均衡的；其次，企业发展一定是一个变动的状态，企业不断地与外部进行资金、技术、物质、人力等各种生产要素的交换；同时，企业时刻受到外部政策、环境信息的影响，从而打破企业原有的平衡，实现动态成长。

一、企业成长的本质

　　企业成长的本质不仅是做大——量的考核，也不仅是做强——质的提升；同时，它还是一个可持续的成长过程——时间的考量，即企业成长是企业规模、质量并升的持续历程。

　　在时间坐标下，企业成长有量和质两个维度，是企业量和质并升的过程。量的增加指企业所掌握的、用于生产的经济资源的绝对数量的增加。量的增加通常可以通过财务或者管理的指标加以计量，如总资产增长率、净资产增长率、净利润增长率、销售额增长率、员工人数增加等。质的提升表现为企业内在能力、价值的提升。质的提升则是指企业掌握经济资源质量的优化，具体表现为经营资源性质改良、技术进步、组织重构等。质的提升是企业成长的根本动力，但往往难以像量的增加那样定量地考量，一般通过企业创新能力提升、环境适应能力增强等定性地描述。量的增加和质的提升是企业成长的两个不同维度。量的增加，重点在于企业规模和总量的增长，可以理解为企业"体积"的增加；而质的提升，重点在于企业的核心竞争能力提升，可以理解为企业"密度"的增加。同时，量的增加与质的提升又是相互联系的。一方面，质的提升可以促进量的增长，如通过提高企业运营管理能力可以提高企业生产效率，进而扩大产量；企业优化产品性能、提升服务水平可以增加企业在市场的美誉度，进而促进销售收入的增长。另一方面，量的增长与积累是质的提升的基础。如企业在生产设备、资金投入、人才储备、市场规模等方面为企业进行质的提升提供了条件。因此，在企业成长过程中，量的增长与质的提升是相互促进和统一的。

企业成长也是一个内外兼修的过程。对内，企业要不断提升自身能力；对外，则要构建企业价值网络并不断优化。本质上来讲，企业成长就是企业在适合自己的商业模式下，制定适当的竞争战略，不断修炼内功，提升自身内在能力，在行业中形成竞争优势的过程。企业内在能力提升包括优化公司治理结构，优化决策流程，提高产品研发、运营管理、市场营销等核心能力等。企业外部价值网络会影响企业资源的获取、客户价值创造，以及政策的扶持等。外部价值网络的优化包括企业外部的正式或非正式组织、制度化与非制度化组织、有形与无形节点的有机连接等，如图2-1所示。

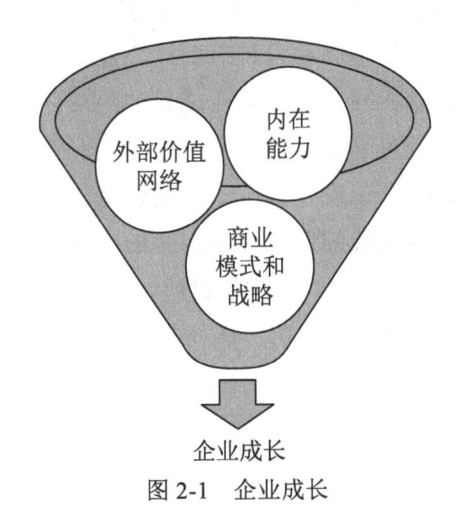

图2-1 企业成长

二、企业成长机制

企业可以以不同的路径来实现持续的成长，根据企业成长的驱动力、所利用的资源，以及受到的外部影响因素不同，可以将企业成长的机制分为内涵式成长机制、外延式成长机制和网络化成长机制（亦称作联盟成长机制）。

内涵式成长机制是指依靠企业自身所拥有和掌握的资源、知识和能力，通过整合内部资源、优化资源使用方式，提高资源利用效率，进而实现企业持续地成长。内涵式成长机制下企业成长的动力主要来自企业通过自身的业务发展所不断积累的资产,并利用自有资产开发新的资源。企业成长的核心是积累和创造内部资源,成长速度较为稳健、相对较慢。这种成长模式在外部环境相对稳定、发展趋势可预见的情况较为常见。

外延式成长机制主要依靠并购来实现业务扩张、拓展新市场、提升企业综合竞争力,进而实现企业的成长。根据并购目标企业的不同,可以分为横向并购、纵向并购和混合并购。横向并购指收购行业内竞争对手的行为,纵向并购指沿着产业链的上下游进行收购,混合并购则是指收购不同行业的企业,实现多元化发展。外延式成长的动力主要来自收购企业以后通过有效整合实现 1+1>2 的协同效应。企业成长的核心是收购竞争对手或者关联企业,并能够进行有效的整合,成长速度相对较快,但也充满着不确定性。这种模式适用于外部环境相对复杂且变化较快的情况。

网络化成长机制也称为联盟成长机制。在该机制下,联盟的企业之间或者企业内部的各个事业部之间通力合作,共同实现战略目标。网络化成长机制的特点表现为组织的松散性、行为的战略性、合作的平等性、范围的广泛性和管理的复杂性。企业成长的核心是整合企业内外部的资源,创建和维护正式或者非正式的关系网络,成长速度通常较快,但难度、不确定性较大。该模式在不确定性较大的宏观环境下可以最大效用地整合企业资源,适当降低经营风险。

企业成长机制如图 2-2 所示。

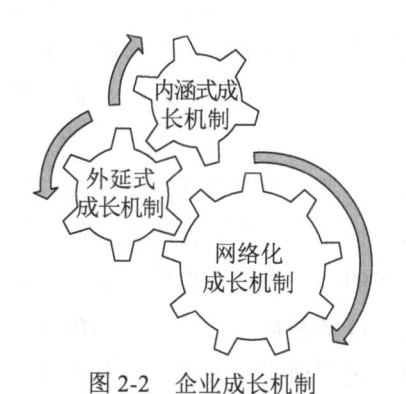

图 2-2 企业成长机制

第二节 企业成长理论

因研究出发点不同,企业成长理论流派众多,且学术界各有不同的划分依据和总结体系,因此梳理分析起来比较繁杂。基于企业成长的动因可以分为内生性成长理论和外生性成长理论;根据研究关注的重点可以分为基于规模经济的成长理论、基于核心资源、能力的成长理论,以及基于生命周期的成长理论等。本书遵循经济学和管理学学派的基本划分,考察不同学派对于企业成长的认识和观点,如图 2-3 所示。

图 2-3　企业成长理论

一、古典经济学：分工的规模经济利益

根据古典经济学理论，企业因社会分工而产生。古典经济学理论认为，市场规模是影响企业数量和企业规模的决定因素，企业成长的动因是为了获取规模经济；同时，古典经济学理论指出，企业的规模经济不可能无限增加，也存在着临界点，一旦达到临界点，企业会从规模经济变成规模不经济；此外，企业成长也受制于大环境的发展，产业发展的前景对企业成长影响较大。总结起来，企业因分工而存在，企业成长是分工效率优势的体现，企业成长的方式是不断追求规模经济，企业的数量和规模随着分工和市场范围扩大而增加。

古典经济学理论代表人物亚当·斯密在《国富论》（1776）中论证国富之源时也从侧面论证了企业成长的原因。他以著名的制针流程为例，详细地阐述了劳动分工的科学性和经济性，证明了企业存在的必要性。他指出，企业本质上是劳动分工下形成的组织形式，其目的在于获取更高的经济利益。随着分工的细化不断形成新的企业。因此一国经济中企业的数量与分工程度之间成正相关关系。从微观的企业层面来看，分工使企业生产经营的效率得到显著的提升，企业单位成本投入可以获得更高的产出。从而证明了企业分工程度与企业成长之间显著的正相关关系。亚当·斯密认为，企业员工人数与企业分工程度可以作为度量企业成长的关键指标，企业所处的市场环境与技术结构是影响企业成长最终规模的关键因素，市场容量则是制约企业保持持续增长的重要因素。

亚当·斯密的理论在宏观层面上解释了经济扩张，即企业数量增加的原因，也在微观层面上分析了企业成长，即企业规模扩大的原因，该理论被认为是企业成长理论体系的源泉。然而该理论并没有进一步地对社会分工（一般分工）和企业分工（特殊分工）加以区分，对于微观层面企业成长的理论构建仍然存在一定的局限性。

约翰·穆勒在斯密的理论框架下，聚焦于企业规模扩张与成长的研究。在斯密的分工理论基础上，他提出企业成长是劳动联合与分工共同作用的结果。由于联合与分工都需要大量的资本作为支撑，企业资本量的大小成为制约企业成长与规模扩张的决定性因素。进一步来讲，他认为企业成长理论就是规模经济理论，并论证了大企业代替小企业的趋势。穆勒认为企业成长除了是由于专业化分工与工人熟练度不断提升以外，还是由于机器化大生产代替传统人工劳动力生产带来的生产力提升。

查理斯·巴贝吉总结了斯密的思想，延续了分工带来的生产效率提升的观点，认为劳动分工是每一道生产流程向专业化方向发展，并进一步强调了工人被机器取代对于劳动分工提升生产效率的影响。

马歇尔引入外部经济的概念，认为企业成长是内部经济与外部经济共同作用的结果。他从企业内部职能部门和外部关联企业两个维度理解专业化分工给企业带来的效率提升。企业内部专业化分工的结果是新的职能单位的形成，每个职能单位以提高效率为目标，从而向更加专业化的方向发展。在企业外部，专业化分工形成了不同的产业与行业，企业在自身所处的领域深耕，形成企业的核心竞争力。他强调企业家对企业成长的关键作用，同时引入企业家生命有限性的概念。同时，马歇尔提出居于垄断企业的概念，认为企业成长是竞争作用下优胜劣汰的结果。马歇尔的理论将古典企业成长理论与稳定均衡条件相结合，为企业成长理论的研究拓宽思路。马歇尔的理论也成为后续资源基础理论、演化理论等重要企业成长理论的渊源。

斯蒂格勒在马歇尔的基础上从企业生命周期的角度明确了企业成长的主要因素。他指出，成立初期的企业市场规模较小，企业内部分工是推动企业成长的主要因素，随着企业内部各个职能部门的专业化发展，企业综合能力逐渐提升。随着外部市场的增长以及产业的扩大，单个企业无法满足市场的需要，企业作为一个整体向专业化方向发展，同时随着分工程度的深化，市场中企业的数量不断增加。

二、新古典经济学：企业生产规模调整

马歇尔既是古典经济学的继承者，也是新古典经济学的开创者。马歇尔的《经济学原理》宣告了古典经济学的终结，也标志着新古典经济学的开端。新古典经济学理论以价格理论为核心，认为价格机制是唯一有效的协调机制。新古典经济学认为，在完全竞争市场模型条件下，企业是可以被概念化地通过投入劳动和资本获得产出，并追求利润最大化的专业化生产组织。

在新古典经济学完全竞争市场假设下，技术、信息等充分流动而且对称，生产要素的投入所带来的产出可以精确计算，企业实现利润最大化的条件也可以量化。新古典经济学厂商理论是由其对厂商行为的两个基本假设构成的，如图2-4a和图2-4b所示。

生产函数：$Q=Q(L, K)$ （2-1）

目标函数：$\text{Max } \pi = R(Q, P) - C(Q)$ （2-2）

图 2-4a 生产函数

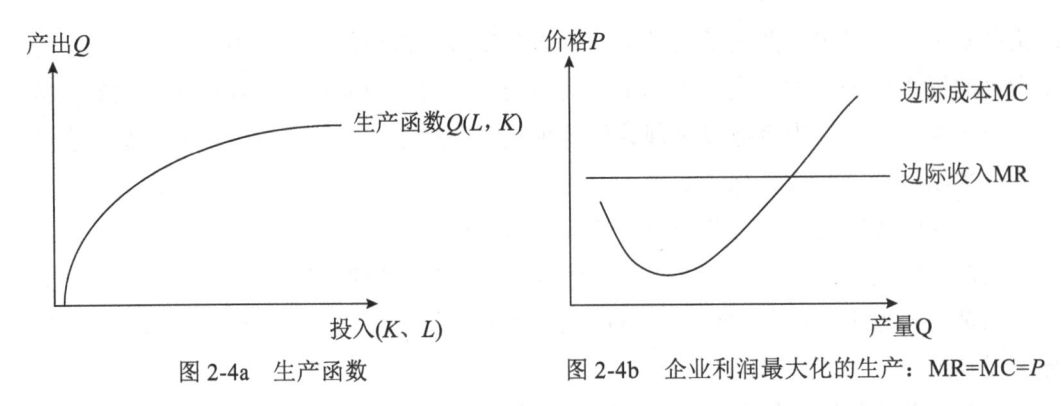

图 2-4b 企业利润最大化的生产：MR=MC=P

在生产函数中，Q 表示企业产品的产量，K 表示企业进行生产而投入的资本，L 表示企业为进行生产而投入的劳动力。生产函数表明，企业生产的产品是企业投入资本和劳动力两大生产要素得到的产出。目标函数中，π 表示企业利润，等于销售商品带来的收益与生产产品成本之差。MR 表示边际收益，MC 表示边际成本，P 则表示商品价格。根据新古典经济学厂商理论，在边际收益等于边际成本（MR=MC）时，实现利润的最大化，并形成了商品的价格。在长期均衡的竞争条件下，超额利润会逐渐消失，企业的获利水平回归正常。将以上生产函数和目标函数结合起来，可以看出新古典经济学中对企业本质的认识，即企业是以利润最大化为目标的专业生产组织。进一步的，新古典经济学把企业抽象为同质化的最优专业生产者。

同时，新古典经济学还认为，由于企业规模扩张存在着一定的边界限制条件，越过这些限制条件即带来规模不经济，这构成了企业成长的边际限制。

新古典经济学将企业行为抽象为一个最优的生产曲线，认为企业最优生产规模的扩大就是企业成长的过程，而忽略了企业内部的演化、发展过程。古典经济学理论研究的是在技术、市场等外部环境约束下的企业成长，将企业成长的过程量化为企业规模扩张的过程。然而古典经济学对企业的理解仅关注企业外部的因素，认为企业是同质的，忽视了企业作为个体之间的差异性以及企业主体对成长的主动追求。

三、新制度学派：企业边界的扩大

由于古典经济学和新古典经济学都是从企业外部着眼来看待企业，而对企业内部问题少有研究；而新制度经济学首次关注到从企业内部来研究企业问题。因此，一般认为新制度经济学才是真正意义上的企业理论，新制度经济学也被称为现代企业理论。

1. 交易成本理论

科斯的《企业的性质》被认为是新制度学派的开山之作。根据古典经济学假设，交易是没有摩擦的，即交易费用为零；市场是完全公开的，即获取信息的成本为零；任何交易都可以在市场中达成，即市场不需要企业协调各类资源达到最优资源配置。科斯指出，在这种假设下，企业失去了存在的必要性。而真实情况是交易是有成本的。科斯引入了交易成本的概念以后，解决了关于企业成长的两个基本问题：什么是企业？企业的边界在哪？科斯指出，企业存在的必要性在于交易费用大于零。同时他指出在市场中交易的成本和在企业内部交易的成本是不同的。当一项交易在市场上发生的交易成本高于该笔交易在企业内部进行所发生的成本时，出于节约交易费用的考虑，该笔交易就会内化到企业中进行。随着企业内部交易的增加，企业的规模持续扩大，企业内部交易成本也不断提高。由于管理收益递减，企业也不能无限地扩张，当企业内部组织一笔交易所产生的交易费用等于企业通过公开市场进行交易的成本，或者在其他企业组织同一笔交易的成本时，企业的扩张达到边界，如图 2-5 所示。

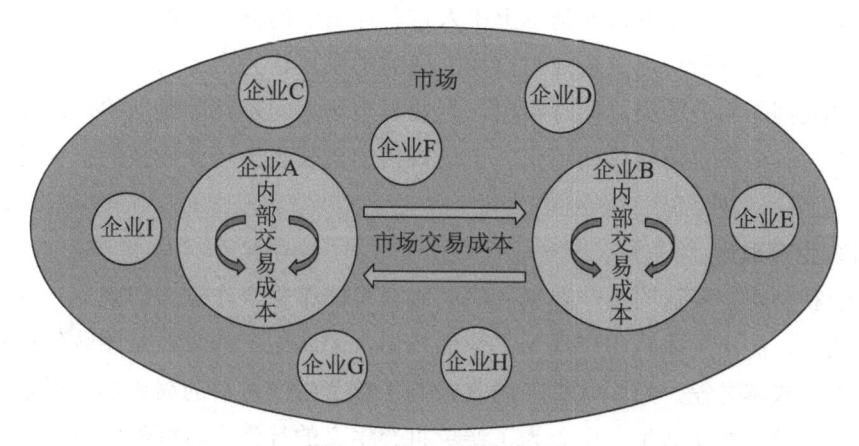

图 2-5　企业与市场机制

威廉姆森在科斯的研究基础上提出了资产专用性理论，解释了企业纵向一体化降低交易费用的问题。他认为企业纵向一体化发展主要动因是市场中既有的和潜在的交易费用，资产专用性程度越高，潜在交易费用越高，企业越倾向于纵向一体化发展。资产专用性指某些资产只在特定的领域才能发挥最大的效用，由于这些具有专用性投资的"拴住"效应和信息不完全与不对称，通过契约的方式无法完全规避被投资方的机会主义行为，降低投资效率。为了解决这个问题，企业会通过向前或者向后一体化的方式，将原本在外部市场中进行的交易转化为企业内部交易，其结果就是企业的纵向一体化扩张。

2. 合约理论

张五常并不完全认同科斯提出的企业代替市场的观点，他认为企业也是一种市场，以要素市场取代了中间产品市场，从而提高交易的效率。企业与市场的主要区别表现为市场是直接定价机制，而企业属于间接定价机制。因此，张五常的理论也被称为间接定价理论。张五常假定私人拥有生产性投入，生产资源的所有者在投入资产的时候面临三种选择：①自己生产和销售商品；②直接将投入全部卖掉，直接获得一次性收入；③以合约的方式将投入的使用权委托给代理人，从而换取一定的收入。第三种选择形成了企业。张五常认为企业本质上由一系列合约构成，企业家或者代理人依据合约的规定，获得对生产要素有限的使用权，指挥企业的生产而不会直接涉及每种活动的价格，并将生产的产品推广到市场中进行销售。

根据张五常的理论，市场和企业都是一系列契约构成，因契约的签署方、签署标的、定价机制不同而形成不同的两种机制。由于企业契约和市场契约的签署主体分别是生产要素所有者和中间产品商，企业与市场的区别主要体现在生产要素市场和中间产品市场之间的差异。市场上的定价是中间产品商对产品直接定价，而企业内部则是间接定价机制，以企业剩余权利代替直接定价。只有当间接定价的成本小于直接定价的成本时，企业才有存在的必要，而企业成长的边界也由直接定价机制和间接定价机制两种费用边际的博弈确定。

杨小凯和黄有光在张五常的基础上引入古典经济学的分工理论，建立了分工与专业化的模型，说明了自给自足、企业与市场之间的关系，认为企业的产生是分工和交易费用两个因素共同作用的结果。同时指出，企业与市场之间是互动发展的，即企业作为个体规模的扩大会促进市场整体的扩张，市场规模的增长也为企业规模的扩大提供了市场条件。

3. 团队生产理论

阿尔钦和德姆塞茨认同生产要素之间的联合可能带来合作剩余的观点，并基于对这一观点的认识，提出了团队生产理论。他们指出，团队生产的收益是团队生产带来的效益与团队管理成本之差，当团队生产的收益高于单个生产资料的简单加总时，团队生产的形式会被采纳。在团队生产中，为了避免机会主义的行为，较好的解决方法是在团队中赋予一个人"剩余索取权"，并以合同的形式确定其他成员的收入。并且，赋予个人的剩余索取权与团队的总产出高度相关，因此企业的所有权在团队生产理论认为就等同于剩余索取权。

四、熊彼特：企业家的创新行为

熊彼特围绕企业家在企业成长中的重要作用，独特地提出创造性破坏理论，他的核心思想是企业家创新理论。他构建了动态的研究框架，认为企业成长并不是静止的，而是创造性破坏的过程，具有动态性和非连续性，更强调企业家的创新对企业成长的重要意义。他认为企业家是经济体系的轴心，其创新行为是企业成长乃至经济发展的推动力。熊彼特认为企业家创新本质上是对生产函数的重新设定，企业家以创新的方式对企业所拥有的生产要素进行整合，就是对企业生产函数的修订。而经济发展的本质就是这种企业家创新，即企业家在市场中发现获利的机会，并通过重新组合生产资源、安排生产活动实现利润的过程。

然而熊彼特的创造性破坏理论的弊端在于，从企业个体的视角出发去考察企业，对企业成长的理解则局限于企业家一个因素对企业的控制。过分强调企业非竞争性资源的个体特征，而这种资源不具有可持续性，一旦这些知识与能力公开，企业就失去了相对竞争优势，随之也失去了创新带来的利润。但是，在熊彼特的观点之下，企业不再是同质性的，在企业家的创新行为之下，企业作为个体有了新的生产函数，企业成长具有主动性，不再是在市场约束下的被动选择。

五、资源、能力、知识基础理论：利用资源实现知识积累

资源基础理论最具有代表性的人物是彭罗斯，她所提出的企业成长理论以单个企业为研究对象，明确了影响企业成长的关键因素，并梳理了企业成长机制，构建了企业资源—企业能力—企业成长的研究框架。

普拉哈拉德和哈默尔（1990）在《哈佛商业评论》上发表了《企业核心能力》，文中对核心能力定义为"所有能力中最核心、最根本的部分，它可以通过向外辐射，作用于其他各种能力，影响着其他能力的发挥和效果"，认为核心能力是长期形成且蕴含于企业内质中、是多方面的技能和机制的有机融合，能够使企业在竞争中取得主动地位和优势。

资源、能力和知识基础理论的核心是企业成长的内生性，企业掌握的资源、培养的能力、储备的知识等内在条件是企业不断提升保持在市场中竞争优势的基础。在资源、能力和知识基础理论中，企业被视为资源、能力和知识积累的载体，这些积累决定了企业未来发展的潜力。资源、能力和知识基础理论对企业内在条件积累机制进行分析，是理解企业成长、制定企业竞争战略的重要依据。

资源基础理论在企业成长理论中发挥着中流砥柱的作用，应用极广且极具代表性，也是本书研究的重要理论基础，在本章的第三节中将详细论述该理论。

六、制度变迁理论：内部制度改革

钱德勒开创了制度变迁理论的先河。在《看得见的手——美国企业的管理革命》一书中，他通过对食品、烟草、化工、石油、机器制造业等大型工商企业的成长历程进行分析，论证了现代大型联合工商企业的诞生乃是市场和技术发展的必然结果的观点。钱德勒将行政管理协调比作"看得见的手"，将亚当·斯密所谓的市场协调比作"看不见的手"。他认为"看得见的手"在协调大量生产与分配的过程中比"看不见的手"更有效，从而论证了工商企业产生的必然性。

钱德勒根据组织制度把企业分为古典企业和现代企业，现代工商企业的出现才带来了真正的企业成长，传统意义上的规模扩张、多元化、纵向一体化等尽管是现代企业成长的主要策略，但不是企业成长的全部内涵。钱德勒认为所有权和管理权的分离与企业内部层级制管理结构的形成与现代工商企业的出现与成长密切联系。

总之，钱德勒认为企业成长不仅包括外部规模扩大，也包括内部制度变革，内外兼

修才是真正意义上的现代企业。钱德勒对于企业成长理论的重大贡献在于承认了大企业的存在与作用,开创了现代大企业成长的崭新研究。

七、演化经济学:形成惯例和动态能力

演化经济学最突出的贡献在于把企业看作是具有传承、演进功能的组织,从微观的企业活动分析企业成长。演化经济学认为,企业的惯例之于企业进化过程,就如同基因之于生物进化,企业惯例承载着企业成长的遗传基因。惯例是企业的固定行为方式、不断传承的组织记忆。惯例对于企业的作用在于传递技能和信息,围绕着企业的经营活动,从研发、生产、销售到企业管理乃至企业投资活动中都存在着惯例,对企业的行为有深刻的影响,在惯例的作用下这些企业经营活动可以习惯性地"自动"完成。企业的惯例也可以解释企业之间的异质性和多样性,由于企业惯例的不同,企业的行为就会产生差异,进而企业之间也会产生差异。

企业可以通过改变惯例来提升企业的竞争力。一般来说,改变自身惯例有两种途径:搜寻与创新。搜寻是一个选择的过程,是指企业在已知技术和惯例中寻找与自身的资源、能力、知识匹配度最高的知识和惯例。而创新也被称为"熊彼特式竞争",是管理的再创造过程,在完全破除旧惯例的基础上构建新的惯例。在企业的经营过程中,搜寻与创新往往是交互进行的,搜寻惯例时不可能完全照搬照抄,往往需要根据企业的特性做出一些调整,而创新的惯例也不是无中生有,需要既有的惯例作为基础。这种交互反映了继承与发展的辩证关系。

无论是从渊源、方法论,还是内容上来讲,演化经济学与资源、能力、知识基础理论具有较多的相似之处。在彭罗斯著名的"企业是知识创新体"的命题基础之上,形成了企业成长理论的资源理论和能力理论,这些理论随后又与演化经济学的观点大量相互借鉴和引用,而企业知识理论又被看作这一系列理论的最新发展,演化经济学的许多内容和方法也是资源、能力和知识基础理论共同的基础。与企业资源、能力、知识理论的不同在于该理论认为企业成长的关键在于企业内部的惯例,而惯例本身就是企业形成的知识状态。

八、生命周期理论:成长阶段的递进

企业生命周期理论是20世纪80年代兴起的一种对企业成长人格化的研究,它独立于传统的企业成长研究视角,开创了一种更具实践意义的企业成长研究方式。生命周期理论把企业的发展过程划分为若干成长阶段,对每个阶段特点展开研究,并形成一定模式。虽然生命周期理论对企业成长的本质、影响因素等问题都没有进行系统的分析,但它将企业成长的不同阶段进行了定义和区分,极好地体现了企业成长是一个动态的、不

断进步的过程，它是今后对企业成长特点等问题研究不断细化的基础，也是企业生命力和企业持续发展等观念的源泉。

由于企业生命周期理论是企业成长理论中最具代表性、应用最广、内容最丰富的理论之一，并且是本书的理论基础，因而将在本书第三章进行详述。

综合以往企业成长研究理论，可以从规模、知识能力、制度、时间四个维度来加以归纳总结，分别对应不同的学术流派，如图2-6所示。

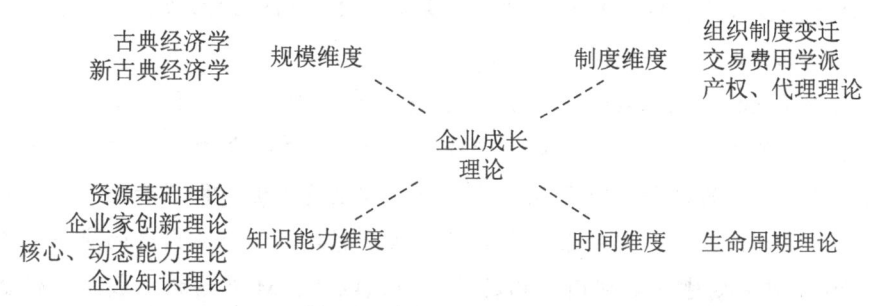

图 2-6　企业成长理论归纳

总结以上西方的基础企业成长理论以及延伸研究，可以看出资源基础理论已成为现代企业成长理论研究的核心基础理论。该理论试图从企业内部寻找对企业成长产生影响的因素，既包括促进企业成长的因素，也包括限制企业成长的因素。在以资源基础理论作为研究借鉴和框架的前提下，国内外众多学者对于"既能激发企业成长，同时又限制企业成长速度"的"内在的东西"进行了大量理论研究。本研究也是基于资源基础观的企业成长理论而展开的。但由于资源基础理论主要从内部资源来考虑成长问题，完全回避了企业外因的作用，忽视了制度、文化对企业成长的影响，因而本研究在吸取了资源基础理论关注企业内生性优点的同时，克服了其忽视企业外生性的缺点，将影响企业的内外因素结合起来进行综合分析。

扩展阅读

U 型、H 型和 M 型组织结构

现代企业在其发展过程中已经形成了与日益丰富的产品线、逐渐扩张的市场和不断增长的企业体量相匹配的组合结构体系。威廉姆森基于钱德勒对美国企业发展史的研究和对企业管理、战略的探讨将企业内部的组织结构划分为 U 型、H 型和 M 型三种类型。

U 型（Unitary）组织多见于现代企业发展的早期阶段，主要包括直线结构和直线职能制。直线结构中每个员工只对一个上司汇报、负责，因而管理者需要能够掌控公司生产经营的全过程，适用于企业规模较小、产品结构简单的企业。直线职能制结构则是在直线结构组织的基础上将企业的生产经营活动按照职能进行划分，通过实施专业分工管

理与直线结构组织中链式管理的结合让员工既对上级主管负责，又对其所属的职能部门负责。U 型结构中各部门之间的独立性不强，企业的控制决策权集中在管理层。

H 型（Holding Company），又称控股公司结构，是指企业集团下设若干子公司，并持有子公司的股份。集团下设的子公司一般拥有独立的法人地位和较为完善的组织结构，作为相对独立的利润中心进行日常的生产活动和运营。此外，子公司的组织架构通常是 U 型结构。与 U 型组织形式相比，H 型的企业集团组织形式使得管理决策权更为分散，适合产品多样化，经营较为分散，业务部门之间相对独立的企业，常被通过并购重组方式扩张的企业和一些跨国企业采用。

M 型组织（Multidivisional），也被称为事业部门型组织，根据业务按照产品、区域等因素建立半自主性的事业部。M 型组织的特点是战略决策和经营决策的分离并将集权与分权进行了较好的结合。M 型组织在通过管理层负责资源配置和重大决策制定的同时确保各个事业部门具有一定的独立自主性，从而有效降低企业内部的交易成本。自杜邦公司于 20 世纪早期建立多部门结构的管理组织以来，M 型结构已成为现代企业广泛采用的组织方式。

第三节　资源基础理论

由于资源基础理论在企业成长理论中居于重要地位，且本研究是基于该理论而提出理论研究架构，因而在此进行更为详尽的分析与解读。

资源基础理论认为企业是各种资源的集合体，将企业成长视为企业对自身拥有的资源和管理职能进行统筹、协调的结果。该理论对企业成长有了全新的认识，认为企业成长的原动力是企业利用自身的生产资源形成生产服务，认为企业成长是在企业作为个体的独特力量（通常是企业调动自身资源所产生的服务或能力）推动下发生的，而非市场的均衡力量决定。资源基础理论建立了一个"企业资源—企业能力—企业成长"的分析框架，如图 2-7 所示。

企业资源 → 企业能力 → 企业成长

图 2-7　资源基础理论分析框架

企业利用内部资源进行生产，主要通过对运用资源的时间和方式进行决策推动企业成长。企业运用生产性资源提供生产性服务，生产性服务发挥作用的同时对企业知识的增加起到推动作用。彭罗斯认为对于企业来说管理团队积累的管理知识和管理经验是最有价值的资源之一，这些资源决定了企业的管理能力，而管理能力又是企业调用其他资源所能提供的生产性服务的数量和质量的决定因素，进而制约企业成长的速度。现在的学者通常把管理资源的投入对企业成长速度的关键性约束称为"彭罗斯效应"，如图2-8所示。

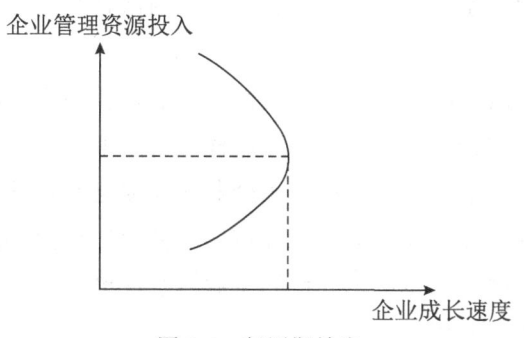

图 2-8　彭罗斯效应

彭罗斯认为，管理资源是管理团队在管理活动中积累的专业化经验和能力，无法通过市场交易而获得。企业能力特别是管理能力与企业多元化成长的可能性高度正相关。企业成长的内部动因和企业创新能力的主要来源是企业积累的生产性服务、资源和特别的知识。而阻碍企业成长的主要原因则是缺乏扩张所必需的专业化服务，如管理能力、专业技术等。企业始终存在着以更高的效率来使用企业资源的动力。而由于资源的不可分性、资源功效的多重性、资源利用的不平衡性以及资源的不断创新性，企业将永远存在剩余资源，不可能存在完全出清的均衡状态，因此企业永远存在成长动力。根据资源基础理论，企业成长的关键驱动力就是有效地利用现有资源，管理资源的不足是制约企业持续性成长的主要因素。彭罗斯认为对于以内部资源为基础的企业来说成长的主要动力是知识的积累。企业资源基础理论的核心观点是企业通过对自身资源的利用产生的服务是企业成长的原动力，因而她认为企业成长是企业使用生产资源产生的服务（也可以理解为能力）推动的，而非新古典经济学理论中认为企业成长是市场均衡的结果。资源基础理论的"企业资源—企业能力—企业成长"的基本思想强调了企业的"个性"，与传统的企业成长理论相比，更加符合企业成长的实际状况。

彭罗斯理论的不足之处主要体现在两方面。一方面，她仅从内部资源来考虑企业成长问题，完全忽略社会、文化等外部因素的作用。另一方面，虽然彭罗斯的理论说明了管理的重要性，但在解释"管理供给"的成因时仍无法令人信服。

资源基础理论将企业经营效果的不同归结为不同企业掌握的资源与形成的能力存在的差异，这一思想与早期的战略管理思想一脉相承。早期战略管理的核心思想就是将企业内部的能力与外部的环境相匹配，这其中蕴含了对企业资源分析的思想。《企业战略》的作者安索夫论述了从企业产品到市场决策的过程，深度探讨了企业发展的范畴和方向。同时，安索夫提出了企业成长战略的四个属性：规划适当的产品——市场范围；根据发展的范围和方向选择战略类型；运用竞争能力的优势；灵活运用协同效应。因此，安索夫认为企业对于自身"能力概况"和"协调作用"的认知在战略制定时具有重要作用。企业的能力概况指企业当前所积累的资源和培养的能力的特征，是对企业现实能力的直接体现；协调作用则考察企业当前经营项目与新项目之间的关联程度，反映企业的潜在实力，企业的协调作用对企业的发展方向和发展范围都具有指导作用，因此被视为企业的"成长向量"。

安索夫指出，企业成长的方向应该向良性的企业特长领域发展，在选择发展方向时应该尽可能保持新项目与传统项目之间的关联性，在竞争中企业更容易保持有利位置。他从企业的产品和市场需求两个维度构建了企业成长战略的四种模式：对现有业务进行扩张，提升市场占有率；开发新产品；开发市场；多元化经营。在安索夫的理论中，他强调企业成长应该向关联领域发展，这成为企业核心理论的雏形。其观点被称为"安索夫战略矩阵"，如图2-9所示。

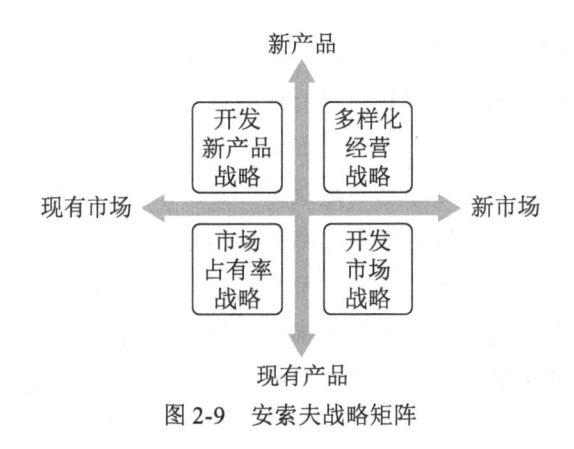

图 2-9　安索夫战略矩阵

受资源基础理论影响而提出的企业能力理论和企业知识理论从企业能力积累和知识增长角度解释了企业成长的问题。

企业能力理论中较为完善的是企业核心能力理论和企业动态能力理论。普拉哈拉德和哈默提出的企业核心能力理论认为，企业的不可模仿的、难以复制、不能完全转移的独特的核心能力是企业成长过程中竞争优势的源泉。核心能力是组织中的积累性学识，特别是关于如何协调不同生产技能和有机结合各种技术派别的知识。企业核心能力理论强调了企业内部的资源、独有技术、技能等核心能力对企业的成长的重要性，企业所拥有的核心能力的资源类型及其发生作用的机制不同决定了企业在成长路径的选择不同。

企业动态能力理论认为，企业为了与变化的环境保持一致而变革的能力即为动态能力。纳尔逊和温特认为企业在成长过程中，通过惯例化将生产性知识和能力不断积累、发展，从而把知识储存在组织的记忆中，建立了动态应对能力，达到了提高组织效率的效果。动态能力理论从动态概念角度提及了企业内外部知识的流动和转化，这种知识流动和转化必然会引起企业知识结构的动态更新，为企业成长提供了可能。

企业知识理论把企业共同的使命、价值观、企业文化、行为规范和技术成果等统一视作企业的知识资本,这些独特的知识资本构成了企业长期竞争的优势,决定着企业成长的边界。表面上看决定企业成长的是企业的核心能力,而真正起决定性作用的是隐藏在能力背后的企业知识。企业内部所掌握的独特知识,尤其是一些默会知识,竞争对手是难以模仿的。所以企业所掌握的独特的核心知识决定了企业如何更好地利用各种资源,为企业提供了更好的发展机会。正是由于知识结构不同造成的企业异质性最终成为企业的核心能力和竞争优势。

一、资源基础理论的基本假设

企业资源基础理论建立的企业成长框架有两个基本的假设:

一是企业资源的异质性,表明相互竞争的企业拥有或控制不同的资源集合。

二是企业资源的不完全流动性,表明企业间在资源集合上的差异是持续性的。

资源基础理论首先假设企业的资源具有异质性,不同企业所拥有的资源存在差异,即使是同一行业的两家企业也会由于企业初创时所掌握的资源与能力、发展过程以及在经营过程中对未来的判断等方面的不同而积累不同的资源。资源基础理论认为资源是企业独特的能力,且由于资源的产生过程并没有固定的模式,因此资源具有不可复制性,是企业的竞争壁垒,竞争对手很难识别。除了资源禀赋、历史等因素外,企业管理层在一定经营环境里的自主性决策行为也会使得资源呈现异质性。因此,外部市场力量和企业内部战略的独特性都在客观上造成了企业资源的一致性。

企业资源理论的持续性假设与企业资源的异质性假设紧密相关,即由资源的不完全流动性造成的不可完全模仿性。资源的不可完全模仿性指的是,企业资源不能在企业间自由流动而被其他的企业模仿,从而作为整体可以成为企业长期利润的潜在源泉。

企业之所以能够取得长期的增长,其根本原因在于企业拥有与众不同的独特资源,这种特质性的资源能够以经济租金的形式给企业带来收益,也就是说可以获得超过市场平均水平的收益。在这种经济租金所导致的利益差别的驱使下,那些相对劣势的企业往往会积极地模仿优质企业,学习优质企业。假设这种企业之间的模仿是可行且完全的,那么在这种大的行业发展趋势下,一个必然的结果就是企业的经营模式逐渐地趋同,从而导致经济租金的消失,行业内的企业只能够获得行业平均水平的利润。这种平均化的利润消除了超额收益,从而也就抹杀了创新和劣质企业对优质企业的模仿,行业的发展也就停滞了。从世界经济多年来不断地长足发展的事实来看,这种完全的模仿是不可能实现的,在模仿的过程中必然有阻碍企业之间完全相互模仿的因素,从而也就使得少数优质企业仍然可以获得经济租金。资源基础理论对阻碍企业完全模仿的因素进行了研究,认为至少有三个因素的存在保证了经济租金的持续性。

首先,是生产经营因素之间的模糊因果关系。每一家企业在生产过程中都会面临诸多的不确定因素,这些不确定因素经过了许多复杂的相互作用、相互影响之后,才产生了经济租金。因此，没有哪位管理者可以清楚地知道企业经营生产活动的各种因素与企业最终获得的经济租金之间精确的数量关系，从而无法精确地学习模仿优质企业所拥有的各项资源。

其次，企业资源最终转化为经济租金存在路径依赖性。这种资源对转化路径的依赖使得很多资源在取得时并不具有很明显的价值，而在其价值得到充分反应的时候，或者其产生的条件已经不再具备，或者其获得的成本变得十分的高昂。因此，只有那些有先见之明或者无意中获得这些被事后证明是宝贵资源的企业，才能获得经济租金。

最后，落后企业向优秀企业学习、模仿是有成本的。这种模仿成本主要包括时间成本和资金成本。如果企业花在模仿上面的时间成本或资金成本过大，超过了其可以获得的经济租金，那么这种模仿行为就不能够给模仿企业带来真正的收益，模仿行为就自然终止了。

因此，资源基础理论认为以上三个因素是经济租金可以长期存在的原因，如图2-10所示。

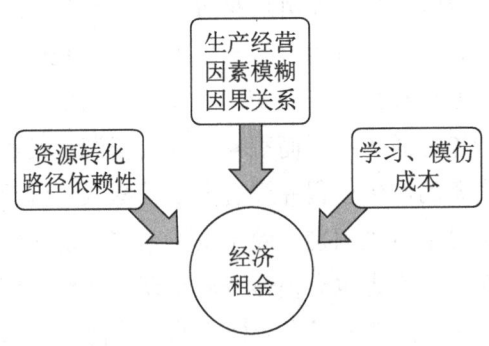

图2-10 经济租金长期存在的原因

二、资源基础理论的基本概念

1. 资源

沃纳菲尔特认为，企业资源是一种半永久附属于企业的（有形或者无形）资产。巴尼在文献研究的基础上，将企业的资产、能力、组织结构、人才等都纳入企业资源的范畴之中。格兰特则将资源定义为生产过程中的要素投入，如设备、专利、品牌、人力等，他指出资源本身并不具有生产性。阿密特和舒梅科进一步指出，资源是企业拥有或控制的要素存量，企业通过技术、管理信息系统、激励机制等方式将企业资源与企业其他资产协同运用，进而将企业的资源转化为最终的产品或者服务。

然而，从以上对资源的定义可以看出，资源本身并不具有生产性。彭罗斯认为企业成长的原动力是企业使用自己的资源所产生的服务，即一个企业能够持续成长，不是由于企业对优质资源的拥有，而是由于企业所具备的充分利用这些资源的能力。

2. 能力

格兰特认为企业的能力是将整合资源达成企业任务或者活动的组织流程或者手段。

资源通过能力来影响企业的成长。阿密特和舒梅科将企业能力视作企业为提高生产效率而衍生的中间产品,这种中间产品是企业特有的,是企业内部资源复杂的互动过程中长期培育而形成的。

本研究借用了格兰特、阿密特和舒梅科对资源和能力所下的定义,同时认为尽管企业拥有各种各样的资源,但是企业获得成长的来源是企业通过资源之间复杂的互动作用长期培育起来的完成任务的手段或流程,即企业能力。

彭罗斯认为决定企业成长速度、方式和界限的关键是企业能力,在众多能力当中管理能力最关键,它是企业成长的决定性因素。而且,企业管理能力不可能从外部获取,也不可能通过交易购买到,它是企业管理人员专业化能力的体现,也是管理体系高效性的表现。在所有能力当中,管理能力居于决定性地位,它支配着企业资源的投放,以及所带来的生产性服务的数量和质量,最终决定着企业成长的速度,同时也制约着企业的成长速度。

三、企业资源能力体系

企业的资源能力体系是一个很复杂的系统,众多学者都给出了不同的划分标准。

沃纳菲尔特认为企业资源包括物力资源、人力资源和组织资源。格兰特则将资源分成财务资源、物力资源、人力资源、技术资源、声誉和组织资源。巴尼根据企业资源的性质将企业资源分为物力资本资源(Physical Capital Resources)、人力资本资源(Human Capital Resources)和组织资本资源(Organizational Capital Resources)。

布莱克和波尔认为资源与资源之间存在或简单或复杂的关系,组合的结果形成了内聚资源(Contained Resource)和系统资源(System Resource)两种类型。内聚资源相互直接联系、边界明确,而且可以交易或者有替代物。系统是通过资源要素之间的复杂网络相互作用的,企业的能力就是一种系统资源。它包括很多资源要素,可能是某些系统资源、内聚资源和其他资源要素组合,没有明确的边界,相互间存在直接或间接关系。

米勒和夏姆斯将企业资源分为权利资源(Property-based Resources)和知识资源(Knowledge-based Resources)。达斯和腾格在米勒和夏姆斯资源分类的基础上,总结出如表 2-1 所示的资源类型与资源特征:

表 2-1 资源类型与资源特征

资源特征	资源类型	
	权利资源	知识资源
不完全流动性	人力资源	组织资源(如组织文化)
不完全可模仿性	专利、合约、版权、商标、注册设计	技术资源、管理组织能力
不完全可替代性	物力资源	技术资源、管理组织能力

希特、爱尔兰和霍斯金森等人列举了七类主要的企业资源，每类资源的主要内容概括如表 2-2 所示：

表 2-2　企业资源的种类及主要内容

资源种类	主要内容
财务资源	现金及企业的融资能力，创造现金收益的能力
物化资源	生产设备及其布局，原料以及采购渠道
技术资源	各种知识产权以及与之相关的技术知识
创新资源	技术人员和研究开发所需的设备
商誉资源	顾客和供应商所认可的品牌、信誉及合作关系
人力资源	员工的培训水平、适应力、判断力和工作态度
组织资源	企业的组织结构和它的计划、控制、协调系统

罗伯特·格兰特把资源分为有形资源、无形资源、人力资源三种，并给出了各种资源的关键衡量指标。如表 2-3 所示：

表 2-3　公司资源的分类和评估

资源	主要特征	关键指标
有形资源：		
金融资产	公司的筹资融资能力和内部资金协调能力决定了它的投资能力，并使它能够应付需求和利润随时间而发生的波动。	权益负债率；净现金流量与资本支出之比；贷款利率。
物质资产	厂房与设备的大小、位置、技术先进性及灵活性；土地、建筑物的位置和替代用途；原材料储备、生产所需的物质资源和影响公司成本的地理位置	固定资产的变现价值；资本设备的寿命；厂房规模；厂房与设备的灵活性
无形资源：		
技术	以专有技术（专利、版权、商业秘密）形式保有的技术储备、技术运用中的专业知识（方法）；用于创新的资源：研究设备、科技人员通过	专利的数量和意义；来自专利许可的收益；研发人员占总人员的百分比。
商誉	商标所有权、与顾客的关系而建立的企业信誉；公司因产品服务的质量、可靠性而享有的声誉；公司在供应商（包括零部件供应商、银行及其他借款人、雇员及潜在雇员）、政府、政府机构以及所在社区中的信誉	品牌识别；与竞争品牌的差价；重复购买率；公司业绩的水平和持续程度；对产品性能的目标测量
人力资源：	对雇员的培训和雇员所拥有的专业知识决定了公司可以利用的技能；雇员的适应性是决定公司战略灵活与否的关键因素；雇员的投入和忠诚决定了公司能否实现并保持竞争优势	雇员在教育、技术及职业培训方面的合格证书；相对于本行业的损失赔偿水平；有关劳动争端的记录；雇员换岗率

戴斯和拉普金将企业资源大概地分为有形资源、无形资源和组织能力三大类。其中组织能力不是特定的有形或无形资产，而是企业用来把投入转化产出的能力或技能，具体分类内容如表 2-4 所示：

表 2-4　基于资源的企业观点：资源和能力

有形资源	
金融	公司的现金和现金等价物；公司发行股票的能力；公司的借款能力
实物	现代化的工厂和设备；有利的生产地点；最新技术的机器设备
技术	商业机密；创新的产品加工工艺；专利、版权和商标
组织	有效的战略规划程序；杰出的评价和控制系统
无形资源	
人员	员工的经验和能力；信任；管理技能；公司特有的惯例和方法
创新和革新	技术和科学技能；创新能力
声誉	品牌名称；在客户中享有质量高和可靠的声誉；在供应商中享有公平的美好声誉、与供应商不是零和关系
组织能力	
	拥有把投入转化成产出的公司能力或技能；把有形资源和无形资源组合在一起的能力，运用组织程序达到预期目标 例如：杰出的客户服务能力；卓越的产品开发能力；产品和服务的创新能力；雇佣、激励和留住人力资本的能力

亨德森和科伯恩将企业的能力划分为局部能力（Component Competence）和建构能力（Architectural Competence）两大类别。其中，局部能力主要解决企业日常问题，是较基础的能力；而建构能力也称为"使用局部能力的能力"，是企业在整合已有局部能力的基础上，根据企业需求开发出新的局部能力的能力。

豪尔认为企业要具备基于规制的能力、基于地位的能力、基于职能的能力和基于文化的能力。在这四类能力上的差异，形成了企业持续竞争优势不同的来源。

基于规制的能力是指企业受到法律保护的权利能力，如品牌、商誉、专利、特许经营权等；基于地位的能力是指企业在行业、价值链上的影响能力，如美誉度、议价能力、生产话语权等；基于地位的能力是以往竞争结果的体现，需要较长时间的累积。基于职能的能力是指企业的具体执行能力，它由企业组织、全体雇员以及合作成员共同协作而形成，是长期积累的知识、经验和能力的综合体现。基于文化的能力取决于企业的文化，它是企业使命、信念、价值观，以及个人态度、习惯的表现。企业在长期发展中，如果能够高质量地建立起以上四方面的能力，就将给企业带来很好的竞争优势。

近年来，国内学者对企业资源能力体系分类的研究也在不断发展中。杜纲、姚长佳、王军平从刚性和柔性两个维度分析企业能力的内涵，其中刚性能力是企业的技术水平，如研发能力、制造能力，广义上也包含市场营销技术及组织管理技术等。柔性能力则主要指企业对动态的外部环境作出的有效反应,并快速适应环境变化的能力。既包括被动地适应市场变化,也包括主动创新改变外部环境。从其指标看,主要包括市场、管理和技术三个层面。

吴正刚、韩玉启、周业铮从企业能力及其指数定义出发,设定了知识生成体系、基础管理体系、组织创新体系、技术创新体系、协同博弈体系、价值实现体系六个一级指标体系,在此基础上设立相应的二级指标。在进行实证调查后对每个二级指标赋予一定的权重,最终建立了较为完善的企业成长能力指标体系。他们采用动态评估方法,又与实证调查研究相结合,是目前国内研究较为完善的企业能力指标体系。冒乔玲将定量指标与定性指标、财务指标与非财务指标结合,提出由基础层、核心层、外围层构成的三位一体的企业成长性评价指标体系框架,基础层为安全性评价指标,核心层为前瞻性评价指标,外围层为相关者利益评价指标。

扩展阅读

规模经济与成长经济

规模经济是指企业能够通过规模的扩大进行更为有效的采购、生产和销售等运营活动。这一概念与技术经济、管理经济和运营经济等均有交叉。在大规模制造业和机械生产等行业,企业通过引入机械设备,加强工人劳动的专业化等方式在获得一定量产出的同时,对投入的资源成本的降低通常可以被认为是技术经济。由于投入的资源成本的降低不但取决于投入的生产要素数量,还取决于各生产要素对应的价格,因此技术层面的最优规模是技术与价格的函数。若出现劳动力、原材料价格上涨等情况,企业可能会面临单位生产成本随产出规模上升而增长的情况,这时企业的最优规模存在上限。此外,在生产规模上升的同时,管理费用和运输成本等也会随之升高。为充分利用技术经济带来的优势并抵消管理和运输方面成本与费用的上升,企业的最小生产规模经常会维持在一个较高的水平。企业规模的扩张还使得企业能够在采购、生产、销售和融资等方面分别雇佣专业的管理人员并让他们共同运营企业,此时管理经济和运营经济可体现为技术没有实质变化的情况下企业通过扩大运营规模,充分利用管理资源实现成本的降低以及效率和产出的提高。

成长经济来源于企业的内部,是基于企业所拥有的独一无二的资源能力集合并且支持着企业在特定方向的扩张优势。如果一家企业具有不同于其他企业的生产、技术等优势并将其运用于现有产品或是新产品的生产、销售等,那么该企业在其扩张前进的过程中获得了成长经济。由于企业内部存在尚未被充分利用的技术资源、财务资源和人力资源,如何发挥这些资源成了企业能否获得成长经济的关键。不同于规模经济依赖于企业规模的扩张,成长经济是依靠企业内部积累的资源能力产生。例如,如果市场上大企业已经通过扩大生产规模降低成本和销售价格，而小企业的规划、组织和执行能力又不足以支持其扩张以在成本上与大企业竞争时，基于小企业内部资源在特定方向的比较优势是小企业能够在行业得以生存的原因。因此，成长经济与企业的规模无关，只要一家企业能够利用其拥有的特殊生产性资源和能力，以相较于其他企业更低的成本将产品生产并投放到市场上去，该企业就拥有成长经济。

第三章

企业生命周期理论

企业生命周期理论是近年来兴起的拟人化的企业成长理论，该理论认为企业也像自然界的生命体一样会经历由出生，到成长，再到死亡的过程，希望借鉴自然界生命体从出生到死亡的各个阶段的特征，来解释、研究企业从创立到衰落的演变，以及如何能更好地使企业做到基业长青。多年来，在学者们不断求索的过程中该理论形成了企业生命周期理论体系。

第一节 生命周期理论主要学派

经济学家马歇尔最早提出了企业成长历程具有生命体的特征，并用树木的生长来类比企业的发展；在 20 世纪 50 年代，除了借鉴生物学的知识外，学者们又引入经济学、社会学的观点，构建企业成长模型，来研究解释企业的发展；进入 20 世纪 80 年代，学者们又采用统计学的方法，综合开展了一些实证类的相关研究，丰富了企业生命周期理论的研究成果。

一、经济学派：借鉴经济增长理论

经济学派的企业生命周期理论学者认为，微观企业的成长模式与宏观经济的发展历程具有相似之处，都经历了由少到多的量变和由低到高的质变过程。经济学派以莫克圭的企业成长四阶段模型为代表，将企业成长划分为传统小企业阶段、计划成长阶段、专业化管理阶段、大规模生产阶段。

二、组织学派：借鉴组织成长理论

组织学派的企业生命周期理论学者认为企业成长可以被抽象化为企业组织内部变革的过程，对企业成长的研究侧重于组织结构的复杂程度、权利分配等方面。代表观点有斯坦梅茨的四阶段模型、葛雷纳的企业成长模型。

1. 斯坦梅茨的四阶段模型

斯坦梅茨（L. L. Steinmetz, 1969）将企业的成长过程划分为直接控制、指挥管理、间接控制及部门化组织四个阶段，他认为这一过程呈 S 曲线状，即度过创业初期以后，随着企业的规模不断扩张，企业创始人直接控制便会失去效果，此时应引入新的管理者，促进企业快速发展。当企业继续扩大时管理者的积极性和创新动力开始下降，企业发展速度放缓，这一阶段的企业应通过授权、制度等方式推动企业管理制度化、规范化。

2. 葛雷纳的企业成长模型

拉瑞·葛雷纳（Larry E. Greiner）认为成长性企业发展的普遍规律可分为以下五个阶段：创业阶段、集体化阶段、规范化阶段、精细化阶段、合作阶段。在不同的阶段，企业管理的重点、组织结构、高层管理风格、控制体系和管理人员的报酬重点也有所不同，如表3-1所示。

表3-1 葛雷纳的企业成长模型

企业生命阶段	创 业 阶 段	集体化阶段	规范化阶段	精细化阶段	合 作 阶 段
企业表现与特点	企业通过创造而成长并多依靠创业者的个人创造性。经过1～3年的发展企业可能遭遇领导危机，此时需要职业化的经理人来领导	企业通过领导而成长并由专业的经理人进行管理。该阶段可能发生自立危机，员工对自主权的渴求提升，需要授权和更为规范的管理	规范化阶段企业通过分权高速成长，授权成为重点。企业由于规模高速扩张、部门快速分拆协调等可能遇到控制危机，协调是跨越该阶段的主要手段	企业的规模通过合作成长迅速壮大，也许已经进入国际市场	企业通过合作成长迅速壮大，可能已经进入国际市场并成为全球公司

三、生命学派：借鉴生命成长

生命学派的企业生命周期理论学者借鉴生物学理论，以自然界生物从出生到死亡的一般过程模拟企业从创立到成熟再到衰退的过程，把企业看作具有生命特征。代表理论有爱迪斯的十阶段模型、德赫斯的企业生命周期论等。

1. 爱迪斯的十阶段模型

爱迪斯的十阶段模型将企业生命周期分为孕育时期、成长时期和老化时期三个时期，并将这三个时期进一步细化为孕育期、婴儿期、学步期、青春期、盛年期、稳定期、贵族期、后贵族期、官僚期和死亡期。不仅形象地描述了企业整个生命周期的形态变化，而且针对每个阶段的特点指出了企业可能存在的病症，提出了相应的诊断方法，见表3-2。

孕育期：在这一时期，企业还仅仅是企业家的创业意图。对于这一时期的企业来说，创业意图的可行性十分重要，要综合考虑市场、资金等客观条件以及创业者能力等主观条件。在这一时期，企业应更多地考虑创业的动机是否符合市场需求，是不是能带来更高的附加值，而非追求投资回报。

婴儿期：当创业的构想转化为实际的企业，便进入了企业的婴儿期。随着企业进入婴儿期，企业经营的风险开始伴随着企业整个生命周期。从这一时期开始，企业的发展不能仅仅停留在构想层面，而应该开始通过实际行动实现企业长远的战略。企业在这一时期发展的关键在于企业家的重视和资金的获取两方面因素。在管理模式方面，由于婴儿期的企业规模较小，尚不足以实现团队合作的模式，因而企业家的管理能力在这一阶段十分重要。这一阶段企业的目标是生存,为了谋求生存应不断开拓市场并优化产品设计,以增强获取资金等资源的能力。

学步期:随着企业不断发展,在激烈的市场竞争中生存下来,企业家的构想开始实现其价值,产品或服务开始为市场所接受,企业进入到学步期。这一时期企业成长的主要目标是通过产品或技术的革新推动销售收入的增长,进一步扩大市场规模和盈利能力。由于处于学步期的企业尚未形成系统化的管理制度,缺乏科学化的授权体系,企业在进行战略决策时很可能会被眼前利益驱使,做出不明智的选择。因此,对于这一时期的企业来说,应逐步完善企业内部管理制度,制定规章制度,推动企业规范化运行。

青春期:这一阶段企业高速成长,具体表现包括企业内部技术优化、创新能力提升,有效降低生产成本,规模效应逐渐显现;企业外部市场份额不断提升,品牌影响力显著增强。同时,在人力资源管理方面也有极大的改善,由于企业综合实力的提升,企业在人才市场的吸引力也逐渐加强,高素质人才开始进入企业,而企业组织也开始由人员导向向结构导向调整,企业的制度不断完善,具体表现为适度的分权,由企业家高度集权的模式向科学规范的管理模式转变,逐步建立对领导人的约束机制。随着企业的盈利模式逐渐成熟,财务状况趋于稳定,企业的外部融资的难度相对下降。然而资金的充裕也给企业带来潜在的威胁,这一时期的企业很容易陷入多元化扩张的陷阱中,盲目的扩张导致企业经营的注意力分散,反而失去在原有市场中的竞争优势。

盛年期:盛年期是企业生命周期曲线中最理想的状态。在这一阶段里,企业开始独立并逐渐成熟,对创业者的依赖明显下降。企业的灵活性和可控性达到平衡,进入到理想的经营状态。具体表现为企业内部制度和组织结构不断完善,这些制度可以有效激发企业创造力并维持企业的开拓精神;这一阶段的企业更加重视消费者体验,将顾客的需求与满意度作为市场工作的重点;企业的计划可以顺利地执行,有了一定的市场积累以后,企业对市场及行业趋势的判断能力提升,并且面对企业快速发展所带来的资金、人力、市场等方面的压力有应对措施,大型的企业依托在市场中的优势地位开始分化出新的事业和组织。这一时期的企业也要注意创新能力的保持,在产品设计和技术创新方面应保持活力,否则组织终将失去活力,最终走向衰败与解体。

稳定期:进入稳定期以后企业继续保持高度成长,但是随着规模的扩大,企业的灵活性有所下降,出现衰老的征兆,如人际关系复杂、缺少冒险精神、对市场敏感度降低、拓展新市场的动力下降等。

贵族期:这一时期的企业不断膨胀,以自我为中心。企业和员工的自我保护意识逐渐增强,而与顾客的联系逐渐弱化。具体表现为:在控制系统、福利、一般设备等方面的投入增加;强调做事方式而非内容和原因;强调传统与形式;创新活力下降,创新机制失灵。

后贵族期:后贵族期也称为官僚化早期,这一时期,企业内部冲突加剧,各个部门工作的重点在于权力的争夺而非产品的创新与提升,人们更多地考虑责任的追究而非问题的解决。

官僚期：企业彻底与外部环境脱节，只关心自己。虽然企业的规章制度齐备但是企业经营效率始终得不到提升，更严重的是企业对此丝毫没有控制意识。

死亡期：这一阶段的企业资源耗尽，无法再激励员工工作，无人对企业负责；当企业经营无法产生现金流，入不敷出，企业面临崩溃与死亡。死亡期的到来可能持续数年，也可能突然而至。

表 3-2 爱迪斯的十阶段模型

具体时期	孕育期	婴儿期	学步期	青春期	盛年期
企业表现与特点	企业仍是创业者的意图，还未诞生。创业者受到资金、市场和自身能力等条件的制约，被满足某种市场需求所激励	创业意图已经转化为企业的实际生产，企业发展最需要资金和企业家的重视，创新能力不足是该阶段企业面临的主要问题	企业已经在市场上生存下来，产品和服务开始为市场接受。此阶段系统化的制度和科学化的授权体系是企业进一步发展的关键因素	企业成长最快阶段，规模效益开始显现。此外，企业组织向结构导向调整，管理制度日渐完善。该阶段企业易陷入多元化扩张的陷阱	企业生命周期中最理想的阶段，在摆脱创业者影响后走向成熟。在企业运作出现理想化特征的同时，能否保持活跃持久的创新力将决定企业的生死存亡
具体时期	稳定期	贵族期	后贵族期（官僚化早期）	官僚期	死亡期
企业表现与特点	企业仍然强健，但开始丧失灵活性并开始出现衰老的征兆，如不思变革、害怕冒险等	企业和员工自我保护意识增强，以自我为中心，在收入、利润和市场占有率等指标上出现下滑的现象	企业内部冲突不断，注意力集中在权力地位的争夺而非解决问题上。如果爆发的问题日趋严重，企业容易最终进入死胡同	企业与外部环境脱节，制度齐备而做事效果不佳并缺乏控制意识	企业已没有资源鼓励人们为自己工作，公司的收入和现金流日益枯竭

2. 德赫斯的企业生命周期论

阿里·德赫斯（Aris De Geus）将企业过早夭折的原因归结为企业政策和行为过分迷信经济学理论而忽略了"企业是具有人格化特征的有机体"。他认为婴儿早夭和壮年陨落是企业生命周期两个关键节点，新建公司的最初 10 年是"死婴率"最高的阶段，如同婴儿早夭；稳定的大型公司也很难维持 40 年，如同壮年陨落。

四、企业学派：来源于管理实践

企业学派的企业生命周期理论学者通过对企业管理实践的观察和总结分析企业成长的过程。代表理论有丘吉尔和刘易斯的五阶段模型、弗莱姆兹的七阶段理论等。

丘吉尔和刘易斯（N. C. Churchill 和 V. L. Lewis，1983）以企业管理的决策风格、组织结构复杂性、运作系统、战略规划、业主与企业关系等因素作为分类依据，将企业成长分为创业、生存、起飞、成功、成熟五个阶段，并从企业规模和管理因素两个维度对企业成长的各个阶段加以描述。

厄威克·G.弗莱姆兹认为，所有的企业在生命周期中都要经历七种不同的发展阶段：新建、扩张、专业化、巩固、多元化、一体化、衰落和复兴。

五、综合学派：重视研究科学性和分析工具

综合学派的企业生命周期理论学者认为运用分析工具可以保证研究成果的科学性。综合学派的学者主要采用"理论假设—问卷调查—数据分析—假设检验—分析讨论"的模式展开研究。

综合学派的代表理论是奎因和卡莫闰的四阶段企业成长模型。他们将企业成长划分为创业阶段、集体化阶段、规范化阶段和精细化阶段。其中创业阶段组织规模较小，企业在市场中生存对领导人领导力的依赖性较强。进入集体化阶段以后企业迅速成长，但是企业组织结构尚不规范，需要适度授权。企业从集体化阶段过渡到规范化阶段以后，组织层级分工开始明确，企业高层管理者负责企业战略方针的制定，中层管理者主要负责企业内部的经营。但是这一阶段的主要问题是官僚主义开始出现。精细化阶段企业不断完善其规章制度，通过组织创新维持企业内部活力。

六、我国学者对企业生命周期的研究

陈佳贵、黄速建（1995）将生命周期分为六个阶段，分别为孕育期、求生存期、高速成长期、成熟期、衰退期和蜕变期。其中，孕育期的企业具有较强的可塑性，特点是投入高、建设周期长，且对企业未来的成长具有重大影响。求生存期的企业实力依然较弱，由于企业体量整体较小、实力较弱，企业内部管理不规范，对大企业或政府依赖性强；且由于企业发展尚未定型，企业虽然创新能力较强，但是发展速度不稳定，破产率较高。处于高速成长期的企业实力显著增强，经过前面两个阶段的探索已经确定了企业的主导产品，内部管理规范化，发展速度较快，企业经营相对稳定。企业进入成熟期以后发展速度放缓，同时开始多样化、集团化发展。衰退期的企业开始出现大企业病，创新能力不足，生产效率下降，企业经营状况堪忧。蜕变期是企业经过衰退期以后寻找新的发展突破口，激发企业创新活力。

李业认为企业的销售额是企业产品或者服务通过市场创造价值的综合反映，销售额的增长则反映了企业规模扩张以及企业在市场中竞争实力的提升。他以销售额为基准，将企业成长历程划分为初生期、成长期、成熟期和衰退期。他认为虽然企业的成长过程表现出一定的生态学规律，但是企业与生命体存在本质区别，机械地将生态学理论套用

到企业成长过程中会对企业创造性发展造成一定的限制。结合生物学理论与企业发展的实际状况，他归纳了企业成长的四种模式。成长—衰退—成熟型：这一类型企业的特征是企业在短期内快速成长，进入成熟期，随后会出现销售额大幅下降直到达到一个较稳定的水平，并再次进入成熟期。双峰型：产品推向市场的初期，企业销售额大幅增长，并迅速达到顶峰，随后销售额开始出现下降趋势。为了扭转销售额的颓势，企业推出新产品，刺激销售额再度增长，形成新的高峰。这个过程可以不断反复，反映了企业不断适应市场变化，满足消费者需求的过程。扇贝型：企业经历了初生期、成长期进入成熟期以后，通过新产品的研发与新市场的拓展会进入新一轮成长期，随着企业不断变革与创新，形成不断反复、螺旋上升的过程。高起点成长型：企业发展的起点很高，在初创期就已经具备较大规模，在这样高的起点下，企业快速成长，平稳过渡到成长期、成熟期，直至最后走向衰退。

赵炼钢认为企业生命周期以 12 年为一个循环，并且可以每三年为一个小周期再细分为四个阶段，每一年也能以三个月为限分解为四个微周期。企业的发展在不同阶段表现出不同的特点。赵炼钢通过对 1400 余家企业进行调研，总结出企业发展的三个类型：普通型（上升期—高峰期—平稳期—低潮期）、起落型（上升期—高峰期—低潮期—平稳期）、晦暗型（下落期—低潮期—高峰期—平稳期）。

从企业管理实践的角度而言，生命周期理论通过对企业进行人格化的研究，赋予了企业生命体的特质，可以借用生物学领域的一些研究成果，来解释企业成长过程中的问题，预测企业成长各个阶段的特征，识别企业成长的关键转折点。从理论研究的角度来看，企业生命周期理论搭建一个新的宽阔性研究平台，基于这个理论可以对众多企业成长问题展开研究。

目前由于企业生命周期理论存在着概念和问题界定含糊以及对企业拟人化问题分析不足的问题，使得生命周期模型众多，难以达成一致。

在未来的企业生命周期研究中，应将焦点集中于以下几个方面：①研究问题实践化。应更多地关注如何将模型应用于实践，而不是追求理论的完美；②研究方法实证化。应注重收集相关数据，并恰当地进行统计分析，以检验模型的适用性；③理论研究规范化。现在企业生命周期模型较多，没有一个较为公认的模型，应加强理论和实证研究，形成一个为大家共同认可的模型。

第二节　企业生命周期阶段划分

人们在观察和研究中发现，企业在诞生、发展、多样化和逐渐衰落的过程中的特点并非一成不变，因而对企业在各个阶段的不断变化的情况进行区分和解释是企业生命周期理论出现的重要原因之一。

由于不同学者对生命周期阶段划分的标准、不同阶段的成长特点的观点不同，因而对生命周期阶段划分的数目也是不同的。尽管现有的对企业成长的生命周期的分类标准以及划分的数目不一，但总结已有的研究，可以发现大部分研究者都认可企业的生存和发展需要先后经历创业、快速发展、相对稳定和二次创业这四种阶段。因而，这里采取上述这种分类方式。下面我们将对各个阶段不同的企业的总体情况、面临的主要问题与风险、需要的能力与资源进行归纳和介绍。

1. 创业阶段

这时企业刚刚成立，处于起步的阶段，此时的企业的市场份额较小，知名度也欠缺，因此阻碍企业生存和发展的主要问题是如何求得生存。

在这一时期，企业刚刚进入市场，消费者对于产品的认可度较低。因此，企业应以开发市场为主要目标，快速吸引消费者的注意，攫取一定的市场份额。这一阶段的特征表现为以下几个方面。首先，企业家对企业的影响十分深远。这一时期企业家精神就是企业文化的核心，影响企业的经营决策。其次，在企业家创业精神的感召下，创业团队也迸发出极强的开拓精神和进取心。此外，由于企业规模较小，组织结构简单，创业阶段企业管理比较灵活，企业家充分授权，赋予员工较大的自主权。最后，随着市场地位的提升与边际效应递增，这一阶段的企业增速呈逐渐加快的趋势。创业阶段企业的劣势也十分明显：一方面整体竞争力较弱，发展目标不清晰，以谋生为主；另一方面员工缺乏经验，薪酬待遇对优秀人才的吸引力不大，员工工作难度大。企业的工作重点是扩大产品销售、赚取利润和打造核心竞争力，度过艰难的生存期。

创业阶段企业的基本状况是：在资源方面，企业主要以物质资源配置为主，配置方式单一、结构不完善，产品质量不稳定；在市场方面，产品的竞争力不强，知名度低，产品成本高，很难形成规模效应，面临生存的巨大压力；在资金方面，企业资金不足，公司管理不规范，大部分企业盈利不多；在制度方面，企业没有规范清晰的规章制度，仍然在逐渐探索如何形成制度；在管理方面，由于企业受到创业者的直接控制，有关企业生存和发展的决策都由其直接制定。总之，创业阶段的企业各方面还不稳定，规模较小，声望和名气不大，面临着很大的发展困难。

2. 快速发展阶段

在这一阶段，随着销售能力的增长，企业提供的产品或服务逐渐取得市场的肯定，生产规模也逐渐扩大，整体业务呈现快速增长的趋势。

在克服了创业阶段的困难之后，企业的产品和服务逐渐被主流市场所接受，能够满足消费者的需求，因而企业发展取得了较快的增速。此时，维持稳定、快速、持续的发展成为企业在这个阶段的新的目标。这一阶段的优势是企业发展迅速、规模扩大，销量增加、市场份额大幅提升，表明企业以及企业提供的产品和服务逐步得到市场的认可。得到了消费者的认可，也逐渐积累了一定的品牌知名度。企业的工作重点是进一步提高产品的质量，通过创新和规模效应降低产品的成本，获得优势，占据市场份额。

快速发展阶段企业的基本状况是：在产品和服务方面，在不断摸索的过程中，企的产品或服务质量提高,积累了一定的口碑和声望;在市场方面,由于企业逐渐明确产品在市场中的定位,得到了目标消费群体的认可,企业市场份额不断扩大;在人员配置方面,随着生产规模的扩大,企业的生产和销售人员大量增加,同时,由于企业的社会知名度提升以及经营状况开始稳定,企业对优秀人才的吸引力增强;在资金方面,企业经历了创业阶段的资本积累,资金已有一定的储备;在制度方面,由于企业组织结构逐渐完整、组织内不断补充人才队伍,相关规章制度也相应地得到完善,处在修改和试行阶段。总之,快速发展阶段,企业已逐渐进入正规稳定的发展模式,和创业阶段相比有更大的选择性,企业的各项指标呈现进步的趋势,发展增速最快。

3. 相对稳定阶段

在这个阶段,企业的主营业务逐渐固定下来,由于市场趋于饱和,尽管销售额仍然稳定在较高的水平上,但是整体的增长速度逐渐放缓。

经历了前两个阶段的挑战和积累,企业在这一阶段进入了最好的发展时期。企业的主要目标由获取市场份额转变为维持企业稳定的运行和提高企业的效益。企业的优势是积累了丰富的管理经验,形成了健全的规章制度和完善的组织结构,存在良好的掌控机制;由于企业已经逐渐具备了克服那些阻碍其发展的障碍的能力,因而规模和利润逐渐拓展,企业进入了其生命周期中的最佳状态。然而相对稳定阶段的企业也要时刻保持警惕,这一阶段的企业很容易患上大企业病,导致内部结构冗杂、组织效率低下,制约企业发展。相对稳定阶段企业的工作重点是维持各项工作的平稳运行,通过正确的发展战略引导企业不断做大做强,延长相对稳定阶段的时间,避免进入衰退阶段。

相对稳定阶段企业的基本状况是:在产品方面,企业已经得到市场上的广泛认可,并且由于不断地进行技术创新,产品竞争力很强,核心竞争优势明显;在盈利方面,利润水平达到高峰,企业财务状况良好,现金流稳定;在制度方面,企业形成较完善的规章要求,结构完整,适合企业的发展;在员工方面,与企业一同成长的核心人员掌握了领先的工作技能并积累了丰富的从业经验,这些优秀人员的综合素质能够带动企业在市场上的整体竞争力;在管理方面,企业已经有了相对规范的制度,高层管理者可以从琐事上分离出来,把日常的工作交给中基层管理人员,腾出了更多时间进行战略上的思考与未来的布局。

在相对稳定阶段的后期,企业的问题是容易得大企业病。这一阶段企业的主要问题有:领导层对企业控制权的争夺;企业发展面临瓶颈,需要改变,但改变根深蒂固的观念和制度挑战很大;员工也逐渐出现了居功自傲、骄傲自满的心态。因为企业处于较为稳定的时期,工作的挑战性和丰富性减弱,更多的是凭经验主义办事,很多高层人员在职业生涯中,遭遇到了瓶颈。此时,如果不能妥善解决各种问题和矛盾,企业就会走向衰退阶段。

4. 二次创业阶段

由于前一阶段的大企业病,企业不能及时地应对市场和需求的变化,在竞争中败下阵来，出现业务萎缩、销售额下滑等迹象，企业需要面临二次创业的挑战。

这一时期企业的主要目标是使企业平稳发展，快速度过衰退期，实现二次创业。企业开始出现销售收入和利润下滑，市场份额和利润率停止增长等一系列衰退的迹象。企业面临的最主要的问题是内部的管理问题，亟须革新的和有力的管理方式的出现。在这一阶段，业务出现负增长，甚至出现亏损，运营机制老化，市场份额剧降，盈利能力下降等都是企业难以扭转的劣势。企业的工作重点是选择适合的发展战略，实现企业的成功转型。

二次创业阶段企业的基本状况是：在产品方面，技术落后，设备陈旧，产品更新速度变慢，竞争实力减弱，市场份额不断下降，企业生产出现萎缩；在盈利方面，财务状况不断恶化，效益降低，利润与收入均呈负增长；在制度方面，内部变革异常困难，内部形式僵化，企业整体缺乏有效的整合；在员工方面，职工队伍不稳定，员工士气不高，企业整体缺乏创新精神，员工不再对自己的职业生涯发展有所期待，敬业精神消失，不公平感增强，员工只为求得稳妥，企业活力丧失；在管理方面，人才浪费严重，企业缺乏激励员工的组织气氛，管理层控制能力减弱，内部官僚风气浓厚，经验主义盛行；在社会形象方面，企业声誉开始变差。

本书将企业生命周期理论与企业成长理论结合，讨论企业成长不同阶段的关键影响因素，将企业生命周期划分为企业发展普遍存在且得到较好认可的四个阶段：创业阶段、快速发展阶段、相对稳定阶段和二次创业阶段。

由于在企业生命周期四个不同阶段中，企业面临的主要问题、风险，以及所需要的能力、资源不同，呈现出的企业总体状况有很大差别，影响企业成长的关键因素有很大差异，因而我们将在后面的实证研究中，把企业的生命周期作为探究企业成长关键因素的调节变量。

第四章

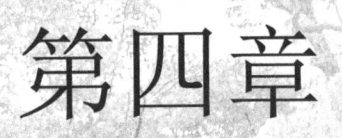

企业成长关键因素的理论研究

第一节 企业成长动因理论

企业成长动因指企业发展的能力和潜力，既包括量的扩张，也包括质的提高，它决定了未来企业发展的可能性和发展程度，企业成长的动因既包括促进企业成长的动力，也包括抑制企业成长的阻力，是两种力量综合作用的结果，如图4-1所示。

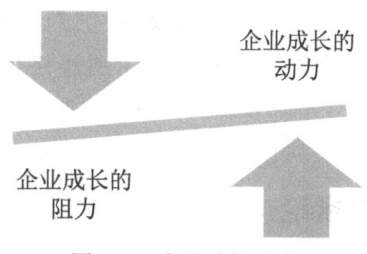

图4-1 企业成长动因

企业成长动因是一个完整的有机系统，这个系统较为复杂，具有多个层次，由多个因素组合而成。具有如下特征：①集合性：企业成长的动因既有来自企业外部的因素，也有由内部产生的因素，既可能对企业成长有正向的影响，也可能有负向的影响。②相关性：不同的因素之间相互依赖，内部因素与外部因素需要相互配合才能最大限度地推动企业成长。而内外部因素综合作用是否能达到预期的效果还取决于内外部因素配合的效果。③制约性：纵使在微观层面上企业内外部因素配合得当，企业成长动因的发挥也会受到宏观环境及中观层面行业的影响、制约，如图4-2所示。

图4-2 企业成长动因系统特征

综合分析企业成长动因的研究成果，根据研究分析的重点不同可以分为外生因素论和内生因素论。学者们对于企业成长动因的分析是基于其对于企业性质的认知展开的，认为企业具有异质性的学派同时认为企业的发展具有内生性，而持有企业同质性观点的学派则认为企业的发展具有外生性。

一、企业成长的外生因素论

企业外生因素论从企业外部寻找影响企业成长的决定因素，该理论认为即使企业扩张边界、生产率等关系企业运营生产的因素最终也由外生变量决定，在技术、成本、市场供需等条件都已确定的情况下，企业无法主动做出改变，只能被动地接受外界环境对企业的影响。外生因素论的代表学派包括古典经济学、新古典经济学和新制度经济学等。

二、企业成长的内生因素论

与外生因素成长理论相反，内生因素成长理论认为影响企业成长的关键因素主要来自企业内部如企业的资源、能力、知识等。其代表性学派包括资源、能力、知识基础理论、制度变迁理论和演化经济学等。

也有学者们从人力资本结构、资本结构、企业生态系统等方面剖析了影响企业成长的关键因素。如 Keld Laursen 等根据企业人才的知识结构将企业的人力资本划分为一般人力资本和特殊人力资本，并分别论述两类人力资本对企业成长的影响程度。Karl Lundvall 和 George E. Battese 从不同产业抽取样本进行研究发现，相比于企业年龄，企业规模与技术效率的相关性更高。

企业成长的外生因素论认识到了诸如产业、交易市场、经济体制等外部环境对企业成长的重要性，具有一定的进步意义，但是该理论的局限性则表现为忽视了包括技术、知识在内的企业内部资源对企业成长的促进作用。

企业成长的内生因素论则将企业成长视为一个内生性的过程。该理论将企业拥有的资源、能力和知识等归结为企业成长的根本原因。内生因素论从企业内部的资源、能力和知识等因素入手考察企业成长问题，针对性和可操作性较强。该理论的局限在于由于企业不是一个封闭的个体，企业时刻在与外界环境发生信息、物质的交换，仅从企业内部寻找推动企业成长的因素完全忽略外部环境的影响也是片面的。

在本研究中既考虑到企业所拥有的资源、能力和知识所带来的异质性，也考虑了企业会受到政策、法律等外部环境的影响；既注重了企业的内生因素，又考察了企业的外生因素。总之较为全面地综合了企业成长动因理论。

第二节 企业成长关键因素研究

吉尔（J. Gill）的著作《影响小企业生存与发展的因素》于 1985 年出版，在书中他提出企业管理经验、资金、市场营销经验和技能、识别和把握机遇的能力等 18 个影响中小企业成长的主要因素。[①]斯托理（D. Storey，1994）认为影响企业成长的因素可以归纳为企业家、企业和战略 3 个方面。具体来说企业家方面包括企业家创业的动机、企业家的管理经验，以及企业家行业背景等；企业方面的影响因素有产业属性、地域位置及规模等；战略方面的因素包括企业的市场定位和出口导向等。[②]Mac Millan 等分析了中小型高科技企业成长的影响因素，认为影响企业成长的因素包括企业家的素质、企业家的经验、产品和服务的特点、市场的特点、财务的特点和企业团队精神 6 个方面。Kakati 从投资人的角度入手，他分析了 27 位中小型高科技企业创业资本家的投资评价标准，发现企业家个人素质、企业协调各类资源并加以利用的能力和竞争战略目标的确定三个因素对于企业生存和发展起到了决定性的作用。[③]Ghosh 深入研究了 50 家新加坡成功企业后发现管理团队、领导群体、制定和实施战略、识别和发现市场机会、顾客关系和持续增长能力是这些企业成功的六个主要因素。[④]Gundry 和 Welsch 运用对比分析的方法，发现企业能够保持高速增长离不开企业家对市场和战略的选择，以及企业家较强的事业心和进取心。[⑤]

国内学者对企业成长的研究可谓是百家争鸣，由于我国特殊的经济体制，国内学者对企业成长的研究往往是将企业外部因素与内部因素相结合，考虑内外部因素联动对企业成长形成的合力如表 4-1 所示。

表 4-1　国内企业成长动因研究成果

学者	研究思路	研究成果
刘万元	从企业和政府两个层面分析企业成长的关键因素	企业层面：企业文化、人力资源、管理方式、产品品种、资产规模、人才水平、营销规模、研发技术实力等 政府层面：政府观念、政策措施、法律、政府职能等
李柏洲、李海超	从成长环境、成长能力、成长潜力三个方面分析高科技企业成长动因	成长环境是高科技企业扩张的保障，包括产业政策、环保政策、行业成长性 成长能力是企业成长的竞争力，包括销售成长性、利润成长性、产品组合成长性和规模成长性 成长潜力是企业保持持续成长的动力，包括设备技术、信息化水平、资产安全性、营销能力、人员素质

---

① 邬爱其，贾生华，曲波．企业持续成长决定因素理论综述[J]．外国经济与管理，2003，5：14-15.
② Storey, D. J. Understanding the Small Business Sector[J]. New York: Routledge. 1994, 12: 412-421.
③ M. Kakati. Success Criteria in High-tech New Ventures[J]. Technovation, 2003, 8: 447-457.
④ Ghosh, B. C. Liang, Tan Wee. Meng, TanFeck. The Key Success Factors, Distinctive Capabilities and Strategic Thrusts of Top SMEs in Singapore[J]. Journal of Business Research, 2001, 10: 209-221.
⑤ Gundry, L. K. Welsch, H. P. The Ambitious Entrepreneur: High Growth Strategies of Women-owned Enterprises[J]. Journal of Business Venturing, 2001, 3: 453-470.

续表

学 者	研 究 思 路	研 究 成 果
王宏伟	从持续发展的角度分析企业成长动因	创立和初步发展时期：市场导向的技术创新、政治权利的灵活运用和广告促销
		持续成长时期：企业文化、战略决策和危机管理

在实证研究方面，Thorsten 等（2002）以来自 54 个国家的企业为样本进行调查，调查数据的结果显示企业融资、法律政策和内部腐败对企业成长的影响在很大程度上取决于企业的规模大小和企业所处国家的发达程度。同时，他们强调法律制度对企业运行的影响，企业发展也受到相关法律要素完善程度的影响。Natalia Utrero Gonzalez（2002）从经济管制的角度切入对企业成长的研究，以实证的方式证实了金融发展水平与企业成长之间的正相关关系。

影响企业成长的因素除了外部环境外，还有很多内部因素，而且从长期来看，内部因素往往是企业成长最根本的决定因素。Monte & Papagni（2003）通过 1989—1998 年间意大利 500 家样本公司，研究了研发支出与企业成长之间的关系。他们发现重视研发投入的企业往往具有销售收入增速快、雇员人数增长高、生产率显著提高和盈利能力强的特点，同时他们证明了企业增长率与研发支出之间的正相关关系。

Garner 等人（2002）以 243 家企业和生物科技企业为样本，研究了新兴公司增长机会中的决定因素，发现创新速度是公司市场价值的关键决定因素。Teece 等人（1990）以 20 世纪 80 年代以来的高科技企业为样本，证实了企业对外部环境快速做出反应的能力是影响企业成长的关键因素。R.Barkham 等人（1996）研究了小企业成长的决定因素，通过对 1986—1990 年间英国 174 个小公司的所有者和经理的访谈，表明企业成长与以下几个因素有关：①所有者的年轻程度；②所有者的职业素质；③与其他所有者的合作；④与其他公司的合作；⑤盈利的动力；⑥市场研究的使用；⑦与客户直接接触而不是与代理接触；⑧集中的产品范围；⑨持续的产品改进。

国内关于企业成长因素的实证文章中，王核成（2001）着重分析研发支出、研发过程与研发战略之间的关系，并分析这三者对企业成长的影响。研究结果表明，研发支出和研发过程只有在研发战略的指导下才能达到推动企业成长的最优效果。毛定祥（2004）对由上市公司成长性指标值构成的时序立体数据表给出了综合评价模型，并用 16 家汽车行业上市公司 1997—2001 年的数据进行实证分析，研究发现公司的成长性主要取决于主营业务的增长能力。徐晔（2004）利用我国 IT 上市公司 2002 年的财务数据得到三个方面的结论：一方面，企业董事长兼总经理、独立董事比例、R&D 投入和研发人员数量对企业成长的推动作用十分显著；另一方面，高管报酬、总经理持股、资本投入等因素与企业成长之间也表现出正相关性，但是相关关系不明显；此外，企业规模与企业成长时间则表现出负相关关系。程惠芳和幸勇以 1994—2001 年间的中国科技型企业上市公司为样本，实证研究了公司资本结构、企业规模与企业成长性的关系。结果表明，我国科技型企业的规模、资本结构都显著影响企业成长。

1994年，当时的国家科委对我国396个高技术企业进行实证调查，研究得出：在本次调查重点分析的15个因素中研究与开发能力、认识市场需求、管理方式、研究开发与生产销售之间的联系、生产技术和市场大小、与国内研学合作、外部信息交流是影响企业成长的主要因素。

邬爱其、贾生华从企业、产业和政府三个层面实证分析了影响企业成长的主要因素。经过统计分析，他们得到11个影响企业成长的因素，包括技术管理能力、政府产业促进行为、企业信息化水平、融资环境、税费负担、民主决策机制、核心团队稳定性、市场机会识别、本地企业互助、企业家判断能力和地方产业政策等。[①]

王青燕和何有世通过实证研究认为影响我国上市公司成长的因素有：公司规模、公司资产结构、公司资本结构、公司盈利能力、核心竞争力、营运能力、所有权结构、股利政策。

这里将影响企业成长的因素分解为内生因素和外生因素两个角度展开分析，在国内外学者已有理论的基础上，根据我们对相关领域专家的访谈和对中国多家优秀企业的实地调研取得的丰厚成果，总结出影响企业成长的关键因素。其中，内因主要包括企业家、战略管理、人力资源、市场营销、企业文化、创新管理、运营管理、风险管理8个关键因素，外因主要指社会资本对企业成长的影响，如图4-3所示。下面将对每个关键因素及其如何影响企业成长进行详述。

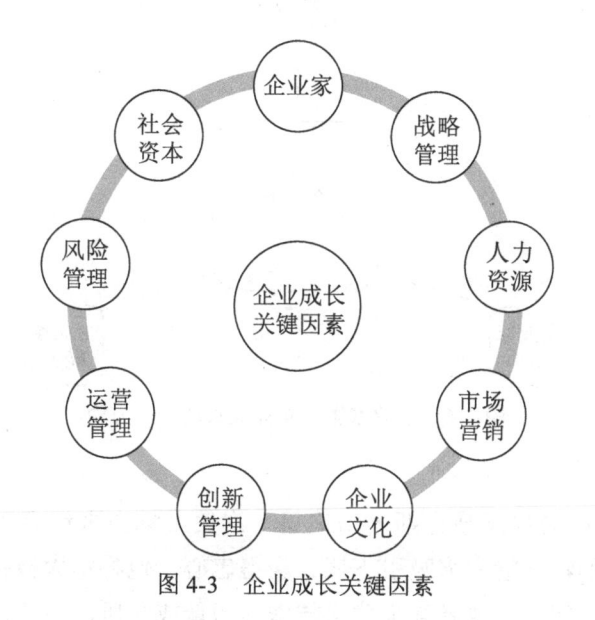

图4-3 企业成长关键因素

---

① 邬爱其，贾生华.浙江省乡镇改制企业成长情况的实证分析[J].中国农村经济，2004，9：54-59.

一、企业家与企业成长

1. 企业家

企业家一词的英文是"Entrepreneur",是从法语中演变而来的,原意是"冒险事业的经营者或组织者"。在现代企业中企业家大体分为企业所有者和职业经理人两类,在这里"企业所有者"既是企业的实际所有人,也是企业的实际管理者;职业经理人则是在委托代理协议下受雇于所有人,对企业的实际经营活动进行管理。

虽然企业家的职能较为明确,但是由于其在企业中举足轻重的地位,目前学术界对企业家一词没有也不可能有一个权威的、统一的定义,不同的专家学者会给出不同的定义。

综合不同学派为企业家一词赋予的内涵,本书根据企业家掌握的资源、具备的能力以及在企业中的职责提出了企业家的定义:企业家是承担着企业使命,对生产要素进行有效组织和管理,富有冒险和创新精神,能够创造新价值的企业高级管理人才。

企业家这一因素可细化为企业家魅力、企业家能力和企业家精神。企业家魅力表现为企业家与人打交道的能力,企业家能力主要表现为对工作的能力,而企业家精神表现为企业家对工作的态度,如图4-4所示。

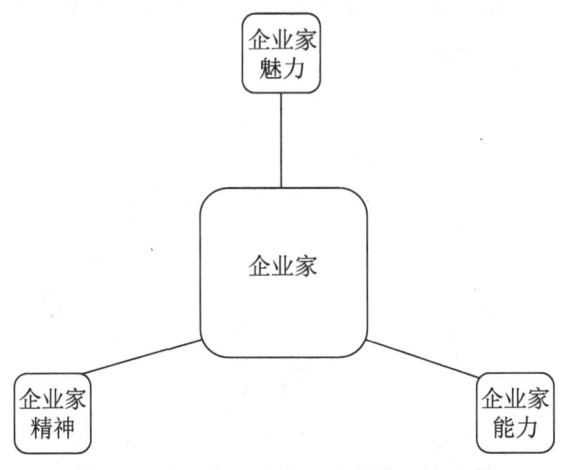

图4-4 企业家影响企业成长的三个方面

1)企业家魅力

20世纪初德国社会学家马克斯·韦伯第一次使用魅力来形容领导人。韦伯认为领导人可以通过自己的特殊魅力来吸引下属、赢得忠心。他将魅力概括为:"被下属或员工认为具有超自然、超人,或者至少非常特殊的力量或品质,而这些力量或品质是普通人所没有的。"

随着学者研究的逐渐深入,形成了关于领导者魅力理论的三种主导理论。

(1)魅力型领导理论。House(1976)提出了魅力型领导理论,通过构建概念模型定义了领导魅力,明确了魅力型领导的基本特质,同时在魅力型领导理论中融合了领导行为理论和领导权变理论的部分观点,具有一定的综合性,得到学术界的广泛认可。魅力型领导理论认为,魅力型领导通过个人魅力和号召力对下属的行为产生影响。具体包括建立愿景、鼓动精神和支持进取三个部分。魅力型领导者首先发挥自身的感召力优势,构建组织的使命与愿景,如确立工作目标、规范工作行为等;其次魅力型领导往往以个人对工作的热情与投入带动整个组织奋发向上,向组织的使命与目标努力;最后,魅力型领导通过对下属提供工作上的支持、不断鼓励下属进步、给予下属充分信任等方式对下属的行为产生影响,从而帮助实现组织目标。

(2) 归因理论。Conger & Kanungo(1987)的行为模型也被称为归因理论,该理论认为魅力型领导是在追随者对领导者行为感知的基础上的归因现象。他们通过实证分析总结了魅力型领导的九个核心特征:应变力、责任感、影响力、概念化能力、多视角、预见性、尊重和敏感、沟通能力和自知之明。在实证分析的基础上,Conger & Kanungo 总结了五种能够有效促进追随者对领导者魅力认知的行为:可实现的远景目标,通过创新的方式实现愿景,自我奉献,敢于冒险,充分自信并掌握专业技能、感召力,即通过愿景和个人魅力对追随者产生影响。

(3) 自我概念理论。Shamir、House 和 Arthur(1993)提出的理论被称为自我概念理论,他们认为魅力型领导会改造追随者的自我概念,从而对下属产生影响。一般而言,魅力型领导对下属的改造方式主要有四种:改变追随者对工作本身的认知,设立清晰可实现的愿景,培养深层次的集体认同感,提高个人和集体的自我效能。

(4) 其他研究。除了魅力型领导理论、归因理论和自我概念理论这三个主导理论以外,学者也尝试从其他角度去认知企业家魅力。包括心理学分析方法(Kets de Vires,1988)、人际感染理论(Meindl,1990)、沟通能力(Richardson、Taylor,1993)等。

国内关于企业家魅力内涵的研究比较侧重于企业家的人格魅力,并普遍认为领导魅力是相对于领导权力而言的,它并非由领导权力而来,而是在企业管理和领导过程中,通过个人高尚的道德情操、智慧才能、良好的人际关系等非权力因素所树立起来的威信,形成无形的凝聚力和号召力。王忠武(2000)认为,企业家魅力是指企业家通过自己的品德、情操、作风、性格和能力等各种精神因素,对追随者产生一种凝聚力、促动力和感召力。企业家只有具备较强的人格魅力,才能使追随者产生一种亲切感、依赖感、尊敬感和追随意向。吴明(2009)认为,领导魅力就是影响与激励下属的能力,通过影响与激励,使下属主动成为领导者的追随者。国内学者普遍将企业家魅力理解为企业家在管理和领导企业的过程中所表现出的威信,是一种无形的感召力。这种威信通常通过一些非权力因素形成,如个人品德、智慧才能以及人际关系等。

2) 企业家能力

企业家所掌握的知识和技能对于企业的发展至关重要。企业家能力在一定程度上决定了企业成长的潜力。1982年Boyatzis率先提出能力理论（Competency Theory），他认为个体能够胜任工作角色或完成任务是其人格特征、专业知识技能等各因素综合作用的结果，且这种能力可以通过个体的行为进行观测。

20世纪90年代，逐渐有学者将能力理论引入对企业家的研究之中，认为企业家能力是企业家胜任所有工作角色的各种能力总和。企业家的能力大体可以分为企业家的核心能力和企业家的必备能力两类：企业家的核心能力如"创造性破坏"能力（熊彼特）、"承担风险"的能力（奈特）、"学习能力"（杜拉克）等；企业家的必备能力，包括人际关系能力、指挥领导能力、组织能力、表达能力等。

卡森认为企业家的核心能力在于其判断决策能力，由此进一步指出判断性决策是指在不确定的环境下，能够利用已有的信息做出相应的判断、进行决策。企业家的核心能力在构建企业核心竞争力方面起着十分显著的作用。

Man提出了企业家应具备机会、关系、概念、组织、战略和承诺六个方面的能力。

我国学者也在企业家能力方面展开了积极研究，研究方法也更加丰富。如李志、郎福臣、张光富（2003）通过对以往发表的论文进行统计分析，概括出企业家的创新能力、决策管理能力、组织指挥能力、沟通协调能力、人事管理能力、专业技术能力、基本能力最为重要。贺小刚（2005）则是通过对多家企业的高管进行半结构性访谈，将企业家能力分为机会、管理、战略、关系、学习、创新六类能力。曹林、杨俊等（2005）从企业家常态能力、企业家异态能力和企业家变革能力三个维度考察企业家能力，并用创业能力、守业能力和展业能力来概括分析企业家能力在企业不同成长阶段的作用特点。

3）企业家精神

兴起于20世纪80年代的企业家精神（Corporate Entrepreneurship）研究，在20世纪90年代中期不断得到完善，近年来随着技术变革、商业环境的异动，企业和企业家都面临着重大挑战，在这种情况下企业家精神尤显重要，对企业家精神的研究日益成为企业管理领域的重要内容。企业家精神是在对企业家这一概念的研究上发展起来的。企业家精神是将企业家群体所拥有的普遍品质进行归纳，得到的企业家所具备的主要精神。研究表明，企业家精神可以包括崇尚创新、敢于冒险、打破常规、积极行动、乐观自信、果断决策、勤奋工作、充满激情等。通过梳理文献，对企业家精神的研究有以下观点。

心理特质：追溯到早期研究企业家精神的经济学家马歇尔（1912），他认为企业家精神更多的是一种心理特质，表现为果断机智、坚韧谨慎、自力更生、富有进取心，以及有强烈获胜的愿望。

决策、冒险：奈特认为企业家精神是在不确定的环境下，通过最能动和最富有创造性的活动来开辟企业发展道路，所表现出的勇于创造和敢于承险的精神。科兹纳（Kirzner, 1973）和舒尔茨（Schultz, 1975）从市场竞争的出发点来阐述企业家精神，他们认为企业家精神是企业家在参与市场竞争的过程中，不断学习积累而形成的。在非均衡的市场竞争过程中，由于信息不充分、不对称，企业家要快速对市场不断的变化做出适当的反应，并要能够识别、发现潜在的市场机会，还要不断地优化配置资源，降低交易成本，以适应市场竞争的均衡发展。

价值创造：有些学者以结果的导向来研究企业家精神。Gartner 特别强调了企业家精神的结果导向，如要创造价值。Burgelman 则从资源配置的角度出发，认为企业家精神可以帮助企业不断变化资源配置，从而实现多元化发展。Sandberg、Stevenson &Jarillo、Schendel、Ireland & Hitt 等学者则将研究重点放在了战略与企业家精神方面，将企业家精神与公司战略紧密联系起来。认为企业家精神可以有效影响企业战略管理，从而在创新、网络、国际化、组织学习、高管团队、公司治理和企业成长六个领域创造价值。

创新、变革：熊彼特将"创新"作为企业家精神的核心内容。德鲁克则认为"变革"是企业家精神的实质。认为企业家精神表现为在已有组织架构基础上创新新型业务、调整经营理念、实现组织变革。Guth & Ginsberg、Schendel、Zahra 将企业家精神在创新、变革的具体表现描述为：在现有企业中开发新业务（如内部创业、内部创新等）、现有组织的更新或再造（又称为战略更新、战略变革等）、创新。而 Guth & Ginsberg Jeffrey & Morgan（1999）则认为企业家精神会带来产品革新（开发新产品）、市场创造（进入新市场）、组织变革（完善功能和为实现战略而进行的变革）、战略升级（依环境变化调整战略）。

Sharma & Chrisman 在梳理相关资料的基础上，归纳提出了企业家精神分层次的观点，具体可分为个体企业家精神、内部企业家精神和公司企业家精神。"个体企业家精神"主要是指企业家个人特质；"内部企业家精神"主要是指企业家在企业内部所表现的状态；"公司企业家精神"则是指以企业家为企业符号所展示出的企业风貌。

我国学者在 20 世纪中后期才在研究企业成长理论的基础上，衍生出对企业家精神的探讨。丁丁对以往的研究进行总结，将企业家精神分为三个维度：创新精神（熊彼特）、合作精神（诺斯）和敬业精神（韦伯）。鲁兴启（2001）认为企业家精神实质是变革和创新，变革与创新的内在动力源于企业家对个人利益的追求，外在的压力则来自于市场的残酷竞争。叶勤解释了企业家精神与创新、创业的关系，认为创业是企业家精神的基础，创新是企业家精神的核心。而一些学者还从企业家精神对经济影响，以及如何能让企业家精神发扬光大等角度进行了研究。比如鲁传一和李子奈将企业家精神与经济增长理论结合在一起进行研究；李新春认为企业家在进行创新和创业的过程中企业家精神才能得到最大体现。

出发点不同，会导致不同的人对企业家精神理解的重点不一。综合已有的研究成果，可以发现企业家精神通常包括创新精神、冒险精神和竞争精神等。这其中以熊彼特为代表的创新精神观点被广泛认可。即创新是企业家的核心能力，企业家的创新、特别是颠覆式的创新，推动了企业和经济的发展。

2. 企业家对企业成长的影响

1) 企业家魅力对企业成长的影响

有研究认为魅力就是一种通过与他人在身体上、情感上以及理智上的相互接触，从而对人产生积极的影响的能力。由于企业家魅力这一变量定义的模糊性和大众性以及数据的不易获得性，企业家魅力和企业成长之间的关系在实证领域一直没有得到充分证实。关于企业家魅力对企业成长的影响有截然相反的两种观点。

一种观点认为企业家魅力与企业成长正向相关。这些研究认为，企业家魅力对企业成长的正向作用表现为两方面：一是企业家魅力有助于增强对他人的激励，进而调动下属或合作者的积极性，追随企业家，按照企业家的想法工作，有利于企业的发展；二是魅力型领导风格对于提升群体的绩效也很有效，甚至比提升个人绩效更为有效。De Groot等的研究成果显示魅力型领导风格与群体绩效的相关系数为0.49，大于与个体绩效的相关系数0.31。在对50～70家世界500强企业进行相关研究，或对CEO进行调查后，Waldman、Tosi等学者发现CEO的领导魅力与公司的经营财务数据有微弱的联系，但当企业所处市场环境不确定性较大时，企业家魅力与企业财务数据之间的关联有显著提升。Wang等（2005）调查、研究了中国台湾500强企业中实施ERP的公司，发现魅力型领导行为有助于增强团队成员之间的凝聚力，改善团队绩效。董临萍等（2008）对中国企业的实证研究表明，魅力型领导风格对于群体感和群体绩效具有正向影响。Cheung的研究指出"魅力"是团队领导的关键因素之一，它能影响团队成员的满意度，这在亚洲国家尤其明显。

但与上述观点相反，也有学者认为所谓魅力型领导对公司的管理有着负面影响，甚至存在一定的阴暗面。如领导行为的过渡不按照惯例，造成领导者与组织成员间误解与疏离；组织成员对领导者的精神依附，降低思考的独立性；注重情感的管理风格，使组织成员间形成"内团体"与"外团体"之间的小团体对立等。这些行为无疑可能都会对企业成长产生负面影响。

2) 企业家能力对企业成长的影响

关于企业家能力与企业成长之间关系的研究很多，既有定性研究，也有定量分析。企业家能力对企业成长的影响表现在两个方面：一是企业家能力对提升企业内部管理绩效的影响；二是企业家能力对改善企业外部环境，帮助实现企业成长的影响。

马歇尔在其《经济学原理》一书中就提出企业家的组织能力是企业成长的根本动力之一。彭罗斯认为企业家能力推动着企业的成长，而企业家管理能力的不足也会限制企业的发展。Richardson研究表明，约束企业成长的因素主要是管理资源不足，而劳动力、资本或设备等因素影响力相对较弱。国内学者贾生华、宋培林将企业成长的过程与企业家成长的过程关联起来，认为企业成长的过程也是企业家不断克服个人能力的局限性，企业家能力的重点是从创业到守业再到展业能力循环的过程。企业成长过程深层次的理解是企业家能力循环转换的过程，只有企业家能力与企业成长不同阶段的要求相适应，才能带领企业成长。廖丹凤和张文松（2006）研究发现企业家所做的生产性努力、企业内部资源调配、企业所处的外部环境改善都与企业成长息息相关，而这些都与企业家的个人努力密切相关。资源、所处的行业状况以及外界环境与企业绩效呈正相关关系，这些因素通过作用于企业家能力影响企业绩效。

已有的研究表明，企业家能力对企业保持高速成长产生积极且重要的影响，具体来说，企业家对企业成长的影响作用表现为通过整合企业内外部的资源实现企业利润最大化，企业家能力是企业成长动力的核心源泉，它可以通过对企业其他能力的影响，加以放大，决定着企业成长的效果。

3）企业家精神对企业成长的影响

国外学者大量的研究都证实了企业家精神对企业成长的积极作用。以熊彼特为代表的企业家学派将创新视作企业家精神的核心，认为企业家精神主要表现为企业家的创新意识，并敢于承担风险的精神。Ireland et al. 的研究证明了企业家精神与企业战略行为的结合对企业利益最大化有帮助；Eisenhardt 认为企业家精神与企业战略管理之间相关性较大，二者并没有明确的界限，对企业成长发挥作用。

我国学者梁运文建立了一个基于企业家精神的战略演化模型，认为企业家精神通过机会识别、机会资本化、资源获取与控制、结构优化作用于企业战略，帮助形成企业战略。林祥、郭海、魏泽龙提出了一个战略型企业家精神与自主创新研究的新理论框架，认为战略型企业家精神对企业自主创新非常重要。黄泰岩认为，企业成长离不开企业家对环境变化的灵敏嗅觉，只有做到"随需应变"才能及时制定出正确的战略并付诸实施。而这些心理素质也好，"随需应变"的能力也好，都可以归结为一种企业家精神的体现，如表 4-2 所示。

表 4-2　企业家与企业成长

企业家与企业成长	企业家魅力	企业家能力	企业家精神
内涵与本质	领导者的行为特点和个人性格特点；其与下属之间的密切关系等	企业家所掌握的知识和技能、心胸气魄与胆识素质等	企业家作为群体表现出来的具有普遍意义的心理特征
具体表现	拥有一个可以实现的远景目标；以不同于寻常的方式实现愿景；具有自我奉献和敢于冒险的精神；拥有较强的自信心和专业知识；依靠远景力量和个人魅力来说服追随者	首先是包括"创造性破坏"能力、"承担风险"的能力和"学习能力"等核心能力；其次是企业家的如人际关系能力、指挥领导能力等必备能力	崇尚创造、敢于冒险、容易冲动、打破常规、乐观、自信、果断、工作勤奋、精力充沛等特征
对企业的影响	改变追随者对工作本身的认知；提供一个有号召力的愿景；在追随者中培养一种深层集体认同感；提高个人和集体的自我效能等	在企业核心竞争力的形成过程中发挥着重要作用，推动员工思考公司本身和公司战略	企业家能够快速对市场变化做出相应的反应，寻找并发现潜在的获利机会，通过不断地优化配置资源，实现经济均衡

4）企业家对企业成长的间接影响

企业家在企业成长过程中发挥着重要作用，企业家除了直接作用于企业的成长目标，也会影响企业成长过程中的其他因素，进而又进一步影响着企业的发展。

（1）企业家对战略管理的影响。战略是企业的决策者为了提升企业核心竞争力，在市场中扩大竞争份额，获取超额收益而制定的一系列相互协调并且相互促进的使命与行动。对企业来说，能否把握市场机会，制定正确的战略并严格执行关乎企业的生死存亡。企业家是企业的最高决策者，对企业战略的制定与执行直接负责。因此，企业家的个人能力、战略眼光、应变能力、市场经验、知识储备等都会直接影响企业战略计划的制订与执行，从而间接地对企业成长产生影响。

在企业管理实践中有大量的真实案例都证明了企业家通过战略管理对企业成长产生间接影响。美国兰德公司曾对全球范围内成功或失败的大型企业展开调查研究，发现"当今世界上倒闭或被兼并的1000家大企业中，85%是因为企业管理者决策不慎造成的"。GE公司的前CEO杰克·韦尔奇执掌GE的19年，在外部环境风云变幻的情况下带领GE以两位数的速度增长，销售收入翻了四倍，税后净利增长近十倍。杰克·韦尔奇在自传中表示"别人评价我的成功时说道，我在任期间完成了100多项收购计划；但我却认为我的成功恰恰在于我废掉了近1000项看似可行的收购计划"。可见企业家对于企业战略决策的制定与控制对企业保持可持续增长，发挥着至关重要的作用。

如前文所述，在学术研究中学者普遍认为企业家精神与企业战略存在高度的关联性。企业家学派将企业战略视作企业家精神的结晶。Ireland et al.、Eisenhardt都认为企业家精神与企业战略管理之间相关性较大，二者并没有明确的界限，对企业成长发挥作用。国内学者梁运文认为企业家通过机会识别、机会资本化、资源获取与控制、结构优化作用于企业战略，帮助形成企业战略。

（2）企业家对人力资源管理的影响。企业的经营与发展离不开人，企业终究是人的组织。企业通过人力资源管理手段使人尽其才，优化组织管理，实现企业目标。企业家作为企业最高的管理者对企业人力资源管理、人才的分配、培养、激励等方面都有重大作用。特别是初创期的企业，人力资源管理制度尚不健全，往往表现为企业家独断专权的家长式管理方式，在这一时期企业人力资源管理对企业家的依赖程度更高。

企业家对于人力资源管理的重大影响在以往的研究中也得到了普遍证明。美国普林斯顿大学的鲍莫尔教授曾提出企业家应具备的十项基本素质，其中合作精神、组织能力、适当授权、尊重他人等素质都对人力资源管理有直接影响。刘昕肯定了企业家作为企业人力资源管理第一人的重要角色，强调了企业家作为企业中高层管理者的导师与教练的重要作用。张锐认为在现代企业成长管理中，对人才的管理至关重要，一个成功的企业家首先应当是一个成功的人力资源管理者。

（3）企业家对营销管理的影响。市场营销是企业生产、经营活动的一个重要环节，企业市场营销能力是企业成长的重要发展动力。重视营销甚至营销先导，这都需要举全公司之力，调动企业整体资源，才能取得较好效果。

企业市场营销活动想要形成企业自身特色，保障企业可持续发展，需要充分融会贯通企业家的精神。企业战略营销能力是企业家经营能力与管理能力的综合体现，企业家既是营销策略制定的决策者，也是营销策略执行的监督者。相较于技术、企业制度，企业营销行为难以被模仿，从这个意义上来说，优秀的营销管理会成为企业的核心竞争力。同时，近年来企业家品牌化、品牌人格化等现象都反映了企业、企业家、品牌之间的联系，品牌背后所蕴含的是企业家的人格魅力。格力的董明珠、小米的雷军、苹果的乔布斯等，都对各自企业的品牌、对公司的产品营销起到重要作用。

（4）企业家对企业文化的影响。企业文化是企业内部形成的使命愿景与行为规范，对企业成长的影响体现在凝聚、导向、激励、调试、约束、辐射六个方面。企业文化的形成与企业的领导者有重要的关联，企业家在与员工工作互动的过程中，会潜移默化地将自己的价值观与理念传递给员工，并在后续的行动中不断重复与强化这种理念。最终形成的企业文化往往融入了企业家的理念，具有十分鲜明的企业家个人特色。因此，企业家会对企业文化产生显著的影响，并通过企业文化间接作用于企业成长。

以豪斯为代表的领导研究者，在20世纪90年代，基于激励理论和具体管理实践成果基础之上，提出了一种新型的、基于价值观的领导理论，强调上下级之间要建立起一种新型关系，这种关系以共享价值观为基础，企业领导者通过价值观注入、行为引导等方式使员工充分认可企业价值观，最终内化为无形的行为约束，强调企业家对企业文化的重要影响。吴维库以中国企业为研究样本，实证研究证实了豪斯的"以价值观为本的领导学"在中国企业中同样适用；认为中国企业领导者可以通过影响企业价值观和愿景，正确激励下属，使之发自内心地认同与追随，领导者与下属在共同价值观的基础上，形成一种新型的领导关系。朱仁奎认为由于企业家的领导地位，企业家的个人理念更容易得到员工的认可，并被模仿与传播；企业家的领导地位使得企业家个人的品质、精神、价值观等因素更容易融入企业文化中，使企业文化深深地打上企业家个人的烙印。陈维政、忻榕、王安逸等通过实证研究证实了企业家领导风格与企业文化之间存在显著的协同关系；不同的企业家领导风格会导致不同的企业文化类型，而且这种协同关系对企业成长也会有显著影响。赵欣通过实证研究表明企业家价值观会对企业文化产生影响，企业家价值取向的不同，会导致不同企业文化的产生。

企业家价值观是企业价值观形成的重要基础，是企业价值观的人格化代表。企业价值观是企业文化的核心和灵魂，在企业的经营管理活动中，对内可激励员工、凝聚合力，对外有助于树立良好的企业形象，提高企业核心竞争力，保障企业更好成长。

（5）企业家对创新的影响。企业进行创新活动的过程中，企业家发挥了不可替代的关键作用。一方面，企业家自身的核心价值就在于创新，是创新的决策者和发起者。

另一方面，企业家在创新过程中扮演着决策实施者的角色，通过资金的支持、人员的投入、制度的调整、文化的构建等方式为企业创新提供有利条件，营造良好的创新环境，引导和组织企业创新行为。

熊彼特认为企业家是创新的主体，创新是企业家的核心职能，正是企业家的创新行为推动了企业成长和经济发展。在熊彼特之后，出现了大量的对企业家创新的研究，涉及企业家学习能力与创新、企业家与机会识别和获得、企业家的创新网络，以及企业家创新行为对企业成长的影响等内容。Minniti 认为在信息不对称环境下，企业家的学习能力使其具有敏锐性，能够获取对企业创新有用的信息。Ardichvili、Hindle 认为企业家对机会的认知能力是企业创新的核心能力，是企业创新成功的必备条件。

高勇在企业调查研究中发现，在类似的外部环境和内部条件下，优秀的企业家能更好地突破障碍，创造好的环境，为创新带来良好的条件。相同条件下的不同创新行为和创新绩效，很大程度上取决于企业家因素，这也体现了企业家在创新活动中的重要作用。姚建华（2009）认为企业家个体资源、企业内部资源和企业外部环境是影响企业创新行为成功的三大因素。其中，企业家个体资源包括企业家自身的领导气质、风险偏好、意识动力、专业知识、敏锐洞察、社会网络以及整合资源的能力。

企业家在企业创新活动中起着关键的不可替代的作用，是创新的主体，是企业创新的主导力量，在创新过程中承担着决策者和实施者的重要职能，引导组织创新为企业创新创造条件，进行文化创新为企业创新营造良好的环境。

（6）企业家对社会资本管理的影响。企业社会资本可分为企业家个人的社会资本和企业的社会资本，二者密不可分。企业之间建立的以信任和承诺为基础的关系网络通常需要通过企业家的社会关系网络构建与维系。企业家可以发挥自身能动性帮助企业拓展社会资本，同时企业家社会资本也有助于企业家扩大自身影响力，维护好自己个人的社会资本网络。

Piore and Sabel 指出企业家个人的社交关系和企业的社会关系网络之间存在互补互助关系，二者互为驱动力。G Reeding 针对华人在英国的企业深入研究以后发现，企业家的信用网络对于企业之间关系的建立具有连接和协调的作用。陈忠伟、田伟在企业成长生命周期的视角下分析了在不同阶段企业家对企业社会资本的影响程度不同。我国还有一些学者，如陈传明、周小虎、郭毅、朱熹、万迪防、杨鹏鹏等，他们分别从不同的角度研究了企业家及其个人的社会资本对企业成长的作用。比如研究表明，企业家构建自身和企业社会资本的能力是其发挥企业家职能、形成企业家能力的重要体现。企业家可以通过自己的社会资本为企业获取稀缺资源，降低交易难度，促进企业成长。企业家的社会资本与企业绩效之间呈正相关关系。

> 扩展阅读

杰克·韦尔奇与 GE 的成长

杰克·韦尔奇 1935 年出生于美国马萨诸塞州萨兰姆市，1957 年获得马萨诸塞州大学化学工程学士学位，1960 年获得伊利诺斯大学化学工程博士学位。博士毕业以后他加入通用电气公司（GE），成为塑胶事业部一名员工，在 GE 工作了 11 年后，韦尔奇凭借扎实的专业基础和卓越的管理才能在 GE 平步青云，成为 GE 化学与冶金事业部总经理，在 1979 年 8 月升职为 GE 副董事长后，1981 年 4 月，年仅 45 岁的韦尔奇再次升职，成为 GE 历史上最年轻的董事长和首席执行官。

韦尔奇初掌通用时，GE 已经有一定的市场地位，但是财务表现一般。当年的销售额为 250 亿美元，盈利仅有 15 亿美元，公司总市值在美国所有上市公司当中排名第十。在韦尔奇执掌 GE 的 19 年里，GE 的销售收入翻了四倍以上，1999 年实现了 1110 亿美元的销售收入，世界排名第五；税后净利润增长近十倍，达到了 107 亿美元，世界排名第一，公司总市值也跃升至世界第二位。从业务布局来看，韦尔奇初掌 GE 时，公司旗下仅有照明、发动机和电力三个事业部在市场上保持领先地位。而经过他卓有成效的经营管理，GE 旗下十二个事业部在其各自的细分市场上保持龙头地位。如果以单个事业部为单位进行单独排名，彼时的 GE 有九个事业部可以入选《财富》500 强，其整体实力可见一斑。

在韦尔奇执掌 GE 的 19 年中，GE 各项主要指标一直保持着两位数的增长，市值超过了 2800 亿美元，而员工则从 40 万人削减至 30 万人，在这 19 年中，GE 给予股东的年均回报率为 24%。19 年来，许多公司没有经受住全球经济的严峻考验，如同多米诺骨牌一样纷纷倒台，为了应对瞬息万变的宏观环境，一些公司不得不频繁变换总裁，可是 GE 则始终在韦尔奇的领导下不断创造收入和利润的奇迹。

由于公司处于不断的上升、成长趋势当中，体现出了持续、良好的增长性，GE 曾连续 3 年在美国《财富》杂志评选的"全美最受推崇公司"中名列榜首。在对韦尔奇的经历进行了深入细致的分析研究之后，美国《财富》杂志把 GE 的高成长性和取得的辉煌成就归结为韦尔奇个人的人格魅力和先进的经营管理理念。韦尔奇的领导力表现为掌握自己的命运，否则将受人控制；面对现实，不要生活在过去或幻想之中；坦诚待人；不要只是管理，要学会领导；在被迫改革之前就进行改革；若无竞争优势，切勿与之竞争。

杰克·韦尔奇拥有超强的企业家能力，极富企业家魅力，并且有着坚韧、坦诚的企业家精神，他的能力带领 GE 高速发展，他的魅力感召着 GE 的每一位员工，他的精神影响着 GE 的经营理念和企业文化，同时也影响着 GE 的命运。因此，许多华尔街分析家和 GE 的投资者都把韦尔奇自身的素质和个人魅力看作这家世界上最具成长性、最有价值的公司取得成功的最重要的因素。从这个角度来看，正是卓越企业家杰克·韦尔奇个人从某种程度上铸就了 GE 的成功。

二、战略管理与企业成长

1. 战略管理

战略管理是将企业内部资源优势与外部竞争条件相优化运用的形成过程。企业战略管理是企业运用科学方法使企业在正确的方向上发展,扬长避短,克服外部环境变化所带来的冲击,使企业处于有利的竞争地位,战略管理是企业保持长远发展、做大做强的重要保障。

战略原本是军事用语,战略的概念最早出现在《孙子兵法》中。《孙子兵法》的首篇《计篇》仅300余字,却透视着战略的运筹帷幄,反映了我国古代军事家的智慧。在英语中,"战略"一词来源于古希腊语"strategia",意为"权利",也有"军事""指挥"的意思。

由于商业竞争的复杂性和多变性,目前,学术界对于企业战略尚未形成统一的定义。1976年美国企业家兼学者安索夫第一次提出了战略管理概念:战略管理是指将企业日常业务决策同长期计划决策相结合而形成的一系列经营管理工作。美国学者斯坦纳则认为战略管理是确立企业使命,根据企业外部环境和内部经营要素设定企业组织目标,保证企业组织目标的落实并最终得以实现的一个动态过程。大卫·欧文提出成功战略的三个特点:价值使命、远见卓识、深谋远虑。公司定位理论研究者杰克·特劳特认为,"定位是战略的核心",所谓战略就是生存之道,就是创造一种独特、有利的定位。从而建立认知,追求简单,与众不同,选择焦点,打败对手。迈克尔·希特认为战略是相互协调的使命与行动,战略的目的在于提高企业的核心竞争力,获取超额利润。弗雷德·R.戴维指出战略管理包括战略的制定、执行与评价三个环节,战略管理为未来的经营活动创造出不同于以往的新机会,使企业实现和保持竞争优势。

项保华明确了战略与战术的区别,认为战术关注的是短期的局部的运行效率,而战略则关注企业长期的整体的发展。周三多认为战略管理关注的核心问题是企业的成长方向。

战略管理是一个动态的过程,要时刻密切关注环境与内部条件的变化,使企业能长期有效地适应外部环境。战略管理理论体系代表学者与主要思想如表4-3所示。

表4-3 战略管理理论体系代表学者与主要思想

代表学者	主 要 思 想
安德鲁斯	企业战略是一种模式,它决定和揭示企业的目的与目标,提出实现目的与目标的重大方针与计划,确定企业经营的业务范围,明确企业应该对员工、顾客和社会做出的各种贡献
奎因	企业战略的本质在于在经营活动之前,根据企业内部条件和外部环境的变化趋势,有意识地决定企业的目的与目标、方针与政策、活动或项目。在这里,战略作为一种统一、综合、一体化的计划,为企业提供其在各种情况下的备选方案,如实现企业基本目标需采用的途径、方式和手段等
哈默尔和普拉哈拉德	战略在本质上应该是一种意向,它是企业渴望得到的远大前程和领先地位。战略要求企业更加注重未来,寻求发展机会,而不仅仅是着眼于现在

续表

代表学者	主要思想
波特	战略的目标是让企业获得成功,成功取决于企业是否拥有一个有价值的竞争地位,而有价值的竞争地位来源于企业相对于竞争对手的持续竞争优势。他认为,战略包括三个层面的问题。首先,战略是定位,定位目的在于创造一个独特的、有价值的、涉及不同系列经营活动的地位,从本质来说,战略就是选择与竞争对手不同的经营活动。其次,战略就是取舍,即选择从事哪些经营活动而不从事哪些经营活动。最后,战略就是匹配。一个战略的成功取决于许多方面和环节,保持其相互匹配非常重要
兰培尔	战略的本质是一种过程,是企业在其生存和发展过程中,在不同阶段对企业的目标、实力和环境所做出的认识和反应行动
项保华	战略是一种企业与顾客认知互动的过程
明茨伯格	战略是事后总结而非事先制定的,在战略的形成过程中反复强调反思理性。战略不是一个经过仔细思考的、向前看的、关于未来意图的表述。相反,战略的形成是从公司历史上对过去的行为做出合理的解释,使公司成员能够按照过去的模式行事
亨德森	任何想长期生存的竞争者,都必须通过差异化而形成压倒所有其他竞争者的独特优势。勉力维持这种差异化,正是企业长期战略的精髓所在。即企业战略的本质就是维持企业的独特竞争优势

企业的战略管理理论研究经过近五六十年的发展,已经形成了诸多战略管理的理论成果及不同的观点学派。根据周三多、邹统钎(2003)的研究,按照战略管理核心的不同可以将战略管理的理论体系分为三个阶段:第一阶段是以安德鲁斯为核心的战略规划理论体系,从20世纪60年代确立到现在一直得到延承;第二阶段是20世纪80年代以波特的竞争优势战略体系为核心,后来演变成为动态战略体系;第三阶段是20世纪90年代以格兰特和蒙哥马利建立的资源基础理论战略体系。

1）安索夫的战略管理构成要素

安索夫提出战略管理的四个要素:产品与市场范围、增长向量、竞争优势和协同作用。由这四种要素形成合力,形成企业经营的主线。并且在这条主线下,企业内外部人员对企业的经营方向有了更深入的了解,可以更好地扬长避短,发挥企业优势。企业共同经营的主线可以分为进攻型和防御型,其中进攻型是将企业新的项目应用于销售、技术等最重要的要素上;防御型则是不断补充短板,提供企业缺少的关键要素。同时,企业的协同作用是企业进行多元化布局的重要影响因素,帮助企业各项业务形成内在的凝聚力。战略管理构成要素,如表4-4所示。

表4-4 战略管理构成要素

战略管理构成要素	定义	意义
产品与市场范围	明确了企业的经营范围在什么行业和领域,从而企业可以通过分析在所处行业中产品与市场的地位来确定未来发展目标	获利能力的范围
增长向量	又称为成长方向,指企业未来经营行动的方向	获利能力范围的扩展方向
竞争优势	企业所寻求的、表明企业某一产品与市场组合的特殊属性,凭借这种属性可以给企业带来强有力的竞争地位	获利能力的保证

续表

战略管理构成要素	定 义	意 义
协同作用	一种联合作用的效果,协同作用涉及企业与其新产品和市场项目相配合所需要的特征	总体获利能力的潜力挖掘

2)战略管理的层次及类型

企业战略按层次可分为公司层战略、业务层战略、职能层战略,如表4-5所示。

表4-5 战略层次与战略类型

战略层次	战略类型
公司层战略	一体化战略
	加强型战略
	多元化战略
	并购战略
	防御战略等
业务层战略	一般竞争战略
	创新竞争战略等
职能层战略	市场营销战略
	财务战略
	生产战略
	研究与开发战略
	人力资源战略等

(1)公司层战略决定着企业如何在市场上进行竞争,决定着企业未来长远的发展方向。公司层战略一旦确立,公司将集中资源进行投入,保证目标的达成。公司层战略可进一步细分为一体化战略、加强型战略、多元化战略、并购战略、防御战略等。

一体化战略是指企业调用已有资源,充分发挥在生产、技术和市场等方面的优势,围绕着产业链上下游扩张实现规模效应,不断提高企业利润。一体化战略包括纵向一体化战略和横向一体化战略,即通过纵向发展扩大经营的深度和通过横向发展增加经营的广度两种模式。根据企业扩张的方向在产业链中的位置,纵向一体化战略又进一步分为向前一体化和向后一体化战略。

加强型战略并不急于在产业链或是市场上扩张,而是努力提高现有产品在市场中的竞争地位。企业将有限的资源与精力集中在某一单一的市场上,通过在细分领域里不断深耕,提升产品的竞争力,提高市场地位。该战略的优势在于投资风险小,由于专注于单一的领域,企业发展对资源投入的要求相对较少。然而,由于企业将所有的资源集中于核心业务,企业经营风险不断扩大。

多元化战略是企业为实现扩张而在现有产品和业务的基础上增加新的、与原有产品既非同种也不存在上下游关系的产品和业务。多元化战略分为相关多元化战略和不相关多元化战略。

并购战略，是指企业本身不拓展新的业务或者开发新的市场，而是通过产权交易，获取在市场中已取得一定份额的企业的所有权。并购战略有多种形式，如强强合并可以扩大企业规模，增加产品种类，提高竞争力，实现垄断；强弱合并则强者可以利用弱者的生产线、设备、人员和销售渠道，实现低成本扩张；弱者可以使现有资源合理利用，摆脱困境。

防御战略是企业减少经营风险、保护竞争优势和盈利的有效手段。防御战略一方面可以减少经营风险和损失，另一方面可以应对市场上的挑战者。防御战略具体有合资经营战略、投资转向战略、调整战略、放弃战略和清算战略等。

（2）业务层战略也称竞争战略，是围绕着企业参与市场竞争制定的战略。一般业务层战略应具有明确的目标、对企业发展方向进行指导，并在一定时期内保持不变的特性。业务层战略可以分为一般竞争战略和创新竞争战略。一般竞争战略主要以成本领先战略、差异化战略和集中化战略为代表。创新竞争战略是企业的竞争战略随着企业内外部环境不断发生变化产生的新发展，有全面质量管理、品牌战略、大规模定制战略、战略联盟等。

（3）职能层战略是企业为实现公司层战略和业务层战略而对各职能活动的方向、目标、政策和指导原则进行的系统谋划。其特点是期限相对较短，具有很强的专业性、具体性，具有行动导向性；从属于公司层战略和业务层战略；需要各职能部门的中低层管理人员的广泛参与。各职能层战略的重要性随着时间推移变化，具有动态性；职能层的战略以公司层战略的实现为目标，战略的制定应与企业整体战略相一致，具有协调性。职能层战略按具体的职能部门分可细分为市场营销战略、财务战略、生产战略、研究与开发战略和人力资源战略。

对于战略管理进一步的认识，则要从管理这一本源视角进行研究。通常认为，管理是一个组织特定人员设计和维护一种环境，通过实施计划、组织、人员配置、监督和控制等职能协调全体人员实现组织既定目标的行为过程。显而易见，自从人类开始组织团体（组织）来完成他们作为个人所不能够达到的各种目标以来，管理就成为一种组织的必需而存在于组织细胞之中了。因此，我们可以把管理看作是一种人类社会的现象，人类与环境的结合必然导致管理的出现，因为这种结合包含了管理的基本要素：集体活动和活动的目标。同时，这种结合也指明了管理的载体就是组织的本身，所以，管理也是一种设计和维持组织正常活动体系的生存和发展环境的手段。

2. 战略管理对企业成长的影响

中外学者关于战略管理的研究普遍认可战略管理对企业成长的重要作用。Stalk 等（1992）以树的生长作类比，认为如果树枝代表组织的短期能力，那么树根则代表组织的长期战略能力，是支撑组织发展的根本。企业短期的成长通过树枝的生长，而要维持企业长期可持续的生长，则要发展深层次的战略能力，壮大企业的根系。King（1995）指出战略管理能力是一种灵活性高、适应性强、持续性久的提高组织基础能力的能力。

他多次强调战略管理能力可保障企业在市场中保持竞争优势。

李剑平认为，企业成长过程就是企业战略不断发展、调整的过程。一个良好持续成长的企业，一定是成功地进行了战略规划，拥有观念超前、能力卓著的高层管理团队，能够正确认识企业内部资源、评估外部环境，协调好各种关系，投入资源，坚定执行。

雷家骕认为，从生命周期的视角来看，企业成长是企业由幼稚走向成熟的过程，在这一过程中企业内在素质逐步积累并提升，外部价值网络逐步形成并优化，合理的商业模式与竞争战略成为企业在成长过程中形成并保持竞争优势的保障。他认为企业成长主要受到企业的理念与领袖、愿景及目标、在产业链中的位置、业务聚焦程度、商业模式的有效性，以及企业的整体行动力六类因素的影响。

Raymond 和 St-Pierre 等将战略能力具体表现为企业对产品、营销、网络、技术、人力资源等方面的组织、构建和配置的能力，并进一步将战略结构分为企业家型、工程型和管理型。通过实证分析，他们得出以下企业成长与战略管理之间关系的结论：①企业家型的战略结构在产品开发能力、营销能力、网络能力、技术能力（主要体现为技术吸收同化能力）、人力资源能力方面均有较好的表现，这类企业增长状况最好。②工程型战略结构的企业更多的是过程导向，关注生产过程，集中精力优化成本并提高效率，在新产品的研发方面投入较少，这类企业成长情况次之。③企业成长情况最差的是管理型战略结构的企业，这类企业忽视新技术的研发和生产效率的提高，将精力集中在营销和网络能力上，对财务手段的运用和社会资源的拓展有较高的要求。

可从战略的深度、精度、柔性、创新四个维度阐释战略管理对企业成长的影响，战略管理的四个维度能从不同方面影响和以不同程度作用于企业成长，如图 4-5 所示。

图 4-5　企业成长与战略维度

（1）战略的深度，强调的是企业战略的制定一定要从公司的层面，着眼于提高企业未来发展过程中的竞争能力、成长能力以及适应环境变化的能力，要从全局的角度规划企业未来的发展方向，制订企业未来的发展计划和步骤。战略管理是否具有足够的研究深度，是否具有足够的前瞻性，对企业成长性的影响至关重要。普拉哈拉德用战略主导逻辑来形容战略管理的深度特性，认为这种"认知地图"直接决定了企业战略变革中的各项重大决策和决策的实施。

（2）战略的精度，强调的是企业能够准确把握企业的核心能力之所在，紧紧围绕企业的核心能力来打造与众不同的核心竞争力，并制定相应的战略规划来增强企业的核心竞争力，同时制定适合企业核心竞争力发展规划的市场、产品、人力资源、财务等诸多的战略发展决策。战略的精度对企业成长性的影响，主要是通过识别和发展企业的核心能力、间接提高企业成长性的途径来实现的。迈克尔·波特在其定位学派中，强调企业在制定战略的过程中必须要做好两个方面的工作：一是企业所处行业的结构分析；二是企业在行业内的相对竞争地位分析。这两方面都是为了能够准确地把握企业在行业中所处的地位，从而挖掘出企业的核心竞争力。

（3）战略的柔性，强调的是在战略的实施过程中，要强调战略执行方式的变通和战略目标的排序。企业所处的市场竞争环境是多变的，企业在不同的发展阶段所面临的首要问题和主要目标也是不同的。这就要求企业在保证战略的全局性、前瞻性的同时，制定灵活的战略执行和实施计划，既保持公司战略的大方向，又具有充分的灵活性，分阶段、分重点地来实现战略规划的宏伟蓝图。Hayes（1984）最早把"柔性"的概念引入到了战略管理的影响因素当中。Eppink（1978）则进一步探讨了战略柔性的计划问题。普拉哈拉德和哈默尔（1994）也提出了在企业竞争优势的方面，仍然要保持适当的战略柔性的重要性，甚至哈默尔（1999）出版了一本专门论述战略管理柔性重要性的著作《战略柔性》，标志着对战略管理柔性问题的研究进入了全新的、深入的领域。战略管理具有必要的柔性，可以保证企业在不同的市场条件下、不同的发展阶段，其战略都是直接为增强竞争力、提高成长性服务的，不会导致揠苗助长、急功近利等短视行为的出现，保持企业在发展过程中可以持续、渐进地提高企业成长性，而不会偏离大的发展方向。

（4）战略的创新，强调的是企业战略在具备足够的柔性的基础上，还要勇于突破陈规，用新方法、新视点来解决发展中遇到的各种问题，在不出现大的技术革新的条件下，运用企业自身的管理体系和管理方法的变革来保持企业运作的高效性和适应性。战略创新的概念最早是由 Markides（1997）提出来的，他把战略创新视为利用对竞争的游戏规则的改变来颠覆市场既有的竞争格局，这种战略创新是以"为客户创造价值"为核心的。戈亚群（2003）认为，战略创新是随着环境的变化而打破旧的战略模式，形成新的价值创造模式的战略行为。如果把企业的战略柔性比作"求医问药"的话，那么，战略创新则是企业的"断臂求生"，是对原有战略规划、发展模式、价值创造模式的颠覆，制定新的战略来适应市场环境的变化。企业每一次成功的战略创新，都是对原有市场竞争格局的毁灭，意味着企业寻找到了新的、更加适应当时市场条件的价值创造模式，因此将极大地促进企业成长性的提高。

企业的兴旺发达离不开合理的企业发展战略的制定。"君子立恒志，小人恒立志。"面对难以预测的环境变化，洞察先机，抓住机会，审时度势，战略运作是经营者成功的关键。生存的经验不代表发展的经验，不要死抱固有的看法，要重视信息，掌握规律，客观分析企业状况，制定明确的发展战略，积极运用于企业的经营管理之中。注重企业发展战略和战术的运用，这样，一个企业就不再是埋头沙漠的鸵鸟，一个部门也不再是盲目挖掘的蚯蚓。企业的竞争，开始于战略，成长于战略，决胜于战略。

扩展阅读

腾讯的战略决策

成立于1998年的腾讯，在其二十多年的发展进程中，经历了若干次的战略调整。在发展初期，腾讯的QQ聚集了大量互联网用户，但"叫好不叫座"，找不到一个盈利的手段，腾讯公司为此苦苦探索。经过深入研讨，马化腾决定涉足网络游戏，随即公司在这方面投入大量资源，成功开发、运营一批游戏产品，解决了腾讯公司盈利的问题。

腾讯游戏的成功，使其找到了将QQ流量转化成收入、利润的途径，同时游戏开发、运营的成功，也大大增长了腾讯公司的信心。此后一段时期内，腾讯在互联网领域伺机而动，一旦发现有可能成功的市场机会，就会迅速行动，快速开发类似产品，依靠客户黏性大力推广，轻易地后来居上。腾讯在游戏领域确立了霸主地位之后，又涉足团购、搜索、电商、网络安全等领域，所到之处，风声鹤唳，以致于被视作互联网全民公敌。

与游戏领域鲍岳桥只会唉声叹气不同，靠免费将竞争对手置于死地的360公司红衣大炮周鸿祎，此时揭竿而起，掀起了轰动一时的"3Q"大战。一时间马化腾领导的腾讯公司压力巨大，外部的舆论压力迫使腾讯开始认真考虑其业务发展问题。腾讯召开了20多场研讨会，邀请各领域专家建言献策。经过认真讨论，腾讯决定开放资源，构建生态。自己只做社交和内容，提出连接一切的口号，寻找优秀合作伙伴，开放流量，扶持合作伙伴的发展。马化腾提出了腾讯的半条命观点：即半条命在自己手上，半条命在合作伙伴手上。为此，腾讯将团购业务并入了美团，将电商业务并入了京东，将搜索业务并入了搜狗……通过此次战略转型，如今我们看到的是一个布局较为完整的生态圈，正如马化腾所言，腾讯的战略转型使得它从一棵大树变成了一片森林。

当移动互联网的风口来临时，腾讯公司敏锐地嗅到了大战前的气息，决定迎接这一挑战，拥抱移动互联网。在腾讯内部设立三个组，来开发基于移动互联网的相关产品，最终张小龙微信团队胜出。之后，腾讯决定将QQ资源全面向微信注入，帮助微信迅速拓展，在一段时间内终结了腾讯与新浪之间的微信、微博大战。微信的问世也仅比雷军的米聊快了几个月的时间。腾讯也因此得到了搭乘移动互联网的船票。

而当互联网的人口红利消失殆尽，随着AI、云服务等未来科技的兴起、智慧零售等商业概念的蹿红，新的重大挑战已跃然眼前。马化腾在2018年10月31日向合作伙伴发出一封信："我们认为，移动互联网的上半场已经接近尾声，下半场的序幕正在拉开。伴随数字化进程，移动互联网的主战场，正在从上半场的消费互联网，向下半场的产业互联网方向发展。"腾讯又做出拥抱工业互联网的战略决策。

三、人力资源管理与企业成长

1. 人力资源管理的定义

国内外学者对于人力资源管理的定义和内涵做了大量研究,形成不同的观点和看法。

彼得·德鲁克较早提出人力资源管理的概念,他认为组织的发展对员工管理提出了更高的要求,传统的人事管理已经无法适应这些需求,而应运用相关的专业知识,将企业员工作为一种资源进行管理,即人力资源管理。Bakke(1985)在《人力资源功能》中认为人力资源管理是企业的基本职能性活动之一,并从七个方面剖析了人力资源管理与传统的人事管理的区别。

大部分学者认为人力资源管理是对企业员工进行有效管理,以提高企业绩效、实现企业目标为目的。Beer认为人力资源管理是人力资源相关的所有决策和行为,这些决策行为会对公司和雇员之间的关系产生影响。Schuler撰写了《管理人力资源》一书,在书中他指出人力资源的目的在于实现个人、企业乃至社会的利益。Raymond认为人力资源管理是企业为了对雇员的行为、态度以及绩效产生影响而制定和实施的政策、管理实践以及规章制度等。Robbinson认为所谓人事管理就是研究组织的人力资源,以及如何有效调动这些资源更好地实现组织目标,并在《人事/人力资源管理》一书中加以阐释。Dessler提出人力资源管理本质上是一种概念和技术,为完成企业管理中涉及的与人和人事相关的任务服务。

也有部分学者从员工才能和潜力方面提出了人力资源管理的定义。Britten认为人力资源管理是一种管理员工关系的战略方法,强调开发人的潜力对获取持续竞争优势至关重要,企业通过结合各种员工政策、活动和实践获得这种优势。Robert L.Mathis提出人力资源管理是为了确保大多数人高效地发挥才能,从而为实现公司目标而设计的一套正式的管理系统,如表4-6所示。

表4-6 人力资源管理理论体系代表学者与主要思想

时　间	代表学者	主　要　思　想
20世纪50年代前		人事管理理论的研究对象和人事管理活动的实施对象都是建立在"经济人"的基础上,以"劳动力"而非"人力资源"来定义员工,人力资源管理仅仅停留在劳动力管理的阶段上
20世纪50年代	彼得·德鲁克、怀特·巴克	提出"人力资源和其他所有资源相比较而言,唯一的区别就是它是人,并且是经理们必须考虑的具有特殊资产的资源"。强调对人力资源进行管理,认为企业中的每一个个体都是有价值的资源,企业需要对人员进行全面的管理
20世纪60年代	西奥多·舒尔茨、雷蒙德·迈尔斯	人力资本从属于人,是一种资本,人力资本作为促进经济增长的第一位因素,是国家、地区和企业的富裕之源。人的知识和技能的取得是有代价的,它是投资的结果。国家要想实现经济增长,需要以人为依托,这就要求国家提供大量的教育投资,使人力资源掌握现代知识、技能以适应生产力的要求

续表

时间	代表学者	主要思想
20世纪70年代	彼得森、翠西、海勒曼、施瓦伯、弗塞姆、戴尔	人力资源管理的基本流程和职能达成共识，"人力资源管理在一个确定的企业中都包含招聘、甄选、绩效评估、薪酬和员工开发以及劳资谈判等活动"。同时，组织心理学、组织行为学的发展，重点关注员工的安全与健康，研究如何实施有效的人力资源管理活动以及研究员工的行为和心理
20世纪80年代	狄凯、弗布鲁姆、戴瓦纳、贝尔德、布兰克	战略人力资源管理和人事管理的根本区别在于战略人力资源管理活动计划的制定层面，即人力资源管理必须和组织的总体战略计划相联系。强调了组织在战略计划中的人力资源的重要性，以及组织之间不同政策之间的联系，将组织看作一个紧密团结的整体
20世纪90年代	查得微克、凯培利	以战略的视角认识和理解人力资源，解释人力资源管理各项职能之间的关系和影响，强调了人力资源管理在战略层面的重要性，以及强调人力资源在组织中的作用以战略作用为基础

关于人力资源管理的定义和内涵，我国学术界也从不同的研究视角提出了各种观点。赵曙明从资源的角度把"人力"划归为一类资源，提出人力资源管理的定义，他认为人力作为企业的一项特殊资本是人力资源管理的客体，人力资源管理的方式可以包括有效地开发、合理地利用和科学地管理。从开发的角度来说，人力资源管理既对人才资源的智力进行开发，也从思想文化、道德觉悟等方面提高人才素质；既要对已有的能力加以充分利用，人尽其才，也要不断发掘员工的潜能，激发员工潜力。从利用的角度来说，人力资源管理是对人才发现、鉴别、选择、分配、合理使用的过程。从管理的角度来说，人力资源管理既要对未来进行预测与规划，保障人才与企业的发展相匹配，也要组织现有的人才进行培训。

张一驰和张晓明的定义更具有中国辩证色彩，他们分析了企业管理中的"人"和"事"的关系，认为人力资源管理主要针对组织管理任用的职能进行研究。他们指出人力资源管理是正确处理组织中人和事之间关系的学科，包括其中涉及的观念、理论、技术等。同时，人力资源管理不仅仅是一系列人事管理的简单集合，而且还具有协调组织内部人力相关的资源，与组织内其他资源相协同，提升组织效率、实现组织目标的职能。企业进行人力资源管理的目标是协助实现组织目标，就是以科学的方法协调人与事之间的关系，处理企业内部的人际关系，充分发挥人才的潜能，做到人尽其才，事得其人，人事相宜。

廖泉文对人力资源管理的定义主要体现在人力资源管理的外在形式和内容上，他认为人力资源管理表现为社会组织对员工进行的包括招募、录取、培训、使用、升迁、调动、退休等一系列管理活动。这一系列活动的目标在于更加科学、合理地使用人才，将人才的作用发挥最大化，从而优化组织效率。

综合以上国内外学者的观点，我们认为人力资源管理是组织为了实现发展目标，采用科学的方法，对组织中的"人"和"事"进行管理，统筹安排人力资源的活动。它包含组织从人力资源设计开始，招聘、培训、绩效管理、薪酬激励等一系列的环节和过程。

2. 人力资源管理对企业成长的影响

现代企业的人力资源管理不同于传统意义上的以档案管理和招聘为主的人事管理，它是一个高效完善、积极主动的人力资源配置系统。运用现代化的科学方法，对与一定物力相结合的人力进行合理的培训、组织和调配，使人力、物力经常保持最佳比例，同时对人的思想、心理和行为进行恰当的诱导、控制和协调，充分发挥人的主观能动性，使人尽其才，事得其人，人事相宜，以实现组织目标。

20世纪80年代以来，随着国际政治、经济环境的改变，国际化、全球化进程的快速推进，市场竞争体系的逐步完善，人力资源管理作为一个新兴的管理学领域，受到越来越多的公司的重视，对企业成长性的影响，远远超出了传统人事管理的范畴。现代人力资源管理与传统的人事管理存在显著的区别，一方面，传统人事管理是以"事"为核心的，"人"围绕"事"来设置和配置，这样就只强调单方面的静态控制和管理。而人力资源管理是以"人"为核心的，强调的是充分发挥人的主观能动性和创造性，因此它是一种动态的心理、意识的调节和开发，其管理的根本出发点在于"人"和"事"的系统优化，追求的是企业最佳的社会和经济效益。另一方面，传统的人事管理把人当成一种"成本"来管理，考虑的焦点是投入、使用和控制。现代人力资源管理把人当成企业的一种宝贵的"资源"来开发，注重的是通过对其进行保护、引导、开发等过程而最终实现的产出，在管理中强调人的主观能动性和创造性。

现代经济越来越向知识经济和高科技方向发展，相比硬件设备和资金而言，人的因素更加重要。因此企业要进行人力资源集聚，特别是建立集约型的人力资源集聚，这是企业能否进行持续创新和长远发展的内生源泉。怎样能够培养合理的、有层次的技术人才队伍，同时又能够留住那些掌握有公司核心技术的专业人才，是每一个想做大、做强的企业所要面对的首要问题。

Boxall首次提出了"人力资源优势"的概念，把人力资源优势划分为人力资本优势和人力整合过程优势两个方面，认为这两种优势的结合是企业持续竞争优势的源泉，对提升企业竞争优势起到重要作用，对企业的成长性具有重要的影响力。Itami将适应企业发展的人力资源管理系统视为企业的"无形资产"，可以提升企业组织管理的效率，并指出该"无形资产"具有不可复制、无法模仿的特性。Lodo和Wilson从人力资源影响企业能力的视角认为企业的人力资源管理系统是企业保持持续竞争优势的主要原因，并指出企业人力资源管理系统对企业能力提升的影响是独特的、因果关系模糊的，且具有协同性。Victor M. Bennett发现企业激励机制的设计与企业成长相互关联。首先，企业的快速增长会激励员工承担超出职责范围内的工作，而这又可能促使员工的升职；因此，企业的成长速度对员工的升职影响重大。基于此，Victor的进一步研究结果表明，频繁的升职机会能够促进企业的快速成长。Paauwe和Richardson认为人力资源管理活动会直接影响企业的财务绩效，此外也有一些活动可以通过人力资源管理间接地对企业的财务绩效产生影响。

赵曙明发现高水平的人力资本管理对企业竞争优势的建立有十分显著的影响。因此，可以认为企业的人力资源管理能力与企业的成长性具有紧密的联系。卿涛（2003）认为企业的人力资源管理能力直接决定了企业发现市场和配置资源的能力，企业资源的效率和效能的发挥与企业的人力资源管理系统密不可分。范秀成等通过实证研究证实了企业对"高绩效"人力资源管理系统的运用程度和企业绩效呈现正相关关系。黄家齐（2002）将员工的技能和工作动机作为人力资源管理系统对企业绩效产生影响的中介，即企业人力资源管理体系通过提升企业人力资源绩效达到提升企业整体绩效，对企业成长具有间接影响。

徐晔通过对我国IT公司进行实证研究，分析了人力资本与企业成长性之间的相关性，发现无论是在单维度还是多维度的企业成长模型下，人力资本的溢出对促进IT企业保持持续增长发挥着关键性的作用。董事长兼总经理、独立董事的比例和从事R&D的人员数与IT企业价值的成长呈明显的正相关性。

扩展阅读

京东人事与组织效率铁律十四条

2004年京东进入电商领域时，电商市场已经成长起来一批优秀的企业：当当网拿到C轮融资、亚马逊已经进入中国市场、阿里巴巴的淘宝已经上市一年且获得了8200万美元的第三轮融资。新进入者京东以电子产品和图书为切入点，以物流为核心竞争力，为用户打造完美的使用体验，在激烈的电商竞争中站稳了脚跟。除了战略上的快准狠，京东的人力资源管理体系也为人称道，其他企业纷纷学习、模仿。

京东的CEO刘强东在多次的媒体采访中都强调团队的重要性，京东的人才团队务实能干。京东内部推行人事管理的八项规定，随后进一步拓展为京东人事与组织效率铁律十四条，从人才选拔、人才培养、人才考核、人才梯队建设等方面打造高效全面的人力资源体系。

（1）价值观第一原则。京东秉承着"价值观第一，能力第二"的用人原则，强调个人的价值观与企业的价值观相一致。京东有一套自己的业绩能力与价值观量化体系，会根据员工的能力与价值观将所有员工分为金子、钢、铁、废铁和铁锈五类。"金子"是指价值观好、工作能力也强的员工，这类员工十分稀少，可遇而不可求。大多数的员工可能属于"钢"一类，工作能力不错，价值观也不错。相比于"钢"的员工，能力稍差，但是价值观仍然不错的则是"铁"。价值观不好，工作能力也不行的员工是"废铁"。工作能力强但是价值观不好的员工则属于"铁锈"，这类员工是京东坚决要去除的。

（2）ABC原则。京东对于人才的管理实行两级管理机制，即ABC原则。也就是说管理者的管理范围不能仅局限于直属下级，而应下探到直属下级的下级。相应地，对于除了在审批权限设置中明确规定须经多级审批的事项外，管理者的决策也要向上两级。这一制度保证了京东内部的高效沟通，一方面，高层管理者可以更直接地了解下层员工的工作状况，另一方面，对于集团内一些一般的事项可以更迅速地做出决策。此外，对于集团内的人事管理也更加公正、透明。

（3）一拖二原则。对于类似京东的高速成长的大企业来说，不可避免地要从外部引进高端人才。然而新加入的管理者为了工作可以顺利开展，往往倾向于将原单位的下属引入到新的单位。然而这对于部门原有的员工来说，存在一定的不公平性。因此，京东的一拖二原则规定所有加入公司的管理者，原则上不鼓励过多引进原单位下属到其所管辖部门工作，如有必要，最多可引进两人，但是欢迎推荐人才到其他部门。这种一拖二的原则在一定程度上避免了公司内部出现拉帮结派等不和谐现象。

（4）Backup原则。在京东，所有总监及以上的管理者入职一年期满时，必须从价值观、业绩、能力和潜力角度找到经人力资源部和A、B两级确认的、至少在三年内可以继任其岗位的候选人。否则公司在第二年将不给予该管理者晋升、加薪、股票授予和其他任何附加资源投入。如果在该管理岗位满两年仍然没有继任者，则该管理者必须离职。人才梯队不完善的问题困扰了许多优秀的企业，优秀的创业团队带领企业快速成长，然而随着第一代核心员工相继离开，企业往往面临着后继无人的尴尬局面。京东的Backup原则防患于未然，有效解决了企业人才梯队方面的痛点。

（5）No No No原则。这一原则明确规定了员工在两种情况下不可以拒绝。第一，对于其他部门、一线员工和客户提出的与被要求人或部门工作职责范围有关的需求，没有事实或数据能够证明他人需求是不正确的，不允许Say No。第二，对于涉及以下两类要求，应认真对待，不允许随意Say No。即"凡是涉及客户体验改进的要求，凡是涉及公司未来业务发展的要求"。如果针对涉及上述两类要求Say No，必须报备被要求人的直接上级或部门负责人共同决策，且相应的邮件应同时抄送给被要求人上级或部门负责人并且存档，便于事后回顾和追溯。公司提倡对管理者放权、授权。当业务出现问题的时候，管理者能在自己权责范围内解决的，可以不向上汇报。但不能刻意隐瞒信息，跟下属说"这事不能让领导知道"。这一原则有助于促进不同部门之间的协作，更好地服务客户，实现公司愿景。

（6）七上八下原则。对于包括管培生在内的内部员工，京东主张大胆任用，达到任职资格的70%时即可提拔。同时对于内部人才的比重做出强制性规定，80%的管理者都必须内部培养提拔人才，只允许20%从市场招聘。这一原则在对内部人才培养体系提出较高要求的同时，也为员工提供了更多的成长空间，培养自己的核心管理队伍。

（7）九宫淘汰原则。为了量化人才的能力与潜力，京东以九宫格的形式从绩效和潜力两个维度对人才进行盘点。并依据员工在九宫格中的位置，对于高绩效、高潜力员工给予重点培养，对于基本胜任的员工，则通过培训、调岗等措施优化改善。而对于问题员工则严格执行淘汰。这一原则将人才的能力与潜力量化，公司内部进行人员调整时更加有迹可循。

（8）两下两轮原则。京东要求所有管理者每年至少两次下一线支援；所有管理者、高级产品经理（P/T 10 及以上）每年至少两次去其他部门轮岗。京东是一家极度重视用户体验的公司，两下两轮制度正是这一理念的实践。每年两次的一线支援与轮岗，将有助于高层管理人员保持对用户体验及业务流程的敏感性。

（9）8150 原则。公司要求每个管理者直接汇报的下属不得低于 8 个人，不超过 15 人，否则将相应地增加或减少中间层级的管理者。50 则指同一工种的基层员工一个团队领导需要管理 50 人。8150 原则强调公司内部组织的扁平化，保证了公司内部可以高效运行。

（10）24 小时原则。公司规定，管理者对于任何工作请示及需要批复的邮件必须在 24 小时之内回复，须保证 24 小时开机并接听电话。

（11）会议三三三原则。京东十分注重效率，避免无效的会议占用大量精力。内部会议要求会议核心内容不超过三页 PPT，会议时间不超过三十分钟，决策会议不能开超过三次。同一问题超过两次会议决策不了，就上升一级做决策，三次会议必须解决问题。

（12）铁人三项原则。所有员工及管理者的考核 KPI 都不超过三项，超过项列入警示或观测项。考核 KPI 全面简化，只聚焦最关键的驱动因素，把精力放到最重要的事情上。

（13）内部沟通四原则。京东集团内部沟通的原则包括内部沟通时间分配"721 原则"、汇报讲层级、沟通是平的和谁牵头谁担责的原则。在沟通的过程中管理者应多与团队和协同部门沟通，保证执行、促进协同。为保证决策的谨慎性和全面性，汇报时应按照 ABC 原则逐级汇报。内部的沟通，特别是跨部门沟通不应被职级所局限，要保证沟通的效率和有效性。项目的牵头人要负责整个项目，有权指挥、调动全公司的资源，相关方应予以配合。

（14）组织五开放原则。公司管理者提交的周报对相关业务部门开放；一级及以上部门管理者例会对其他部门总监及以上管理者开放；跨部门协作时非敏感数据应互相开放，但仅在必要的范围知晓；公司战略、部门战略应向所有员工开放，促进员工对战略方向的理解和共识；人才资源共享，服从公司整体人才调配与安排。

京东人事与组织效率铁律十四条强调员工的价值观与公司的价值观相一致，十分注重高效、扁平化与协同，在这样的铁律规范下，京东的人力资源管理体系逐步健全，保证公司内部开放协作的同时，公司整体有序地发展。

四、市场营销管理与企业成长

1. 市场营销管理

菲利普·科特勒（Philip Kotler）（1984）认为市场营销是企业充分认识目前市场中未得到满足的需求，预测需求量，依据企业的特长确定目标市场，并根据目标市场的特征确定产品、劳务计划和方案的过程。麦卡锡（E.J.Mccarthy）将市场营销定义为以满足社会或人类需要，实现社会目标为目的的社会经济活动的过程。

美国市场营销协会（AMA）曾经三次提出市场营销的定义，分别是1960年"引导产品或劳务从生产者流向消费者的企业营销活动"、1985年"市场营销是计划和执行关于商品、服务和创意的观念、定价、促销和分销，以创造符合个人和组织目标的交换的一种过程"，以及2005年"市场营销是组织的一种功能和一系列创造、交流并将价值观传递给顾客的过程和被用于管理顾客关系以让组织及其股东获利"。可以看出，随着市场的创新和管理学理论的完善，市场营销涵盖的范围越来越广，从单纯的产品的推广发展为企业价值观的传达，以及客户关系的管理。

市场营销作为一种计划、实施的活动，包括对一个产品、一项服务或一种思想的开发制作、定价、促销和流通等活动，其目的是经由交换、交易的过程达到满足组织或个人的需求目标。市场营销活动的基本目的和工作目标就是：在适当的时间、适当的地点，以适当的价格将适当的商品销售给适当的消费者。市场营销活动的主要内容包括：市场调查、市场预测、营销环境分析、消费者行为研究、新产品开发、价格制定、分销渠道选择、促销措施运用以及售后服务等。

关于市场营销内容的研究，可以将营销活动归纳为价值选择、提供价值、传递价值、传播价值的活动，如表4-7所示。

表4-7 市场营销活动与具体内容

价值体现	营销活动	具体内容
评估市场导向	消费环境分析	宏观环境、行业环境分析
	消费需求分析	营销调研；需求预测与测量
分析消费市场	消费者行为研究	购买影响因素；消费行为模式；购买过程
评估顾客价值	顾客价值与资产	顾客价值；顾客满意与忠诚；顾客关系
选择价值	STP	市场细分；目标市场选择；定位决策
	竞争分析	竞争力与竞争者分析；竞争战略
	品牌战略	建立和管理品牌资产
提供价值	产品战略	—
	服务战略	服务品牌管理；服务质量管理
	价格战略	制定价格；调整价格；应对价格变化
传递价值	渠道战略	渠道设计；渠道管理；渠道整合
	物流战略	零售管理；批发管理；企业物流
	销售战略	销售管理；促销管理
传播价值	大众传播的整合营销沟通	广告；销售促进；事件营销；体验营销；公共关系
	个人沟通的整合营销传播	直复营销；互动营销；口碑营销；销售团队管理

通过对营销能力的分析研究，本书将营销能力分为产品营销力、品牌营销力、销售营销力、渠道营销力、协调营销力五种基本能力，如图4-6所示。

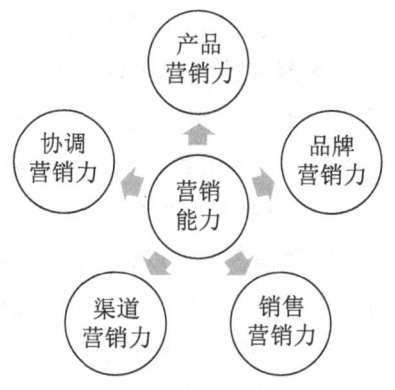

图 4-6　营销能力的五种基本能力

1) 产品营销力

产品营销力是指企业的产品或服务在市场中的竞争地位，是企业营销的基础能力。产品力可以划分为五个方面：质量力、价值力、服务力、价格力、组合力。这其中质量力和价值力是核心与基础，服务力是重要支撑，价格力是实现价值的条件，而组合力是优秀的产品组合。以后帮助企业实现更高的市场地位和利润，是企业提升市场地位的关键因素。

企业在市场营销活动中，无论顾客需求变化如何，质量力始终是产品力的立足之本，是消费者信心的根源。因此，一个好的产品在满足消费者需求的同时，也要达到消费者对产品的预期。

产品质量过关只是消费者对产品最基本的要求，而要想获得消费者长期的关注，必须为消费者创造价值，即产品的功能可以满足消费者的需求。产品的价值力与质量力同样居于核心地位，因为只有价值力没有质量力的产品只能在短时间内吸引消费者的注意，由于质量得不到保障，长时间来看会被消费者抛弃；只有质量力没有价值力的产品在市场中竞争力极弱，一旦出现其他的优质替代品，消费者就会大量流失。

随着市场由"以产品为中心"向"以顾客为中心"转变，服务作为有形产品的延伸，为顾客带来了更大的利润和更好的满足。同时，在市场中同类产品竞争越来越激烈的情况下，产品所附加的服务成为市场份额竞争的关键。同时，由于服务的异质性，好的服务力可能成为企业参与市场竞争的核心竞争力。在企业开展营销活动时，应时刻保持敏锐的洞察力，发现顾客尚未得到满足的诉求，通过提供优质的服务进行补充。

价格力是企业产品营销流转的重要驱动力，当企业价值力下降时，企业营销流流速会大幅减缓，产品销售停滞。一般而言，企业价格力与企业商品定价是负相关关系。

随着企业的发展，企业产品线数量不断增加，企业应注重优化产品组合，打造产品的组合力。企业通过产品组合满足消费者的需求，提升企业在营销中的竞争力，因此企业的产品力是提高企业营销力的关键因素。

2) 品牌营销力

品牌力是指产品的品牌在市场中的竞争力。在激烈的市场竞争中，具体产品会因消费者需求的改变或技术的革新而发生变化，为企业创造的价值有一定限度，但品牌一旦得到市场的认可，将为企业带来长期而且非常可观的价值。因此，随着企业的发展成熟，市场营销的重点也会从产品的竞争转化为品牌的竞争。打造强势品牌，培育企业品牌力，一般要经历提高品牌知名度、提升品牌形象、维护品牌忠诚度三个阶段。

打造品牌力首先要增强品牌的认知力，即消费者对品牌的了解程度，消费者对品牌的认知力将直接影响消费者的购买决策。一方面，表现为让更多的消费者了解品牌，扩大品牌的影响范围；另一方面，表现为让消费者对品牌有更深入的了解，加深对品牌的认知。品牌不仅仅是一个商标或者一个概念，对于企业来说，品牌的形象也是人们对品牌的信念和情感的延伸，向市场传达了企业的文化与精神。品牌忠诚度是企业的品牌力发展的最高阶段。由于前期的市场营销打下良好的口碑，消费者已经可以将企业的产品、品质、价值等与品牌关联起来，建立品牌联想力。当品牌力发展到品牌忠诚度阶段的时候，最突出的表现就是品牌联想力。品牌联想力形成的基础是消费者对品牌的认可与好评。在好口碑的基础上，品牌联想力赋予品牌个性与差异性，加深消费者对品牌的记忆。这种关于品牌的联想使消费者在同类产品选择时会优先想到该品牌。

3）销售营销力

推动营销流运行的销售力量就是销售力，销售营销力是产品流运行的辅助力量，与产品流存在正相关关系。销售力较强时，产品流运转速度快、流量大、增值高。销售营销力可以进一步细分为公关销售力、人员销售力、广告销售力和销售促进力。分别通过公关手段、专业销售人员、广告营销、促销等方式刺激营销流动加速。

公关销售力是指利用各种公关手段促进营销流的运动的力量。一般来说公关销售力质量高会加速企业营销流的运动。公关销售力有多种形式：赞助公益事业、事件公关、新闻宣传、名人促销、企业文化宣传展览会等。

人员销售力是指利用人员直接推销的手段促进营销流运动的一种力量。合理运用人员销售力可以达到获得丰厚利润和良好客情关系的目标。广告销售力是利用各种广告宣传促进营销流运动的一种力量。销售促进力是指利用各种购买刺激的手段促进营销流的运动的一种力量。

4）渠道营销力

渠道营销力是指企业对渠道与终端的整合和把控能力。渠道是市场营销的四大要素之一，在营销活动中扮演着不可忽视的角色。日益激烈的市场竞争格局对企业经营提出了更高的要求，企业只有在自己所处的领域不断深入化和细致化，才能在激烈的竞争中保持优势地位。因此企业对渠道的凝聚与整合以及对终端的掌握与把控是企业保持竞争力的重要抓手。

企业渠道力是企业对渠道系统的整合能力与对终端的控制能力的综合体现，反映了企业营销渠道与各渠道成员之间的相互依存关系。渠道力由关系力、整合力和控制力三个要素组成。关系力指企业与渠道成员之间关系的建立与维护；整合力反映了企业对渠道资源的利用能力,包括对渠道的运作与管理;控制力是企业对渠道终端的把握能力。"伙伴型"营销渠道成为企业与渠道商之间关系的主流趋势,这种关系在关系力和整合力上有了更好的体现。而渠道扁平化的趋势则对企业的渠道控制力提出了更高的要求。

关系力是在企业与渠道,以及渠道成员之间交流沟通的过程中潜移默化下培养的关系。这种关系成为企业不可复制、无法转移的特殊资源,构成企业的核心竞争力。这种关系力往往可以促使企业与渠道商保持长期互利的合作关系,避免出现机会主义行为。

整合力是企业对营销渠道的运作与管理能力。企业对营销渠道进行整合的方式十分多样化,如战略联盟、一体化经营等。通过企业的整合,统一渠道成员与企业的经营目标,实现多方共赢,共同成长,保持竞争优势。

渠道的控制力指企业对渠道终端的管理能力。渠道控制力不仅仅是建设营销渠道,对经销商进行管理,更是将企业的经营理念、战略思想传达到终端,最终通过终端传递给市场。使终端的行为与企业战略、品牌定位相契合。

5) 协调营销力

企业营销活动往往以满足消费者需求,提高消费者满意度、建立顾客忠诚度为目标,却忽略了内部员工、股东、供应商、竞争对手、新闻媒体、政府等其他利益相关者的满意度。协调营销力指企业对协调、维护利益相关者关系的能力,它关乎企业在市场上的生存与发展。

关系营销理论认为协调力的重点在于处理好企业利益相关者之间的关系,包括沟通力、合作力、公关力三要素。其中,沟通力最重要,它不仅包括企业与内部员工和股东之间的沟通,还包括企业与外部新闻媒体、政府,甚至是顾客之间的沟通。合作力是协调力的基础,包括企业与供应商、新闻媒体之间开展的合作。公关力主要是针对新闻媒体、政府、相关社会组织等而言的,强大的公关优势有助于企业营销活动的开展和进行,同时为企业赢得良好的口碑和形象。公关力不仅包括公益营销、赞助营销等正面的方面,还包括企业的危机处理能力。

2. 市场营销管理对企业成长的影响

国内外学者相关研究中,在古典经济学理论、资源基础理论、竞争理论等著名企业成长理论中,市场营销都被视为影响企业成长的重要因素。马歇尔在企业规模经济论中指出,企业营销能力关系到企业是否可以享受外部经济,因而认为企业营销能力对企业成长具有关键影响。彭罗斯的内因成长论则认为企业成长受到企业对现有资源利用程度的影响,同时,企业综合利用自身资源也是企业发挥营销能力的重要前提。

具体分析而言,产品力是所有企业在市场营销活动中处于基础地位的竞争力。企业通过关注顾客的效用需求、创造产品的附加价值、提供体验的创新服务、优化产品组合、不断提升产品力及其竞争水平,能够有力地促进企业在市场中地位的提高。品牌力可使企业拥有区别或领先于其他竞争对手的独特能力,能够在市场竞争中显示内在的品质、技术、性能和完善服务。企业间的竞争,产品可以很快被竞争对手仿效、超越,而品牌却是独一无二的，所以真正持久的竞争优势往往来自于强势品牌。品牌成为企业掌握的最有效的竞争手段，形成一种新的竞争力。销售力对于企业成长而言，是最直接的驱动因素，可以不断提高企业的销售量、销售额和利润。产品和服务都是通过营销渠道到达最终用户的，企业拥有较强的渠道力便能为企业的营销活动创造出一条通路，保证营销计划的顺利进行和营销目标的实现。因此，企业能够有效地利用营销渠道覆盖和控制整个目标市场的营销网络，以及保证这个营销网络的有效运转，成为企业最宝贵最重要的资本。协调力不仅可以为企业营销活动的进行提供一个有力的支撑，还为企业在市场上营销竞争力的提升增加多条可能合作的途径。因此，良好的与外部公众的协调力可在很大程度上促进其营销活动的顺利进行，从而扩大企业的市场份额，提升企业在市场竞争中的地位。

众多学者的研究成果都表明，市场营销是企业成长的原动力，任何产品和服务都要通过有效的营销活动才能推向市场，为消费者所购买，从而实现企业经营活动的完成。不管市场营销的具体内容如何变化，它都对企业的发展起到至关重要的作用。Vorhies 和 Harker（2000）认为较强的营销能力有助于企业更好地满足市场需求，并在市场竞争中获得相对优势，从而实现企业的持续成长。Jay Weerawardena 和 Aron O'Cass（2004）通过分析和论证，指出企业营销能力对组织创新和赢得持续竞争优势有着极其重要的影响。Frederick Reichheld（1994）认为市场营销有助于吸引顾客和保持顾客忠诚度，忠诚的顾客基础可以增强顾客购买意愿，从而提高企业收入。同时，顾客忠诚度使企业维持现有顾客的成本更低，并且利用顾客口碑降低新客的获客成本，达到降低营销成本的效果。Jay Weerawardena（2003）通过计量分析，认为营销能力既影响着公司的创新速度，也影响着公司的持续竞争优势，拥有特殊营销能力的公司会在目标市场上创造出比竞争对手更高的价值。Douglas W. Vorhies，Neil A. Morgan（2005）从定价、产品开发、渠道管理、营销传播、销售、市场信息管理、营销计划等方面分析了营销能力，通过实证研究，证实了与企业业绩相关的营销能力是可以识别的，是解释企业业绩差距的一个重要变量。马小勇和张文泉（2002）通过对比发现高绩效企业在市场营销方面更具优势，并且指出企业市场营销能力具有长期性，是企业长期培养和积累的结果。

扩展阅读

秦池酒业——"标王"的浮沉

成为标王以前，秦池酒厂只是山东众多小酒厂中默默无闻的一家。秦池酒厂在1990年注册"秦池"商标，制酒历史可以追溯到1946年，1994年从临朐县酒厂更名为山东秦池酒厂。1993年姬长孔担任厂长时，秦池酒厂一年的销售额不足2000万元，面对同属于鲁酒的孔府家酒借文化背景和广告定位在全国快速扩展，秦池酒毫无反抗能力，产品仅在潍坊地区销售。

1993年，姬长孔担任厂长以后，通过在当地电视台密集投放广告、沿街邀请市民品尝秦池白酒、通过技术监督部门的质量鉴定报告进行宣传、租用飞艇在闹市区分发传单等一系列营销手段，在不到20天内就率领秦池酒业进入沈阳市场。以沈阳为突破口，秦池酒业迅速占领东北市场。到1995年秋天，秦池的销售额已经超过1亿元，两年的扩张让秦池白酒在北方市场小有名气。

然而雄踞一隅并不能满足秦池酒业的野心，恰逢中央电视台广告信息部负责人谭希松开始改革，将黄金时段的广告在全国招标。她还推出"标王"的称号，为每年投标金额最高的企业"加冕"。虽然标王只是一个称号，却让众多企业为之疯狂，每年竞标的日子成了一次英雄盛会。谭希松推出的全国招标模式取得了很好的成绩，她的任期内中央电视台年度广告收入从不足10亿元飙升到40亿元。对于企业来说，一掷千金的广告投入，也得到了丰厚的回馈。1994年的标王孔府宴酒在中央电视台的广告效应下迅速走红，利税增长高达5倍。这让秦池看到了新的机会。

1995年11月8日对于秦池来说是一个重大的转折。这一天，秦池酒业以6666万元的价格拿到了标王，比第二名高出了近300万元。曾经名不见经传的秦池一时间成为舆论的中心，各种策划大师为秦池献计献策。1996年，秦池紧追绿色、环保的热潮，将形象宣传的主题定位为"永远的秦池，永远的绿色"。为了与标王的身份相称，秦池也开始对公司的形象进行包装，如改造办公大厦、购置奔驰汽车等。1996年11月8日，秦池再一次竞得标王。这一次的竞标价格更加离谱，3.212118亿元，高出第二名一个亿。当记者询问姬长孔是如何计算这个竞标价格时，姬长孔则表示"这是我的手机号码"。

连续两次蝉联标王，央视的推广，以及秦池的一系列品牌宣传确实取得了很好的效果。秦池迅速得到市场的认可，1996年秦池的营业收入较上年增长5倍，达到9.5亿元。3.2亿元的竞标价格相当于1996年全年利润的6.4倍，而秦池的厂长姬长孔也表现得信心十足。他预计1997年秦池的营业收入将实现58%的增长，达到15亿元。1996年底，秦池的生产线从1993年的5条增加到47条。

"中国标王""绿色食品认证""中国企业形象最佳单位"等称号提升了秦池白酒的品牌力，进而拓展了秦池白酒的销售渠道，刺激秦池白酒的销量激增。然而品牌形象得到提升的秦池白酒并没有相应地提升其产品力。秦池每年的生产能力只有3000吨左右，生产能力远远跟不上市场的增速。为了满足大量的订单，秦池只能外购散装白酒加上自己的原酒、酒精进行勾兑。此外，在危机发生时不具备危机公关的处理能力。1997年初，关于"秦池白酒是用川酒勾兑"的系列报道曝光了秦池的勾兑行为。四川"春泉"白酒厂厂长表示，1995年和1996年，秦池从春泉分别购买了4000吨和7000吨的散装白酒。面对市场的种种质疑，秦池还来不及辩解，就已经湮没在声讨之中。甚至曾经的合作伙伴，中央电视台、策划方也开始落井下石，直指秦池的问题。1997年秦池的销售收入仅有6.5亿元，1998年继续下滑，仅有3亿元。昔日风光无限的标王从此销声匿迹。2000年，秦池因300万元的欠款被法院裁定拍卖"秦池"注册商标，不免令人唏嘘。

"成也造名，败也造名"，秦池通过广告营销迅速推广其品牌，在短期内刺激了消费。然而依靠高额的广告费维持销量不是长久之计，很快秦池产品本身的问题就暴露出来。过分依赖炒作而忽视产品力的提升，产品的增长无法跟上品牌的增长，最终导致秦池的败北。

五、企业文化与企业成长

1. 企业文化

1）企业文化的发展

西方企业文化理论主要产生于20世纪80年代的美国，起源于日本经济的崛起和美国经济的减速，是美日管理比较研究的直接结果。美国学者通过对日本企业文化和管理经验的实践研究、调查和分析，并上升到理论高度，使其成为能够指导美国企业进行改革的管理理论。但由于研究时间较短，企业文化的不确定性，关于企业文化的定义，国内外学者有许多不同的认识和表达，几乎每一个管理学家和企业文化学家都有自己的定义，并没有形成一个统一明确的概念。

20世纪80年代的学者对于企业文化的探讨主要包括企业文化的概念、结构、类型等，以基本理论研究为主。在这一阶段里关于企业文化的四部著作标志着企业文化理论的诞生，为企业文化的研究提供了全新的思路与更多的研究视角，对企业文化的研究产生深远的影响，被后来的学者称为企业文化研究的"四重奏"。这四本书分别是《Z理论——美国企业如何迎接日本的挑战》（威廉·大内，1981）、《日本的管理艺术》（理查德·帕斯卡尔和安东尼·阿索斯，1981）、《企业文化——现代企业精神支柱》（特雷斯·迪尔和阿伦·肯尼迪，1981）、《寻求优势——美国最成功公司的经验》（托马斯·彼得斯和小罗伯特·沃特曼，1982）。

威廉·大内最早提出了企业文化这一概念，他认为企业文化是企业传统、风气以及价值观的综合体现，管理者从企业经营的事例中提炼出的关于企业传统、风气、价值观等方面的模式，以企业文化的形式在企业内部一代代地流传下去。理查德·帕斯卡尔和安东尼·阿索斯对企业文化的理解从学科上升到文化的高度，他们认为企业文化应包含企业的价值观、信仰工具和语言等。特雷斯·迪尔和阿伦·肯尼迪指出企业文化没有统一的标准，每个企业在经营发展的过程中都会形成特有的企业文化，并对整个组织的行为、决策产生深远影响。进一步地，他们构建了以价值观为核心，由企业环境、价值观、英雄、习俗和仪式、文化网络等因素组成的企业文化系统。托马斯·彼得斯和小罗伯特·沃特曼认为企业文化既吸收了传统文化的精华，也结合了现代先进的思想与策略，旨在为员工营造良好的工作氛围，形成员工行为规范和价值体系。

沙因系统地描述了组织文化的概念，他指出企业文化是企业在特定经济条件下进行社会实践的过程中所积累、形成的，受到大多数组织成员遵守并认同的共同意识、价值观念、职业道德、风俗习惯、行为规范等的总和，企业文化对企业产生深远的影响，是企业新员工得到录用所必须掌握的"内在规则"，同时也是企业在激烈的市场竞争中谋求生存之道的"基本原则"。迈克尔·茨威尔从经营活动的角度定义了企业文化，他认为企业文化是组织的生活方式，在员工之间互相传递。具体来说，企业文化包括我们是谁、我们的信念是什么、我们应该做什么、如何去做等对企业经营活动具有指导意义的内容。

杰克琳·谢瑞顿和詹姆斯·斯特恩认为可将企业文化分成四个方面：企业员工所共有的观念、价值取向以及行为等外在表现形式；由管理作风和管理观念（管理者说的话、做的事、奖励的行为）构成的管理氛围；由现存的管理制度和管理程序构成的管理氛围；书面和非书面形式的标准和程序氛围。

可以看出，国外学者对企业文化的理解虽不完全统一，但仍具有一定的一致性，主要表现在企业文化是一种重视人、以人为中心的企业管理方式；企业文化的基本要素包括共同的价值观、企业主导信念、企业宗旨、企业精神、企业作风、风尚和传统、礼节和仪式等等；但企业文化的核心要素是共有价值观，如表4-8所示。

表4-8　企业文化理论体系代表学者与主要思想

代表学者	主要思想
威廉·大内	将企业文化定义为一个公司的文化由其传统和风气所构成
特雷斯·迪尔和阿伦·肯尼迪	每一个企业——事实上是每一个组织，都有一种文化，而这种文化有力地影响着整个组织直至它所做的每一件事
托马斯·彼得斯和小罗伯特·沃特曼	把企业文化概括为"汲取传统文化精华，结合当代先进的思想与策略，为企业员工构建一套明确的价值观念和行为规范，创设一个优良的环境气氛，以帮助整体地静悄悄地进行经营管理活动"
沙因	认为企业文化是在一定的社会经济条件下通过社会实践所形成的并为多数成员遵循的共同意识、价值观念、职业道德、风俗习惯、行为规范和准则的总和
迈克尔·茨威尔	企业文化是组织的生活方式，它由员工"世代相传"
魏杰	所谓企业文化就是企业信奉并付诸实践的价值理念，也就是，企业信奉和倡导并在实践中真正实行的价值理念
赵玉英	一般指企业中长期形成的共同理想、基本价值观、作风、生活习惯和行为规范的总称

20世纪90年代以后，在对企业文化的概念和结构有了初步的认识以后，学者们研究的重点逐渐从对企业文化的概念和结构的理论性探讨转向对企业文化的应用和量化研究。20世纪90年代初产生了实证研究学派，代表性的著作有本杰明·斯耐得《组织气氛与文化》、特雷思·迪尔和阿伦·肯尼迪《企业文化生存指南》等。在这一阶段，关于企业文化的研究主要可以分为四个方向：关于企业文化基本理论进一步深入的研究；企业文化与企业效益、企业发展的应用研究；企业文化的测量；企业文化诊断与评估。

企业文化引入我国始于20世纪80年代，但企业文化真正开始引起我国企业界和管理学界的关注则是在20世纪90年代以后。初期更多的是以介绍和探讨企业文化的意义、概念、功能等理论为主，真正意义上的理论探讨和有理论根据的规范实证研究为数甚少。

目前我国学者基本上也像西方学者那样,从理论和实证两条思路入手来探讨和研究企业文化理论。近几年,有一些研究者采用沙因的"整体阐释性"研究方法和"分析框架"来阐释企业文化,采用霍夫斯泰德的定量方法研究企业文化,并取得了一些较好的研究成果。

2)企业文化的类型

每个企业因本身的结构与所处的环境不同,纷纷呈现出不同的企业文化特征,在企业发展的不同阶段往往也需要不同的企业文化来支持,因此对企业文化类型的研究,可以提出各种不同的观点。其中一些代表性的观点为:

(1)迪尔和肯尼迪"四种类型":强人文化、"拼命干、尽情玩"文化、攻坚文化、过程文化。

强人文化下的企业组织成员具有强烈的个人主义,勇于冒险并能迅速获得自己行动的反馈;"拼命干、尽情玩"文化下的组织成员则勤奋而活跃,无须承担太高的风险,决策的反馈速度也较快;攻坚文化更类似于长期赌注、孤注一掷的文化,企业的发展依赖于初期的投资,投资结果反馈缓慢,风险较高;过程文化下,组织成员缺少积极性,很难得到自己行动结果的反馈,组织成员只看重做事的过程并不在乎结果。

(2)约翰·P.科特与詹姆斯·L.赫斯科特三种类型:强力型企业文化、策略合理型企业文化、灵活适应型企业文化。

在强力型企业文化中,企业文化与企业经营绩效挂钩,几乎每个经理人都具有一套基本一致的共同价值观与经营方式,而这些观点和方法也能为新成员很快接受。无论是上层的领导还是下级的员工,一旦有人背离了该价值观念和行为规范,就会有人纠正他。策略合理型企业文化强调文化的适应性,企业文化的适应性越强,企业的经营业绩就越好。反之,则越差。采取策略合理性企业文化的企业具有工作环境较为开放、和谐,企业灵活性高的特征,在保持经营方式稳健的基础上,在紧急情况下赋予员工一定的决策权。灵活适应型企业文化下的企业对外部市场环境的适应能力较强。该文化提倡冒险与试错,鼓励发现、开拓新的企业发展领域,在培育企业文化观念时注重对市场环境的适应能力。

(3)奎恩与麦克格雷斯的企业文化分类:以"组织弹性—稳定性""外部导向—内部导向"这两个维度,分别形成4个象限中的4种企业文化类型,即团队型文化(Clan)、活力型文化(Adhocracy)、层级型文化(Hierarchy)和市场型文化(Market)。

团队型文化基本观点是将顾客视为工作伙伴,通过团队力量对外部环境加以控制。这类企业保持一致的目标与价值观,追求和谐、参与、个性自由,往往保持较高的员工忠诚度。活力型文化认为企业发展需要创新,企业需要不断创造出新思维、新方法以及新产品。层级型文化一般具有正式的、标准化的操作程序,企业的领导者扮演协调和组织者的角色,企业中员工习惯于遵守企业中的各种制度和规范。市场型文化即企业的运作方式和市场一致,强调竞争、效率和市场占有率,注重成效,企业文化往往趋于外向性。

3)企业文化的结构

企业文化的结构主要是指企业文化的内部结构以及各部分结构之间的相互联系。目前我国学术界大致存在四类观点：多层次论、两层次论[①]、"文化陀螺论"[②]以及复杂层次论[③]。这四类学说中，为国内学者所普遍接受的是多层次论，是主流的一种观点。刘光明在其编著的《企业文化》一书中，介绍了多层次企业文化结构这一概念。多层次论这一观点认为可以按照物质文化、行为文化、制度文化和精神文化四个层面来研究企业文化。最外层为物质文化；第二层为行为文化，是幔层；第三层为制度文化，是中层；最里面的为精神文化，是核心层，是整个企业文化的核心部分。

（1）企业的物质文化居于企业文化结构的最外层，是指企业以具体的物质作为载体，表达企业文化的内核。这些物质包括企业生产的产品或者提供的服务，以及企业生产环境、建筑风格、技术储备及设备设施、广告传媒、包装设计等。

（2）企业的行为文化是企业文化的次外层，是员工进行生产、管理、学习以及娱乐活动中的文化，员工的行为是企业经营作风、人际关系的动态体现，折射出企业文化与价值观。

（3）企业制度文化是企业文化结构的中间层，包括企业组织结构、管理制度等，通过明确的制度规范对企业经营活动、员工行为进行规范与约束，是企业文化的集中体现。

（4）企业精神文化是企业文化的核心，是企业意识形态的总和。企业精神文化是企业在生产过程中长期受到外部社会文化、市场趋势，以及内部企业家理念、员工意识的综合影响而形成的精神成果和文化观念，包括企业的价值观、经营哲学、企业精神等。

企业文化结构，如图4-7所示。

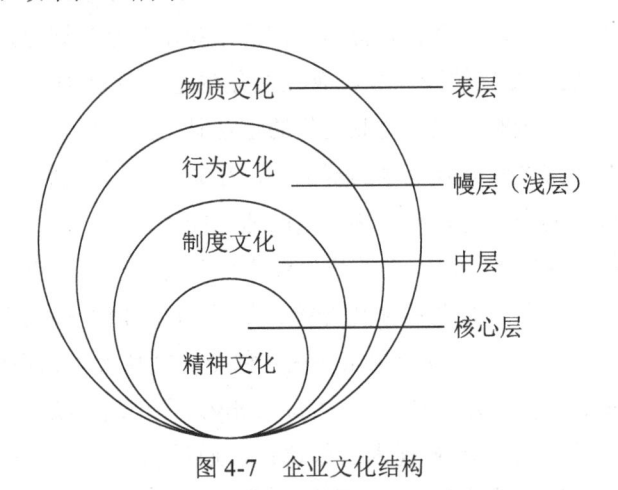

图4-7 企业文化结构

[①] 例如，罗长海将企业文化的内涵分为物质载体和精神内容两个基本层次，主张精神内容是企业文化的主导部分。谭伟东也提出两层次文化是一个由表层文化结构和深层文化结构组成的、由里向外辐射的球形体系，最里层的深层文化结构是企业思想体系和企业文化核（企业世界观）。

[②] 由吴维库等人提出，他们认为多层次的分层方法具有静态性的缺点，而企业是一个动态的系统，所以可将企业文化看作一个动态运转的"文化陀螺"。

[③] "复杂层次论"最早是美国学者沙因提出来的，引进后我国学术界也有少部分学者赞同他的观点。该观点认为文化存在于从显而易见到基本无形的三个层次上：第一个层次是"人为物"（Artifacts），第二个层次是标榜的价值观（Espoused values），第三个层次是基本的深层看法（Basic underlying assumptions）。

2. 企业文化对企业成长的影响

随着企业文化概念的提出，大量学者围绕企业文化展开研究。大量研究表明，企业文化对企业经营业界的提升有重要意义，甚至被一些学者认为是企业成功的决定因素。约翰·P. 科特与詹姆斯·L. 赫斯科特围绕企业文化展开长达四年的研究，在《企业文化与经营业绩》一书中肯定了企业文化对企业经营业绩的积极影响，并对企业文化进行分类并探究不同类型的文化对企业成长的影响。他们认为强力型企业文化虽然能够给企业带来业绩增长，但是在外部环境剧烈变化的情况下难以适应；策略合理型企业文化在短期内可以刺激企业成长，但缺少长期动力；只有灵活适应型企业文化是企业经营业绩提升的持续动力。

追随着科特和赫斯科特的研究方法与研究思想，Kim S.Cmaerno 和 Sarha J.Feremna（1991）、Kilmma et al.（1985）、Akin 和 Hpoelain（1986）、Robbins（1993）、Hollenbeek、Gerhart 和 Wright（2004）等采用多种方式从不同角度证明了企业文化对企业成长的积极作用。

我国学者也积极开展关于企业文化的研究。路维春（1999）指出企业文化从降低管理成本、提高企业凝聚力、树立品牌形象等方面推动企业成长。王国进（2004）认为短期内企业文化对企业成长的刺激作用主要表现为鼓舞员工士气、提升工作效率；长期来看，企业文化对企业成长的推动作用则是潜移默化的过程。

此外，一些咨询研究机构也关注企业文化的建设。著名研究咨询公司兰德提出企业竞争力包括产品、制度和核心三个层次，分别是企业有形的表层竞争力、支持系统的竞争力和最根本的竞争力。产品层次竞争力包括企业的技术水平、研发能力、质量与成本控制、营销水平等；制度层次的竞争力指企业运行机制、内外部环境、资源关系、公司治理结构等；核心层次的竞争力是指企业文化、企业形象、企业愿景使命等。兰德的观点反映了企业文化作为企业核心价值观的集中体现对推动企业发展产生的积极作用。

总结而言，企业文化对于企业成长的作用主要有 6 个方面，如图 4-8 所示。

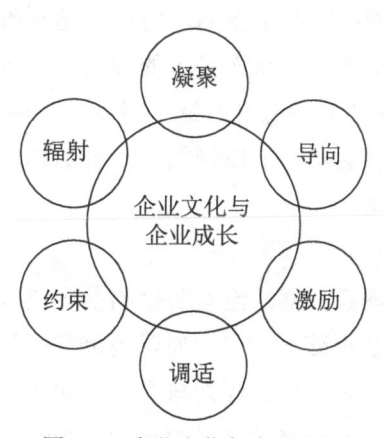

图 4-8 企业文化与企业成长

1）凝聚

企业文化的凝聚作用是指企业独立的个体、分散的部门都通过企业文化团结起来，由于企业文化的凝聚作用，企业内部形成一种向中心集中、聚合的合力。在思想上形成统一的精神，在行动上表现出一致的行为，公司上下为了共同的目标同心协力、努力奋斗，推动企业发展。优秀的企业文化既能满足员工在情感上的诉求，保持对员工的吸引力，又能够在精神层面对员工的行为作出统一的规范，通过价值观的引领，保证员工的行为与企业的目标相一致。

2）导向

企业文化的导向作用既在员工层面对员工的心理、价值观、行为进行引导与规范，也在管理者层面对企业经营决策起到指导作用。企业文化对员工的导向作用是潜移默化的，伴随着企业文化形成的过程而产生作用。企业文化作为企业价值取向的标准受到员工普遍接受的同时，也对员工的行为、价值观产生规范效应。企业文化对管理层的导向作用体现在企业的经营决策中。著名的海尔砸冰箱事件中，海尔集团以实际行动传递了"以用户为是，以自己为非"的价值理念，也反映出海尔严控产品质量，消费者至上的企业文化。

3）激励

激励作用是企业文化重要的核心作用。心理学研究表明人越是认识到自己行为的意义，行为的社会意义就越明显，就越能产生行为的强大推动力。企业文化在制定时就特别注重满足员工的自尊、自信和自我实现等高层次的需要，激发员工为企业创造价值的动力。企业文化将员工个人的目标与企业的目标融合，在员工实现个人目标的同时，也为企业创造了价值，员工的贡献也得到了企业的认可，反过来会再激发员工进一步作出努力，从而进入一种良性循环，实现企业利益与员工个人利益双赢。

4）调适

企业文化的调适作用，就是指它具有为企业员工创造一种良好的环境和氛围的功用和能力。企业文化会对员工的心理产生影响，对员工起到教育和引导作用。在企业文化的统筹下，员工具有共同的价值观，从而员工的行为、决策、活动、价值取向等具有高度的一致性。因此，企业文化的教育意义有助于减少员工内部摩擦，提高内部沟通效率，打造和谐友好的工作氛围。在这样的工作氛围下，员工的工作效率显著提升，工作热情大幅提高，团队的凝聚力加强。

5）约束

企业文化不同于企业的规章制度，没有明确的条款进行约束，但是企业文化以一种非契约的形式在思想层面对企业员工的行为加以规范和引导。当企业文化得到企业员工的广泛认同时，即使个别员工的思想、行为与企业文化出现偏差，企业整体的文化氛围也会对其造成压力，迫使员工不断修正自己的行为，最终与企业文化相协调。企业文化的约束作用是一种软约束，必要的时候需要企业内部公众舆论的监督，需要员工发自内心的对企业文化的认同。事实证明，相较于企业规章制度等的约束，企业文化的这种软约束作用更为持久和有效。

6）辐射

企业文化对企业成长的影响不仅体现在对企业内部的凝聚、导向、激励、调试和约束，也会辐射到企业外部，向市场和社会传递企业信息，发扬企业精神，宣传企业形象。企业文化的辐射作用包括软件辐射、硬件辐射和主体辐射。软件辐射是指企业的价值观、道德标准、企业精神等在本企业内部传播的同时，也会通过传播媒介向整个社会辐射，使企业获得更广泛的认同与接纳。企业文化的硬件辐射则是以企业的产品或服务为载体向外辐射。消费者通过接触企业的产品，形成对企业的印象，并互相传播。企业文化的主体辐射是以员工为主体向外传播企业文化。企业员工在与人交往的过程中其行为、语言、思想都是企业文化的映射。企业间人才流动与员工个人的社会关系构成了企业文化的辐射网。

扩展阅读

安踏的企业文化

1992年成立的安踏公司最早只是晋江众多运动鞋品牌中默默无闻的一个。经历了2000年奥运会的一战成名、2009年签约中国奥组委，2012年面对库存危机进行零售转型，2017年市值突破千亿港币，成为全球行业第三，再到2019年收购亚玛芬，进军国际市场，安踏一路逆袭，成为中国民营企业的骄傲。回顾安踏快速发展的历程，是铁军文化、儒家仁爱思想、舍利取义与诚信的综合体现，构成了勇毅、仁爱、道义、诚信的企业文化。

铁军文化是安踏企业文化最大的特色。集团CEO丁世忠认为，"没有执行力，再好的决策也白搭"，因此，他在管理中特别强调"令必行，行必果，战必胜"的执行文化，只要工作形成决议，那就不管多大的困难也要上，而且公司上下所有人必须坚决、充分、迅速地执行。2018年集团年会中丁世忠也表示，要强化安踏"铁军文化"，管理干部要听得见炮火，这是安踏为什么走到今天的原因，也是安踏集团要走向未来的核心竞争力。丁世忠提出要弘扬"铁军文化"，这不只是销售的DNA，应该是安踏整个集团的DNA。铁军文化已经融入集团的各个角落，上至高管，下至基层员工，都是铁军文化的践行者。

安踏是最早进行"零售转型"的运动鞋服企业。为了了解市场和消费者，丁世忠和集团高管坚持亲自到门店考察，每年基本上要走遍大半个中国，身体力行向基层员工传达安踏集团冲锋陷阵的文化。安踏集团董事局副主席丁世家（丁世忠的哥哥）坚守在安踏晋江基地，数十年如一日，每天7点45分之前一定到公司，每天上午和下午分别要走一趟车间，让员工看到他，也帮助员工现场解决问题。为了进一步宣传铁军文化，集团多次组织员工参加马拉松、徒步等活动，2017年创造性地组织了以"玄奘之路"为主题的戈壁穿越活动，62位安踏高管追寻玄奘的足迹，四天三夜走完112千米的玄奘之路。在这种铁军文化之下，安踏的员工都具有极强的执行力，使得安踏在不到30年的时间里在众多国内运动品牌中异军突起，并向国际市场进军。

铁军文化的另一面，则是安踏集团无比温馨的家文化。员工在外如铁血战士般攻城略地、开疆扩土，对内则感受到安踏公司家一般的温暖。集团为员工提供无微不至的关怀，围绕着衣、食、住、行、医疗等各个方面，竭尽所能为员工提供福利。集团每个季度给员工发放制服卡，可以购买安踏自己的产品。安踏的食堂以花样多、食材好而著称。为了保证员工的饮食，安踏有自营的农场和食堂，集团从五星级酒店聘请厨师，并且自掏腰包为员工的餐费补贴，降低员工用餐成本。住房是关系到国计民生的大问题，安踏的"安居计划"为工作5年以上的员工购房提供大额的无息贷款，解决了员工的后顾之忧。在医疗方面为员工购买补充医疗保险，设立医疗基金等。

安踏对员工的关怀不仅仅体现在福利待遇方面，也表现在对员工的关怀。安踏集团人力资源中心设立IDP计划（Individual Development Plan），因人而异地制订员工发展计划。同时集团为员工提供了大量的培训课程，并鼓励员工积极参与。对于员工的家属，安踏也关怀备至。为了解决晋江总部三千多名一线生产工人子女上学的问题，安踏向政府申请，就近安排员工子女上学。同时为员工子女设立四点钟学校，专人照顾孩子，解决员工的后顾之忧。每年安踏都会组织优秀员工亲人到安踏参观，让他们了解子女的工作，也见证子女的成长。

在安踏家文化的感召下，安踏员工在企业中得到了成长与发展，实现了自我价值。安踏的员工稳定性极高，公司设有五年、十年长期服务奖，每年受到表彰的人数多达300人。

对待上下游企业，安踏则讲究一个"义"字。安踏对下游的经销商十分讲究义气。2008年奥运会以后，运动鞋服行业爆发库存危机，经销商面临大量库存积压，一时难以处理。很多运动鞋服品牌将库存的压力转移给经销商，有的经销商被负债压垮，资金链断裂，出现大量的关店潮，有的经销商打折降价清理库存，严重影响品牌形象。而向来讲"义气"的安踏是行业中最早提出"零售转型"的企业。安踏认为，企业只有一个乙方，就是消费者，安踏应与经销商一同服务好消费者，而不应该以甲方的身份挤压经销商的利益。于是，面对整个行业的库存危机，安踏率先做出回购的决定，丁世忠说："本来我的东西卖给你（分销商），我拿钱就好。但你卖不出货，没有流动资金你可能就要垮了，所以我们要帮你把这个货卖出去。"此外，安踏还通过快反和截留的方式，提升产品运营效率，适应市场需求的不断变化，解决了经销商的后顾之忧，实现互利共赢的共生生态。

诚信是做人之根本，也是经商之道。这一点在安踏的产品上得到了最好的体现。安踏的产品以高性价比而为人称道。安踏的产品要经过反复试穿、修改以后才能投入生产。

生产过程中更是有多道检验工序，严格把控产品质量，从消费者"买得起"的品牌转变为消费者"想要买"的品牌。

安踏的企业文化有刚硬的一面，使命必达的铁军文化开疆扩土，取得不朽的成绩。而极尽关怀的家文化、对待合作伙伴的义气，以及对待消费者的诚信则使这个能打胜仗的队伍有了更多的柔情与温暖。刚柔并济的企业文化之下才有了安踏在国产运动鞋服行业霸主的地位。

六、创新管理与企业成长

1. 创新管理
1）创新内涵

创新理论最早是熊彼特在《经济发展理论——对利润、资本、信贷、利息和经济周期的考察》中提出。他从经济学的视角提出了创新的定义，他将创新视为新的生产函数建立的过程，即在企业现有的生产体系中引入新的生产要素、生产条件等，形成新的组合。包括引入新产品、新技术或者生产方法、新的组织结构、新市场、新的供应商五个方向。熊彼特认为创新具有内生性和非连续的特性，并且创新带来的结果是"创造性毁灭"。

管理学大师德鲁克对创新的定义更为宽泛，他认为所有可以使已有资源获得创造财富能力的行为都属于创新。根据创新的载体不同，他将创新分成技术创新和社会创新。技术创新是为已有的自然物找到新的应用场景，创造新的经济价值，主要发生在自然界。社会创新是指创造出新的管理机制与手段等，通过资源配置的优化获得更高的社会价值，主要发生在经济与社会中。

随着创新在社会经济发展中的作用越来越重要，创新的种类也极大地丰富。目前常见的方法是按性质分类和按内容进行分类。按照性质分类创新可分为激进式创新、渐进式创新、结构式创新和模块式创新。激进式创新也称为突破式创新或不连续创新，是一种革命性的创新，对现有的资源、系统产生较大冲击；渐进式创新是在相当长的时间里缓慢发生的改变，以调整和改善为主，创新的过程相对稳定；结构式创新主要改变系统内部件之间的联系；模块式创新只针对系统中某个部件进行变革，对系统整体的结构影响不大。按照内容分类创新可分为产品创新、技术创新、组织和机制创新、管理创新、营销创新、文化创新、制度创新、供应链创新和战略创新。产品创新的载体是企业生产的产品或者提供的服务；技术创新包括生产的工艺、流程优化与革新；组织和机制创新主要是针对企业内部组织结构进行调整，最大限度发挥员工的主观能动性；管理创新包括管理方法、管理信息系统等方面的创新；营销创新包括营销方法、营销渠道等创新；文化创新则是对企业价值观、员工行为规范、企业行为进行创新；战略创新主要集中在企业战略的制定、执行与评估过程。

此外，根据创新对象不同，可以分为产品创新和过程创新，分别针对产品和生产过程的优化与创新；根据创新发生的时间可以分为率先创新和模仿创新；根据企业创新的动力不同可以分为需求拉动型创新、技术推动型创新和两者综合创新；根据创新主体不同，可以分为自主创新、合作创新。

2）创新的特点

关于创新的特点，可以主要归纳出如下 5 个特点：不确定性、积累性、协同性、不对称性、复杂性与多样性，如图 4-9 所示。

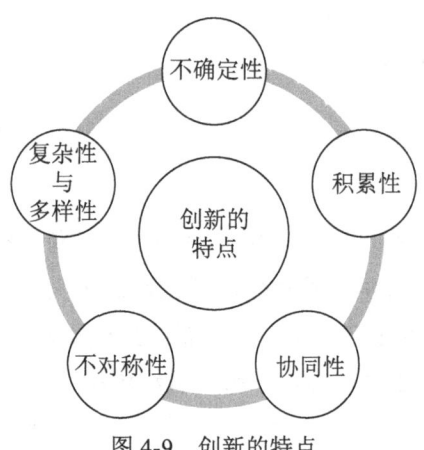

图 4-9 创新的特点

（1）不确定性：弗里曼认为创新过程具有随机、偶然和任意的特点。不确定性往往导致企业大量的资源投入付之一炬，徒劳无功。不确定性主要来自于技术本身的不稳定以及未来市场发展方向的不明确。技术不确定性是指一项创新在技术上是否能达到预期的效果难以确定，市场不确定性是指一项创新活动即使在技术上成功，其成果是否在市场上受到欢迎仍然是不确定的。

（2）积累性：创新不是一蹴而就的，而是在不断积累之下产生的。特别是在某一范式内，技术通常要遵循范式定义的路径发展，产生积累效应。技术的创新要建立在以往技术积累的基础上，同时也要求用于积累、学习的投资具有一定的持续性。由于技术常常具有明显的组织专用性，一个组织的技术存在于管理和协调任务的组织系统与习惯中，这些系统和习惯被称为组织惯例（Nelson and Winter，1982），而且由于以往所取得的技术成就的影响，一个组织的技术能力有可能产生"锁定"效应。

（3）协同性：创新的过程是一个动态的过程，在整个创新活动中都会产生创新的效益。创新的协同性表现为虽然创新的功能系统不同，但是技术之间往往存在着相关性。想要获得创新的成功，应该充分利用创新与其他技术、互补性资产，以及使用者之间的关系。大企业内部同时具有研发、生产、营销等多个职能部门，企业想要达到创新的成功应该注意各部门之间的沟通与协作，既要根据市场需求快速做出创新，也要紧密协调各部门之间的关系。另外，创新的过程中所应用的知识往往镶嵌在组织内部，具有高度的缄默性，很难表达和编码。此外，由于创新的灵感往往来源于管理和协调任务的组织系统和习惯中,并不存在于既定的构想,协同性对于保障知识在组织内部流动与共享具有至关重要的作用。

(4) 不对称性：创新活动的价值主要体现在创新排他性的制度安排。然而,在一些国家的法律体系中创新的成果的所有权界定非常模糊,导致技术创新的投入与收益严重不对等。阿罗将这种缺乏有效法律保护的现象称为"信息的根本悖论"。新技术的拥有者为了向买家提供更全面的信息,不得不详细地介绍交易的产品,但是在这个过程中,买家很可能通过卖家翔实地介绍了解到关于核心技术的信息,那么这个交易的基础就不复存在。因此,市场中创新成果的交易往往基于双方的信誉,在未知的条件下进行,否则可能会侵害技术持有方的权益。创新和排他性是紧密相连的,表现出了企业创新与市场环境的不对称性。

(5) 复杂性与多样性：不同产业部门技术变革的来源和方向存在显著的差异。第一是规模差异。由于行业的不同,企业规模差距较大,如重工业、制造业企业往往规模较大,而轻工业、零售企业规模普遍较小。第二是产品类型的差异。如价格敏感型产品、效果敏感型产品等。第三是创新目标的差异。如制药行业追求产品的创新；钢铁等重工业领域则是追求生产工艺的创新；而汽车行业则在产品和工艺两个方面都要谋求创新。第四是创新来源的差异。农业和传统制造业如纺织工业,创新来源于设备供应商和其他生产要素供应商；机械、设备和软件领域,创新则主要来源于市场和消费者的需求；化学、电子、运输等行业的创新则是由于企业内部的技术活动；医药行业的创新更多地来源于基础研究的突破。第五是内部创新部门的差异。如化学、电子等产业的创新发生在研发实验室；制造业的创新往往发生在设计部门；服务产业的创新部门是软件研发部。

2. 创新管理对企业成长的影响

如前所述,熊彼特把创新归结为以下 5 种形式：开发新产品、采用新技术或新生产方法、拓展新市场、使用新的原材料供应、采用新的组织形式。以上五个方面概括起来主要为三大类：第一类是在产品的生产工艺、生产流程、生产过程中所使用到的原材料等与生产环节紧密相连的创新,即技术创新；第二类是与产品的市场拓展相关的市场创新；第三类是与企业自身的组织形式、规章制度相关的组织制度创新。技术创新是对企业硬件设施的创新,是其他类型创新的基础。从国内外知名企业的发展历史来看,技术创新是工业创新的灵魂,从英国工业革命开始的每一次重大变化,都是由技术创新引领和缔造的。

熊彼特对技术创新和企业规模进行了解释,他早期提出的企业创新模型（模型Ⅰ）强调小企业在创新中发挥的重要作用,而后在模型Ⅱ中又阐述了大企业在创新过程中的重要角色。同时施莫肖尼（Shimshoni）发现电子科学仪器行业内的几项关键技术都是由小企业完成的,他认为小企业在创新动力、成本、灵活性方面的优势造就了小企业创新的优势,促进了小企业的成长。

马克思认为科学创新是影响经济发展的主要因素。他认为不断扩大生产是资本增长和资本使用效率不断提升两个因素综合作用的结果。而提升资本使用效率的有效手段就是技术创新。

弗里曼认为大企业是技术创新的主导力量，大企业技术创新的优势在于拥有专业的研发体系，这是现代产业的显著特征之一。他认为研发费用的投入有助于企业在市场竞争中保持相对优势。此外，Nolan at al.（1980），Hall（1987）和 Dowling（1995）等人通过对英国、美国、印度、加拿大、德国企业的实证研究证实了研发支出与企业成长之间显著的正相关关系。

彼得·圣吉认为学习型组织的产生是企业制度创新的表现形式，有利于企业成长。

董钊将战略创新视为企业竞争力提升的主要动力，对于新进入市场的企业来说，战略创新是企业改变竞争劣势的主要途径之一，也是企业保持可持续发展的重要手段。他认为战略创新有助于企业内部调整组织结构、优化资源配置，从而保持竞争优势。

李柏洲、马永红、孙立梅（2006）将技术创新定义为企业将新产品或技术推向市场的系统性行为。他们认为企业技术创新可以扩大企业的市场份额，实现企业成长的目标。因而企业技术创新能力对企业成长具有决定性作用。

陈晓红、李喜华、曹裕在针对中小企业技术创新的实证研究中发现，中小企业技术创新程度与企业成长之间并非线性关系，而是表现出倒 U 形关系，即在中小企业开始技术创新投入的初期，企业成长会随着技术创新程度的增加而增加，然而当技术创新达到一定程度以后，企业成长反而会随着技术创新的增加而开始下降。他们指出对于中小企业来说，在技术创新方面的投入不是越多越好，而是应该坚持适度原则。

徐晔通过对我国 70 余家 IT 行业上市公司的研究发现，IT 企业的竞争优势在于其技术创新能力，技术创新是 IT 企业成长的灵魂。郑金山（2002）把企业的生存与发展都视为一个技术创新的过程，认为技术创新不仅影响企业的成长性，而且是贯穿于一个企业从成立到成熟的整个成长过程的、持续性的影响因素。梅其君（2001）则认为由技术创新所确立的企业优势是科技型中小企业成长、壮大的基础。2006 年我国 IT 百强企业研发投入占营业收入的比重为 9.3%，比行业平均水平高出 1.8 个百分点。这一数据说明，越是优秀、成长性越好的企业，越是重视在技术创新方面的研发投入，两者之间呈现出显著的正相关关系。

万伟等（2017）从企业生命周期的角度出发研究了企业研发投资强度与其上市年龄之间的关系。研究结果显示上市年龄对研发投资强度呈现显著的负向影响，企业的创新精神随着企业年龄的上升而下降。此外，在企业的各具体生命阶段，企业研发投资强度表现出不同的特征。

扩展阅读

华为的技术创新之路

深圳华为技术有限公司成立于1987年，最初公司只有14个人和2.4万元资金，而如今，华为已成为全球领先的信息与通信技术解决方案供应商，在电信运营商、企业、终端和云计算等领域构筑了端到端的解决方案优势，为运营商客户、企业客户和消费者提供有竞争力的解决方案、产品和服务。2016年上半年，华为公司实现销售收入2455亿元人民币，同比增长40%；营业利润率为12%。

从1987年华为成立起，公司就规定每年将销售收入的10%用于科研投入，打造强大而务实的技术研发体系。2015年，华为研发投入为596亿元人民币，占当年销售收入的15.1%；2016年，华为研发投入为764亿元人民币，占当年销售收入的14.6%；2017年，华为投入研发的经费为896亿元人民币，占当年销售收入的14.9%；2018年全球研发投入排名前十的企业中，华为名列第五，约为1015亿元人民币，占当年销售收入的14.1%，超过苹果、思科等巨头。

华为全球设立14个研究中心和36个联合创新中心。2018年，从事研究与开发的人员超过8万名，约占公司总人数的45%。

华为尽管在技术创新方面投入巨大，但它特别重视技术路线的务实性。华为的研发目标是达到世界顶尖水平，并且一定是实用的先进技术。华为总裁任正非指出那些"卖不出去的研发成果"就是"奢侈性浪费"，他认为"研发成果不能转化为商品，那就是失败"！1999年，华为斥巨资引进研发全流程体系，在这个体系下，曾经只由研发部门独立完成的产品研发流程变成从研发到市场、用户服务等全流程多部门的团队运作。在这一研发体系的辅助下，每个新产品的研发在产品研发方案形成之前就充分考虑客户现实和潜在的需求，保障产品的研发与市场的需求同步。

华为在技术创新中非常重视开发自有专利、拥有核心技术，华为的知识产权部早在1995年就创立。从2000年起华为国内专利申请量以每年翻倍的速度增长，已经成为全球最大的专利持有企业之一。截至2018年年底，累计获得授权专利87805项，90%以上为发明专利，其中有44434项核心专利在美国授权。华为充分认识到专利的重要性是在1998年研发了数字程控交换机。这一技术在当时属于尖端技术，国外的研究成果远远领先国内，华为想填补国产的空白。但在开发时才发现，在技术专利上国外跨国公司几乎每家都把持着某一方面的技术专利。没有技术专利，就必须支付昂贵的专利费，产品的研发成本大幅提高，产品也失去竞争力。认识到这一点后，华为意识到不仅要能"中国制造"，而且更要有"中国专利"。因此，华为在产品的研发中就特别注重了"专利"，并取得了多项专利成果。1999年以后，华为在技术特别是核心技术上的投入不断加大，专利申请一直保持超过100%的年增长率。

技术专利特别是核心技术专利给企业和社会带来巨大的经济效益。华为的快速成长离不开技术创新，其所拥有的大量专利技术和高科技人才，成为华为能够做到长期位居数字交换机市场占有率第一、网络设备产品竞争力增强、产品线日益丰富、公司利润丰厚、企业快速健康成长的重要手段。经过多年的改革和管理，华为确立了在技术领域的领先地位，其技术创新能力也大大促进了公司核心竞争力的巩固。

七、运营管理与企业成长

1. 运营管理
1）运营管理的内涵

运营管理（Operations Management，OM）就是对企业在制造产品或提供服务及其交付过程中资源的有效利用进行管理。其关注点主要包括产品生产或服务提供中的预测、设计、商业模式的重建等，职责是通过以最少的资源投入来满足最大的客户需求，保证企业的运营是有效率的。

在企业的各项活动中，生产运营是其创造价值、服务社会和取得盈利的主要环节，直接关系着企业能否形成竞争优势。运营管理所关注的问题比较广泛：从长期来看包括生产能力的确定、工厂的位置选择、生产技术和设备等；从中期来看包括企业的员工数量、库存策略、原材料供应等；而短期中直接面临的运营问题是不同工作的排序、人员的安排，等等。

从另一个角度来看，企业的运营管理所要实现的是通过投入并管理企业的全部资源，将其转换为有形的产品或无形的服务，满足客户需求，从而获取附加价值。对于制造型企业来说，转换过程的核心就是企业如何生产产品；对于服务型企业而言，转换可能更多的是无形技术的转换过程。

从管理的角度来看，运营管理可以分为制造性运营管理和服务性运营管理两大类。运营管理开始的关注点和研究领域几乎全集中在制造性生产中，并针对实物生产的特点提出了一系列提高生产效率、降低生产成本的改进措施。随着第三产业的兴起，航空、酒店等有着自身特点的服务性行业开始创造越来越多的经济价值，而相关的管理研究也越来越多。然而近些年来，两者之间的区分却越来越困难，因为生产商将更多的服务融合进产品中，从单纯地提供产品变为提供其生产的产品所能提供的服务，也就是说，生产商一定程度上将自己转变为了服务提供商。而对消费者来说，购买产品也主要是需要其服务，生产商的专业化做法能够降低双方成本，增加收益，从而提高社会效益。更一般地说，现在运营管理研究专注于在任何给定过程中能够实现价值增加的活动，并对其不断进行优化。

对制造企业来说，其制造性生产可以分为连续性生产和离散性生产。连续性生产的生产设施的地理位置集中，生产设备高度自动化，生产效率高，生产过程的协调也比较容易。连续性生产对设备的可靠性和生产系统的安全性要求相对来说较高,适合针对相同或类似的产品进行大批量生产。离散性生产的设施在地理位置上更加分散,生产过程可以在不同的区域进行,因此产品或服务在灵活度和适应性上有着优势,更加适合小批量生产,满足不同顾客的需求。

此外,按照企业组织生产的特点,还可以将制造性生产分为备货型(推动型)和订货型(拉动型)。备货型生产是企业在没有接到顾客的订单时,提前根据已有信息及历史经验对市场进行预测,得出对产品的需求,从而主动进行设计、生产。备货型生产制造出来的产品一般来说总提前于市场需求,因此会产生一定的库存,这是产品成本中很大的一部分,由此对应的库存管理研究也一直是运营管理的研究重点。备货型生产有利有弊,一方面产品需求的预测往往是不准确的,如果预测与真正发生的市场需求偏差较大,会对企业造成很大的损失;但另一方面,备货型生产能够对市场进行分析,在需求出现之时能够及时领先其他商家提供产品,从而可以抢占市场,获得巨大的利润。一般来说,标准化程度较高,用户较多,销量较大的产品通常采用备货型生产。订货型生产是指企业在接到顾客的订单之后,按照顾客对产品标准、质量和数量要求进行生产,并在规定的交货时间交付给顾客。与备货型生产相反,订货型生产有着确定的销售预期,一旦生产出来,就可以发送给顾客,不必维持大量的库存,也不必进行大规模的销售,从而可以较大程度上降低产品成本。订货型生产带来的主要问题是生产过程很大程度上需要根据顾客的要求进行协调,而企业在生产规模、模具设计、生产时间上协调性都有着很大的限制性。订货型生产比较适用于专注于生产的厂家,比如代工的加工厂,它们很少针对最终消费者进行营销和销售。

不同的生产方式都有不同的优势和劣势。在实际生产中,往往是在各种极端方式中找到一个适合企业自身特点的生产方式组合。连续性生产适合大批量同质产品的生产;离散性生产适合小批量不同产品的生产;备货型生产通过提高产品成本而加快了交付时间,同时也提高了针对不同需求生产特定产品的柔性;而订货型生产则更关注于产品质量和生产成本的降低。每个企业都需要在柔性、成本、质量和交付时间四个方面进行平衡,选择能够使自己利益最大化的组合。

服务性企业以为顾客提供无形的服务为盈利方式,而不是通过制造有形产品。由于服务的特殊性,其生产过程和消费过程在时间上可能是重合的,也就是说,部分服务需要消费者直接参与,消费者直接接受服务;而其他服务并不需要消费者直接参与。由于服务的这种特殊性,服务能力很大程度上是有限的,比如餐厅,同一时间能够提供的就餐位置非常有限,而制造性生产中的有形产品则可以通过库存进行大量累积,服务性生产库存不可累积,这就要求管理者能够及时掌握服务能力和剩余能力信息,从管理上提供解决办法。而在运营管理中,主要是结合对消费者行为的预测,通过收益模型进行差别定价,从而获得更高的收益。

服务业与制造业有着很大不同,这也造成其管理模式大相径庭。服务行业的特点有:

（1）质量标准难以建立和保证。服务的生产与提供往往是同时的，这就造成很难对其进行实时的监控和抽测以保证质量。而不同提供者提供的同类服务也会依各自的特点而有所不同，难以使用统一的质量标准对其进行规范。而有些服务，比如律师的辩护，除了辩护结果之外，我们很难对其辩护质量进行衡量。

（2）生产效率难以测量，供应不稳定。在服务业中，生产与消费往往是同时进行的。企业可以通过控制内部服务流程、管理、技术来改善生产效率，但不能要求顾客进行同样的改善。而不同服务，或者不同人对同样服务所需要的时间也不尽相同，所以其生产是不确定的，供应量难以保证。

（3）不能通过库存来调节供应。在制造性生产中，产品可以储存在仓库中，根据市场需求进行库存调节来销售。服务不具有可存储性，一旦生产出来而无法提供给顾客，就会造成损耗。

（4）可以预订。实物型产品的生产和销售是可以分离的，因此可以持续地生产和集中地销售。一定程度上，实物型产品也可以通过预订进行销售，比如美国苹果手机，正式发布之前都会接受预订。虽然这种预订可以为生产者提供市场信息，从而改善库存，但实物型产品的预订更大程度上是为了营销等目的，其预订只是提前进行了销售。而服务业的预订则是为了调节服务能力，改善收益。由于客流的不确定性，管理者需要提前根据市场预测对每个时间的服务剩余能力进行调节，以保证更高的收益。

正是由于制造业和服务业在生产、提供、能力调节上的不同，需要进行不同的运营管理，但两者也存在很多相同点，都需要对市场行为进行预测，根据市场需求调节自身生产和销售，从而实现收益最大化。因此，两者在研究中的模型也有相似性。从根本上来说，可以将相同的方法，根据其自身特点进行调整，从而实现管理。

2）运营管理的评价指标

运营管理本质上是通过调节产品的生产和交付来实现顾客需求的满足，从而获得收益，这就需要敏捷、高效、优质、准时地向顾客提供其所需要的产品或者服务。因此，及时的设计、快速的生产、合格的质量、正确的交付时间，以及相关的服务就成为企业运营管理是否成功的评价指标。

（1）成本：对于同质产品来说，成本的降低是获取竞争优势的主要途径；虽然现代企业将更多的服务融合进所提供的产品中，但较低的成本仍然可以为其提供服务创造更大的灵活性，从而获取竞争上的优势。事实上，在每个行业中都存在着细分市场，严格遵循低成本原则运行，不论是产品还是服务，都可以被模仿和提供，从而促使企业不断降低生产成本。一般来说生产成本的降低有两种方式：一是新生产技术、生产设备的应用；二是管理上的优化和创新。

（2）柔性：随着经济不断发展，生产能力的提高以及人们需求的多样化，产品的功能、种类、标准不断发生变化，是否能够及时满足顾客的这种需求，就成为企业竞争优势的重要组成部分。这里可以从两个角度来理解柔性的概念。

第一个角度是企业为客户提供多种产品和服务的能力。最大的柔性意味着企业可以根据每个顾客的特定需求来量身定制合适的产品，也就是所说的"大规模定制"。而这在实际操作中难度很大，企业能够在多大程度上满足顾客的特定需求，就代表着其有多大的柔性。第二个角度是指企业能够快速转换设计及生产工艺，及时生产新产品或服务，并将其提供给顾客的能力。市场需求往往是不确定的，企业需要根据市场信息预测需求，从而设计并生产顾客需要的产品。近些年来，随着产品的寿命越来越短，这方面的柔性也更加重要。

不难理解，更高的柔性意味着更适合顾客的产品和服务，也就意味着更大的市场需求，而柔性的获得往往会限制企业通过规模来获取成本优势的努力，大规模生产往往难以实现多样化或快速的生产，因此，企业需要在成本和柔性之间做一个权衡。

（3）质量：经过长期的发展，对质量的定义从最初的符合标准要求转变为现在的能够满足顾客需求。根据 ISO 9000：2000 国际标准的定义，质量是"一组固有特性满足要求的程度"。从表述中可以看出，质量的评价标准是能否"满足要求"，要求可能来自顾客，也可能来自社会或者政府，这种要求不仅包括企业外部要求，也包括企业内部对各方面的质量限制。这里的质量可以从两个方面进行考虑，即产品质量和过程质量。

产品质量是指产品所面向的细分市场和顾客对产品的需求质量，相同产品在不同市场中的质量水平是不同的。一般来说，高质量意味着高成本和高价格，两者之间需要根据细分市场进行特定组合，从而满足特定顾客的需求。显然，质量低的产品无法满足需求，很难得到顾客的认可，而过高质量的产品也会因为价格过高而无人问津。

过程质量是指生产过程中满足明确的和隐含的需求的能力特性的总和。过程质量的目标是产出符合顾客需求的产品或服务，其对于任何市场都是必需的。具体来说，过程质量又可以分为设计过程质量、制造过程质量、使用过程质量和服务过程质量，每一个阶段都需要满足质量要求，从而实现价值的增加。

（4）交货：这里的交货包含两种含义：交货速度和交货可靠性。交货速度指的是企业能否在顾客要求的交货时间之前将产品或服务提供出来，是顾客消费时考虑的重要因素之一。随着产品生命周期的缩短，顾客需求的不断变化，企业如果能够提供快速的交货服务，不仅能够及时满足顾客的需求，建立良好的企业形象和顾客关系，同时也可以避免支付额外赔偿的风险。

交货可靠性的含义是企业按时、按质、按量将产品或服务递送到指定地点的可能性。由于生产中不确定性的严重后果，顾客，尤其是将其产品作为原料的下游企业，为了保证产品交货的可靠性，往往愿意付出更高的价格，以获取后续生产中的稳定性保证。

交货是影响企业形象和盈利能力的重要因素，也是运营管理需要优化的目标，快速而可靠的交货不仅需要企业内部的管理优化，也需要上下游企业之间的合作，需要从供应链的角度进行协调。

（5）服务：顾客需求的多样性和易变性使得现在产品的生命周期一再缩短，过高的研发成本使得企业越来越难通过自主开发的新产品获得盈利，因此更倾向于通过模仿来提供新产品。这就造成细分市场上产品性能的无差异性，在这种背景下，企业选择为顾客提供各种相关服务，增加顾客价值，从而获取竞争优势。无论是提供服务还是实物型产品的企业，这种增值服务的提供都非常重要。差异化服务的提供，可以将企业的产品或服务进行差异化，提高企业的市场竞争能力。在比较极端的情况下，提供产品的企业开始转向提供产品的服务，从制造型企业转变成为服务型企业。

3）运营管理的类型

（1）供应链管理。关于供应链和供应链管理没有一个统一的定义，学术界对于供应链的定义各有侧重，但是仍然可以找到一些相似点。供应链的参与者主要是产业链上下游的合作伙伴，从供应商、制造商、分销商、零售商直到终端消费者。供应链的活动围绕着企业生产流程展开，包括原材料采购、运输、加工、制造、送货等；从资源的流动来看，供应链管理包括信息流、物流和资金流。综上所述，企业供应链管理就是对供应链中涉及的参与者、活动和三种资源流动进行统筹管理，实现资源的最大化利用。美国供应链协会（Supply Chain Council）将供应链管理定义为从供应商的供应商到顾客的顾客，为了生产和提供最终产品所做的一切努力。

良好的供应链管理，可以减少企业与上下游企业之间信息不对称程度，极大降低交易成本。同时，可以增强企业的灵活性，面对快速变化的市场趋势，及时做出反应，提高企业在市场中的竞争力。企业供应链管理的核心就在于围绕供应链上下游，进行资源整合，实现协同，提高整个供应链的竞争力。

供应链的整合应以整体利益最大化为目标，而不能以追求单个企业的成本最小或者效益最大化为目标，最优的情况是通过供应链的整合，提升供应链整体的竞争力，进而实现供应链上的企业共赢。而供应链的绩效评估以及据此进行的利益分配问题，则是供应链能否持续下去并保证竞争力的关键。

（2）质量管理。在日益激烈的市场竞争中，产品质量越来越成为提高企业竞争力的关键因素。当前企业都非常重视产品或服务的质量。质量管理正是基于质量的重要性，研究如何在企业生产中保证产品质量，使其能够满足顾客需求。

质量管理贯穿企业从产生、发展到成熟的全过程，对于企业生产产品、满足消费者需求以及改善社会福利都具有重要意义。质量管理几乎在所有行业中都十分重要，从有形的产品到无形的服务，都应该进行严格的质量管理。企业对质量管理的追求从单纯的产品控制向过程质量控制扩展。质量管理的发展经历了质量检验、统计质量控制和全面质量管理三个阶段。

（3）收益管理。收益管理起源于美国航空运输业。1978年，随着《解除航空公司管制法》的出台，价格管制被解除，航空公司开始针对不同顾客的需求推出了不同价格的机票。航空业具有固定成本高和可变成本低的特点，每新增加一名顾客的边际成本极低，因此即使是低价机票依然可以为航空公司带来更高的收益。为了获取更高的收益，航空公司开始使用科学手段来对顾客进行区分，根据顾客特点和支付意愿，实行低票价和高票价共存的销售策略，收益管理应运而生。

早期学术界关于收益管理的定量研究在前期都集中在超订（Over booking）及与其相关的预测方面。即通过对乘客因取消机票、未按时登机、不登机等情况的管理，预测乘客正常登机的概率，调整销售机票数量，适当超过飞机实际座位的销售策略。关于超订问题研究的核心就在于提高座位使用率带来的收益与企业过量销售机票导致的赔偿之间的权衡。在低价机票出现之后，研究重点转移到飞机座位的管理上，即如何通过设置多样化的座位定价榨取乘客的剩余价值，实现收益最大化。20世纪80年代到90年代，出现了针对多航线的联合优化研究——网络收益管理。在之前的研究中，优化问题是同一飞机中的座位和价格优化。而在网络收益管理中，考虑到了航空业中首尾相连的航班。也就是说，从出发地到目的地，航空公司原来只优化直达的航班，而在网络收益管理中，对需要转机的航班组合，也要进行优化。随后，研究人员对传统收益管理中的座位超订和分配概念进行了扩展，针对定价、航班计划、座位控制等进行共同的优化。

（4）服务管理。20世纪60年代以后，服务业在社会经济中的地位日益重要。学者们在理论研究与实践的过程中逐渐认识到基于实体产品的营销理论体系与基于服务产品的营销体系存在一定的差别。服务业企业如果继续沿袭制造业中对规模经济的追求和对成本的控制，注定会导致服务质量下降，员工士气低落，影响消费者体验，最终对经营绩效造成不利影响。瑞典学者诺曼和芬兰学者格朗鲁斯将这种现象总结为"管理陷阱"。因此，服务业的企业不能简单地将制造业的管理理念与方法简单地复制到服务业中。

詹姆斯·布赖恩·奎因、乔丹·J.巴鲁奇和佩妮·库什曼·帕奎特将服务定义为产出为非实物产品或构造物的经济活动，一般情况下生产和消费同时进行，以种种方式提供其首次购买者所关心的附加价值，而这些价值本质上是无形的。罗伯特·默迪克、巴里·伦德尔和罗伯特·S.拉塞尔认为可以定义服务为产生时间、地点、形式或心理等效用的经济活动，服务就是行为、过程和绩效。

从学者们对服务的定义，可以归纳出服务的5个特征：①无形性，服务为顾客提供了一种体验与感受，通常没有有形的产品；②不一致性，影响服务的品质较多，由于服务人员、市场需求、环境、消费者的不同，每次服务都与其他服务存在不一致；③不可分离性，服务是生产和消费同时发生的过程；④不可储存性，由于服务的不可分离性和无形性，服务不能像产品一样提前生产并存储；⑤顾客参与，服务的提供需要消费者的参与，无法脱离消费者进行。

服务运营管理与制造业的运营管理存在较大差异，服务管理主要包括服务需求预测、排队管理、服务质量、服务定价等许多方面。

除供应链管理、质量管理、收益管理、服务管理，运营管理还包括运营战略、产品和服务设计、综合计划、流程选择等内容。

2. 运营管理对企业成长的影响

资源基础理论将企业视为各类资源的集合体，认为企业成长是企业协调资源发挥管理职能的结果。企业运营管理对企业成长的推动作用表现为两个方面：一方面提高了企业资源利用的效率；另一方面，企业运营管理能力是企业满足消费者需求的能力，也是企业掌握的一种资源。运营管理是针对企业为消费者创造价值的全过程，包括成本、质量、柔性、交货和服务等要素。

运营战略明确了企业提升竞争力的方向，同时运营战略也为企业在选址、设施布置、流程选择等方面提供决策依据，是企业提高自身竞争力的战略源泉。新产品或者新服务的设计开发可以带领企业进入新的市场，并带来新的消费者，但是同时企业也将面临更大的风险。运营管理为企业提供了一套标准，帮助企业明确开发的目的、结构、特点等，有效提高企业经济效益。运营设施布置反映了企业在降低成本和提高效率之间的权衡，企业根据产品和服务的不同提出不同方案。

流程选择决定了企业提供产品和服务的效率与质量，根据企业所面临的市场特点，合适的流程能够在更大程度上满足顾客需求，从而获得更大的市场。

综合计划则是在一个更长的时期内对企业资源的配置，实现生产能力和需求预测的匹配，以平衡长期生产成本，实现长期的成功。需求预测为企业对市场需求的把握提供了依据，降低了需求波动对企业带来的风险和损失，同时使企业能够更好地满足市场需求，提高自身竞争力。库存控制在企业的库存成本与需求不确定性之间做出了权衡，降低了产品的生产成本。供应链管理为企业提供了外部的竞争优势，从供应商到经销商、分销商和零售商，供应链管理在最大程度上降低了需求的不确定性和波动性，同时提高了企业的反应速度，在企业成长中有着重要作用。收益管理实现了企业收益的提高，通过需求和供给的匹配，实现了针对细分市场的差别定价，从而增加了收益。这在市场环境不断变化、消费者需求不断多样化的今天，有着更为重要的意义。质量管理则保证了产品和服务的功能、材料、属性能够满足顾客的需求。当我们考虑到产品质量的扩展定义，即其对顾客需求的一种满足，则质量管理能够为差异化的产品竞争提供优势。

供应链包括了上游供应商、制造商、仓库、配送商、下游渠道商等多个节点，随着现代企业分工，企业的专业化程度越来越高，企业很难在供应链的各个节点都保持优势地位，因而供应链往往是由多个企业形成的网络。也存在一些企业由于掌握了供应链的关键节点，而在整条供应链中处于强势地位，引导整个供应链的形成；也有一些企业通过收购或者业务扩张进行纵向一体化整合，在供应链条中占据多个节点。在较短的供应链网络中更容易形成纵向一体化。互联网产业快速发展，对传统的商业模式与供应链网络造成较大冲击。一方面，制造商通过互联网可以直接接触到消费者。这一改变既节约了渠道成本，同时也让制造商可以掌握消费者需求的一手信息，更好地满足消费者需求。另一方面，互联网的介入使供应链条变得更短，制造商在供应链条中掌握更多的权利与资源。全球经济一体化趋势下，企业想要在激烈的市场竞争中保持优势地位，必须在保持企业自身竞争力持续提升的同时,赋能上下游供应链企业,实现整个供应链条的共赢。在新的经济条件下,企业之间保持竞争的同时也存在着合作共赢的关系,单个企业很难在新的经济环境下取得竞争优势,只有企业与供应链的合作企业相互配合才能发挥出最大的潜能。企业实施供应链管理的意义就在于降低交易成本、加强库存管理、缩短循环周期,创造更大的利润,实现企业成长。

质量管理能力反映了企业提供的产品或者服务在消费者心中的满意程度。企业增强消费者满意度,扩大市场必须做好质量管理。顾客的要求是质量管理的标准,而企业产品或者服务质量的提升来自于每个环节的精益求精以及所有参与人员的积极配合。好产品是企业获取并抓住消费者的关键,加强企业质量管理,提升产品服务的质量有利于提升企业在消费者中的认可度,从而推动企业成长。

从以上分析可以看出,运营管理的不同方面实现了企业在成本、质量、产品差异化和细分市场的作用。在一个企业内的各项活动中,生产运作活动是其创造价值、服务社会和获取利润的主要环节,因此,运营管理在多方面为企业成长提供着动力,是企业成长的重要因素。

扩展阅读

富士康的运营管理

在工业革命的时代,许多企业通过科学管理获得了成长。在美国,福特、通用电气、美孚等许多巨鳄都是依靠科学的管理成长起来的。现在的制造业企业中采用科学管理原则运营提升企业竞争优势的案例比比皆是,富士康(Foxconn)就是一个典型的例子。2005年,富士康首次入围《财富》世界500强;2018年,富士康(鸿海精密工业股份有限公司)销售收入1560亿美元,在世界500强中排名24。13年来富士康不断提升,就得益于科学的运营管理。富士康创造性地举办"品质改革战斗营",对参营人员实行军事化管理,如早上6点钟就集合、晨跑、点名、做体操、喊口号,打破员工平日慵懒的生活习惯,同时锻炼员工的意志,培养团队精神。富士康掌门人郭台铭对外经常介绍"99.99%"的哲学,他认为质量把控就是要精确、精确、再精确,即使不能达到100%,也要达到99.99%。所谓"失之毫厘谬以千里",如果在一个环节放松要求,只做到99%,那么连续8个环节下来,总的质量合格率就下降为92.3%,指数下降的速度是十分惊人的。郭台铭在品质控制的执行上非常严格,不惜采用"体罚"的手段,在1998年的一次集团月度动员大会上,由于没有很好地解决质量问题,某事业群的最高主管被郭台铭禁止参会。在另一次会议上,郭台铭甚至要某个事业群罚站45分钟,原因还是因为质量问题。

在严控质量的同时,富士康也在积极地投入科技研发并申请专利技术。2017财年专利数量756件，连续15年居中国台湾第一名。根据美国商业专利数据库（IFI Claims Patent Services）公布的美国专利注册数据，在2013年，IBM取得了6478件专利，连续20年蝉联专利数第一的位置，第二至第四依次为三星、佳能、索尼，而中国企业排名最高的则是富士康，在中国台湾的本部鸿海精密以2279件专利排在第8位，比苹果和谷歌的排名都要高，2014年，甚至连谷歌都从富士康手中购买了通信技术专利。之后的几年，虽然富士康的专利数量有所下滑，但是仍然保持在国际前列。2018年富士康申请美国专利量288件，在美国商业专利数据（IFI Claims Patent Services）发布的榜单中排名第126位。

凭借在质量控制上的精益求精以及在研发能力方面的不断进取，富士康成为全球最大的代工厂，依靠在运营管理上的优势锁定了苹果、小米、华为等品牌的代工订单。富士康也从OEM向ODM（Original Design Manufacturer）转型，2012年获得了亚马逊10英寸电子书Kindle Fire的ODM业务。

八、风险管理与企业成长

1. 风险与风险管理
1）风险

风险是无处不在的，且风险往往给企业带来不可估量的损失，因此无论是学术界还是业界对于风险的讨论从未停止。从广义上讲，任何预期会导致企业价值减少的因素都可以被定义为企业风险。对于公司来说，企业价值是未来公司未来净现金流的现值，与企业未来现金净流量、获得现金流的时间有关，当某一事件预期导致企业现金净流量减少，获得现金流的时间延长时，就会给企业带来风险。

企业风险的种类很多，从不同的角度出发，企业风险可以有不同的分类。从风险的起因来看，企业风险分为系统性风险和非系统性风险。系统性风险是指由于非企业的原因导致的风险。系统性风险会对特定范围内的绝大部分甚至全部企业都产生影响，且企业无法通过改变自身的行为规避这种风险。例如，利率汇率变动、国家政策法规调整、原料价格上涨等；而非系统性风险是由企业个体的行为不当所带来的风险。非系统性风险一般只对个别的企业有影响，且企业通过规范的管理可以将其避免，如某家企业由于管理不善发生的火灾爆炸、由于员工操作失误导致的损失等。一般情况下，企业可以通过将资源充分分散规避非系统性风险带来的损失，或者采用保险等方式将风险预期会带来的损失进行转移，因此，非系统性风险的规避相对简单。而系统性风险无法通过企业个体的行为有效地分散，因此是企业需要特别投入精力管理的一类风险。

从风险事件对企业带来的影响结果来看，企业风险又可以分为直接风险和间接风险。直接风险就是风险事件给企业带来的直接损失，如由于自然灾害导致的企业设备损毁、由于原料价格上涨导致利润下降等都属于此范畴；而间接风险则是指风险事件除了给企业带来直接的经济损失外,对企业未来的经营和发展有间接的影响。间接风险很多时候都是由直接风险造成的。在企业经营中,间接风险占有极其重要的地位,事实上,可能发生的间接风险正是企业试图通过风险管理减少风险的主要原因之一。间接风险的几种主要形式分别体现在以下三个方面:首先是额外经营费用,如果一家公司由于生产设备损坏而被迫中断生产,这时除了正常利润的损失外,如果公司仍然要按照合同规定交付产品,那么就必须为此支付超出正常标准的额外经营费用;其次是更高的融资成本和放弃投资,如有时如果公司的直接损失巨大,将会导致公司获取贷款或者发行新股的成本增加,甚至由于融资成本太高,公司有时不得不放弃一些营利性很好的投资项目;最后也是最糟糕的就是破产成本,在发生极端严重的损失时,公司可能不得不进行重组或者依据破产法进行成本高昂的破产清算。

2) 风险管理

企业风险管理就是指企业的管理者通过对风险的认识、衡量和分析,选择最有效的方式,主动地、有目的地、有计划地降低风险,减少企业的损失。

企业进行风险管理的目标是尽量规避可能出现的各种风险事件,并尽可能降低风险事件给企业带来的不利影响,保障企业实现健康稳定的发展,即保障稳定的现金流、减少流动资产的意外波动。企业经营目标不同风险管理的目标也有不同,如电力供应企业,其首要目标就是保证产品质量安全以及充足供应,与之相对应的风险管理目标就必须着眼于如何防范可能导致供应意外中断的各类生产安全事故及设备故障。因此企业风险管理目标不能一概而论,要结合企业自身的特性和实际情况设定,与企业战略发展规划相匹配。

由于时代的不同,风险管理意识、方法与模式也随之变迁,学术界通常以1990年为界,1990年之前称为传统风险管理阶段,1990年以后称为现代风险管理阶段。

传统的风险管理理论缺少系统性和主动性。在应对风险时只着重于单个风险的单一管理,没有系统性地考虑企业运营中可能面临的风险,也没有从整体的高度出发管控各种风险,缺乏对关联风险、背景风险以及整体风险管理的策略与技术。同时,传统风险管理关注损失性风险和纯粹风险,在风险管理上偏被动,只有当损失降临时或者当面临纯粹风险时才被动地采取行动。现代风险管理理论弥补了传统风险理论的诸多不足,强调整体性。

亚科夫·海姆斯(1992)提出了总体风险管理(Total Risk Management,TRM)的概念,认为总体风险管理是一个基于正式风险评价与管理的、系统的、以统计为基础的、全盘的过程,着重处理层次化的、多目标的系统失误(包括硬件失误、软件失误、组织性失误和人的失误)的根源的动态全面管理。

丽莎·缪柏洛克(2002)指出,所谓公司整合性风险管理(Integrated Risk Management,IRM),就是对影响公司价值的众多因素进行辨别和评估,并在全公司范围内实行相应战略以管理和控制这些风险。整合性风险管理的目的就是将企业的各项风险管理活动纳入统一的系统，实现系统的整体优化，创造整体的管理效益，为企业提升或创造更大的价值。

戈登、洛布以及曾志扬（2009）在其发表的论文中指出"全球经济迅速变化的今天，风险管理日益得到重视。近些年，对于风险管理的范式有个基本的改变，逐渐取代原来从单个风险的角度上看风险管理，发展趋势是全面地看待风险管理，全面实施的风险管理叫作 Enterprise risk management（ERM）"。

作为风险管理领域的一大革命，相比于传统风险管理中不同风险分而治之的管理方式，整体风险管理认为风险是相互关联、相互影响的；同时不同的风险相互之间有许多共性，因此从全局的角度出发考虑企业所面临的不同的风险，才不会顾此失彼。从管理的角度也更容易做好整体的风险管理，降低风险管理的成本，增加风险管理给企业所带来的效益。

风险管理通常分为五个步骤。第一步是风险的识别，就是企业对面临的风险进行系统的判断、归类并分析可能产生风险事故的原因及过程。为了更好地识别各类风险，可以将其进行分类，针对不同类型的风险采取对应的预防和处理方法。第二步是风险的衡量，就是度量和评估可能发生的风险对企业目标产生的影响及其程度。对风险进行衡量需要收集风险损失发生的频率和损失的严重程度这两方面的信息，而其中又以风险损失的严重程度最为重要。第三步是开发并选择适当的风险管理方法，就是根据企业的既定目标和对风险事件的分析来选择适用的风险管理工具，在选择的过程中既要考虑实施效果也要结合成本收益比，从而使企业风险管理得到最优化的效果。第四步是实施所选定的风险管理方法，明确企业中各个部门的职责，通过有效的指挥与协调最终实现风险管理计划的有序运行。第五步也是最重要的一步，是对企业风险管理方法和战略的实施情况与适用性进行监督，这是保证整个风险管理计划能够得到最佳实现的重要环节，同时每个企业所面临的风险也并非是一成不变的，因此风险管理绝不是一劳永逸的，要结合每个时期的实际情况不断修改企业的风险管理计划，这样才能实现企业风险管理的价值和意义。

现代成长型企业，面临的主要风险包括以下几种类型：市场经营风险、财务风险、产品与技术创新风险、政治风险、管理风险等。这些风险都对企业的成长有重要的影响，下面逐一分析。

（1）市场经营风险。市场经营风险是指由于经营管理决策的失误或商业机遇的变化，市场行情相应变化而导致的风险。通常最明显最容易发生的是由于新技术的产生淘汰旧技术，产业链也随之改变。对于成长型企业而言，市场风险主要与市场的开发有关。成长中的企业由于新创不久，往往市场知名度不高，需要自己去开拓市场，而企业由于处于创业初期，没有成熟的营销团队，在市场推广过程中容易受阻挠，市场开发方面存在较大的因专业力度不够导致的风险。此外，营销部门作为企业的核心所在，承担着带来企业收入的重要责任，其表现与市场经营风险同样息息相关。面对瞬息万变的市场，营销部门在企业的产品推出和市场份额的占取上都需要着眼于企业长远的计划,过于追求产品本身的卓越而未能适应市场需求的改变以及急于市场份额短暂的上升而忽略利润和成本的管理都会使企业面临巨大的市场经营风险。再者,企业的多元化也与市场经营风险紧密相连,多元化可以造就大企业,但多元化对企业自身有较高的要求,因为在多元化的过程中要求较高的资本配置能力,同时,对企业人员的配置与人才的培养提出了更高的挑战,管理也变得更为复杂;如果此时企业的资本配置能力较低,人才储备严重不足,企业的核心价值观与核心竞争力尚未形成的话,仓促的多元化经营只会带来危难,而不是伴随经营多元化规模的扩大、利润的增加与风险的扩散。

(2)财务风险。财务风险是风险管理的核心内容之一。具体来说,财务风险主要包括现金流量风险、筹资风险、资本运营风险、投资风险、收益分配风险和外汇风险等。表 4-9 详细地介绍了这些风险的表现形式和防范措施。

表 4-9 企业财务风险类别、表现形式和防范措施

财务风险类别	风险的表现形式	风险的防范措施
现金流量风险	资金回收不及时带来的现金流风险,大量的应收账款给企业带来较大的运营成本与损失;或有时候由于权责发生制的原因,企业在收益较好的情况下仍不能获得健康的现金流,如短期负债过大导致财务危机	建立银行存款及现金余额日报制,建立现金收支预算月报制,规范现金预算反馈制; 确定现金的最佳持有额度;缩短现金周转期;把握应付账款的时机; 建立风险预测体系
筹资风险	因企业的举债经营而导致偿债能力的丧失,或企业举债后资金使用不当导致企业遭受损失以及到期不能偿还债务的风险	加强自有资金的管理,严格审批并及时回收有关款项避免资金回收风险; 结合长期债务与短期债务,如结合股票、债券与银行短期借款、票据等,优化债务资本渠道; 优化企业资本结构,优化权益与负债的配比,自有资本与外来资本的配比
资本运营风险	企业的兼并与收购,产业结构的调整、技术设备改造等都要求较大的资金投入,一旦市场变动将直接影响企业的财务	调整产业结构与资本结构,及时监测各种市场风险并做好风险防范措施; 根据企业的经营风险,确定合适的财务杠杆; 打造一支精良的资本运作团队,及时洞察市场风险
投资风险	企业进行投资活动带来的财务上的不确定性。如投资项目过大、投资范围过广,一时间过度扩张导致短期负债率过高,一旦市场发生变化将会面临严重的流动性危机	在拥有较好的现金流、资金运转良好的情况下进行适当的投资活动; 严格审查投资项目,考虑投资收益与项目回报率,结合企业需求考虑现金流问题,富有战略眼光的考虑与规划企业长短期投资项目; 合理组合不同产业、期限的投资组合项目,考虑不同的风险、收益、久期

续表

财务风险类别	风险的表现形式	风险的防范措施
收益分配风险	由于企业发展需要资金的分配，股票市场也要求股利的分配，因此企业的收益需要在留存收益与分配股息上有一个权衡，难以平衡企业的收益在企业发展与股东利益之间的矛盾引起的财务风险	处理好企业发展所需投入与股东利益之间的关系，合理分配利润；确保现金流的稳定，为企业长远的发展提供稳定的资金支持
外汇风险	对于与外国有往来交易，尤其是跨国企业，由于汇率的变动引起财务流动的不确定性	及时有效地防范外汇市场的变动；运用金融衍生工具，如期权、期货、远期等

（3）产品与技术创新风险。产品创新是企业保持竞争力，实现持续增长的核心。然而产品的研发过程十分复杂，且具有不确定性，同时，市场环境的变化也非常剧烈，产品研发存在极高的风险。企业在研发过程中应时刻关注研发成果与市场需求之间的一致性，根据市场趋势及时调整研发方向。否则研发失败造成的风险可能会对企业生命周期的后续阶段带来巨大的影响。研发的风险主要来自于市场、技术、管理等方面。技术风险是研发过程面临的主要风险。企业技术的研发是一个过程，因此对研发风险的控制不仅要明确研发的成果，也应关注研发的过程。技术风险的产生主要是由于企业研发设计的新产品可能无法得到市场的认可，或者被同类产品取代等。技术开发、技术转化的过程中都可能发生风险。技术风险根据产生的原因不同可以分为硬件和软件两个方面。硬件方面的风险主要是已有技术不成熟、设备不完善等因素会制约企业的创新活动进程，导致技术创新成果失去先发优势，错过市场机会等。任何一项新技术、新产品的最终目的都是投放到市场，获得消费者的认可，应该以满足消费者需求为目的。为了保证创新的成果能够得到市场的认可，企业应在创新活动开始之前进行充分的市场调研，对未来趋势有准确的预测，保证新技术的适应性、先进性与收益性。

（4）政治风险。斯特芬·罗伯克在《政治风险：识别与评估》中给出政治风险的定义，认为在国际经营中企业遇到的政治风险主要表现为经营环境中由政治变化所带来的难以预测的不连续性，且这些变化预期会给企业的生产经营活动带来重大的影响。他指出，政治风险是由于政治力量变化而导致的经济环境变化，这些变化一般会给企业带来严重的负面影响。

学术界关于政治风险的界定尚不明确，广义的政治风险认为凡是在经济和政治范畴之内发生的风险都可以被归为政治风险；狭义的政治风险认为只有由公共政治力量所带来的风险才属于政治风险的范畴。本节认为政治风险可以定义为各种政治力量导致的某个国家或地区的经营环境发生超出预期的变化的可能性，且这种变化预期会给企业经营业绩、目标实现带来负面的影响。综合学者的观点，本节提炼出政治风险的四个基本要素：经营环境不连续、政治力量导致、风险具有不确定性、对企业经营业绩及战略目标的实现有重大影响。

由于中国特殊的发展历史，中国企业不仅在跨国经营的过程中会受到国外法律、政策,甚至外交关系的影响,面临政治风险的挑战;专注于国内经营的企业也会由于宏观经济、政治环境的变化面临一定的风险。政府会通过计划、法律、政策、道德等手段对宏观经济进行干预和调控,导致企业经营的外部环境发生重大变化。因此,在我国的特殊经济环境下,无论是跨国经营的企业还是专注国内市场的企业都面临着极高的政治风险。

(5)管理风险。管理学理论对于企业经营目标基本达成共识,普遍认为企业生产经营的最终目标就是实现企业价值最大化或者股东价值最大化。而企业家虽然最终的目的是追求个人利益最大化,但由于其个人利益与企业价值之间存在密切的联系,所以企业家也会通过提升企业价值、为股东创造价值达到个人利益最大化的目标。自商业形成以来,人们就不断探索实现效用最大化的途径。早期的商业实践认为土地和劳动是创造财富的两个基本要素,随着资本主义的发展,人们发现资本对于价值创造具有十分重要的意义。随着工业革命的爆发,社会进入大机器生产,企业的分工更加明确,人们逐渐认识到管理对于企业财富创造的重要作用。

管理本身也存在着风险,管理风险表现为企业内部信息不对称、管理不善、决策失误等。管理风险的来源主要包括企业管理者决策失误、企业组织结构冗杂、企业文化缺失以及管理过程失衡四个方面。由于管理是人的艺术,企业生产经营活动对管理者高度依赖,管理者的决策直接关系到企业未来的生存与发展,因此管理者是企业管理风险的主要来源。

2. 风险管理对企业成长的影响

大量的学术研究表明企业实施风险管理一方面可以加强企业内部控制,另一方面可以促进企业经营绩效的提升,提升股东价值,进而保障企业良好成长。

在股东价值提高方面,目前很多学者通过不同的方式证明了风险管理对于提高公司的绩效和价值的显著作用。戈登、洛布和曾志扬在综合考量风险管理的 5 个特性的基础上构建一套风险管理体系,通过实证分析证实了风险管理与公司绩效之间显著的正相关关系。霍伊特和利本贝格(Hoyt and Liebenberg,2009)以托宾 Q 作为绩效评价指标,印证了保险行业中风险管理对企业成长的促进作用。

风险管理对于一个企业的生存和发展有着重要的战略性意义,有利于维持企业生产经营活动的稳定性、提高企业经济效益、带来税收优惠、降低企业困境成本等。

(1)风险管理有利于维持企业生产经营活动的稳定性。由于企业生产经营过程中不确定性是普遍存在的,这些不确定性是企业风险的基本来源。企业如果没有对风险进行监控并建立适当的防范机制,当风险发生时,往往会导致企业正常的生产经营活动发生波动、影响其正常运作,甚至会导致企业的破产。有效的风险管理机制对于企业识别风险并加以应对具有重要意义。企业设立风险管理机制,既要在风险发生之前加强预防,也要在风险发生时及时识别风险的严重性,还要在风险发生以后迅速采取补救措施,恢复正常的生产经营活动,尽可能减少或者消化风险对企业造成的影响。

(2)风险管理手段有助于企业优化资产配置,提高企业经营效率。企业通过风险管理策略明确了风险的应对措施,以最少的资源占用保证企业应对风险的能力。企业可以只预留少部分资金用于应急,从而最合理地利用企业有限的资源,增强企业的现金流动性。

(3) 风险管理能够避免给企业带来大量的税收损失。一方面,在累进税率下,企业现金流大量波动导致企业平均收入的税负高于企业收入税负的平均值,因此当风险管理缺失,企业收入剧烈波动时,企业需要交纳更多的税负。另一方面,我国保险行业享受税收优惠政策,企业通过购买保险的方式规避风险的同时,也间接地享受了保险行业的税收优惠。

(4) 风险管理有助于降低企业成本。企业稳定的经营状况向关联企业传递了积极的信号,有助于企业和关联方开展合作与谈判,从而降低企业生产成本。经营状况不稳定的企业在寻求合作伙伴时,由于其经营状况的不稳定性,企业往往需要向合作方提供一定程度的风险补偿。企业保持稳定经营对于企业获得外部融资也带来更大的优势。银行等贷款方往往更倾向于将资金出借给经营状况稳定的借款方。

风险管理直接影响企业未来的发展,如果管理不当甚至会导致企业走向失败。

扩展阅读

我国企业风险管理

20世纪80年代中期,风险管理的概念被引入到我国,由于我国当时正处在由计划经济向市场经济转型的初期,市场体制不完善,市场中存在的不确定性尚未得到人们的重视。国内关于企业风险管理的研究也起步较晚,进入1990年,才有相关的学术著作,最早对企业风险管理进行研究的是宋执旺和曹召臣,他们将企业成长中的风险分为市场风险、投资风险和信用结算风险,在那时还没有考虑其他风险比如管理风险、外汇风险、操作风险等,更没有从企业整体经营的角度与企业价值的角度出发考虑风险的整体管理。陈佳贵(1999)将风险管理的目标按照损失前后不同的状态分成损失前的管理目标和损失后的管理目标,并认为企业应根据不同的管理目标采取不同的风险管理策略。谢科范等(2004)再次强调了风险的不确定性,联系外界的复杂因素,将风险管理与企业的生命周期理论相结合,提出了一套基于企业生命周期理论的企业风险管理体系,这对于企业运营中的风险识别、企业动态、外界环境变化与风险管理之间的关系有重要的指导意义。

国务院国资委在《中央企业全面风险管理指引》一书中提出企业风险管理的定义:"企业围绕总体经营目标,通过企业管理的各个环节和经营过程中执行风险管理的基本流程,培育良好的风险管理文化,建立健全全面风险管理体系,包括风险管理策略、风险理财措施、风险管理的组织职能体系、风险管理信息系统和内部控制系统,从而为实现风险管理的总体目标提供合理保证的过程和方法。"书中将风险分为战略风险、财务风险、市场风险、运营风险和法律风险等。

从上面国内关于风险管理理论发展的历程可以看出,无论是企业界还是学术界,对于风险的认识与风险管理的认知都与时俱进，风险管理也因为其在经济发展与企业发展中扮演的重要角色登上历史舞台。在宏观上受到的重视充分说明了风险的重要性，而在微观上，则需要企业在其成长过程中关注风险的发展，研究风险与企业成长的关系，在不同阶段的主要风险以及相应的管理侧重点，并及时调整企业的发展模式与战略规划以规避风险。

九、社会资本与企业成长

1. 社会资本
1）社会资本的内涵

法国社会学家皮埃尔·布迪厄（P. Buodrieu）1980 年在《社会资本随笔》中第一次提出社会资本的概念，他认为社会资本是"实际或潜在资源的总和，这些资源是同对某种持久性的网络的占有密不可分的，这一网络是一种大家共同熟悉的、得到公认的，具有体制化关系的网络"。

科尔曼比较全面地定义了社会资本。他根据社会资本的功能认为社会资本不能算是一种资本，而是企业的"外部性"。普特南（1993）对社会资本的定义相对狭义，但是受到学术界的普遍认可，他认为社会资本是对企业所在社区生产能力产生影响的个体组成的社团。并将这一概念引申为从非公开投资活动过程逐渐演化而来的提高社会效能的网络、规范和社会信任。

学者对于社会资本的认识与理解基本可以归为资源观、能力观、结构观、功能观与社会规范观 5 个流派。

（1）资源观。Bourdier 认为资本有三种形态：经济资本是可以立即转换为现金的资本、在一定条件下可以转化为经济资本的文化资本以及由一系列社会关系组成的社会资本。进一步地，他阐释了社会资本与其他两种资本的关系，社会资本无法独立存在，且社会资本对于促进其他两类资本的增值具有重要意义。Baker 认为社会资本的产生是由于社会资本主体之间关系的变化。Adlen 和 Kwon 则认为社会资本的产生是由长期稳定的社会关系产生的。林南认为社会资本是对社会关系的投资带来的回报。他认为社会资本不属于个体，而是根植于社会关系之中；社会资本具有可增值性；社会资本通过人与人之间的行动实现。

（2）能力观。艾力山德罗·波茨（1998）认为社会资本是个人充分调动自己的社会关系调动稀缺社会资源的能力。与普特南的观点不同，他认为社会资本并不完全是积极的，从而提出消极社会资本的概念。Burt 从结构主义的角度将社会资本定义为个人通过朋友、同事等联系获得了使用资本的机会。朱国宏认为社会资本是获取稀有资源的能力，获取这种能力的方法主要是个人利用自己的关系脉络或者更广阔的社会结构。边燕杰和邱海雄认为社会资本是主体与社会的联系，社会资本从本质上来讲是一种资源。顾新则认为资源本身不是社会资本，企业或者个人通过其关系网络及社会结构获取资源使用权的能力才是社会资本。

（3）结构观。Nahapiet 和 Ghoshal 认为社会关系是个人或者社会个体中存在的资源综合，包括实际存在的资源和潜在的资源。他指出社会资本可以分解为结构维度、关系维度和认知维度。张其仔认为社会资本是一种关系网络，是进行资源配置、整合优质资源的重要方式。李惠斌和杨雪冬（2000）认为社会资本的核心是规范、信任和网络化。

（4）功能观。J. S. Coleman 从社会资本的功能提出了社会资本的定义。他认为社会资本是由构成社会结构的各要素组成的，为结构内部个人提供便利的多种形式的实体。社会资本和其他资本一样具有生产性。与其他资本不同，社会资本不属于独立的个体，也不是在物质生产过程中形成的，而是存在于人际关系结构中。

（5）社会规范观。普特南认为社会资本是组织的一种特征，通过信任、规范和网络，促进个体间的合作行为，从而提高社会效率。他认为信任是社会资本的首要内涵，由于双方存在的信任，双方的行为可以预期，在合作中形成共有价值观，提升效率。刘松博认为社会资本是"行为主体所拥有的内部和外部非正式关系的总和，这些关系可以为该行为主体带来价值"。

Uzzi 和 Vanhaverbeke 指出社会关系网络有助于内部企业各部门之间，以及外部企业与企业之间实现高效的沟通与交流，是企业获得新的知识和信息的重要工具。Powell（1996）认为企业家的个人的社会关系可以为企业成长提供必要的资源和能力，如财务支持、创新环境等。Avidsson 和 Wiklund Delmar 指出社会资本对企业成长的突出作用表现为帮助企业识别和发现市场机遇。Hoang Hung 和 Lechner（2006）在探究企业家与企业的关系时发现，中小企业的创新活动与企业家动员社会关系的能力密切相关，同时，这种动员社会关系的能力也有助于企业建立合作关系网络。

2）社会资本的分类

（1）根据联系性质分类：可以分为正式联系的社会资本和非正式联系的社会资本。正式联系的社会资本往往通过正式的契约建立联系，如交易双方签订采购协议、企业与研究机构签订研发合作协议等。正式的联系对象往往是明确的，一旦确定了正式的联系，这种联系往往会稳定且长期地持续下去。非正式联系之间没有具有法律效力的契约作为约束，通常通过行政隶属关系确定，如企业与其主管部门之间的联系等。

非正式联系的社会资本的形成主要是由于地域上的接近性，这种社会资本相对于正式联系的社会资本来说具有不可复制性。如硅谷是科技型企业集聚的地区，这里的企业之间保持着密切的合作关系，这源于企业内部员工之间密切的交流。

（2）根据企业内外关系分类：可以将社会资本分为内部社会资本和外部社会资本。企业内部社会资本是出资人、经营者、员工之间的关系，围绕着工人之间、工人与管理者、管理者之间、部门之间的信任、合作与交流。企业内部社会关系可以进一步分为纵向关系网络和横向关系网络。纵向关系网络围绕着企业组织架构的不同层级之间垂直的联系；横向关系网络则是在同一层级的员工之间的沟通。企业内部社会资本是组织生存的基础，企业内部各成员之间构成复杂的关系网络，会影响企业各类经济活动。厉以宁（1998）在《论效率的双重基础》中指出效率包括物质基础和道德基础两个维度，其中物质基础指企业的技术水平；道德基础是企业内部人际关系，即企业内部社会资本。效率的提升是由于内部员工在融洽的人际关系下充分发挥积极性与创造性。

企业外部社会资本是从企业调动社会关系网络，从外部获得稀缺资源。包括与上下级领导部门的联系、与上下游企业及竞争对手的联系、与研发机构如科研院所及高校的联系、与中介机构及第三方服务机构的联系等。边燕杰认为企业外部资本可以分为横向联系、纵向联系与社会联系。横向的社会关系包括与上下游企业的业务关系、与同行业企业的合作与竞争、与科研机构的合作关系、与金融机构之间的借贷关系等。纵向关系主要指政企关系，其目的在于通过与上级机构搞好关系，获得稀缺资源，如政府的支持等。在中国传统的计划体制下，国有企业最主要的外部社会关系网络就是它与上级主管部门的关系（领导与被领导的关系）。社会联系是经济领域以外的联系和交往，如企业的经营者与管理者之间的委托代理关系等。

（3）根据作用范围和功能分类：可分为企业微观信任网络、中观信任网络和宏观信用网络。企业微观信任网络，主要是指存在于企业内部以管理层为核心的、紧密联系的社会网络，以成员间人格化的深度信任及非人格化的抽象信任关系而存在。在企业建立初期，微观层面的信任网络很有可能起源于地缘、血缘关系为纽带的亲缘关系。如家族企业建立之初，主要是家庭成员及扩展的家族成员、亲朋好友。而现代企业人员的非血缘化，经理人员、职业人员的社会化，员工的频繁流动，使得长久闭合的人际联系被不断打破，因此，现代企业中更多的是在日常生活中形成的非人格浅度信任。现代企业内的独立个体之间不仅存在一种利益或者功利基础上的契约关系，还存在一种共同的对企业的忠诚感及相互的信赖感，这种关系给企业员工身份上的认同感、归属感和安全感，使他们对工作的成功充满信心，并自愿提供合作以服从于企业目标的实现。

企业的微观信任网络为企业每个成员提供了表达建议、创意、传递资讯的环境，对企业的成功管理至关重要。微观信任网络最主要的是根源于心理性社群中的浅度信任，尽管企业员工多数人是同属于多个社群的，不同的家乡乃至民族、国家，但由于种种利益原因，他们的忠诚都汇集到同一个企业。企业成员参与共同的活动，在追求共同目标时感受到一种心理上的"共生共存感"，他们把集体或公司的利益放在心上，并为其利益行动。

中观信任网络主要是企业与经营业务有关联的交易对象、合作伙伴之间的信任网络，由企业的客户或消费者、供应商、合作伙伴组成。企业内部的结构与内部微观信任网络相联系，而组织的委托人和委托代理人的外部联系则与企业中观信任网络密切相关。对发展中的企业而言，加强企业内部整合的最初收益，必然让位于网络的社群链合。随着经济交换的日益复杂，社会关系在力量和方向上逐渐交替。企业组织要求实现超越其既定的社群链合，不仅是吸纳新的企业成员，而且要在公司外部寻求合作成员，追求企业社会资本的多样化，保证企业能够进入更加高级的要素和生产市场。

在法理型的市场中，动员值得信任的社会关系的能力是一种关键性的资源。社会信任不仅对筹集金融资本有重要作用，而且是供给和需求的必要纽带。它将消费者和生产者相互连接起来，加快交易速度，减小交易成本。

企业的宏观信任网络是指企业与直接生产关系以外的，构成企业经营环境，对企业的经营决策有重要影响的社区、政府、公众、媒体等组织群体之间的相互信任关系。企业的宏观信任网络对企业的发展十分重要。首先，企业宏观信任网络对企业的经营有很大的影响。例如，政府的新政策和媒体的报道都会对企业的商业环境产生大的影响。企业的决策者不仅要敏锐发现技术、政治和社会的新动向，更要和影响这些因素的主体——政府、公众等保持良好的关系，对环境的变化及时做出反应。其次，企业宏观信任网络也体现了企业的社会职能、社会价值和使命。宏观信任网络超越狭隘企业利润、物质利益的限制，使企业在单纯追求经济效益的自利行为模式上进一步发展，关注社会需求，关注环境和公众利益，真正融入社会，为社会做出贡献。

由于企业的地点相对固定，企业所在的社群也不可能频繁变化，因此企业与外部社会的良好联系至关重要，能够帮助企业获得社会认同，有利于企业经营活动的开展。企业对外部社会的关注和贡献不仅为企业获得良好的声誉，也创造了更好的经营环境。例如，污染型企业易与当地居民和环保组织发生冲突，并需要花费大量精力与时间处理和当地环保部门的关系。但如果企业建立规范的排污设备，并主动承担维护环境的责任，不仅能够获得当地居民和媒体的正面评价，更能为自身创造一个有利于长期发展的政治环境。在一个快速变化的环境中，如果企业只专注自身业务，就会产生危机。因此，企业必须借助它的宏观信任网络，及时获得商业环境、政府政策以及公众态度的变化，在保持与外部社会需求一致的前提下谋求发展。

3）社会资本的特点

企业社会资本作为资本的一种，具有同物质资本、金融资本和人力资本相似的特点。比如：①需要通过其他资源的投入，经过一段时间积累形成；②具有规模效应，规模大的社会资本更有利于企业的发展；③需要不断地更新与发展；④具有生产性，能够为企业带来价值。

同时，社会资本作为一种特殊的资本形态，还具有和其他资本不同的特有性质（参考 Adler 和 Kwon 在 2002 年的研究成果）：①不确定性。社会资本的形成是群体博弈的过程，囚徒困境模型已经证明，一次博弈或有限次博弈的纳什均衡都以信用的破坏为结果，只有无限重复博弈才能得到最优结果。这表明，社会资本的形成包含着极大的不确定性，它的建立需要长期积累，但也很容易失去，一次毁约或者不守信就可能破坏多年来建立的相互信任。同时，企业社会资本与社会背景具有很强的相关性，牵涉到经济、政治、法律和文化等多方面因素，任何方面的变动都有可能降低企业社会资本量。②兼具公共品和私人物品两种属性。Coleman 强调了社会资本具有公共物品的特征。社会资本的建立需要各方面的承诺和合作，所有权并非任何一方所拥有。一旦形成，就具有共享性，各组织成员都可以使用。一个人的使用不会妨碍其他人的使用。社会资本的"公共品"性质容易诱使人们"搭便车"，得不到有效投资。然而，社会资本的使用对于某一个特定的关系网络以外的行为主体具有排他性，是"私人物品"的特点。企业为了达到某一特定目的而主动进行社会资本的投资，如"拉关系"等，这种投资就不存在"外部性"的问题。③不可转让性。社会资本流动性较差，也难以转换为其他流动性好的资本，因此，社会资本具有较强的黏着性，即不可转让性。一个企业的社会资本难以像物质资本和金融资本一样转让给其他企业。④无形性。社会资本难以测量和量化，因而它的贬值难以估算，投入也难以量化。企业很难说清楚为了建立和维护社会资本花费了多少精力、时间和金钱，而不同地域、不同行业的社会资本也不具有可比性。这是造成学术界研究社会资本困境的主要原因之一。⑤社会资本与其他资本最大的区别就是社会资本的产生和维持不取决于个人或单一的行为主体，而是行为主体之间的关系。任何一方的退出都有可能造成整个关系网络的破裂。物质资本外在于行为者，包括各种有形资产和实体财富；人力资本则是内在于行为者，比如外形、知识、经验等；但社会资本存在于行为者与行为者的联系之间，只有通过行为者之间的互动才能创造价值。

2. 社会资本对企业成长的影响

学者们通过大量的研究分析了企业社会资本与企业绩效之间的关系。Gabby 和 Zuckerman 认为社会资本对企业成长的促进可以表现为四个方面：首先，社会资本可以促进企业内部资源、信息的交换；其次，社会资本有效降低企业的交易成本；再次，社会资本对组织创新具有促进作用；最后，社会资本可以推动企业技术创新。Gulati 等认为企业所掌握的社会资源帮助企业获得关键的资源、信息和知识，从而对企业战略行为产生影响。Fukuyama 研究证明企业掌握的社会资本可以帮助企业减少信息成本，从而降低交易费用。社会资本对组织创新的促进作用表现为企业可以利用内部社会资本提高企业内部合作与沟通的效率，同时企业的外部社会资本对企业雇佣优秀的候选人具有较大帮助。企业与研究机构之间保持密切的关系使企业获得持续创新的能力，极大降低技术创新的风险。

李路路通过调查问卷的方式探究社会资本与企业成长之间的联系。他通过分析得出3 个方面的结论。从企业家个人社会关系来说，与企业家密切来往的亲属、朋友等社会地位对企业成功有显著的影响。从企业内部关系来说，企业家与技术人员之间的关系与企业成长之间无显著关系，而工人和管理人员与企业家的特殊关系对企业成功的影响十分显著。从企业家个人来说，其受教育程度对企业成功具有至关重要的作用。石秀印认为私营企业家的特质往往表现为与资源拥有者之间保持着密切的私人关系，且企业家的这种社会关系与企业经营绩效之间存在显著的关联性。

郑艳认为企业家的社会资本主要通过获取信息和资源，降低市场交易费用两方面推动企业成长。马文彬认为企业社会资本可以帮助企业发现市场上无法获得的机会信息，保持企业的竞争优势，并且建立了企业之间的信任，从而对企业的学习能力和技术创新能力具有显著提升。王小翠认为企业社会资本具有获取信息、增强组织凝聚力、降低交易费用、推动创新的作用，同时良好的社会关系可以对民营企业财产进行保护。闫晋斐认为企业外部社会资源也是企业家在企业外部的人际关系和动员资源能力的总和，这些关系可以分为横向联系和纵向联系。横向联系包括与供应商、客户、竞争对手等之间的关系；纵向关系则是与政府部门、领导机关等的关系。张洪兴和耿新通过对中小型民营科技企业的实证研究发现，企业家社会资本与企业成长之间具有显著的正相关关系。张爱斌指出，社会资本对企业成长的直接影响并不明确，但是从企业家精神、技术创新、财务绩效等方面可以侧面证实社会资本对企业成长的促进作用。孙学敏认为企业成长不仅仅需要有物质资本的支持，也有社会资本的需求，因此企业运用社会资本调动社会资源的能力在一定程度上关系到企业成长。司公奇、潘杰义、曹建东构建了社会资本—资源获取能力—环境适应能力—成长绩效的关系链，阐释了社会资本的支持下，企业获得成长所需的各类资源，并不断提升判断能力、反应能力和创新能力，不断适应外部环境的成长过程。边燕杰、邱海雄认为企业家通过过去行政职别所积累的社会资本对企业经营管理能力产生较大影响，可以刺激企业人均产值的增长。付宏、苏小燕（2005）认为企业家掌握的社会资本有助于企业获取资源、吸收资金、吸引人才、促进谈判达成、创造良好的交易环境等，可以间接推动企业成长。

部分学者从企业与政府的关系、与银行的关系以及与新闻媒体之间的关系3个角度重点阐述了企业与这三大外部社会资本的关系对于企业发展的重要性，如图4-10所示。

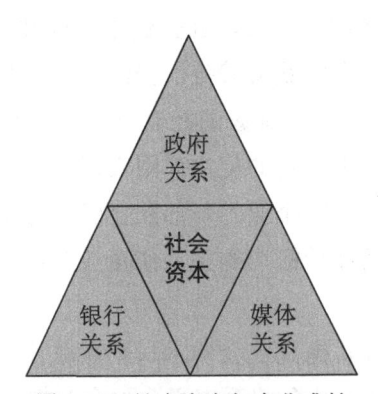

图4-10 社会资本与企业成长

1）企业与政府关系

企业与政府的关系在企业生命周期的各个阶段都是企业社会资本的重要组成部分。陈徐（2009）指出，如果企业利用与政府之间的社会关系，可以对政府文件加以影响，使之向对企业发展有利的方向编制或者修订，企业将会有很大的可能性在市场竞争中占领先机。卢剑锋、于涛认为企业与政府建立有效的社会关系的途径主要有两种：通过相关行业协会加强与政府相关部门的接触；加入工商联或者党派组织与政府部门保持联系。他指出，加入这些组织给企业带来政治上的荣誉和政治身份，有助于企业加强与政府之间的联系，获得更多的社会资本。

我国企业性质存在一定的特殊性，历史的原因决定了相比于民营企业，国有企业在社会资本方面可以掌握更多政府资源。石秀印指出国有企业管理者的负责人往往是由政府任命，这些企业家往往与政府之间保持一定的关系，或是与政府部门具有一定的公务关系，或者是与政府人员保持私人联系。因此，他认为由于国有企业控制人与政府之间的关系使国有企业在经营过程中更容易获得政府的支持。相反地，民营企业不具有国有企业在政府关系方面的先天优势，往往很难得到政府的政策支持。由于我国计划经济的特殊历史，大量稀缺的资源仍然受政府掌控。对于民营企业来说，企业想要实现可持续发展必须通过企业家加强与政府联系，构建社会关系网络。戴建中认为民营企业应该建立以党政干部为中心的关系网络，并且政府干部在关系网络中占据较高比重。同时他指出，出于提高政治地位，提升企业知名度，维护企业利益，接触上层领导，获取资金、项目、技术等支持的目的，企业家具有强烈的参政议政的愿望。顾敏认为由于我国从计划经济转型市场经济的特殊历史原因，政治壁垒和所有制"歧视"在许多行业中普遍存在。不平衡的政企关系增加了民营企业在这些行业中的进入壁垒。在这种情况下，民营企业家的政治身份可以传递积极的信号，降低民营企业与政府之间的信息不对称，在一定程度上减少民营企业发展受到的阻碍。

我国学者也通过企业调研等方法证实了政治关联与企业成长之间的联系。石秀印对我国私有企业进行调研发现规模较大的民营企业普遍拥有较好的社会资源，如企业家个人经历与政府相关、企业家具有专业技术背景或者对产品工艺有较多了解等。王世权、李凯认为企业家自身的特质、多年经营过程中的家族人脉积累、具有政府背景的职业经理人介入是家族企业保持良好的政企关系的3个主要因素。在这3个因素的综合作用下，企业对外界的适应能力增强，保持持续的增长。

虽然众多文献都强调了企业与政府关系对企业成长的重要意义，但是政企关系是一种社会关系，与贪污腐败之间存在本质的区别。边燕杰、邱海雄认为社会关系不能等同于寻租行为和腐败行为。他们认为寻租行为的起因之一是政府对经济行为的不恰当介入，给一些官员带来获取政策性利润的机会。

2) 企业与银行的关系

企业的融资方式包括股权融资和债务融资两种，银行贷款是企业进行债务融资的主要方式之一。通过商业银行贷款，企业可以在以较低的成本（银行贷款利率）获得企业发展所需的资金。然而由于资源有限，以及商业银行的风险规避性，商业银行提供的贷款远远无法满足市场中企业的资金需求。由于信息不对称的存在，商业银行为了降低信用风险，会更倾向于贷款给风险相对较低的国有企业和大型民营企业，对于经营风险较高、容易发生信用风险的中小企业，银行则通过严格审查、提高利率等方式增加中小企业贷款的难度。

对于中小型民营企业来说，取得银行贷款更加困难。企业成立初期，企业规模较小，没有足够的资产作为抵押，同时企业经营风险较高，银行难以控制贷款风险，获得银行贷款更加困难。中小企业想要获得银行贷款，必须保持良好的信用记录，如企业信用评级、还款记录、企业家个人征信记录等。此外，也可以利用供应链上下游关系进行融资。由于中小企业在银行贷款方面的劣势，企业应该重点培养银行与企业之间的社会关系，减少企业与银行之间的信息不对称，并探索新的融资渠道。

3）企业与新闻媒体的关系

企业通过新闻媒体与外部公众产生联系，同时也通过新闻媒体树立社会形象。新闻媒体具有强大的影响力，具体表现为引导社会舆论、影响民意、协调企业内外部公众关系等。企业与新闻媒体保持良好的社会关系，可以通过新闻媒体有效地传达企业的信息，通过新闻媒体的社会影响力宣传品牌形象。对于食品、烟酒等面向大众消费的行业，进行一对一的营销几乎是不可能的，通过电视、网络进行广告宣传是企业进行市场营销的有效手段。同时，企业维护好与媒体的关系可以放大公关的效果。除了宣传品牌形象，企业也会通过社会媒体与消费者进行沟通。当企业发生危机时，通过新闻媒体可以及时向公众反馈企业的危机处理情况，帮助企业重获公众的信心。新闻媒体是一把双刃剑，如果企业没有与新闻媒体建立良好的关系，企业危机发生时新闻媒体非但不会帮助企业化解危机，反而可能雪上加霜，给企业形象造成损害。

企业与新闻媒体网络的联络是对企业外部社会资本的极大补充。媒体发表的企业正面报道有利于提升品牌形象，帮助企业获取消费者的认可。企业不能忽视对新闻媒体的社会资本投入，包括加强与媒体的接触，积极配合媒体的采访，同时企业管理层与新闻媒体人之间的人际关系也会对企业与新闻媒体的关系造成影响。

卢剑锋、于涛指出，中国的新闻媒体由于受到政府的监督与管理，在公众心目中具有较高的公信力。尽管随着新闻媒体的市场化，民办媒体不断涌现，但是公众对媒体的信任已经成为习惯。因此企业不应忽视新闻媒体在社会公众中的影响力。

社会媒体关系对企业成长的影响随着企业生命周期的发展而存在一定差异。莫冬燕等通过实证研究分析了在企业生命周期的不同阶段媒体对企业的关注度对企业内部控制有效性的影响。他们认为，对于成长期的企业，媒体对企业的关注会显著提升企业内部控制的有效性；而当企业进入成熟期以后，媒体关注度与企业内部控制有效性之间不再有显著关系；进入衰退期以后，媒体对企业的关注反而会降低企业内部控制的有效性。

扩展阅读

马佳佳——曾经众星捧月的创业女神

无数商业评论把马佳佳的走红归功于其"90后"不走寻常路的独特个性、紧跟潮流的互联网思维和成功的自营销，然而我们需要看到的是，马佳佳是借了媒体、投资人、创业圈的一大帮朋友，甚至中欧商学院和万科等各个群体、个人和组织的东风，才能顺利被丰富且多样化的社会资本捧红。

首先是对马佳佳不吝称赞、寄予厚望的投资人大叔们。徐小平就是其中之一，他不仅投资了马佳佳，还盛赞"马佳佳的力量，在于品牌的力量，在于能够唤醒市场的激情"，这是中国创业者最缺少的东西，并给予了"身上有中国企业家最缺乏的直击心灵的力量"的评价，就仿佛她身上寄托着他们未曾实现的愿望以及曾被辜负的青春。

冯仑也在演讲时提到马佳佳，说自己的朋友天使投资人、从前的空中网老板杨宁充分肯定了马佳佳个人的独特性而不是泡否的前景，因而期望通过投资对其个人形象进行营销来推动品牌的传播。

SK电讯（中国）创业投资基金副总裁简江也交口称赞这位"90后"女孩："马佳佳最大的价值在于，她没被旧有的思维局限住，在一个更加广阔的空间里自我探索，这种勇气和生命力是最宝贵的，这方面她比我们大多数人都优秀得多，这时候，用一个旧的框架去评判她，就像历史上很多媒体和所谓专家对新事物的评论一样，十年八年以后看，那些言论多半会成为后人的笑柄。"

娱乐工厂基金管理人烨峰，也加入了马佳佳的团队，成为她的基金管理人。在第一阶段融资中，从近10名天使投资人手中筹集了6000万元；第二阶段的融资目标是1亿元。

可以说，众路投资大神的汇集，为马佳佳带来金钱的同时，更是用他们的卓越的投资名誉做了背书，从而为马佳佳带来了更多关注，这也使得旁观者们从嗤之以鼻变得将信将疑，最后被马佳佳和她的大叔投资者们渐渐说服。

其次是各类组织和活动对于其名气的提升。例如，马佳佳作为"90后美女""成人用品店老板"和"网络营销新锐"，马不停蹄地参加了多场创业者沙龙和商学院分享讲座。她已经形成了较大的影响力，以至于在2014年2月万科举办的一场讲座中，以一句"90后不买房"就能引爆网络话题。任志强也在微博上对这个话题进行了回应。似乎一个已经左右"房事"的小女子俨然要左右"房市"了，这场争论里，马佳佳在微博上与各位大佬的互动将"互联网思维"展现到了极致。

可见，如果没有中欧商学院和万科推手的帮助，马佳佳不会在公众面前如此高调高频率地出现，也就没有机会使她的PPT传得沸沸扬扬、人人研习，没有机会用其犀利的语言让众人对这个"90后"女孩留下更为深刻的印象，没有机会引起商界大佬的关注和评论。而且中欧商学院与万科邀请其进行讲座，本身也是对于马佳佳的品牌背书，进一步推动马佳佳创业女神地位的抬升。

媒体的炒作，使得马佳佳在互联网时代更加迅速地蹿红。这里所指的媒体，不仅有传统媒体，更有社会化媒体。本来就以引人关注为目的的媒体当然不介意为这位愿意走红的"旁门左道"创业者再添几盏镁光灯，继续吸引公众的目光并激起公众讨论。

以马佳佳为代表的"90后"一代都是伴随着互联网的兴盛而成长的，各种与"性"相关的话题在人人网、微博等社交网络中的传播速度十分迅速，这一代人早就不再"谈性色变"了。很早就开始接触移动互联网及媒体营销的马佳佳提出社会化媒体能够很快地改变观念,打破一些传统的界限。"微博能够帮助造势而扩大知名度,一对一的微信和陌陌则更有助于提高购买概率。"当时已经拥有将近 5 万微博粉丝的马佳佳试图结合微博和微信的优势开展营销。因而社交媒体也是马佳佳迅速走红不可或缺的功臣。

十、企业成长的评价体系研究

前面在理论上论述了企业家、战略管理、人力资源管理、市场营销、企业文化、创新管理、运营管理、风险管理、社会资本九大因素对企业成长的影响。如何科学、严谨地测量企业成长,一些学者对此也进行了研究。

1. 复合式的权变评价指标体系

程海峰、吕道明根据权变管理理论,建立了复合式的权变评价指标体系,该体系由多个维度的指标综合而成,包括外部和内部、动态和静态、定量和定性、不断发展和相对稳定等,每个层面的指标尽量囊括不同行业、不同类型企业的共性,具有代表性强、相关性高等特征。该指标体系认为企业成长的基础是财务指标,成长动力是技术创新,成长的核心是企业的人才储备与管理经验,而企业成长的根本则是企业的产品和市场的需求。基于层次分析法(AHP 法),按财务层面指标、产品市场层面指标、技术与创新层面指标和人力资本层面指标,并将定性和定量指标都标准化,构造因素判断矩阵,计算其评价指标权重,最后得出企业成长值分数,根据这个分数,将企业的成长性水平分为极差、较差、一般、良好和优秀五个类别。同时该指标体系通过对每个层面、每个类别的相对评价指数的分析比较,可以找到制约成长性的瓶颈。该模型采用了复合式的权变评价指标,并给定了标准化方法,不足之处是选取指标仍不够丰富和全面,也没有拿到动态的环境变化中研究。

2. 企业可持续成长能力评价指标体系

汤学俊、周春光认为企业可持续成长能力(评价目标层)是可持续成长生存水平、可持续成长效率水平、可持续成长潜力水平和可持续成长协调度水平四个方面(评价准则层)相互制约、协同作用的综合反映,体现为企业的社会环境—经济环境—自然环境生态复合系统全方位趋于结构合理、组织优化、高效运行的均衡和协调过程。因而,企业可持续成长能力(SFG,记为 ASFG)系统评价的概念模型可设计如下:

目标函数为 $ASFG = F(D1, D2, D3, D4, S, T)$

约束条件为 $D1 \oplus D2 \oplus D3 \oplus D4 < 1$

$D1 = f(D11, D12, \cdots)$

$D2 = f(D21, D22, \cdots)$

$D3 = f(D31, D32, \cdots)$

$D4 = f(D41, D42, \cdots)$

$Dij\ (i = 1, 2, 3, 4;\ j = 1, 2, \cdots, n)$

式中，D_1 表示企业可持续成长生存水平；D_2 表示企业可持续成长效率水平；D_3 表示企业可持续成长潜力水平；D_4 表示企业可持续成长协调度水平；S 表示空间变量，即处于不同空间和规模的企业；T 表示时间变量，即企业发展的不同阶段；⊕ 表示 D_1、D_2、D_3、D_4 的协调合成；D_{ij}（$i = 1, 2, 3, 4$；$j = 1, 2, \cdots, n$）表示企业可持续成长能力的第 i 个方面的第 j 个指标。

3. 企业成长能力的财务评估指标体系

企业成长能力的财务评估指标体系围绕着关系企业收益与成本两个方面，选取了净资产收益增长率、主营利润比例、主营收入与主营利润增长同步率、资本保值增值率、利润留成保留率和资本周转加速率六个指标分别反映企业收益增长、企业主营业务收益的稳定性、企业对成本的控制水平、企业资本完整性和保全性、企业扩展的潜力和企业运行的效率。该评估体系的弊端在于并没有将诸如宏观经济、国家经济政策、市场环境等外部因素和企业行业性质、企业经营规模、企业财务和营销及企业管理能力等内部因素纳入企业成长能力的考核范畴，而这些因素对企业成长的影响却是十分显著的。

4. 原国家经济贸易委员会的 GEP 评价法

GEP 评价法是由原国家经济贸易委员会中小企业司等提出的。该方法的基本思想是以企业实际财务指标为直接依据，构建涵盖企业发展状况、盈利水平、经济效率、偿债能力和行业成长性五个方面的指标体系，对企业三年的经营数据加以处理分析，反映企业成长能力的变化趋势，对成长型的中小企业进行评估。具体来说，反映企业的发展状况的指标包括销售收入增长率、净利润增长率、资产增长率；反映企业的盈利水平的指标包括内在投资价值、总资产报酬率；反映企业经济效率的指标包括销售利润率、工资增加值率、资本收益率；反映企业偿债能力的指标主要是资产负债率；反映企业所在行业成长性的指标是行业收入成长率。

该指标体系完全以财务指标来反映企业成长性，其优点在于数据比较客观，但技术、人力等因素对企业成长的影响也是十分显著的，而这些因素很难单纯通过财务指标进行表达。

5. 风险型企业成长性评价指标体系

范柏乃围绕管理能力，产品、技术及服务的专业性，产品市场规模三个方面建立了针对风险型企业成长性的评价指标体系。

在该指标体系中，范柏乃将企业成长性分解为人力资本和产品与市场两个要素，进一步地，他将人力资本要素分解为管理层素质和员工素质两个维度，其中管理层素质包括管理层是否受过专业训练、是否有远见、是否敬业乐于奉献、管理层专业背景与企业的专业技术是否匹配、管理层是否能够通过不断学习提高自己等要素；员工素质则包括员工的经验和智力、员工的管理能力、员工是否有足够的发展空间、员工的专业技能是否符合岗位要求、员工之间是否相互支持。产品与市场要素可以分解为产品技术特性和市场销售能力两个维度。产品技术特性主要包括市场进入壁垒、主导技术的创新、技术的升级、行业技术变化、产权保护等；市场销售能力则包括市场增长率、营销队伍素质、分销及代理商网络、促销手段灵活性、产品市场占有率等。该模型推导的方法较为严谨，但是存在一定的局限性，一方面该模型只针对风险型企业，适用范围较窄；另一方面模型中存在大量难以量化的指标，应用的可行性不足。

6. 企业竞争力评价指标体系

尹子民、刘振安、张华从企业经营能力、效益能力和成长能力三个方面剖析企业的竞争力。并进一步将三类能力设计为三层 25 个可计量的指标。其中，经营能力主要反映企业在一定时期内的基本生产条件和生产经营水平的状态。按其构成要素可以分为资产要素规模、人员要素规模、产出规模能力、科技活动能力、企业凝聚力、企业营运能力六项二级指标；企业效益能力主要反映企业投入生产要素的有效利用程度即效率水平，以及组合运行的质量情况即收益水平，它包括要素效率能力指标和要素收益能力两项二级指标；成长能力主要反映企业在将来一定时期内的经营能力水平，并从质和量的角度评价企业发展潜力及其将来发展的趋势，它包括产出规模成长能力、资产要素成长能力、企业凝聚力成长能力、科技能力成长四项二级指标。通过因子分析的方法，可以分析各项指标对企业成长能力的影响程度。

对于企业成长评价指标的研究方面，各学者从财务、产品市场、技术与创新、人力资本等层面对于企业成长进行定性和定量的分析评价。本研究着眼于企业的财务指标以及产品市场角度，以年主营业务收入总额增长率、年平均利润总额增长率、年平均资产总额增长率、年平均市场份额增长率等指标的变化作为企业成长的重点考察指标，对企业成长因素进行探究。

十一、企业生命周期阶段划分及特征

企业生命周期理论产生的重要原因之一，就是因为人们认识到企业在从诞生到发展壮大、走向规模扩张、不断多样化发展的过程中，需要重点关注的因素是在不断变化的，并不是一成不变的。这些理论都认为企业在不同的成长阶段关注的企业管理实践的重点或组织活动是有所差异的，即企业的成长性在生命周期的各个不同阶段受到不同因素的不同程度的影响。

在本书的第三章中对企业的生命周期理论进行了详细介绍。拉瑞·葛雷纳（Larry E. Greiner）提出的五阶段模型描述了企业成长过程中的演变与变革的辩证关系，指出了企业在创业阶段、集体化阶段、规范化阶段、精细化阶段、合作阶段，企业管理重点、组织结构、高层管理风格、控制体系和管理人员薪酬重点都有所不同。爱迪思以及丘吉尔和刘易斯都进一步明确提出了在企业生命周期的不同阶段对企业成长产生影响的关键因素。

伊查克·爱迪思（Ichak Adizes）在其《企业生命周期》一书中描述了企业各成长阶段的特征，以及企业在不同阶段可能面临的障碍。如表 4-10 所示。

表 4-10　企业各成长阶段所遇到的障碍

成长阶段	成 长 障 碍
婴儿期	财务资本、人力资本、技术水平、治理结构、管理制度
学步期	控制力弱，缺乏战略眼光和系统化的制度、科学化的授权体系
青春期	创业者声望与制度冲突、多元化陷阱、管理人员使用问题
成熟期	创新精神衰退和创造力下降：企业家创新素质、制度约束
衰退期	企业和员工的自我保护意识不断增强，疏远顾客；强调控制系统和做事方式，拘泥于传统，流于形式，内部缺乏创新机制，信奉"无功不是过"

资料来源：爱迪思著．赵睿等译．企业生命周期[M]．北京：中国社会科学出版社，1997。

丘吉尔和刘易斯（Churchill & Lewis）将成长阶段理论与成长决定因素理论进行融合，提炼出 8 个影响企业成长的因素——企业资源、所有者工作能力、融资能力、企业和所有者目标、员工素质及结构、战略计划、系统和控制，以及所有者分权能力，在企业不同成长阶段起着不同程度的作用，如表 4-11 所示。

表 4-11　各影响因素在企业不同成长阶段的重要性比较

	创业阶段	生存阶段	发展阶段（摆脱束缚）	发展阶段（成功发展）	起飞阶段	成熟阶段
至关重要	企业资源	所有者工作能力	所有者工作能力	企业和所有者目标	融资能力	战略计划
	所有者工作能力	融资能力	融资能力	所有者工作能力	所有者分权能力	系统和控制
	融资能力	企业和所有者目标	员工素质及结构	战略计划	战略计划	员工素质及结构
	企业和所有者目标	企业资源	战略计划	系统和控制	系统和控制	所有者分析能力
重要但可以管理	员工素质及结构	员工素质及结构	企业资源	所有者分权能力	企业和所有者目标	融资能力
	战略计划	战略计划	系统和控制	融资能力	员工素质及结构	企业和所有者目标
	系统和控制	系统和控制	所有者分权能力	员工素质及结构	所有者工作能力	所有者工作能力
不太重要	所有者分权能力	所有者分权能力	企业和所有者目标	企业资源	企业资源	企业资源

资料来源：Neil C. Churchill, Virginia L. Lewis. The Five Stages of Small Business Growth[J]. Harvard Business Review, 1983（5/6）．转引自邬爱其、贾生华、曲波（2003）。

本节将企业生命周期划分为4个阶段——创业阶段、快速发展阶段、相对稳定阶段和二次创业阶段,将这4个阶段的具体表现归纳如下:

1. 创业阶段

企业成立初期,刚刚起步,规模较小,且在市场中知名度不高。这一阶段企业面临的主要问题就是如何谋求生存。

2. 快速发展阶段

在逐步摸索中企业的产品或服务逐渐适销对路,随着销量的增加,销售能力不断提升,且生产规模大幅扩张,企业的业务迅速增长。

3. 相对稳定阶段

企业形成较为稳定的主营业务模式,产品在市场中具有一定的竞争力,销售额基本保持稳定,但是随着市场逐渐饱和,企业销售收入增速开始放缓。

4. 二次创业阶段

外部市场需求的变化以及竞争加剧,内部企业制度出现僵化,失去创新活力,内外交困之下,企业的业务开始萎缩,为了维持生存,企业寻求新的发展机会,开始二次创业。

在不同的国家、产业和企业及其不同发展阶段中,企业需要应对不同的挑战,也因此表现出相异的特征,他们的成长都会受到不同主要因素的影响。

第五章

企业成长关键因素实证研究

第一节　问卷开发设计

本研究不但大量查阅了有关企业资源和能力、企业成长、竞争优势、企业成长的研究文献，同时也检索了其他相关的公开信息源，如杂志、报刊及大型的专业数据库（如 wind 数据库、中国国家统计局数据库、中国优秀企业家数据库等）。在研究中，我们还查阅了与企业相关的专业网站等。在文献和资料整理的基础上，我们与 20 位处于不同成长阶段的企业的总经理或高层管理人员进行了深度访谈，以得到初步的测量问题。

为提高问卷的表面效度（Face Validity），我们邀请高校教师和博士研究生作为评审专家，对初步问卷进行评阅。他们有益的意见弥补了问卷的许多不足之处。在不断修改和完善问卷以后，我们向企业家以及资深行业专家征询了对问卷的意见，进一步修正问卷内容，提高问卷的有效程度，增强语意表达明确性和调整问卷排版，力求简洁清晰，这些工作增强了问卷的内容效度（Content Validity）。在此之后，我们将修改后的问卷进行了预调查，预调查的结果表明问卷测量的信度能够符合预期的要求，并且测量项目的结果上具有一定的区分度，同时调查问卷填写人员在问卷填写的过程中并没有产生太多的歧义。

调查问卷共分为四个部分，分别是：①企业基本情况；②企业成长的核心能力；③企业的成长性；④问卷填写人的个人信息。（问卷的具体内容请参看本章附录 A。）

调查问卷的设计过程（见图 5-1）如下：

（1）整理相关文献，形成调查问卷设计的理论依据。对相关文献的整理力求全面，尽可能把所有前人认为对企业的成长性有影响的因素都一一列举出来，形成本研究的理论基础。

（2）对企业家及行业专家进行访谈。由于前人的研究很少专注于中国企业的实证研究，因此还需要经验丰富的企业家和行业资深专家提出对中国企业成长性有影响的关键因素，从而使本研究的实践意义更强、更全面，为本研究提供来自企业管理实践的第一手依据。

（3）调查问卷初步设计完成后，再征求资深企业家及专家的意见，根据他们的意见对部分测量条目进行修订，使问卷与研究课题更相符，并对进一步通顺问卷的文字表达，对容易造成歧义或理解偏差的语句进行修改。

（4）调查问卷修改好后，以 50 位清华经管学院 EMBA 学生企业为对象进行预测试，确保问卷设计的有效性。

根据调查问卷预测试的结果对问卷进行最后的修订。

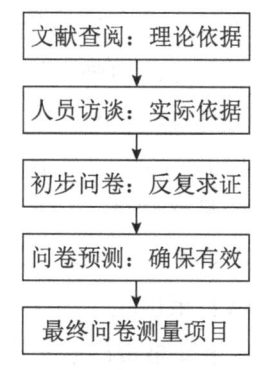

```
┌─────────────────┐
│ 文献查阅：理论依据 │
└────────┬────────┘
         ↓
┌─────────────────┐
│ 人员访谈：实际依据 │
└────────┬────────┘
         ↓
┌─────────────────┐
│ 初步问卷：反复求证 │
└────────┬────────┘
         ↓
┌─────────────────┐
│ 问卷预测：确保有效 │
└────────┬────────┘
         ↓
┌─────────────────┐
│ 最终问卷测量项目  │
└─────────────────┘
```

图 5-1　调查问卷设计过程

第二节　变量的测量

一、企业成长测量

对企业的成长性进行综合评价的主要目的是通过考察企业以往和现在的一系列有代表性的指标状况，来有效地评价企业价值最大化的实现程度与未来走向，换句话说，就是考察企业未来是否具有较强的成长性。

自 2000 年起，中国企业评价协会会同原国家经贸委中小企业司、国家统计局工交司成立了《中小企业发展问题研究》课题组，提出了一个专门评估中小企业成长性的方法——GEP 评估法。该评估法以企业实际财务指标为直接依据，建立了包括发展状况、获利水平、经济效益、偿债能力和行业成长性 5 大类指标的综合指标体系，力求科学规范地对中小企业成长性进行综合评估。

目前，企业的成长性以哪些指标来衡量学术界没有定论，如 Larry Lang 等在研究杠杆、投资和公司成长时选取第 $t+1$ 年的净投资额、第 t 年的固定资产账面价值、资本支出增长率和员工人数增长率来描述公司成长；陆正飞和辛宇以公司规模扩张反映企业成长，选用总资产增长率来描述公司成长性；徐国祥等以总资产增长率、主营业务收入增长率、净利润增长率三个财务指标侧面反映了上市公司的成长能力。对成长性的研究不仅停留在用经济学和管理学的方法来探索企业成长的性质、来源、基本因素及其相互关系等方面，还要用统计学的方法以数量化的指标把企业成长性的状况显示出来，进而研究影响企业成长性各个因素的重要程度。

下面对年主营业务收入增长率、年净利润增长率、年资产总额增长率和年市场份额增长率指标进行重点研究。

（1）年主营业务收入增长率是指本年度的主营业务收入减去上年度的主营业务收

入之差再除以上年度的主营业务收入的比值。如果公司主营业务收入增长率高,表明公司主导产品的市场需求大,主营业务扩张能力强;特别是如果公司能够连续保持较高的主营业务收入增长率,则反映出公司具备较好的成长性。

(2)年净利润增长率,即本年度净利润减去上年度净利润之差再除以上年度净利润的比值。净利润是公司经营业绩的最终结果,净利润的连续增长是公司成长性的基本特征,若其增幅较大,表明公司经营业绩突出,盈利能力较强,具有较强的市场竞争力。反之,如果企业净利润增幅连续较低甚至出现负增长,企业的成长性就会大打折扣。

(3)年资产总额增长率是指本年度总资产减去上年度总资产之差除以上年度总资产的比值。公司所拥有的资产是公司赖以生存与发展的物质基础,处于扩张时期公司成长的一般表现就是规模的扩大。这种扩大一般来自于两方面原因:一是所有者权益的增加;二是公司负债规模的扩大。对于所有者权益的增加,如果是由于公司发行股票而导致所有者权益大幅增加,投资者需关注募集资金的使用情况,如果募集资金还处于货币形态或作为委托理财等使用,这样的总资产增长率反映出的成长性将大打折扣。对于公司负债规模的扩大,公司往往是在资金紧缺时向银行贷款或发行债券,资金闲置的情况会比较少,但它受到资本结构的限制,当公司资产负债率较高时,负债规模的扩大空间有限。因此,资产总额增长率在一定程度上能够衡量企业的成长性。

(4)年市场份额增长率,即本年度企业主导产品的市场份额减去上年度市场份额之差再除以上年度市场份额的比值。主导产品市场份额是衡量企业产品市场竞争力的重要指标。主导产品市场份额大,则表明企业产品市场竞争力强;而产品的市场竞争力强,就意味着需求的扩大、利润的增长。同时,一般来说主导产品市场份额越大,越能为企业带来持续、良好的现金流。因此,企业主导产品的市场份额增长率也可以衡量出企业成长性的优劣。

综合以上内容,在参考前人研究结果的基础上,通过对一些企业进行实地访谈,结合企业管理者和资深专家的意见,最后使用下面4个反映企业成长情况的测量条目对企业的成长性进行测量,如表5-1所示。

表 5-1 企业成长性测量

构思变量	对应问卷问项/测量项目
企业成长性(GR)	RG:年主营业务收入总额增长率
	PG:年平均利润总额增长率
	AG:年平均资产总额增长率
	MG:年平均市场份额增长率

二、企业成长关键因素的测量

1. 企业家

对企业家因素的研究发现,它包含三方面内涵:企业家魅力、企业家能力、企业家精神。

企业家魅力首先指领导者的行为特点和个人的性格特点，其次体现为其与下属的密切关系，如下属对领导者远景的承诺，下属对领导者的崇拜和尊敬，以及对领导者的集体模仿（Waldman & Yammarin，1999；House & Shamir，1993；Klein & House，1995；Shamir，1995）。Pendelaiu（1996）对一些成功创业者所应该具备的潜力进行了分析研究，发现在个人智商、学历、个人经历之外，创业者的谈判技巧、与员工的内部交流能力、经受考验的能力、个人意志力，以及影响团队贯彻执行计划的能力等，都在企业的成长中发挥了重要的作用。Robbins（1997）在对有领袖魅力的领导者进行研究之后，总结出了他们的共同特点：自信、远见、清楚表达目标、对目标的坚定信念、不循规蹈矩的行为、作为变革的代言人出现、环境敏感性。

Man 提出了关于企业家能力的 6 个方面，分别为机会能力、关系能力、概念能力、组织能力、战略能力和承诺能力。李志、郎福臣、张光富通过对我国学者 2002 年以前发表的 47 篇关于"企业家能力"论文进行了统计分析，概括提炼出 6 种类型的企业家能力：创新能力、决策管理能力、组织指挥能力、沟通协调能力、人事管理能力、专业技术能力。贺小刚通过对 6 家高科技企业和 23 家传统型企业的企业家及其高层管理者进行半结构性访谈，提出将企业家能力分为机会相关能力、管理相关能力、战略相关能力、关系相关能力、学习相关能力以及创新相关能力这 6 种能力。

对企业家精神的研究认为，具有企业家精神的企业更倾向于冒险和寻找新的商业机会（Khandwalla，1977；Mintzberg，1973）。Miller & Friesen 用"大胆的创新和在产品市场战略上适当的冒险"来概括企业家精神。随着对企业家精神的研究的深入，Covin & Slevin 提出的结论被学者们所接受：高层管理者倾向于采取冒险的商业行为（冒险性维度），为了获得竞争优势乐于变化和创新（创新性维度），这两个指标的信度和效度也在很多权威的研究中得到了认可（Barringer & Bluedorn，1999；Becherer & Maurer；1997；Naman & Slevin，1993）。

下面从企业家魅力、企业家精神与企业家能力三个维度对企业家因素进行测量。具体测量条目，如表 5-2 所示。

表 5-2　企业家因素的测量

构思变量	测量项目
企业家（LC）	LC1：我们企业领军人物具有很强的人格魅力，为员工拥戴和信任
	LC2：我们企业领军人物对企业发展具有清晰的远景目标
	LC3：我们企业领军人物具有创新精神，善于变革
	LC4：我们企业领军人物善于把握关键的商业机会
	LC5：我们企业领军人物敢于承担风险
	LC6：我们企业领军人物管理能力（领导、组织、沟通、激励等）很强

2. 战略管理

宋旭琴应用测度理论建立了一个企业战略管理能力测度的评价模型，并以此方法对一个公司的企业战略管理能力进行了简单的数量化研究。她认为战略管理能力的组成要素包括：

（1）定位能力：定位能力是指企业选择特定行业和寻求特定发展领域来经营其事业的能力。企业要根据自身的实际，做出适合自身发展的战略选择。

（2）分析竞争态势与优势的能力：企业战略的制定，必须分析竞争态势，分析竞争者的竞争地位和自己的比较优势，才能有针对性地制定发展战略。

（3）资源配置与协调的能力：资源配置与协调的能力着重是指企业内部人、财、物、时间和信息等经济资源的合理分配和相互协调的能力。

据此，她从企业家与企业家精神、企业使命的认同度、企业内部创新氛围、企业的长期化倾向4个评价维度建立了企业战略管理能力的测度模型。

王玉、王丹提出企业的战略管理能力由战略成熟度指数衡量，战略管理能力分为战略洞察力和战略执行力，战略洞察力由企业的产业或环境选择能力指数衡量，战略执行力由企业的任务执行能力指数衡量。

本书参考了宋旭琴提出的战略管理能力组成要素和企业战略制定过程的研究结果，结合实地访谈，从企业对战略的重视程度、战略的制定过程和战略的执行效果三方面来测量企业的战略管理能力，如表5-3所示。

表5-3　战略管理因素的测量

构思变量	测量项目
战略管理（SA）	SA1：我们企业非常注重战略规划，具有清晰可行的发展战略
	SA2：我们企业的战略规划为员工充分了解并普遍认同
	SA3：我们企业能够准确判断宏观经济和国家政策的走势
	SA4：我们企业对行业发展状况及自身在行业中的定位有准确认识
	SA5：我们企业在发展中能很好地判断自身的优势和劣势
	SA6：我们企业的战略规划能够得到很好实施

3. 人力资源

Bird和Beechier提出的组织绩效衡量指标中与人力资源管理能力相关的指标有员工士气、员工流动率、升迁等；Authur与Huselid采用了员工生产力和员工流动率的指标；MacDuffie（1995）也采用了员工生产力的指标；Youndt，Snell Dean& Lepak的相对绩效组合中有关人力资源管理的指标有员工士气和员工生产力。

Delaney & Huselid以美国590家公司为研究对象，发现积极的人力资源管理制度（包括员工筛选、训练、薪酬等）与企业的表现评价有很大的关联性。Lieban，Lau及Williams发现日本汽车企业由于采用较佳的人力资源管理措施，使公司的生产力提高。Kelly & London的研究发现新加坡、韩国与泰国在全球竞争力的提升有赖于其人力资源管理的实施。Becker，Huselid & Ulrich从1990年开始，设计了一组指标HPWS（High-Performance Work System），对美国2800多家上市公司展开调查，发现人力资源管理较好的公司（前百分之十）平均人均产值是人力资源管理较差的公司（后百分之十）的四倍，而市场价值与公司账面价值比率则相差三倍。Bailey 等人把 Hacknard & Oldham，Brown 以及 Levine & Tyson 等人总结的高绩效工作系统的特征总结为三个部分——激励、技能、参与机会。其中参与机会通过制定决策的自主性、自我指导小组的成员关系以及离线小组的成员关系等几个维度来刻画；员工所需技能由常规培训、非常规培训、资历及教育程度维度构成；而激励则有 8 个维度，它们分别是：雇佣保证、公司具有竞争力、公司分享信息、晋升机会、公司帮助解决工作与家庭的冲突、工资、报酬的公平性和绩效工资。

下面从人力资源管理绩效与人力资源管理制度两方面，来综合衡量企业的人力资源管理能力，具体测量指标如表 5-4 所示。

表 5-4　人力资源管理因素的测量

构思变量	测量项目
人力资源管理（HR）	HR1：我们企业员工的工作绩效很高
	HR2：我们企业员工对公司的满意度很高
	HR3：我们企业为员工提供了很有市场竞争力的薪酬待遇
	HR4：我们企业有合理有效的分配激励机制
	HR5：我们企业重视对员工的培训，投入充裕的时间和资金
	HR6：我们企业建立了完善的人才招聘、考核、选拔机制

4. 营销管理

范柏乃、沈荣芳、陈德棉参照以往风险企业成长性评价研究的结果，对中国 30 家风险投资公司和 60 家"风险"企业进行了问卷测量得出，在中国风险企业成长性分层递阶评价指标体系中，除人力资源外的另一个重要指标是产品及市场指标中的"产品技术独特型和市场营销能力"。其中市场营销能力由以下几个指标来衡量——目标市场有较高的增长率、训练有素的营销队伍、广泛的分销和代理商网络、灵活的促销手段、了解竞争对手市场占有率。

杜纲、姚长佳、王义兴关于企业关键能力的维度研究中将市场层面分为以下几个部分：①主导产品自身价值与竞争力，其子指标为主导产品性能的独特性、主导产品的市场前景等；②主导产品市场地位，其子指标为主导产品的竞争范围、主导产品的市场占有强度等；③产品信誉与企业形象，其子指标为产品在消费者中的信誉与忠诚度、企业在公众中的技术质量形象；④市场营销技能与水平，其子指标为营销队伍的整体素质与业务能力、营销策划的技能与效果、营销网络的覆盖范围与有效性、售后服务的顾客满意度；⑤产品适应与调整能力，其子指标为产品更新换代速度等；⑥市场反应能力，其子指标为市场信息收集的及时准确性、市场信息处理和反馈的及时有效性、营销理念与技巧的创新能力等。

在以上所有提到的测量内容和指标的基础上，结合实地访谈，从基于企业对市场变化的认识能力，进而采取的各项营销组合措施方面来综合衡量企业的市场营销能力，具体测量指标如表 5-5 所示。

表 5-5　营销管理因素的测量

构思变量	测量项目
营销管理（MA）	MA1：我们企业能够准确把握顾客的需求，并能够很好满足顾客的需求
	MA2：我们企业能够对产品或服务进行卓有成效的定价
	MA3：我们企业能够有效建立和管理销售网络
	MA4：我们企业非常注重品牌建设
	MA5：我们企业能够有效进行广告宣传，有很强的促销能力
	MA6：我们企业市场开拓能力很强，能够利用多种手段进行差异化营销

5. 企业文化

在企业文化的量化测量中，比较有影响力的量表包括以下几种：Quinn & Cameron 通过在文献总结和实证研究的基础上，构建的组织文化测评工具 OCAI（Organizational Cultural Assessment Instrument），它是在竞争价值框架 CVF（Competing Values Framework）的基础上开发出的。他们认为企业文化通过企业所信奉的价值观、主导性的领导方式、语言和符号、过程和实践，以及成功的定义方式来得到反映。CVF 由柔性—稳定性、关注内部—关注外部两个成对维度构成，从而把组织文化划分为宗族（Clan）、活力（Adhocracy）、市场（Market）及层级（Hierarchy）四种类型。OCAI 从影响组织绩效的因素中提炼出 6 个方面来评价组织文化：主导特征、领导风格、员工管理、组织凝聚力、战略重点和成功准则，一共涉及了 24 个测量条目。Denison 的组织文化测量量表把组织文化特质划分为适应性（Adaptability）、使命（Mission）、一致性（Consistency）及参与（Involvement）四种类型。其中适应性对应着创造改变、关注客户和组织学习 3 个测量条目；使命对应着战略方向、目标、愿景 3 个条目；一致性对应着核心价值观、一致意见以及协调和整合 3 个条目；参与对应着授权、团队导向和能力发展 3 个条目。

Hofstede 认为组织文化由价值观和实践两个部分组成，其中价值观是核心，而实践由表及里又可以分为象征（Symbol）和仪式（Ritual）等。其中价值观层居于内核部分，由安全需要、关注工作和权力需求三个维度构成；而实践层则由过程导向—结果导向、员工导向—工作导向、狭隘型—职业型、信息系统的开放型—封闭型、宽松控制—严格控制、规范型—务实型 6 个维度构成。

Harrison、Likert、Litwin & Stringer、Gordon & Cummins、Gordon、Peters & Watan、Robbins、Rossiter、Bettinger、Allen & Dyer 及 Denison 等人的研究把企业文化共分为 114 个维度，Van der Post 把这些研究加以整合，提炼出 15 个维度，即冲突的解决、文化管理、顾客导向、部署变革、员工参与、目标清晰、人力资源导向、组织认同、关注权力、管理方式、关注组织、组织整合、绩效导向、薪酬导向、任务结构。这个整合的成果成为企业文化测量的一个重要的工具。

王国顺等人在文献回顾和实证研究的基础上，识别出了企业文化的 7 个维度，分别是企业意识、员工意识、团队意识、创新意识、核心价值观、顾客意识、目标愿景。

在以上所有提到的测量内容和指标的基础上，结合实地访谈，从表 5-6 所示 6 个方面对企业文化进行测量。

表 5-6　企业文化因素的测量

构思变量	测量项目
企业文化（EC）	EC1：我们企业有明确的远景、使命、核心价值观
	EC2：我们企业的文化有雄厚的存在基础，并被广泛认同
	EC3：我们企业的文化与战略目标、领导风格、员工特征、规章制度高度吻合
	EC4：我们企业的文化能够通过多种方式得到有效传播
	EC5：我们企业的文化能够影响、引导员工的工作表现
	EC6：我们企业的文化能够随着企业的发展适时调整

6. 技术创新

Hitt and Ireland 对企业研发能力进行了测量，其测量内容包括：研究和开发新产品的能力、研发支出和项目团队等等。

吴运建、周良翼在其研究中提到，研发密度（R&D intensity）是目前技术创新能力测度最有代表性的基础参量之一。研发密度为企业研发支出占企业销售总额的比例（R&D/sales）。Solvay 和 Sanglier 通过研究发现企业的技术进步主要由于经验效果（Experience Effect）和创新效果（Innovation Effect）两方面的原因。所谓经验效果是指企业中的全体员工通过长期生产能力的积累而获得的个人生产潜力的提高，创新效果是指由于在 R&D 方面的投入所产生的生产能力的改善和提高。在中国社会科学院工业经济研究所和《中国经营报》共同开发的"《中国经营报》企业竞争力检测项目"的指标体系的初步设计方案中，在涉及企业技术能力的测量项目上，用"R&D 占销售收入的比重"来反映技术密集程度，"拥有专利数"来反映"技术优势"（金碚，2003）。

在宋春红、苏敬勤从研发投入相对水平、技术水平、新产品开发周期、新产品开发数目、新产品实现销售收入比重和专利授权量六个维度衡量企业技术创新能力。周寄中从 3 个维度对企业技术创新能力进行测量，这 3 个维度分别是：研发技术水平、研发人力资源和研发资金投入。

在以上所有提到的测量内容和指标的基础上，结合实地访谈，从以下 6 个方面对技术创新进行测量，如表 5-7 所示。

表 5-7　技术创新因素的测量

构思变量	测量项目
技术创新（TI）	TI1：我们企业研发投入充足，研发密度（研发支出占销售收入的比例）很大
	TI2：我们企业很注重与高校、科研机构建立研发合作关系
	TI3：我们企业注重建立行业技术标准
	TI4：我们企业主导产品拥有的专利技术数量多，水平高
	TI5：我们企业不断有新技术和新产品推出
	TI6：我们企业的新技术、新产品能够带来超额利润

7. 运营管理

在第四章第二节中，已经系统详尽地界定和解释了运营管理及其对企业成长的影响作用。根据文献和访谈结果，可以从生产预测、响应速度、运营效率、运作流程和质量管理几个方面对企业的运营管理能力进行全面测量，如表 5-8 所示。

表 5-8 运营管理因素的测量

构思变量	测量项目
运营管理（PO）	PO1：我们企业能够准确地匹配生产能力与市场需求量
	PO2：我们企业能够快速、全面满足顾客需求
	PO3：我们企业能够持续改善运营效率，降低成本
	PO4：我们企业运作流程稳定，质量管理体系可靠，发生问题时能快速解决

8. 风险管理

在第四章第二节中，从财务风险、技术风险、政治风险三个方面对风险和风险管理进行了描述和解释。在实证研究中，将重点分析最重要也是最核心的风险——财务风险的管理及其对企业成长的影响作用。根据文献和访谈结果，可以从目标、组织、控制与管理措施等方面对企业的风险管理能力进行全面测量，如表 5-9 所示。

表 5-9 风险管理因素的测量

构思变量	测量项目
风险管理（RC）	RC1：我们企业有明确的风险管理目标
	RC2：我们企业有专门的风险管理部门
	RC3：我们企业有完整的风险控制措施（如分散、保险及金融衍生工具利用等）
	RC4：我们企业有很好的现金流（以现金存量与总资产的比率来衡量）
	RC5：我们企业有充裕的保险管理措施（如投保险种、投保数额及占企业资产比例等）

9. 社会资本

结合前面对社会资本的分析及学者既有的研究成果，结合实地访谈，从企业与银行的关系、与合作伙伴的关系，以及与媒体机构的关系 3 个方面对社会资本进行测量，如表 5-10 所示。

表 5-10 社会资本因素的测量

构思变量	测量项目
社会资本（RM）	RM1：我们企业与金融机构的关系良好
	RM2：我们企业与外部商业伙伴（供应商、经销商）的关系良好
	RM3：我们企业与新闻媒体建立了良好的关系

三、企业所处生命周期阶段测量

企业所处的生命周期阶段的测量，本节采用了让被调查对象根据对生命周期 4 个不同阶段的描述，来自行判断自己企业所处的阶段。测量条目如表 5-11 所示：

表 5-11　企业所处生命周期阶段的测量

您所在企业目前所处的成长阶段是：
[A] 创业阶段　　[B] 快速发展阶段　　[C] 相对稳定阶段　　[D] 二次创业阶段
创业阶段：企业成立不久，处于刚刚起步时期，企业规模较小，市场知名度不高，主要面临如何求生存的问题。
快速发展阶段：产品或服务适销对路，生产规模扩大，销售能力增强，企业的业务迅速增长。
相对稳定阶段：企业有较为稳定的主营业务，产品销售额保持在较为稳定的水平上，但是增长速度逐渐变缓，市场趋于饱和。
二次创业阶段：面对需求变化和竞争加剧，企业销售额下降，业务萎缩，此时，企业开始二次创业。

第三节　样 本 描 述

我们采用问卷调查的方式来获取数据，要求问卷调查的对象能够从整体上全面把握企业各方面的运行状况，对企业所处成长阶段以及企业的成长性有较好的把握，以保证调查结果与实际情况相符。我们选择的问卷发放对象分成 3 个部分：①清华大学经管学院高级工商管理硕士（EMBA）所在企业的高层管理人员；②清华大学创业训练营成员所在企业的高层管理人员；③来自社会上符合我们对调查对象要求的其他企业的高层管理者。清华大学高级工商管理硕士的学生主要来自国内外知名国营、民营及跨国公司的高层管理人员，大多处于快速发展阶段或相对稳定阶段，而来自清华大学创业训练营的企业大多都是处于创业阶段的企业。为丰富调查样本，我们还与一些高新技术园区的管理部门、工商联和行业协会进行合作，随机抽取园区内和协会中部分企业参与问卷调查，为保证调查样本的总体分布的均匀性，对每个园区内和协会中符合条件的企业，抽取数量不超过该园区和协会备选企业总数的 10%。

调查问卷共收回 1503 份，手工初步删除异值以及缺失问卷 214 份，采用 EM 方法填补剩余个别缺失值，最终得到有效问卷 1289 份，有效问卷率 85.8%。

一、按企业类型的样本分布

如表 5-12 所示，从企业所有权性质分布状况来看，样本中，民营、私营企业占比最高，有 748 家，占比 58.0%；其次为国有或国有控股企业，有 389 家，占比 30.2%；再次为外资或外资控股企业，有 93 家，占比 7.2%；集体企业仅有 10 家，占比 0.8%。其他类型和未填写企业类型在内的问卷共有 49 份，占比 3.8%。从样本的企业性质分布状况来看，大致与实际情况相符。

表 5-12 按企业类型的样本分布情况

企业类型	频率	百分比（%）	累计百分比（%）
国有或国有控股企业	389	30.2	30.2
集体企业	10	0.8	31.0
外资或外资控股企业	93	7.2	38.2
民营、私营企业	748	58.0	96.2
其他	49	3.8	100.0
总数	1289	100.0	

二、按企业所处成长阶段的样本分布

如表 5-13 所示，从调查样本的成长阶段分布情况来看，处于快速发展阶段的企业比重最高，有 727 家，占比 56.4%；其次为处于相对稳定阶段的企业，有 296 家，占比 23.0%；再次为创业阶段企业，有 158 家，占比 12.3%；最后是二次创业阶段的企业，有 108 家，占比 8.4%。

表 5-13 按企业所处成长阶段的样本分布情况

成长阶段	频率	百分比（%）	累计百分比（%）
创业阶段	158	12.3	12.3
快速发展阶段	727	56.4	68.7
相对稳定阶段	296	23.0	91.6
二次创业阶段	108	8.4	100.0
总数	1289	100.0	

三、按企业所处行业的样本分布

如表 5-14 所示，从样本的行业分布情况来看，服务行业的企业数量最多，有 456 家，占比 35.4%。对服务行业细分，这些企业主要集中在医疗保健、消费者服务、商业贸易及服务以及金融服务等领域。生产制造业的企业有 338 家，占比 26.2%，在调查的样本中位居第二。这些企业分布于包括消费品、工业材料、基础材料、能源及制造业等领域。再次为信息业，共有 263 家企业，占比 20.4%，包括软件、通信、传媒以及相关的硬件制造等领域。医药业以及房地产业的样本相对较少，分别占比 5.9% 和 5.0%。从调查问卷样本的行业分布来看，虽然在不同行业企业的数量上存在一定的差异，但是基本对于当前经济体中的主要行业都有覆盖。

表 5-14 按企业所处行业的样本分布情况

行业类别	频率	百分比（%）	累计百分比（%）
信息业	263	20.4	20.4
医药	76	5.9	26.3
生产制造业	338	26.2	52.5
服务业	456	35.4	87.9
房地产	64	5.0	92.9
其他	92	7.1	100.0
总数	1289	100.0	

四、按企业所处地域的样本分布

如表 5-15 所示，从样本的地域分布情况来看，由于抽样问卷所在地为北京，样本中北京的企业数量最多，有 398 家，占比 30.9%；其次是广东、福建，有 149 家，占比 11.6%。整体来说，样本地域分布较为广泛，华北、华东、华中、西南、西北均有分布，且整体来看比重与全国企业分布相近。

表 5-15 按企业所处地域的样本分布情况

省份（含直辖市）	频率	百分比（%）	累计百分比（%）
北京	398	30.9	30.9
上海	87	6.7	37.6
广东、福建	149	11.6	49.2
山东、山西	78	6.1	55.2
江苏、浙江	50	3.9	59.1
湖南、湖北	74	5.7	64.9
四川、云南	64	5.0	69.8
河北、河南	83	6.4	76.3
其他	306	23.7	100.0
总数	1289	100.0	

五、按企业总经理受教育程度的样本分布

如表 5-16 所示，从企业总经理受教育程度的分布情况看，教育程度普遍较高，超过半数的企业家接受过大学教育，34.4% 的企业家具有硕士学位，甚至有 9.1% 的企业家博士毕业，本科以上学历的企业家占比 96%。这意味着企业家的教育程度在企业经营管理中越来越受到重视。

表 5-16 按企业总经理教育程度的样本分布情况

总经理受教育程度	频 率	百分比（%）	累计百分比（%）
高中程度以下	6	0.5	0.5
高中毕业	46	3.6	4.0
大学（本专科）	677	52.5	56.6
硕士	443	34.4	90.9
博士	117	9.1	100.0
总数	1289	100.0	

六、按企业在岗职工数的样本分布

如表 5-17 所示，从企业在岗职工数目在一定程度上反映了企业的规模。从在岗职工数的分布情况看，企业规模的分布较均衡。其中，超过一半（51.7%）企业的职工数不足 500 人，500 人至 2000 人、2000 人至 5000 人的企业分别有 216 家和 169 家，分别占比 16.8% 和 13.1%，5000 人以上的大企业有 238 家，占比 18.5%。

表 5-17 按企业在岗职工数的样本分布情况

职工数	频 率	百分比（%）	累计百分比（%）
100 人以下	351	27.2	27.2
100 人～499 人	315	24.4	51.7
500 人～1999 人	216	16.8	68.4
2000 人～5000 人	169	13.1	81.5
5000 人以上	238	18.5	100.0
总数	1289	100.0	

七、按企业年销售收入的样本分布

如表 5-18 所示，从企业营业收入的分布情况看，超过三分之一（37.5%）的企业收入规模较大，年收入超过 10 亿元，将年收入不足 5000 万元定义为中小企业，则样本中中小企业占比 26.1%，其余档次的分布则较为均匀，基本与职工人数分布保持一致。

表 5-18 按企业年销售收入（人民币）的样本分布情况

年销售收入	频 率	百分比（%）	累计百分比（%）
1000 万元以下	200	15.5	15.5
1000 万～4999 万元	136	10.6	26.1
5000 万～2.999 亿元	239	18.5	44.6
3 亿～10 亿元	231	17.9	62.5
10 亿元以上	483	37.5	100.0
总数	1289	100.0	

第四节　问卷信度效度分析

信度（Reliability）即可靠性，它是指采用同样的方法对同一对象重复测量时所得到结果的一致性或稳定性的程度。其中，一致性主要检测问卷内部各题目是否检测了相同的内容或特征；而稳定性则是指一种测量工具（如一份设计好的问卷）对同一受测群体在不同的时间段进行反复测量，如果该测量工具是合理的，那么重复测试的结果应该高度相关。由于本问卷是一次性设计和测量，因此主要采用一致性来检测问卷数据的信度。

在 Likert 态度量表中常用的信度检验方法为"Cronbach's α"系数及"折半信度[①]（Split-half Reliability）"。这里采用 Cronbach α 系数来检验测量信度。这种测量方法，将问卷中每一条目同其他条目进行对比，对量表内部的一致性估计更为谨慎，克服了折半信度的缺点。一般情况下，α 系数超过 0.7 则表明测量具有可以接受的信度。但在先导性研究中，α 系数在 0.6 以上则视为可以接受。本书采用 SPSS18.0 来检验数据的内部一致性。

效度（Validity）指测量工具能够正确测量出所要测量的特质的程度，分为内容效度（Content Validity）、效标效度（Criterion Validity）和结构效度（Construct Validity）3 个主要类型：内容效度也被称作表面效度，主要是指测量目标与测量内容间是否适合。此类效度为判断统计指标是否真的测量到所欲测量到的构念提供了依据。效标效度又称为准则效度或标准关联效度，是指用不同的几种测量方式或不同的指标对同一变量进行测量，并把其中一种方式作为标准（准则），然后用其他指标与这个标准作比较，如果其他指标是有效的，那么这个测量即具备效标效度；结构效度也称作建构效度或构想效度，是指测量工具能够反映概念和命题的内部结构程度。也就是说，如果问卷调查的结果能够测量出理论特征，使结果与理论预期假设一致，我们就认为该问卷数据是具有结构效度的。

在实际操作的过程中，前面两种效度（内容效度和效标效度）往往要求具有定性研究或者具有公认的效标测量，因而难以实现，而第三种方法——结构效度借助统计软件较易实现，并可采用多种方法来实现：

第一种方法较为简单，是通过计算变量之间的相关系数评价结构效度。如果潜变量之间存在相关关系，那么可以通过潜变量的相关系数来评价该问卷数据的结构效度：潜变量显著的相关系数说明理论预期假设成立，该问卷具有较好的结构效度。

第二种方法是通过模型系数评价结构效度。如果模型假设的潜变量之间的关系以及

---

① 折半信度（split-half reliability）是将测量工具中的条目按奇偶数或前后分成两半，采用 Spearman-brown 公式估计相关系数，相关系数高提示内部一致性好。然而，折半信度系数是建立在两半问题条目分数的方差相等这一假设基础上的，但实际数据并不一定满足这一假定，因此，信度往往被低估。

潜变量与可测变量之间的关系合理，那么非标准化系数应当具有显著的统计意义，特别是通过标准化系数可以比较不同指标间的效度。从附录 B 可以看出本问卷的所有非标准化系数在 99% 的置信度下都具有统计显著性，这意味着模型的整体结构效度较好。

表 5-19 为主要变量之间的均值、标准差与相关系数矩阵。可以看出，主要测量变量都在 1% 的显著性水平上正相关。因变量（RG，PG，MG）相关系数更高，且也具有统计意义上的显著相关性。从相关系数角度，这意味着问卷数据具有较好的结构效度，如表 5-19 所示。

表 5-19 构思变量均值、标准差以及 Pearson 相关系数

	LC	SA	HR	EC	MA	TI	RM	PO	RC	RG	PG	MG
LC	1	0.516**	0.373**	0.382**	0.362**	0.254**	0.339**	0.374**	0.291**	0.049	0.051	0.106**
SA	0.516**	1	0.525**	0.563**	0.479**	0.365**	0.439**	0.528**	0.430**	0.042	0.049	0.053
HR	0.373**	0.525**	1	0.571**	0.458**	0.364**	0.393**	0.516**	0.448**	0.047	0.053	0.084**
EC	0.382**	0.563**	0.571**	1	0.515**	0.464**	0.468**	0.539**	0.521**	0.026	0.034	0.067*
MA	0.362**	0.479**	0.458**	0.515**	1	0.462**	0.462**	0.559**	0.397**	0.060*	0.058*	0.134**
TI	0.254**	0.365**	0.364**	0.464**	0.462**	1	0.351**	0.465**	0.388**	-0.001	0.004	0.097**
RM	0.339**	0.439**	0.393**	0.468**	0.462**	0.351**	1	0.564**	0.526**	0.035	0.035	0.079**
PO	0.374**	0.528**	0.516**	0.539**	0.559**	0.465**	0.564**	1	0.560**	0.062*	0.071*	0.125**
RC	0.291**	0.430**	0.448**	0.521**	0.397**	0.388**	0.526**	0.560**	1	0.029	0.038	0.005
RG	0.049	0.042	0.047	0.026	0.060*	-0.001	0.035	0.062*	0.029	1	0.986**	0.083**
PG	0.051	0.049	0.053	0.034	0.058*	0.004	0.035	0.071*	0.038	0.986**	1	0.082**
MG	0.106**	0.053	0.084**	0.067*	0.134**	0.097**	0.079**	0.125**	0.005	0.083**	0.082**	1
均值	5.926	5.60	5.158	5.20	5.351	4.734	5.470	5.305	4.855	3.97	3.66	2.95
标准差	0.946	0.873	0.967	1.072	1.008	1.363	1.117	1.1061	1.373	1.468	1.545	1.502

注：** 表示在 0.01 水平（双侧）上显著相关。* 表示在 0.05 水平（双侧）上显著相关；N=1289；各潜在构思变量的均值和标准差为相应的观测变量的均值。

本书采用 AMOS18 计算各变量的标准化载荷系数并进行分析。附录 B 为测量模型结果汇总，包括各构思变量测量变量的标准化载荷、均值、标准差以及信度和析出方差。附录 B 的验证性因子分析结果显示，各研究变量的信度 α 值均高于 0.80，说明问卷的各研究变量信度较高。

结构效度要求测量项目的因子负载超过一定标准，并达到一定的统计显著性水平。在社会科学中，推荐的标准化因子载荷最低水平通常为 0.4（Ford，McCallum and Tait，1986）。从附录 B 中可以看出，各潜变量测量条目的标准化因子载荷都在 0.5 以上，这表明测量模型的聚合效度比较高，符合预期要求。此外，各构思变量的析出方差均大于判断值 0.50（Hair et al.，2006），也表明模型的聚合效度较好。模型的各拟合优度指标都是在可以接受的范围内，整体拟合优度令人满意，说明假设的模型因子结构与实际数据的拟合较好。

测量模型确认性因子分析的结果表明，概念模型中各构思变量的测量尺度具有足够的可靠性和有效性。因此，可以认为该样本数据适合进行概念模型的结构方程模型分析。

第五节 研究假设提出与模型构建

基于第四章研究，不同企业尽管有其特殊性，但首先也具备一般意义上的一些管理特征，对于一个企业来讲，企业家、战略管理能力、人力资源管理能力、市场营销能力、企业文化、创新能力、运营管理能力、风险管理能力和社会资本管理能力都已经被证明是非常重要的能力。

同时，我们认为企业的成长也经历着一个生命周期，从创业开始，到快速发展壮大，再到成熟，一部分企业还经历着衰退、萎缩，或二次创业后的另一个生命周期。在生命周期各个阶段，企业也在根据企业的规模大小、企业的管理复杂程度、企业所面临的主要挑战等，不断调整着在各个企业关键能力方面的投入，以保持企业的快速健康成长。

基于第四章中企业家、战略管理、人力资源管理、市场营销管理、企业文化、创新管理、社会资本管理、运营管理与风险管理对企业成长影响的理论研究，与第三章中企业不同生命周期的成长性的理论研究，提出如下假设：

1. H1：企业家假设

H11：在创业阶段，企业家越强（越有企业家魅力、能力和精神），则企业的成长性越好；

H12：在快速发展阶段，企业家越强（越有企业家魅力、能力和精神），则企业的成长性越好；

H13：在相对稳定阶段，企业家越强（越有企业家魅力、能力和精神），则企业的成长性越好；

H14：在二次创业阶段，企业家越强（越有企业家魅力、能力和精神），则企业的成长性越好。

2. H2：战略管理假设

H21：在创业阶段，企业的战略管理能力越强，则企业的成长性越好；

H22：在快速发展阶段，企业的战略管理能力越强，则企业的成长性越好；

H23：在相对稳定阶段，企业的战略管理能力越强，则企业的成长性越好；

H24：在二次创业阶段，企业的战略管理能力越强，则企业的成长性越好。

3. H3：人力资源管理假设

H31：在创业阶段，企业的人力资源管理能力越强，则企业的成长性越好；

H32：在快速发展阶段，企业的人力资源管理能力越强，则企业的成长性越好；

H33：在相对稳定阶段，企业的人力资源管理能力越强，则企业的成长性越好；

H34：在二次创业阶段，企业的人力资源管理能力越强，则企业的成长性越好。

4. H4：市场营销管理假设

H41：在创业阶段，企业的市场营销能力越强，则企业的成长性越好；

H42：在快速发展阶段，企业的市场营销能力越强，则企业的成长性越好；

H43：在相对稳定阶段，企业的市场营销能力越强，则企业的成长性越好；

H44：在二次创业阶段，企业的市场营销能力越强，则企业的成长性越好。

5. H5：企业文化发展假设

H51：在创业阶段，企业的企业文化越强，则企业的成长性越好；

H52：在快速发展阶段，企业的企业文化越强，则企业的成长性越好；

H53：在相对稳定阶段，企业的企业文化越强，则企业的成长性越好；

H54：在二次创业阶段，企业的企业文化越强，则企业的成长性越好。

6. H6：技术创新假设

H61：在创业阶段，企业的技术创新能力越强，则企业的成长性越好；

H62：在快速发展阶段，企业的技术创新能力越强，则企业的成长性越好；

H63：在相对稳定阶段，企业的技术创新能力越强，则企业的成长性越好；

H64：在二次创业阶段，企业的技术创新能力越强，则企业的成长性越好。

7. H7：运营管理假设

H71：在创业阶段，企业的运营管理能力越强，则企业的成长性越好；

H72：在快速发展阶段，企业的运营管理能力越强，则企业的成长性越好；

H73：在相对稳定阶段，企业的运营管理能力越强，则企业的成长性越好；

H74：在二次创业阶段，企业的运营管理能力越强，则企业的成长性越好。

8. H8：风险管理假设

H81：在创业阶段，企业的风险管理能力越强，则企业的成长性越好；

H82：在快速发展阶段，企业的风险管理能力越强，则企业的成长性越好；

H83：在相对稳定阶段，企业的风险管理能力越强，则企业的成长性越好；

H84：在二次创业阶段，企业的风险管理能力越强，则企业的成长性越好。

9. H9：社会资本管理假设

H91：在创业阶段，企业的社会资本管理能力越强，则企业的成长性越好；

H92：在快速发展阶段，企业的社会资本管理能力越强，则企业的成长性越好；

H93：在相对稳定阶段，企业的社会资本管理能力越强，则企业的成长性越好；

H94：在二次创业阶段，企业的社会资本管理能力越强，则企业的成长性越好。

根据以上提出的假设，建立的模型，如图 5-2 所示。

在相关理论分析与前期的探索性因子分析基础上，本书得到 9 个潜变量因子，包括企业内部的企业家（LC）、战略管理（SA）、人力资源管理（HR）、市场营销管理（MA）、企业文化（EC）、技术创新（TI）、运营管理（PO）、风险管理（RC）和社会资本管理（RM）。对于每项潜变量分别设置 4～6 项指标进行测量，就得到 49 项可测量指标。对这些变量进行验证性因子分析（结果可参见附录 C），结果基本与假设相符，结合企业管理实际情况，将继续使用原假设做结构方程模型。

在进行结构方程模型分析之前,首先将研究模型转化为结构方程模型的表现形式。其中,Y 代表内生观察变量,η 代表内生潜在变量,ε 为内生观察变量的测量误差;ξ 代表外生潜在变量,X 代表外生观察变量,δ 为外生观察变量的测量误差;ζ 为结构方程的残差项,反映 η 在结构方程中未能被解释的部分。

图5-3为相对应的结构方程模型。

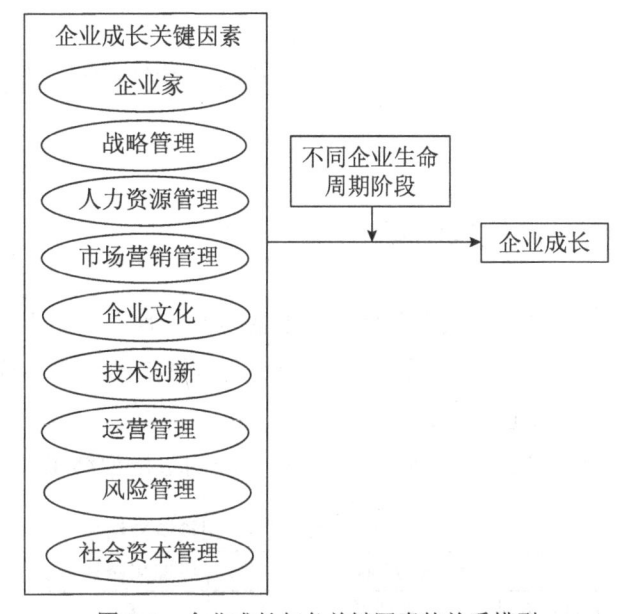

图 5-2 企业成长与各关键因素的关系模型

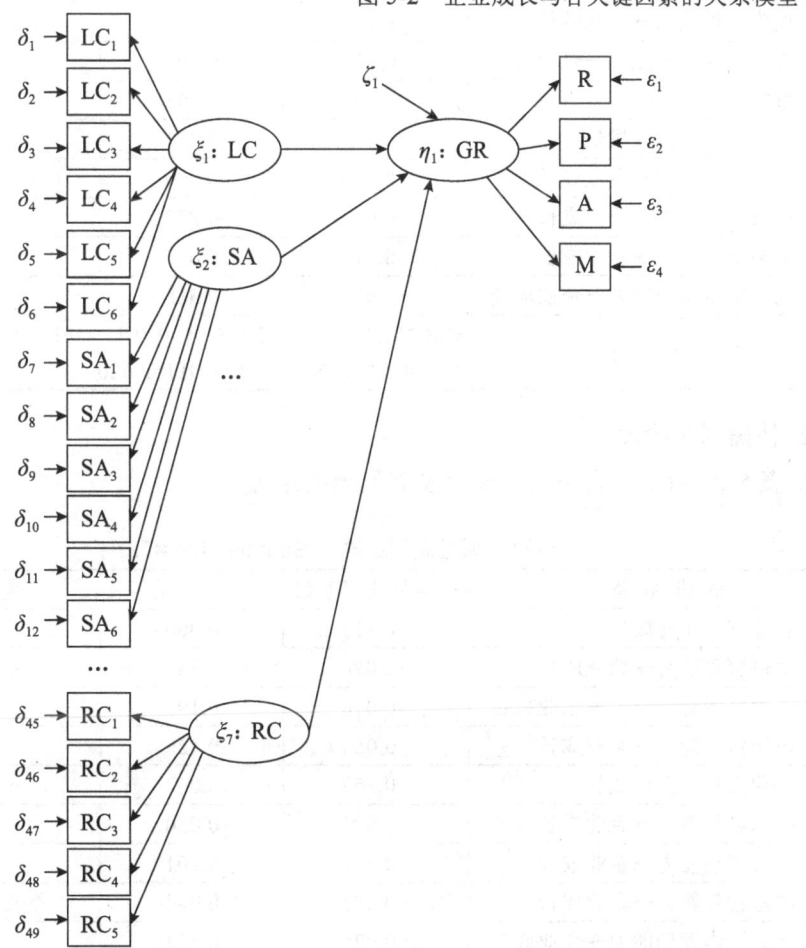

图 5-3 结构方程模型图

第六节 数据结果及假设检验

一、数据结果

我们按照企业生命周期的四个阶段——创业阶段、快速发展阶段、相对稳定阶段以及二次创业阶段,分别检验各个假设路径系数的显著性及相对重要性。

1. 创业阶段

如表 5-20 所示,为创业阶段测量模型结果。

表 5-20 测量模型结果(Sample size = 159)

假 设 路 径	标准化路径系数	P 值	是否支持假设
H11:企业家→企业成长	0.114	0.187	不支持
H21:战略管理能力→企业成长	-0.2	0.024	不支持(负相关)
H31:人力资源管理能力→企业成长	0.139	0.101	不支持
H41:市场营销能力→企业成长	0.168	0.053	不支持
H51:企业文化→企业成长	-0.15	0.071	不支持
H61:技术创新能力→企业成长	-0.055	0.509	不支持
H71:运营管理能力→企业成长	0.013	0.879	不支持
H81:风险管理能力→企业成长	0.214	0.017	支持
H91:社会资本管理能力→企业成长	-0.09	0.318	不支持
拟合优度指标	CMIN/DF=2.599;RMSEA=0.101;GFI=0.505;AGFI=0.462;CFI=0.616;NFI=0.501;IFI=0.620		

2. 快速增长阶段

如表 5-21 所示,为快速增长阶段测量模型结果。

表 5-21 测量模型结果(Sample size =727)

假 设 路 径	标准化路径系数	P 值	是否支持假设
H12:企业家→企业成长	0.116	0.006	支持
H22:战略管理能力→企业成长	-0.026	0.545	不支持
H32:人力资源管理能力→企业成长	0.070	0.197	不支持
H42:市场营销能力→企业成长	0.064	0.128	不支持
H52:企业文化→企业成长	-0.157	0.062	不支持
H62:技术创新能力→企业成长	0.091	0.030	支持
H72:运营管理能力→企业成长	0.141	0.001	支持
H82:风险管理能力→企业成长	-0.085	0.044	不支持(负相关)
H92:社会资本管理能力→企业成长	-0.025	0.562	不支持
拟合优度指标	CMIN/DF=6.525;RMSEA=0.088;GFI=0.588;AGFI=0.552;CFI=0.706;NFI=0.671;IFI=0.707		

3. 相对稳定阶段

如表 5-22 所示，为相对稳定阶段测量模型结果。

表 5-22　测量模型结果（Sample size =298）

假 设 路 径	标准化路径系数	P 值	是否支持假设
H13：企业家→企业成长	0.023	0.717	不支持
H23：战略管理能力→企业成长	-0.108	0.101	不支持
H33：人力资源管理能力→企业成长	0.177	0.007	**支持**
H43：市场营销能力→企业成长	0.170	0.010	**支持**
H53：企业文化→企业成长	-0.207	0.002	不支持（负相关）
H63：技术创新能力→企业成长	0.113	0.083	不支持
H73：运营管理能力→企业成长	0.018	0.796	不支持
H83：风险管理能力→企业成长	-0.056	0.385	不支持
H93：社会资本管理能力→企业成长	-0.002	0.971	不支持
拟合优度指标	CMIN/DF=6.525；RMSEA=0.088；GFI=0.588；AGFI=0.552；CFI=0.706；NFI=0.671；IFI=0.707		

4. 二次创业阶段

如表 5-23 所示，为二次创业阶段测量模型结果。

表 5-23　测量模型结果（Sample size =103）

假 设 路 径	标准化路径系数	P 值	是否支持假设
H14：企业家→企业成长	0.394	***	**支持**
H24：战略管理能力→企业成长	0.033	0.671	不支持
H34：人力资源管理能力→企业成长	0.020	0.794	不支持
H44：市场营销能力→企业成长	0.365	***	**支持**
H54：企业文化→企业成长	-0.534	***	不支持（负相关）
H64：技术创新能力→企业成长	-0.032	0.678	不支持
H74：运营管理能力→企业成长	0.099	0.199	不支持
H84：风险管理能力→企业成长	0.018	0.809	不支持
H94：社会资本管理能力→企业成长	0.037	0.645	不支持
拟合优度指标	CMIN/DF=6.525；RMSEA=0.088；GFI=0.588；AGFI=0.552；CFI=0.706；NFI=0.671；IFI=0.707		

注：*** 表示 $P<0.001$。

二、假设检验

考虑到社会学学科的主观性与复杂性，设置置信水平为 95%，即路径系数的显著性水平小于等于 0.05，则假设成立，路径系数的显著性水平大于 0.05 为假设不成立。按照这样的假设检验的标准，假设检验的结果按照不同的企业成长关键影响因素来分别叙述。

1. H1：企业家假设

如表 5-24 所示，根据结构方程模型的路径系数计算结果显示，在企业的创业阶段、快速发展阶段、相对稳定阶段和二次创业阶段，企业家对企业成长性的影响路径系数分别为 0.114、0.116、0.023 和 0.394，路径系数的显著性水平分别为 0.187、0.006、0.717、小于 0.001。因而 H12、H14 假设成立，H11、H13 假设没有得到验证。

实证分析结果表明在企业生命周期的快速发展阶段和二次创业阶段，企业家对企业成长有着显著且积极的影响和作用。而在创业阶段和相对稳定阶段影响作用并不明显。

表 5-24 企业家因素路径系数

	假 设 路 径	标准化路径系数	P 值	是否支持假设
创业阶段	H11：企业家 企业成长	0.114	0.187	不支持
快速发展阶段	H12：企业家 企业成长	0.116	0.006	**支持**
相对稳定阶段	H13：企业家 企业成长	0.023	0.717	不支持
二次创业阶段	H14：企业家 企业成长	0.394	***	**支持**

注：*** 表示 $P<0.001$。

2. H2：战略管理假设

如表 5-25 所示，根据结构方程模型路径系数的计算结果可以发现，在企业的创业阶段、快速发展阶段、相对稳定阶段和二次创业阶段，企业的战略管理对企业成长性的影响路径系数分别为 −0.2、−0.026、−0.108 和 0.033，路径系数的显著性水平分别为 0.024、0.545、0.101 和 0.671。因而，战略管理的四个假设均不成立，其中 H21 与假设方向相反，拒绝原假设；H22、H23、H24 由于不具有足够的显著性而拒绝原假设。

在创业阶段，战略管理能力非但不会提高企业的成长性，反而给企业成长带来负面的影响，也就是说在创业阶段，如果过分拘泥于所谓的战略，可能限制了企业的发展。而在快速发展阶段、相对稳定阶段和二次创业阶段，企业的战略管理对于企业成长并没有表现出显著的相关关系。

表 5-25 战略管理因素路径系数

	假 设 路 径	标准化路径系数	P 值	是否支持假设
创业阶段	H21：战略管理 企业成长	−0.2	0.024	不支持（负相关）
快速发展阶段	H22：战略管理 企业成长	−0.026	0.545	不支持
相对稳定阶段	H23：战略管理 企业成长	−0.108	0.101	不支持
二次创业阶段	H24：战略管理 企业成长	0.033	0.671	不支持

3. H3：人力资源管理假设

如表 5-26 所示，根据结构方程模型的路径系数的计算结果可以发现，在企业的创业阶段、快速发展阶段、相对稳定阶段和二次创业阶段，企业的人力资源管理能力对企业成长性的影响路径系数分别为 0.139、0.070、0.177 和 0.02，路径系数的显著性水平分别为 0.101、0.197、0.007 和 0.794。因而，H33 假设成立，H31、H32、H34 假设没有得到验证。

因此，以上4个假设关系中，在相对稳定阶段，企业的人力资源管理能力对企业的成长性发挥着重要而显著的促进作用。而在创业阶段、快速增长阶段以及二次创业阶段，对企业的成长性影响不大。

表 5-26　人力资源管理因素路径系数

假设路径		标准化路径系数	P 值	是否支持假设
创业阶段	H31：人力资源管理 企业成长	0.139	0.101	不支持
快速发展阶段	H32：人力资源管理 企业成长	0.07	0.197	不支持
相对稳定阶段	H33：人力资源管理 企业成长	0.177	0.007	支持
二次创业阶段	H34：人力资源管理 企业成长	0.02	0.794	不支持

4. H4：市场营销管理假设

如表5-27所示，根据结构方程模型的路径系数的计算结果可以发现，在企业的创业阶段、快速发展阶段、相对稳定阶段和二次创业阶段，企业的市场营销能力对企业成长性的影响路径系数分别为0.168、0.064、0.170和0.365，路径系数的显著性水平分别为0.053、0.128、0.01、小于0.001。因而，H43、H44假设成立，拒绝H41、H42假设。

实证研究的结果表明企业的市场营销能力在相对稳定阶段和二次创业阶段具有显著的促进作用，而在创业阶段和快速发展阶段对企业成长的影响不显著。从路径系数和显著性角度来看，在二次创业阶段，企业市场营销能力对企业的成长性的促进效果更明显。

表 5-27　市场营销管理因素路径系数

假设路径		标准化路径系数	P 值	是否支持假设
创业阶段	H41：市场营销 企业成长	0.168	0.053	不支持
快速发展阶段	H42：市场营销 企业成长	0.064	0.128	不支持
相对稳定阶段	H43：市场营销 企业成长	0.17	0.01	支持
二次创业阶段	H44：市场营销 企业成长	0.365	***	支持

注：*** 表示 $P<0.001$。

5. H5：企业文化假设

如表5-28所示，结构方程模型的路径系数的计算结果显示，在企业的创业阶段、快速发展阶段、相对稳定阶段和二次创业阶段，企业的企业文化对企业成长性的影响路径系数分别为-0.15、-0.157、-0.207和-0.534，路径系数的显著性水平分别为0.071、0.062、0.002、小于0.001。因而，H51、H52不显著，H53、H54与假设方向相反，拒绝原假设。

实证分析的结果表明，在相对稳定阶段和二次创业阶段，企业文化对于企业成长都会产生较显著的抑制作用。这一结果意味着在企业发展的初期，企业文化并不会对企业成长造成很大的影响，而当企业逐步进入稳定发展状况以后，如果过于注重企业文化建设而忽略其他方面能力的提升，企业文化可能会遏制企业的活力，反而会给企业的成长带来负面的影响。

表 5-28　企业文化管理因素路径系数

	假 设 路 径	标准化路径系数	P 值	是否支持假设
创业阶段	H51：企业文化 企业成长	−0.15	0.071	不支持
快速发展阶段	H52：企业文化 企业成长	−0.157	0.062	不支持
相对稳定阶段	H53：企业文化 企业成长	−0.207	0.002	不支持（负相关）
二次创业阶段	H54：企业文化 企业成长	−0.534	***	不支持（负相关）

注：*** 表示 $P<0.001$。

6. H6：技术创新管理假设

如表 5-29 所示，根据结构方程模型的路径系数的计算结果可以发现，在企业的创业阶段、快速发展阶段、相对稳定阶段和二次创业阶段，企业的技术创新能力对企业成长性的影响路径系数分别为 −0.055、0.091、0.113 和 −0.032，路径系数的显著性水平分别为 0.509、0.03、0.083 和 0.678。因而，H62 假设成立，拒绝 H61、H63、H64 三个假设。

这一结果表明，当企业发展到一定规模，进入快速发展阶段以后企业的技术创新能力对企业的成长性有显著的促进作用。而由于技术创新对资金的需求较大，且技术革新的周期较长，在创业阶段、相对稳定阶段和二次创业阶段技术创新与企业的成长性的相关性较低，并不会对企业成长产生显著的促进或者抑制效果。

表 5-29　技术创新管理因素路径系数

	假 设 路 径	标准化路径系数	P 值	是否支持假设
创业阶段	H61：技术创新 企业成长	−0.055	0.509	不支持
快速发展阶段	H62：技术创新 企业成长	0.091	0.03	**支持**
相对稳定阶段	H63：技术创新 企业成长	0.113	0.083	不支持
二次创业阶段	H64：技术创新 企业成长	−0.032	0.678	不支持

7. H7：运营管理假设

如表 5-30 所示，根据结构方程模型的路径系数的计算结果可以发现，在企业的创业阶段、快速发展阶段、相对稳定阶段和二次创业阶段，企业的运营管理能力对企业成长性的影响路径系数分别为 0.013、0.141、0.018 和 0.099，路径系数的显著性水平分别为 0.879、0.001、0.796 和 0.199。因而，H72 假设成立，拒绝 H71、H73、H74 三个假设。

这表明，在企业生命周期的不同阶段运营管理对企业成长的影响效果不同。在快速发展阶段，企业的运营管理能力对企业的成长性的促进作用最为显著。这是由于在这一阶段，企业的规模、市场份额等方面扩张速度极快，因而生产运作的产能和效率起到极为重要的影响。而在其他阶段，运营管理能力相对其他能力来说，对企业成长性的影响相对较弱。

表 5-30　运营管理因素路径系数

	假 设 路 径	标准化路径系数	P 值	是否支持假设
创业阶段	H71：运营管理 企业成长	0.013	0.879	不支持
快速发展阶段	H72：运营管理 企业成长	0.141	0.001	**支持**
相对稳定阶段	H73：运营管理 企业成长	0.018	0.796	不支持
二次创业阶段	II74：运营管理 企业成长	0.099	0.199	不支持

8. H8：风险管理假设

如表 5-31 所示，根据结构方程模型的路径系数的计算结果可以发现，在企业的创业阶段、快速发展阶段、相对稳定阶段和二次创业阶段，企业的风险管理能力对企业成长性的影响路径系数分别为 0.214、-0.085、-0.056 和 0.018，路径系数的显著性水平分别为 0.017、0.044、0.385 和 0.809。因而，接受假设 H81，拒绝假设 H82、H83 和 H84。其中 H82 与假设方向相反，假设 H83、H84 没有得到验证。

结构方程模型的结果表明，企业的风险管理能力在企业创业阶段对企业的成长有重要的影响，在创业阶段企业的首要任务就是活下去，所以做好风险管控使企业生存下去至关重要。在相对稳定阶段和二次创业阶段，对企业的成长无显著影响作用。而在快速发展阶段，如果企业过于注重风险控制，采取过于保守的经营策略，则不利于企业的快速成长。

表 5-31 风险管理因素路径系数

	假设路径	标准化路径系数	P 值	是否支持假设
创业阶段	H81：风险管理 企业成长	0.214	0.017	支持
快速发展阶段	H82：风险管理 企业成长	-0.085	0.044	不支持（负相关）
相对稳定阶段	H83：风险管理 企业成长	-0.056	0.385	不支持
二次创业阶段	H84：风险管理 企业成长	0.018	0.809	不支持

9. H9：社会资本管理假设

如表 5-32 所示，根据结构方程模型的路径系数的计算结果可以发现，在企业的创业阶段、快速发展阶段、相对稳定阶段和二次创业阶段，企业的社会资本管理能力对企业成长性的影响路径系数分别为 -0.09、-0.025、-0.002 和 0.037，路径系数的显著性水平分别为 0.318、0.562、0.971 和 0.645。因而，假设 H91、H92、H93、H94 都没有得到验证。

这意味着企业的社会资本管理能力在企业的四个阶段，与其他关键因素相比，对企业的成长性并没有很强的影响作用。社会政策环境等对每个企业作用近似，决定企业成长的还是企业的其他核心能力。

表 5-32 社会资本管理因素路径系数

	假设路径	标准化路径系数	P 值	是否支持假设
创业阶段	H91：社会资本 企业成长	-0.09	0.318	不支持
快速发展阶段	H92：社会资本 企业成长	-0.025	0.562	不支持
相对稳定阶段	H93：社会资本 企业成长	-0.002	0.971	不支持
二次创业阶段	H94：社会资本 企业成长	0.037	0.645	不支持

按企业成长的四个阶段对上述结果进行汇总，如表 5-33 所示：

表 5-33　研究假设检验结果汇总

假 设 路 径	是否支持	进一步总结
创业阶段		
H11：企业家越强，则企业的成长性越好	不支持	企业创业初期，风险管理是影响企业成长的关键因素；如果企业在该阶段过于强调战略，反而会不利于企业的发展。
H21：企业的战略管理能力越强，则企业的成长性越好	不支持（负相关）	
H31：企业的人力资源管理能力越强，则企业的成长性越好	不支持	
H41：企业的市场营销能力越强，则企业的成长性越好	不支持	
H51：企业的企业文化越强，则企业的成长性越好	不支持	
H61：企业的技术创新能力越强，则企业的成长性越好	不支持	
H71：企业的运营管理能力越强，则企业的成长性越好	不支持	
H81：企业的风险管理能力越强，则企业的成长性越好	支持	
H91：企业的社会资本管理能力越强，则企业的成长性越好	不支持	
快速发展阶段		
H12：企业家越强，则企业的成长性越好	支持	在快速发展阶段，企业家、技术创新和运营管理是影响企业成长的关键因素；而在这一阶段过分强调风险管理则会对企业成长产生抑制效果。
H22：企业的战略管理能力越强，则企业的成长性越好	不支持	
H32：企业的人力资源管理能力越强，则企业的成长性越好	不支持	
H42：企业的市场营销能力越强，则企业的成长性越好	不支持	
H52：企业的企业文化越强，则企业的成长性越好	不支持	
H62：企业的技术创新能力越强，则企业的成长性越好	支持	
H72：企业的运营管理能力越强，则企业的成长性越好	支持	
H82：企业的风险管理能力越强，则企业的成长性越好	不支持（负相关）	
H92：企业的社会资本管理能力越强，则企业的成长性越好	不支持	
相对稳定阶段		
H13：企业家越强，则企业的成长性越好	不支持	在相对稳定阶段，人力资源、市场营销是企业成长的关键因素；过分强调企业文化不利于企业成长。
H23：企业的战略管理能力越强，则企业的成长性越好	不支持	
H33：企业的人力资源管理能力越强，则企业的成长性越好	支持	
H43：企业的市场营销能力越强，则企业的成长性越好	支持	
H53：企业的企业文化越强，则企业的成长性越好	不支持（负相关）	
H63：企业的技术创新能力越强，则企业的成长性越好	不支持	
H73：企业的运营管理能力越强，则企业的成长性越好	不支持	
H83：企业的风险管理能力越强，则企业的成长性越好	不支持	
H93：企业的社会资本管理能力越强，则企业的成长性越好	不支持	
二次创业阶段		
H14：企业家越强，则企业的成长性越好	支持	在二次创业阶段，企业家和市场营销是企业成长的关键因素；如果过于重视企业文化，反而会不利于企业成长。
H24：企业的战略管理能力越强，则企业的成长性越好	不支持	
H34：企业的人力资源管理能力越强，则企业的成长性越好	不支持	
H44：企业的市场营销能力越强，则企业的成长性越好	支持	
H54：企业的企业文化越强，则企业的成长性越好	不支持（负相关）	
H64：企业的技术创新能力越强，则企业的成长性越好	不支持	
H74：企业的运营管理能力越强，则企业的成长性越好	不支持	
H84：企业的风险管理能力越强，则企业的成长性越好	不支持	
H94：企业的社会资本管理能力越强，则企业的成长性越好	不支持	

从以上结果可以看出，企业家在快速发展和二次创业两个阶段发挥着关键作用，在创业阶段和相对稳定阶段作用不明显。战略管理能力对企业成长关键作用不明显，在创业阶段处理不好还会抑制企业成长。人力资源管理在相对稳定阶段起到关键作用，其他阶段作用不太明显。市场营销主要在相对稳定阶段和二次创业阶段对企业成长影响明显。而企业文化更多的时候起到约束企业成长的作用，甚至在相对稳定阶段和二次创业阶段，企业文化会抑制企业的变革、创新动力，从而会拖累企业的成长。技术创新仅在企业快速成长阶段起到关键作用，在创业阶段、相对稳定阶段和二次创业阶段作用都不明显。运营管理在企业快速发展阶段对企业成长起到关键作用，在创业阶段、相对稳定阶段和二次创业阶段作用不明显。风险管理在企业创业阶段是其成长的关键因素，而在快速成长阶段，过分追求风险控制则可能会阻碍企业的成长，在相对稳定和二次创业阶段作用不明显。社会资本在企业成长的四个阶段作用都不明显。

第七节　模型探索分析

一、分行业探索分析

根据前面章节描述性统计分析的结果，本书调查的样本以制造业企业和服务业企业为主。而在企业实际运营与管理过程中，由于在产品、客户、供应链等方面存在较大差异，这两类企业在运营方式上有显著差别。因此本节在原样本的基础上，进一步分类研究，探索不同行业下影响企业成长的关键因素。为了保证样本数量，本书所有样本企业划分为制造业和服务业两个类别。其中制造业包括信息制造业、医药制造业和生产制造业，原样本中的服务业企业作为另一个类别。

按不同行业分类后，仍然按照创业阶段、快速发展阶段、相对稳定阶段和二次创业阶段对企业的生命周期进行划分，在二层基础假设的模型基础上进行探索分析。

本部分对假设检验的标准同样适当放宽：路径系数的显著性水平小于 0.05 为假设成立，路径系数的显著性水平大于 0.05 为假设不成立。

1. 制造业

A. 创业阶段

制造业创业阶段测量模型结果如表 5-34 所示。

表 5-34　制造业创业阶段测量模型结果（Sample size = 88）

假设路径	标准化路径系数	P 值	是否支持假设
H11：企业家→企业成长	0.201	0.078	不支持
H21：战略管理能力→企业成长	-0.332	0.006	不支持（负相关）
H31：人力资源管理能力→企业成长	0.212	0.07	不支持

续表

假设路径	标准化路径系数	P 值	是否支持假设
H41：市场营销能力→企业成长	0.086	0.444	不支持
H51：企业文化→企业成长	-0.065	0.54	不支持
H61：技术创新能力→企业成长	-0.095	0.382	不支持
H71：运营管理能力→企业成长	-0.12	0.274	不支持
H81：风险管理能力→企业成长	0.053	0.641	不支持
H91：社会资本管理能力→企业成长	0.141	0.252	不支持
拟合优度指标		CMIN/DF=2.235；RMSEA=0.119；GFI=0.441；AGFI=0.392；CFI=0.520；NFI=0.382；IFI=0.528

B. 快速发展阶段

制造业快速发展阶段测量模型结果如表 5-35 所示。

表 5-35　制造业快速发展阶段测量模型结果（Sample size =379）

假设路径	标准化路径系数	P 值	是否支持假设
H12：企业家→企业成长	0.242	***	**支持**
H22：战略管理能力→企业成长	-0.116	0.041	不支持（负相关）
H32：人力资源管理能力→企业成长	0.004	0.947	不支持
H42：市场营销能力→企业成长	0.033	0.553	不支持
H52：企业文化→企业成长	-0.139	0.011	不支持（负相关）
H62：技术创新能力→企业成长	0.058	0.29	不支持
H72：运营管理能力→企业成长	0.282	***	**支持**
H82：风险管理能力→企业成长	-0.015	0.793	不支持
H92：社会资本管理能力→企业成长	-0.142	0.017	不支持（负相关）
拟合优度指标		CMIN/DF=3.875；RMSEA=0.087；GFI=0.587；AGFI=0.550；CFI=0.685；NFI=0.619；IFI=0.687

注：*** 表示 $P<0.001$。

C. 相对稳定阶段

制造业相对稳定阶段测量模型结果如表 5-36 所示。

表 5-36　制造业相对稳定阶段测量模型结果（Sample size =156）

假设路径	标准化路径系数	P 值	是否支持假设
H13：企业家→企业成长	0.15	0.063	不支持
H23：战略管理能力→企业成长	-0.393	***	不支持（负相关）
H33：人力资源管理能力→企业成长	0.34	***	**支持**
H43：市场营销能力→企业成长	0.301	***	**支持**
H53：企业文化→企业成长	-0.088	0.243	不支持
H63：技术创新能力→企业成长	0.216	0.006	**支持**
H73：运营管理能力→企业成长	-0.068	0.4	不支持
H83：风险管理能力→企业成长	0.012	0.872	不支持
H93：社会资本管理能力→企业成长	-0.07	0.373	不支持
拟合优度指标		CMIN/DF=2.576；RMSEA=0.101；GFI=0.512；AGFI=0.470；CFI=0.582；NFI=0.466；IFI=0.587

注：*** 表示 $P<0.001$。

D. 二次创业阶段

制造业二次创业阶段测量模型结果如表 5-37 所示。

表 5-37　制造业二次创业阶段测量模型结果（Sample size =55）

假 设 路 径	标准化路径系数	P 值	是否支持假设
H14：企业家→企业成长	0.147	0.174	不支持
H24：战略管理能力→企业成长	-0.149	0.169	不支持
H34：人力资源管理能力→企业成长	-0.046	0.673	不支持
H44：市场营销能力→企业成长	0.466	***	**支持**
H54：企业文化→企业成长	-0.232	0.034	不支持（负相关）
H64：技术创新能力→企业成长	0.199	0.07	**支持**
H74：运营管理能力→企业成长	0.371	0.002	**支持**
H84：风险管理能力→企业成长	-0.019	0.86	不支持
H94：社会资本管理能力→企业成长	-0.29	0.012	不支持（负相关）
拟合优度指标	\multicolumn{3}{l	}{CMIN/DF=2.682；RMSEA=0.176；GFI=0.344；AGFI=0.287；CFI=0.430；NFI=0.329；IFI=0.439}

注：*** 表示 $P<0.001$。

对于制造型企业，从以上结果可以看出，企业家在快速发展阶段发挥着关键作用。战略管理在创业阶段、快速发展阶段和相对稳定阶段对企业成长具有显著的负向作用，处理不好都会抑制企业成长。人力资源管理在相对稳定阶段作用明显。市场营销管理在企业相对稳定、二次创业阶段起到关键作用，在创业阶段、快速发展阶段作用不明显。企业文化在企业创业阶段、相对稳定阶段对企业成长作用不显著，如果处理不好，在企业快速发展、二次创业阶段还会起到抑制作用。技术创新仅在企业相对稳定阶段起到关键作用，在创业、快速发展和二次创业阶段作用都不显著。运营管理在企业快速发展、二次创业阶段对企业成长起到关键作用，在创业阶段、相对稳定阶段作用不显著。风险管理在企业发展的四个阶段作用都不显著。社会资本在创业阶段、相对稳定阶段对企业成长作用都不显著，在快速发展阶段、二次创业阶段处理不好还会抑制企业成长。

2. 服务业

由于服务业领域二次创业阶段的企业数目达不到统计要求，因而只分析服务业创业阶段、快速发展阶段与相对稳定阶段的企业成长关键因素。

A. 创业阶段

服务业创业阶段测量模型结果如表 5-38 所示。

表 5-38　服务业创业阶段测量模型结果（Sample size = 61）

假 设 路 径	标准化路径系数	P 值	是否支持假设
H11：企业家→企业成长	0.073	0.485	不支持
H21：战略管理能力→企业成长	-0.029	0.78	不支持
H31：人力资源管理能力→企业成长	-0.212	0.043	不支持（负相关）
H41：市场营销能力→企业成长	0.578	***	**支持**
H51：企业文化→企业成长	-0.217	0.041	不支持（负相关）
H61：技术创新能力→企业成长	-0.094	0.361	不支持

续表

假设路径	标准化路径系数	P 值	是否支持假设
H71：运营管理能力→企业成长	0.073	0.479	不支持
H81：风险管理能力→企业成长	0.282	0.011	支持
H91：社会资本管理能力→企业成长	-0.167	0.113	不支持
拟合优度指标	CMIN/DF=2.518；RMSEA=0.159；GFI=0.380；AGFI=0.325；CFI=0.444；NFI=0.333；IFI=0.453			

注：*** 表示 $P<0.001$。

B. 快速发展阶段

服务业快速发展阶段测量模型结果如表 5-39 所示。

表 5-39 服务业快速发展阶段测量模型结果（Sample size =259）

假设路径	标准化路径系数	P 值	是否支持假设
H12：企业家→企业成长	-0.08	0.251	不支持
H22：战略管理能力→企业成长	0.2	0.004	**支持**
H32：人力资源管理能力→企业成长	0.157	0.024	**支持**
H42：市场营销能力→企业成长	0.067	0.337	不支持
H52：企业文化→企业成长	-0.102	0.148	不支持
H62：技术创新能力→企业成长	0.035	0.622	不支持
H72：运营管理能力→企业成长	-0.077	0.266	不支持
H82：风险管理能力→企业成长	-0.117	0.086	不支持
H92：社会资本管理能力→企业成长	0.048	0.486	不支持
拟合优度指标	CMIN/DF=3.437；RMSEA=0.097；GFI=0.527；AGFI=0.486；CFI=0.672；NFI=0.594；IFI=0.674			

C. 相对稳定阶段

服务业相对稳定阶段测量模型结果如表 5-40 所示。

表 5-40 服务业相对稳定阶段测量模型结果（Sample size =105）

假设路径	标准化路径系数	P 值	是否支持假设
H13：企业家→企业成长	0.33	0.001	**支持**
H23：战略管理能力→企业成长	0.077	0.417	不支持
H33：人力资源管理能力→企业成长	-0.104	0.283	不支持
H43：市场营销能力→企业成长	0.032	0.74	不支持
H53：企业文化→企业成长	0.103	0.321	不支持
H63：技术创新能力→企业成长	0.132	0.211	**支持**
H73：运营管理能力→企业成长	-0.083	0.375	不支持
H83：风险管理能力→企业成长	-0.338	0.001	不支持（负相关）
H93：社会资本管理能力→企业成长	-0.161	0.092	不支持
拟合优度指标	CMIN/DF=2.502；RMSEA=0.120；GFI=0.447；AGFI=0.399；CFI=0.564；NFI=0.443；IFI=0.569			

对于服务型企业，由于样本数量的原因，仅对企业创业、快速发展和相对稳定三个阶段进行了分析研究。从以上结果可以看出，企业家在相对稳定阶段起到关键作用，在创业、快速发展两个阶段作用都不显著。战略管理在快速发展阶段作用显著，在企业发展的创业阶段、相对稳定阶段作用不显著。人力资源管理在快速发展阶段对企业成长起到关键作用，在相对稳定阶段起作用不明显，在企业创业阶段如果处理不好会抑制企业成长。市场营销管理在创业阶段起到关键作用，在快速发展、相对稳定阶段作用不明显。在创业阶段企业文化如果处理不好，会起到抑制作用，在快速发展和相对稳定阶段作用不显著。技术创新在企业相对稳定阶段作用显著，在企业创业、快速发展阶段作用都不显著。运营管理在企业创业、快速发展、相对稳定三个阶段对企业成长的作用都不显著。风险管理在企业创业阶段对企业成长起到关键作用，在相对稳定阶段，如果处理不当，还会抑制企业成长。社会资本在快速发展阶段对企业成长作用都不存在显著的促进作用。

3. 汇总分析

制造业和服务业的结构方程模型的路径系数的数据分析结果如表 5-41 所示。

表 5-41 制造业和服务业的影响因素对比分析

假 设 路 径	制 造 业 是否支持	制 造 业 重要影响因素	服 务 业 是否支持	服 务 业 重要影响因素
创业阶段				
H11：企业家→企业成长	不支持	战略管理与企业成长负相关	不支持	市场营销、风险管理是企业成长的关键因素；人力资源管理、企业文化与企业成长负相关
H21：战略管理能力→企业成长	不支持（负相关）		不支持	
H31：人力资源管理能力→企业成长	不支持		不支持（负相关）	
H41：市场营销能力→企业成长	不支持		支持	
H51：企业文化→企业成长	不支持		不支持（负相关）	
H61：技术创新能力→企业成长	不支持		不支持	
H71：运营管理→企业成长	不支持		不支持	
H81：风险管理能力→企业成长	不支持		**支持**	
H91：社会资本管理能力→企业成长	不支持		不支持	
快速发展阶段				
H12：企业家→企业成长	**支持**	企业家、运营管理是企业成长的关键因素；战略管理、企业文化、社会资本管理与企业成长负相关	不支持	战略管理、人力资源管理是企业成长的关键因素
H22：战略管理能力→企业成长	不支持（负相关）		支持	
H32：人力资源管理能力→企业成长	不支持		支持	
H42：市场营销能力→企业成长	不支持		不支持	
H52：企业文化→企业成长	不支持（负相关）		不支持	

续表

假设路径	制造业 是否支持	制造业 重要影响因素	服务业 是否支持	服务业 重要影响因素
快速发展阶段				
H62：技术创新能力→企业成长	不支持	企业家、运营管理是企业成长的关键因素；战略管理、企业文化、社会资本管理与企业成长负相关	不支持	战略管理、人力资源管理是企业成长的关键因素
H72：运营管理能力→企业成长	支持		不支持	
H82：风险管理能力→企业成长	不支持		不支持	
H92：社会资本管理能力→企业成长	不支持（负相关）		不支持	
相对稳定阶段				
H13：企业家→企业成长	不支持	人力资源、市场营销、技术创新是企业成长的关键因素；战略管理与企业成长负相关	支持	企业家、技术创新是企业成长的关键因素；风险管理与企业成长负相关
H23：战略管理能力→企业成长	不支持（负相关）		不支持	
H33：人力资源管理能力→企业成长	支持		不支持	
H43：市场营销能力→企业成长	支持		不支持	
H53：企业文化→企业成长	不支持		不支持	
H63：技术创新能力→企业成长	支持		支持	
H73：运营管理能力→企业成长	不支持		不支持	
H83：风险管理能力→企业成长	不支持		不支持（负相关）	
H93：社会资本管理能力→企业成长	不支持		不支持	
二次创业阶段				
H14：企业家→企业成长	不支持	市场营销、运营管理是企业成长的关键因素；企业文化、社会资本管理与企业成长负相关	样本量不足	
H24：战略管理能力→企业成长	不支持			
H34：人力资源管理能力→企业成长	不支持			
H44：市场营销能力→企业成长	支持			
H54：企业文化→企业成长	不支持（负相关）			
H64：技术创新能力→企业成长	不支持			
H74：运营管理能力→企业成长	支持			
H84：风险管理能力→企业成长	不支持			
H94：社会资本管理能力→企业成长	不支持（负相关）			

二、三层结构方程模型分析

影响企业成长的因素是复杂的，不同因素之间也存着相互不同的影响。在本书第四章第二节，详细论述了企业家可以通过作用于战略管理、人力资源管理、市场营销、创新管理、社会资本等因素间接对企业成长进行推动的机理。在三层基础模型中，我们假设企业家通过作用于另外8个变量，进而间接作用于企业成长。尽管二层基础模型的结果，与我们的理论分析与预期大致相当。在二层基础模型假设的前提下，提出以下三层基础模型假设，来寻求更加完善的结构因果模型。

1. 研究假设

1）企业家与其他因素作用关系假设

创业阶段

H21'：在创业阶段，企业家对战略管理的作用显著；

H31'：在创业阶段，企业家对人力资源管理的作用显著；

H41'：在创业阶段，企业家对市场营销管理的作用显著；

H51'：在创业阶段，企业家对企业文化的作用显著；

H61'：在创业阶段，企业家对技术创新的作用显著；

H71'：在创业阶段，企业家对运营管理的作用显著；

H81'：在创业阶段，企业家对风险管理的作用显著；

H91'：在创业阶段，企业家对社会资本管理的作用显著。

快速发展阶段

H22'：在快速发展阶段，企业家对战略管理的作用显著；

H32'：在快速发展阶段，企业家对人力资源管理的作用显著；

H42'：在快速发展阶段，企业家对市场营销管理的作用显著；

H52'：在快速发展阶段，企业家对企业文化的作用显著；

H62'：在快速发展阶段，企业家对技术创新的作用显著；

H72'：在快速发展阶段，企业家对运营管理的作用显著；

H82'：在快速发展阶段，企业家对风险管理的作用显著；

H92'：在快速发展阶段，企业家对社会资本管理的作用显著。

相对稳定阶段

H23'：在相对稳定阶段，企业家对战略管理的作用显著；

H33'：在相对稳定阶段，企业家对人力资源管理的作用显著；

H43'：在相对稳定阶段，企业家对市场营销管理的作用显著；

H53'：在相对稳定阶段，企业家对企业文化的作用显著；

H63'：在相对稳定阶段，企业家对技术创新的作用显著；

H73'：在相对稳定阶段，企业家对运营管理的作用显著；

H83'：在相对稳定阶段，企业家对风险管理的作用显著；

H93'：在相对稳定阶段，企业家对社会资本管理的作用显著。

二次创业阶段

H24'：在二次创业阶段，企业家对战略管理的作用显著；

H34'：在二次创业阶段，企业家对人力资源管理的作用显著；

H44'：在二次创业阶段，企业家对市场营销管理的作用显著；

H54′：在二次创业阶段，企业家对企业文化的作用显著；

H64′：在二次创业阶段，企业家对技术创新的作用显著；

H74′：在二次创业阶段，企业家对运营管理的作用显著；

H84′：在二次创业阶段，企业家对风险管理的作用显著；

H94′：在二次创业阶段，企业家对社会资本管理的作用显著；

2）H2：战略管理假设

H21：在创业阶段，企业的战略管理能力越强，则企业的成长性越好；

H22：在快速发展阶段，企业的战略管理能力越强，则企业的成长性越好；

H23：在相对稳定阶段，企业的战略管理能力越强，则企业的成长性越好；

H24：在二次创业阶段，企业的战略管理能力越强，则企业的成长性越好。

3）H3：人力资源管理假设

H31：在创业阶段，企业的人力资源管理能力越强，则企业的成长性越好；

H32：在快速发展阶段，企业的人力资源管理能力越强，则企业的成长性越好；

H33：在相对稳定阶段，企业的人力资源管理能力越强，则企业的成长性越好；

H34：在二次创业阶段，企业的人力资源管理能力越强，则企业的成长性越好。

4）H4：市场营销管理假设

H41：在创业阶段，企业的市场营销能力越强，则企业的成长性越好；

H42：在快速发展阶段，企业的市场营销能力越强，则企业的成长性越好；

H43：在相对稳定阶段，企业的市场营销能力越强，则企业的成长性越好；

H44：在二次创业阶段，企业的市场营销能力越强，则企业的成长性越好。

5）H5：企业文化发展假设

H51：在创业阶段，企业的企业文化越强，则企业的成长性越好；

H52：在快速发展阶段，企业的企业文化越强，则企业的成长性越好；

H53：在相对稳定阶段，企业的企业文化越强，则企业的成长性越好；

H54：在二次创业阶段，企业的企业文化越强，则企业的成长性越好。

6）H6：技术创新假设

H61：在创业阶段，企业的技术创新能力越强，则企业的成长性越好；

H62：在快速发展阶段，企业的技术创新能力越强，则企业的成长性越好；

H63：在相对稳定阶段，企业的技术创新能力越强，则企业的成长性越好；

H64：在二次创业阶段，企业的技术创新能力越强，则企业的成长性越好。

7）H7：运营管理假设

H71：在创业阶段，企业的运营管理能力越强，则企业的成长性越好；

H72：在快速发展阶段，企业的运营管理能力越强，则企业的成长性越好；

H73：在相对稳定阶段，企业的运营管理能力越强，则企业的成长性越好；

H74：在二次创业阶段，企业的运营管理能力越强，则企业的成长性越好。

8）H8：风险管理假设

H81：在创业阶段，企业的风险管理能力越强，则企业的成长性越好；

H82：在快速发展阶段，企业的风险管理能力越强，则企业的成长性越好；

H83：在相对稳定阶段，企业的风险管理能力越强，则企业的成长性越好；

H84：在二次创业阶段，企业的风险管理能力越强，则企业的成长性越好。

9）H9：社会资本管理假设

H91：在创业阶段，企业的社会资本管理能力越强，则企业的成长性越好；

H92：在快速发展阶段，企业的社会资本管理能力越强，则企业的成长性越好；

H93：在相对稳定阶段，企业的社会资本管理能力越强，则企业的成长性越好；

H94：在二次创业阶段，企业的社会资本管理能力越强，则企业的成长性越好。

2. 模型构建

根据上面提出的假设，建立三层模型结构，如图 5-4 所示。

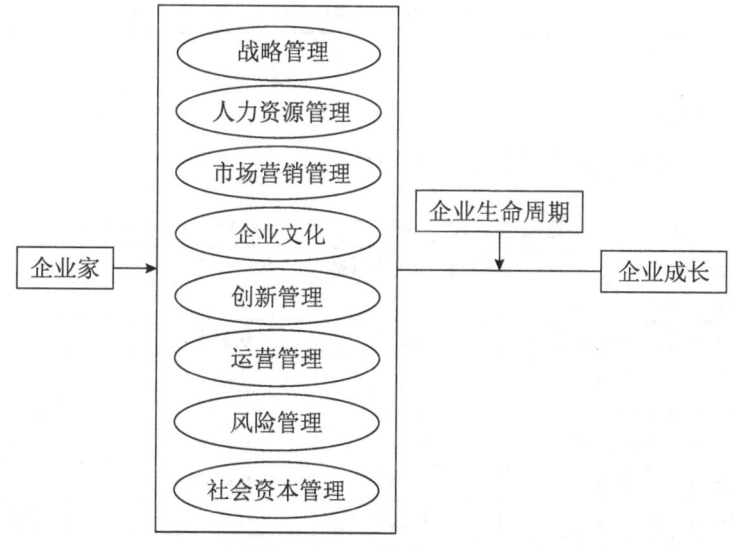

图 5-4　三层模型结构图

3. 数据结果

仍然按照企业生命周期的 4 个阶段——创业阶段、快速发展阶段、相对稳定阶段以及二次创业阶段，分别检验各个假设路径系数的显著性及相对重要性。

A. 创业阶段

创业阶段测量模型结果如表 5-42 所示。

表 5-42　创业阶段测量模型结果（Sample size = 159）

假 设 路 径	标准化路径系数	P 值	是否支持假设
H21：战略管理能力→企业成长	−0.204	0.442	不支持
H31：人力资源管理能力→企业成长	0.176	0.303	不支持
H41：市场营销能力→企业成长	0.275	0.168	不支持

续表

假 设 路 径	标准化路径系数	P 值	是否支持假设
H51：企业文化→企业成长	-0.191	0.218	不支持
H61：技术创新能力→企业成长	-0.075	0.516	不支持
H71：运营管理能力→企业成长	-0.010	0.961	不支持
H81：风险管理能力→企业成长	0.271	0.054	不支持
H91：社会资本管理能力→企业成长	-0.098	0.574	不支持
H21'：企业家→战略管理能力	0.920	***	支持
H31'：企业家→人力资源管理能力	0.833	***	支持
H41'：企业家→市场营销能力	0.864	***	支持
H51'：企业家→企业文化	0.814	***	支持
H61'：企业家→技术创新能力	0.634	***	支持
H71'：企业家→运营管理能力	0.872	***	支持
H81'：企业家→风险管理能力	0.709	***	支持
H91'：企业家→社会资本管理能力	0.793	***	支持
拟合优度指标	CMIN/DF=1.958；RMSEA=0.078；GFI=0.626；AGFI=0.591；CFI=0.762；NFI=0.614；IFI=0.765		

注：*** 表示 $P<0.001$。

B. 快速发展阶段

快速发展阶段测量模型结果如表 5-43 所示。

表 5-43　快速发展阶段测量模型结果（Sample size = 714）

假 设 路 径	标准化路径系数	P 值	是否支持假设
H12：战略管理能力→企业成长	0.035	0.759	不支持
H22：人力资源管理能力→企业成长	0.079	0.315	不支持
H32：市场营销能力→企业成长	0.082	0.279	不支持
H42：企业文化→企业成长	-0.201	0.007	不支持（负相关）
H52：技术创新能力→企业成长	0.083	0.118	不支持
H62：运营管理能力→企业成长	0.181	0.020	支持
H72：风险管理能力→企业成长	-0.108	0.045	不支持（负相关）
H82：社会资本管理能力→企业成长	0.002	0.977	不支持
H12'：企业家→战略管理能力	0.926	***	支持
H22'：企业家→人力资源管理能力	0.824	***	支持
H32'：企业家→市场营销能力	0.804	***	支持
H42'：企业家→企业文化	0.817	***	支持
H52'：企业家→技术创新能力	0.587	***	支持
H62'：企业家→运营管理能力	0.797	***	支持
H72'：企业家→风险管理能力	0.582	***	支持
H82'：企业家→社会资本管理能力	0.721	***	支持
拟合优度指标	CMIN/DF=4.132；RMSEA=0.066；GFI=0.748；AGFI=0.724；CFI=0.826；NFI=0.784；IFI=0.827		

注：*** 表示 $P<0.001$。

C. 相对稳定阶段

相对稳定阶段测量模型结果如表 5-44 所示。

表 5-44 相对稳定阶段测量模型结果（Sample size = 286）

假 设 路 径	标准化路径系数	P 值	是否支持假设
H13：战略管理能力→企业成长	-0.211	0.387	不支持
H23：人力资源管理能力→企业成长	0.217	0.116	不支持
H33：市场营销能力→企业成长	0.249	0.103	不支持
H43：企业文化→企业成长	-0.240	0.030	不支持（负相关）
H53：技术创新能力→企业成长	0.110	0.166	不支持
H63：运营管理能力→企业成长	0.061	0.651	不支持
H73：风险管理能力→企业成长	-0.074	0.413	不支持
H83：社会资本管理能力→企业成长	0.003	0.979	不支持
H13'：企业家→战略管理能力	0.964	***	**支持**
H23'：企业家→人力资源管理能力	0.840	***	**支持**
H33'：企业家→市场营销能力	0.859	***	**支持**
H43'：企业家→企业文化	0.774	***	**支持**
H53'：企业家→技术创新能力	0.509	***	**支持**
H63'：企业家→运营管理能力	0.746	***	**支持**
H73'：企业家→风险管理能力	0.632	***	**支持**
H83'：企业家→社会资本管理能力	0.794	***	**支持**
拟合优度指标	CMIN/DF=2.810；RMSEA=0.080；GFI=0.655；AGFI=0.623；CFI=0.758；NFI=0.671；IFI=0.760			

注：*** 表示 $P<0.001$。

D. 二次创业阶段

二次创业阶段测量模型结果如表 5-45 所示。

表 5-45 二次创业阶段测量模型结果（Sample size = 102）

假 设 路 径	标准化路径系数	P 值	是否支持假设
H14：战略管理能力→企业成长	0.374	0.115	不支持
H24：人力资源管理能力→企业成长	0.095	0.630	不支持
H34：市场营销能力→企业成长	0.628	0.004	支持
H44：企业文化→企业成长	-0.793	***	不支持（负相关）
H54：技术创新能力→企业成长	-0.058	0.623	不支持
H64：运营管理能力→企业成长	0.073	0.600	不支持
H74：风险管理能力→企业成长	-0.041	0.757	不支持
H84：社会资本管理能力→企业成长	0.012	0.933	不支持
H14'：企业家→战略管理能力	0.914	***	支持
H24'：企业家→人力资源管理能力	0.869	***	支持
H34'：企业家→企业文化	0.806	***	支持
H44'：企业家→市场营销能力	0.872	***	支持
H54'：企业家→技术创新能力	0.622	***	支持
H64'：企业家→运营管理能力	0.755	***	支持
H74'：企业家→风险管理能力	0.711	***	支持
H84'：企业家→社会资本管理能力	0.727	***	支持
拟合优度指标	CMIN/DF=2.008；RMSEA=0.100；GFI=0.522；AGFI=0.478；CFI=0.708；NFI=0.555；IFI=0.713			

注：*** 表示 $P<0.001$。

4. 分析总结

将结构方程模型由二层改为三层以后，可以看到模型整体的拟合程度得到进一步提高，如 RMSEA 系数大部分下降到 0.08 临界值以下。

从表 5-33 至表 5-36 的结构方程模型的路径系数的计算结果可以发现，在企业的创业阶段、快速发展阶段、相对稳定阶段和二次创业阶段，企业家对其他八个影响企业成长的关键因素，即对战略管理、人力资源管理、企业文化、市场营销、技术创新、运营管理、风险管理和社会资本的影响都显著成立，这意味着企业家可以通过其他八个变量间接地实现对企业成长的影响。

快速发展阶段的企业，运营管理成为企业家推动企业成长的重要抓手。而在该阶段企业家对于企业文化和风险管理的过度推崇则会导致企业成长受限。在相对稳定阶段，如果企业家过度强调企业文化则可能对企业成长带来抑制作用。进入二次创业阶段以后，企业家则主要通过促进市场营销管理来促进企业的进一步发展；与前面的三个阶段相似，如果对于企业文化的过度控制会桎梏企业的成长。

第六章
企业成长实证研究结果分析

第一节　各关键因素在企业不同成长阶段的作用变化

以下我们将逐一地分析各个企业成长关键影响因素在不同的企业成长的生命周期对其成长性的影响程度的变化。因企业成长机理复杂，本研究是探索性研究，本研究先仅就两层模型的结果进行讨论。我们会采用折线来连结不同成长阶段的影响因素的路径系数值。

一、企业家

如图 6-1 所示，在企业的整个生命周期中，企业家这个因素的重要影响因素都是不容忽视的。

企业家对企业成长影响的路径系数

创业 0.114　快速发展 0.116*　相对稳定 0.023　二次创业 0.394*

图 6-1　企业家对企业成长的影响程度

* 在 95% 置信水平上显著。

从企业成长的完整过程来看，企业家与企业成长的相关性在企业成长的各个阶段都是十分重要的，从对企业成长的影响程度来看企业家对企业成长的推动作用是先下降再上升的。在企业的创业和快速发展的时期，企业家的作用是举足轻重的，随着企业发展步入正轨、企业经营趋于稳定，企业家对于企业成长的影响力逐渐下降，随着企业由成熟转为衰退并进行二次创业时，企业家的重要作用又重新突显并达到高位。

企业在创业阶段，由于样本量较小等客观原因，企业家对企业成长的影响并不显著。但是将假设检验的置信水平适当放宽至 80%，企业家对企业成长的作用变得十分显著，事实上，企业规模小、产品销路窄、缺乏资金和人才、知名度低等都是创业阶段企业发展的障碍。在这个阶段，企业能够取得的资源和帮助还比较少，创业者的个人魅力和能力则可以发挥重要的作用，这是因为他们以身作则与身先士卒的精神和行为能够帮助获取和激励人才，使员工劲往一处使，发挥主观能动性克服创业的种种困难，从而推动企业的成长。同时，初创期的企业不确定性较高，企业的成长主要受机会驱动，因而在这一阶段企业家准确发现并抓住机会的能力就变得尤为重要。初创期的企业生产经营也面临着各种资源（如资金、人力、信息等）都相对匮乏的困境，这要求企业家必须充分调动个人的关系能力，通过社会交往和联络等方式来为创业企业不断寻求新的机会和途径。因此，在该阶段，企业家魅力和能力对企业成长的贡献度较高。

度过了创业阶段以后，企业进入快速发展阶段，产品销售额和知名度显著上升，资金的问题也随着销售收入的增加得到缓解，企业在生产运营趋于稳定的情况下开始注重内部机构设置的调整和完善，逐渐建立起规范和有效的运营管理体系。随着企业业务高速增长，这时企业家的经营初见成效，"将企业做大做强"的愿望和热情变得更加强烈。这一阶段，企业规模快速扩张，带来一系列内部管理的问题，市场份额逐渐增长，在外部也面临着更多的威胁。因而在快速发展阶段，企业家能否充分认识企业的经营状况、识别市场风险并制定出正确的战略决策，将直接关系到企业的生存与发展。通过企业内部的传导机制将企业家精神提炼到企业文化的高度，并建立起企业的愿景。

企业相对稳定阶段紧跟快速成长阶段，这一时期企业已经具有一定的规模，在激烈的市场竞争中找到立足之地，而企业的成长相对平缓。处于该时期的企业自控力和灵活性开始达到平衡，这是所有企业追求的理想状态。随着企业走出创业的危机并逐渐成熟，企业对企业家的依赖性降低，甚至在某些企业中企业家过分集权反而会阻碍企业的发展。因此，这一阶段的企业家应该及时跳出过去经营过程企业对企业家高度依赖的惯性，避免个人膨胀给企业发展带来不利影响。柯林斯（2004）指出即使企业家的个人魅力能够善始善终，但是当公司失去他的领导后，也会面临如何维持动力的窘境，也就是他在《基业长青》里所说的"后英明领袖期停顿"。因而在相对稳定阶段，企业家对企业的影响力淡化，对于企业成长的影响减弱。

当企业步入二次创业的衰退期后，企业的原有业务增长乏力，业务萎缩，销售额下滑，企业整体的创造力、创新精神和鼓励变革的氛围逐渐淡化甚至丧失。面对人心涣散、制度僵化的企业，企业家肩负着重振士气和力挽狂澜的重任。这一阶段，面对企业逐渐凸显的颓势，企业家的魅力再次发挥引领作用，将所有员工团结起来进行二次创业，共渡难关。同时，在二次创业阶段企业家也必须做出抉择，在新的市场环境下为企业的发展指明新的方向，并付诸行动。因此，这一时期，企业家是否具有相应的学习能力和创新能力又成为了可以决定企业能否继续成长的关键性因素。由于该阶段，企业家需要通过个人魅力将涣散的人心重新激发，需要通过个人能力进行革新和再规划，企业家对于企业的挽救作用甚至比创业阶段的领头羊作用更为重要。

"狼领导的一群羊能打败羊领导的一群狼"，这是中国企业管理界流行的强调领导者重要性的一句名言。在企业生命周期的各个阶段，企业家的个人魅力都是不容忽视的，它的力量可以贯穿于企业的整个历史。

案例

李宁——冠军归来

2018年2月,一组以"中国李宁"为主题的走秀在纽约时装周惊艳亮相。满T台的"80后"与中国元素,给观众带来耳目一新的感觉,也将沉寂已久的"李宁"品牌重新带入公众视野。

李宁公司成立于1989年,由"体操王子"李宁一手创办。李宁公司前后经历了四任总经理,而李宁作为董事长一直以其谦逊稳重的魅力、沉着果敢的能力,以及坚忍不拔的精神影响着李宁公司的发展。

李宁对企业独到的见解和果断的执行力为李宁公司的快速发展奠定了基础。创业之初,李宁品牌是作为健力宝旗下的运动鞋品牌,李宁任总经理。李宁很快认识到产权不清终究会阻碍李宁品牌的发展,于是李宁一面从健力宝中剥离出李宁的商标权,一面与三水市政府沟通协调,终于在1995年底正式成立李宁体育用品集团公司。公司独立出来以后,李宁并没有安于现状。他注意到公司内部的管理层多为家族内部成员,这与李宁理想中的现代化公司极为不符。于是,李宁身先士卒,劝退公司内的亲朋好友,清除裙带关系。现代化的商业公司雏形已经形成,李宁公司逐渐步入正轨,在快车道上一路疾驰。

李宁一直以"发展中国体育事业"为己任,1992年李宁牌装备被选为第二十五届巴塞罗那奥运会中国代表团指定领奖服装、领奖鞋,结束了中国运动员在奥运会上使用外国体育用品的历史,也开始了李宁与中国体育代表团长达23年的合作。2004年,李宁公司经过快速发展,逐渐成为我国运动鞋服市场的佼佼者,率先在香港上市。2008年北京奥运会鸟巢国家体育馆的上空,李宁作为火炬手,手持奥运火炬,踏着七彩祥云点燃奥运圣火,国人的爱国热情、消费者对体育的狂热瞬间爆发,在李宁个人的品牌效应带动下,李宁品牌的销量大幅攀升,市场份额快速增长,一度超过阿迪达斯成为国内市场第二。

2010年,随着奥运会全民运动的热潮逐渐退去,运动鞋服行业爆发了严重的库存危机,李宁公司也难以全身而退,为了化解危机,李宁公司进行了一系列改革,然而调整品牌定位、修改口号、提高产品价格等举措雪上加霜,导致身陷在危机中的李宁公司业绩进一步下滑。2012年新任总经理金珍君虽然进行了一系列改革,减缓了业绩下滑的势头,但是由于对中国市场、中国文化的了解仍然较浅,难以挽回颓势。2014年在企业陷入危难之时,李宁以CEO的身份重出江湖,"冠军归来"与公司并肩作战。李宁在公司内部进行了一系列革新,首抓业绩,精简费用,精细运营,提升供应链管理品质。归来后的李宁更重视大众市场,重启"一切皆有可能"的口号,重塑品牌形象。面对已经大变的市场竞争格局,以时尚潮牌为切入点推出"中国李宁"系列产品,以国货概念将李宁公司重新带回公众视野。李宁的回归为公司注入了新的活力，2014年起，公司业绩逐步回升，虽然尚未达到鼎盛时期（2008年）的营收水平，与国产运动品牌第一安踏也仍然存在一定差距，但是有李宁个人魅力的加持，李宁公司未来可期。

小结

企业家对于企业的影响在李宁公司表现得淋漓尽致。在初创阶段，李宁以其世界冠军的身份打造品牌效应，吸引大量消费者。同时依托与国家队的关系，为李宁带来了国家体操队的赞助。2008年北京奥运会带来了全民运动的风潮，而李宁品牌由于其创始人李宁担任火炬手的特殊身份更是借助奥运的热潮快速发展，一度超越阿迪达斯。当行业遇到危机时，李宁又一次挺身而出，在外通过微博、时装发布会等渠道扩大品牌影响力，在内则通过改革提升企业经营效率。在李宁的带领下李宁公司重新回归正轨，面对重新洗牌的行业格局，李宁整装出发。

二、战略管理

如图6-2所示，战略管理因素在企业成长的整个生命周期中并不是对企业成长最为关键的因素，在创业阶段和相对稳定阶段企业过度重视战略管理，甚至会在一定程度上制约企业的成长，而在其他几个阶段，战略管理则对企业成长的作用并不显著。在前一阶段的企业发展，都是得益于改革、人口红利，如果过分迷失在战略的探索中，可能会失去发展的机会。

战略管理对企业成长影响的路径系数

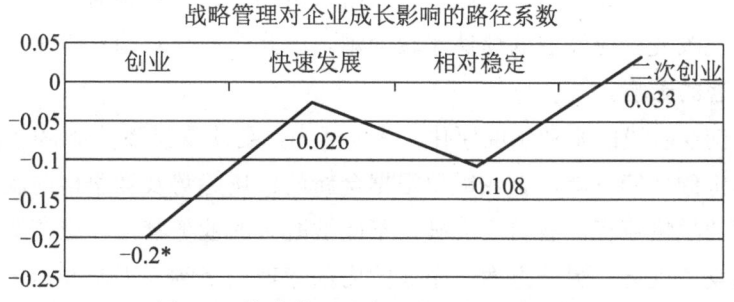

创业 −0.2*　快速发展 −0.026　相对稳定 −0.108　二次创业 0.033

图6-2 战略管理对企业成长的影响程度

我们已经在企业成长的各个阶段逐一分析了企业的战略管理能力对企业成长的影响及其中存在的差异。对于创业阶段的企业而言，过于重视战略管理对于企业发展有负面影响，随着企业快速发展，战略管理因素的影响力逐渐下降。而在企业进入相对稳定阶段以后，战略管理对企业成长的影响并不明显，影响的方向仍然表现为抑制企业成长。进入二次创业阶段后战略管理对企业成长的作用再次失效。

在创业阶段的企业首先要面临的挑战是要生存下去，由于在这个阶段可供企业使用的资源较少，为了使产品或服务得到市场的肯定，提升销售额而求得生存，企业应当密切关注市场需求的变动和随之而来的反馈的信息，在各种不确定的情况中打造自身的核心竞争力。由于在这一阶段，企业为了应对市场的变动和压力已经调动了全部的资源，再也无暇顾及长远的战略上的规划。这一阶段企业的优势是具有极大的灵活性，然而企业的各项业务刚刚起步，努力在市场中崭露头角，企业应充分发挥优势，在产品定位、发展方向等方面随着市场的发展不断调整，适应市场需求。如果此时就过分强调战略的执行，则可能导致企业无法识别并抓住市场机会，相对僵化的战略管理与实施制约了企业的成长。

对于快速发展阶段的企业，其生产运营逐步稳定，主要表现在市场已经认可了企业的产品或服务，企业已经能够从销售中盈利，在企业当中已经培养和留住了一些优秀的人才，相较于同行业的竞争对手，企业已经获取了一定的竞争地位，并且开始有了开展战略规划的人、财、物方面的意识。由于在创业和发展的过程中，企业已经积累了一些外部的资源，此时企业能够较容易地获取政府或金融企业的帮助和支持。因而企业能够更好地适应外部环境的频繁变化，并致力于制定自身的中长期的发展规划，对可选的各种发展道路进行战略性的选择。处于这一阶段的企业面临着复杂变化的市场环境，同时面对业务和自身规模迅速增长的局面，企业的管理方式和业务发展模式也应当实现突破和创新，此时相对僵化的战略管理方式仍会对企业的发展有一定的限制作用。

当企业进入相对稳定阶段，业务模式、经营战略已经基本确定，企业运营愈加规范和稳定，形成明确的分工和清晰的管理制度，企业的规模也达到了巅峰状态。外部竞争中，在行业内的地位不断巩固，在市场中的声誉不断积累，市场份额趋于稳定。这种相对稳定的状态形成一种惯性，推动企业继续保持快速发展的状态。在这种惯性下，无论是外部的市场认可度，还是内部的经营模式组织架构都进入到相对保守、稳定的状态，通过战略管理，改变企业发展的惯性比较困难。因此，在相对稳定阶段战略管理对企业成长并没有显著的影响。

进入二次创业阶段的企业制度僵化，缺少活力，亟须重新激发企业的活力。一方面，由于企业市场份额持续下降，企业需要根据全新的市场趋势及竞争格局制定新的与企业经营现状匹配的战略目标，要勇于突破，不能被既有的业务禁锢，应该适当拓展新的业务，寻求新的竞争优势。另一方面，企业的内部管理也必须大刀阔斧地进行改革，面对庞杂的组织和僵化的制度，企业应该及时做出调整，鼓励创新，精简组织结构，对于一些不合时宜的管理理念应该果断摒弃。因此，在二次创业阶段企业战略变革与转型能够使企业重获竞争优势，起死回生。然而，企业的这种颠覆性的变革无异于涅槃重生，改革必然会产生阵痛，受到保守的既得利益者的阻挠，因此企业高管有时感觉难以驾驭企业的发展方向，难以有效控制企业。因而战略管理因素尽管对于企业成长具有促进作用，但是由于其他制约因素的影响，并不能对企业成长有很强的促进作用。

案例

IBM——大象也会跳舞

如同其蓝色条纹 Logo，IBM（美国国际商用机器有限公司）一直给人以扎实、稳重却又沉闷傲慢的商业形象。不过，随着市场和整个行业的前进，IBM 公司近几年的一些战略变化，如以客户为中心、向中小企业拓展业务等已经使这个全球最大的电脑硬件生产厂商逐步实现了向一个综合性的服务型咨询公司的转变。

IBM 自成立后，在 20 世纪 50—70 年代获得快速发展，一次又一次地引起世界轰动。IBM 可以取得巨大的成功主要原因在于稳定的客户需求。在 20 世纪 70 年代以前，计算机市场的客户主要来自政府部门和大型企业，其产品主要是大型主机，市场上对产品供不应求；率先进入市场的 IBM 公司凭借先发优势迅速拓展市场，形成了稳定的顾客群，因此 IBM 公司并未在市场营销方面投入太多资源便轻而易举地占领了当时计算机市场的大部分份额，获得了丰厚的利润；此外，由于使用计算机系统的顾客都是直接从 IBM 获得服务，因此，IBM 不需要通过分销商，而是采取工作人员直接拜访最高主管的营销方式。

但是，随着计算机市场从卖方市场向买方市场的转换，同时硬件价格因市场的成熟与科技的进步而下降，市场竞争加剧，竞争对手又不断推出新产品，已经进入相对稳定阶段的 IBM 公司并没有及时转变经营机制，只顾埋头于技术的开发与应用，迷恋于大型机的生产，忽视个人计算机和微软的软件操作系统，因而进入 20 世纪 80 年代中后期，由于个人计算机的普及，IBM 并没有及时做出战略调整，渐渐陷入了危机之中。

1993 年郭士纳就任 IBM 董事长兼 CEO，领导了 IBM 这头"大象"进行二次创业，拉开了 IBM 公司战略转型的大幕。凭借其对客户需要的了解与重视，以及对市场需求的敏锐把握，郭士纳成功地领导 IBM 从一家硬件生产商转型为服务提供商，并大刀阔斧地对 IBM 进行组织结构再造。郭士纳之后的彭明盛进一步对 IBM 进行重大改革，将 IBM 打造成一家"全球整合企业"（GIE），他认为："GIE 公司视自身为多个专门业务模块的组合体——研究、制造、采购、销售、分销及其他业务等，在经营业务的全球整合过程中，公司需要决定这些工作在什么地方完成，以及决定这部分工作到底是由公司自己完成还是给外部合作伙伴来做。"在不断推出的新理念的战略指导下，已经有近百年历史的 IBM 依靠"全球公司"理念中的开放式的知识传播获得创新力并重获新生。在二次创业阶段，IBM 进行了三次战略转型。

第一次转型——电子商务。IBM 在 20 世纪 90 年代曾一度陷入机构臃肿、徘徊不前的颓丧局面，直到郭士纳接任首席执行官并提出"电子商务"的战略理念。在这之前，许多人甚至不知道电子商务到底是什么东西，然而这个理念的提出和实施使 IBM 成功地实现了从硬件生产厂商到"硬件+软件"解决方案提供者的转型，搭建了包含硬件、软件的信息构架，并实现了相应的企业流程的改造。

第二次转型——电子商务随需应变。21 世纪初，IT 行业面临着互联网泡沫破灭的严峻局面，彭明盛走马上任 CEO，又在原来战略的基础上提出了"随需应变"的新规划。通过剥离 PC 业务、收购多家软件公司、收购普华永道等方式，IBM 成功实现了华丽的转身，为客户提供打包齐全的软件产品，成为一家提供咨询和解决方案的服务型公司。

第三次转型——"智慧星球"。要彻底跨出 IT 领域，获得更广阔的市场和前景，IBM 又酝酿了下一次颠覆性的产业转型。彭明盛提出"智慧星球"这一领先的备受瞩目的战略概念，标志着 IBM 开始从 IT 服务解决方案提供商走向专业的商业和战略咨询提供公司。在奥巴马总统的关注下，"智慧星球"渗透到了各行各业中。在未来，无论是电网还是铁路、公路、隧道等交通工具，乃至建筑和油气管道等物体中都将被嵌入充分使用新一代 IT 技术的感应器，搭建无所不包的全面的"物联网"。而战略中的超级计算机和云计算将整合这些数据，最终帮助人类更好地管理生产和生活，达到人类与物理系统的整合状态，实现真正的现代"智慧"。

同时，在智慧地球战略实施的同时，IBM 在硬件方面采取了收缩型战略，即卖掉 PC 业务，以聚焦于一些高价值产业领域，实现收益的稳定迅速增长。回顾 IBM 的整个成长和发展过程，从 1981 年到 1994 年，它一直是一家个人电脑提供企业，但随着个人电脑领域的盈利能力下降，至 1998 年，IBM 公司也难逃其难，亏损达到了 9.92 亿美元的规模。2005 年，IBM 将其全球 PC 业务卖给联想集团，实现了 PC 业务的剥离，有效控制了自身的运营成本。这是 IBM 战略思想的体现，对于其市场发展和品牌价值来说，都存在正面的效应。

小结

在一百多年的发展和成长历史中，IBM 始终保持高增长的秘诀就是紧跟市场需求与技术更新，在 IBM 的成长过程中，多次进行前瞻性的战略调整，始终专注于高价值的朝阳产业，剥离落后、盈利下降的传统业务，引入新兴产业，实现均衡和高效的发展和增长。

三、人力资源管理

如图 6-3 所示，人力资源管理因素在企业成长的整个生命周期中都对企业成长有正向的影响，只是重要程度有所不同。

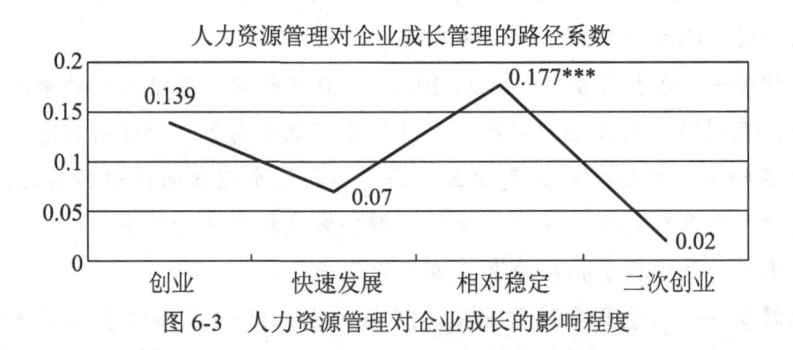

人力资源管理对企业成长管理的路径系数

创业 0.139　快速发展 0.07　相对稳定 0.177***　二次创业 0.02

图 6-3　人力资源管理对企业成长的影响程度

根据企业在其各个不同的成长周期来看人力资源管理能力对企业的成长的影响存在的变化，可以发现其对企业成长的影响是波动的，在创业阶段的高位开始，先小幅下降继而上升最后又大幅下降。在创业阶段和快速发展阶段，人力资源管理对企业成长并不产生显著影响，进入相对稳定阶段，此时的人力资源管理对于企业成长的影响达到非常显著的程度，且重要性程度大幅提升，随着企业衰退并进入二次创业阶段，人力资源管理对企业成长的影响逐渐减弱。

创业阶段的企业人力资源配置十分特殊，企业起步初期，企业组织架构不完整，人事管理规定尚不完善，企业人力资源管理往往以企业家为主导。企业人力资源管理的目标是吸引和留住人才，有效地激励员工，并保证关键岗位的人才配置与企业发展相匹配。创业阶段的企业由于在招聘市场中缺少竞争优势，面临人员不足、员工流动性大、缺少有效激励等挑战，对企业成长的贡献较小。

快速发展阶段，随着企业规模的不断扩大，企业对于人才的吸引力逐渐增加，员工队伍逐渐壮大，人才趋于稳定，此外，企业业务的扩张对人力资源管理也提出了更高的要求。在这一阶段，相较于企业高速的发展，人力资源管理仍然是企业管理中相对滞后的部分，并不能给企业经营业绩带来显著的提高。另一方面，在快速发展阶段企业内部工作重点是充分调动员工的积极性与创造力，在快速发展阶段进行过度的人力资源管理也可能会对企业内部活力造成负面影响。

随着企业持续发展，进入相对稳定的阶段，人力资源管理能力就显得更为重要，这是因为市场需求瞬息万变，行业中的技术与产品的更新也迅速和频繁，企业面临着人才短缺、岗位设置不合理、人员薪资职位不规范等一系列影响企业持续扩张的问题。这一时期，由于企业已经具备了一定的规模，开始出现了"人浮于事"的局面，如何合理地调配和安排新老员工，使他们为企业发展进一步贡献力量成为企业管理者面临的新的挑战。同时，到了这一阶段，企业也应当为创业者兑现承诺。并且，对于新加入企业的员工来说，也面临着难以快速适应和认可企业文化等问题。这一系列冲突的产生又可能会导致一定规模的人员和人才流失。因而，在这一阶段，人力资源管理能力会成为限制企业成长的一个显而易见的因素。

二次创业阶段，由于企业在制度方面受到限制，内部变革异常困难，企业整体缺乏有效的整合。在员工方面，职工队伍稳定的状态被破坏，员工士气低迷，企业整体缺乏创新精神，由于企业僵化的制度已经不能满足企业庞大的规模，员工甚至会产生不公平感，对自己职业生涯发展期望值开始降低。随之导致敬业精神弱化，员工只为求得稳妥，企业活力丧失；在管理方面，人才浪费的现象严重，企业缺乏激励员工的组织气氛，管理层控制能力减弱，内部官僚风气浓厚，经验主义盛行。此时企业的重点在转变业务方向、开拓新业务和扭转市场局面上，并没有进行系统的人力资源规划与管理，变革与创新，员工对于工作绩效、薪酬待遇、分配激励机制、培训、招聘、考核和选拔等方面的满意度达到较低水平，因而企业的人力资源管理在二次创业阶段并没有对企业成长有显著的推动作用。

案 例

青岛啤酒的人力资源管理

青岛啤酒自1903年成立至今已有超过百年的历史。作为中国啤酒行业之首,青岛啤酒在销售收入、贡献税收和出口创汇等方面都处于国内领先地位。目前,青岛啤酒集团依托品牌及技术优势,在国内收购兼并重组,实现规模化生产和多元化经营,不断培植新的经济增长点,逐渐接近实力超强、跨地区、跨行业、综合性的大型企业集团目标。

经过上百年的经营,青岛啤酒逐渐形成明晰的经营宗旨、企业价值观和企业愿景。青岛啤酒的经营宗旨是"以人为本、团结合作、造福社会","诚信、和谐、开放、创新"是青啤人共同遵守的核心价值观。多年来,青岛啤酒以建成一家"具有全球影响力的国际化大公司"为企业愿景,十分注重自身的品牌价值的提升,并在此基础上重新界定了青岛啤酒业务经营范围,指明了公司的发展方向,明确了全体员工需要完成的使命和任务。

青岛啤酒在经过大规模扩张之后,管理层逐渐认识到人力资源管理的重要性,将人力资源管理引入战略发展规划之中,企业人力资源管理能力得到有效提升,保障了企业顺利进行战略整合和转型,帮助青岛啤酒迅速从过度扩张的困境中走出来,并大幅度提升了经营业绩。

在发展过程中,青岛啤酒立足品牌价值,坚持追求长期战略愿景和目标,建立"具有全球品牌影响力的国际化大公司"。在企业文化的指引下,青岛啤酒逐渐摸索出了具备自身特色的管理模式,倡导科学严格管理及和谐人际关系之间的统一,并且重视"热爱青啤、献身青啤"的团队精神,建立了独具特色、富有驱动力的人力资源战略管理体系,并能适应战略转变,重塑战略人力资源管理职能。

2002年,青岛啤酒在组织架构上实现了大的变革,重新确立了"总部—事业部—子公司"的层级式管理架构,并进一步明确了三者各自的职责,分别掌管着战略发展、资源配置、区域管理、创造利润,保证质量和控制成本的重要工作。青岛啤酒传统人事管理体系带有浓厚的"计划经济"色彩,为了适应战略发展的变革,人力资源管理总部将2003年定为"人力资源基础年",计划在这一年,无论是从管理架构还是制度流程上都要实现新的基础性工作的搭建。主要包括以下四大任务:

首先,要在总部、区域营销公司和子公司三个层次搭建各自的人力资源管理体系,分别承担总体上的战略规划、政策制度和流程制定以及业务管理和支持,人才培养和输送的工作。

其次,详细建设明确的管理制度和主要的工作流程,使各级单位的人力资源管理工作有据可查。

再次,注重建设高质量的人力资源队伍。为了提高人力资源管理人员的能力,各层级单位组织一定的培训和学习项目。

最后，引进电子人力资源系统。公司自 2003 年开始引入电子人力资源管理系统，提高了工作效率，这对于优化管理流程起到了很大的改善作用。

此外，青岛啤酒管理团队为了实现战略目标，还提出在建设国际化大公司的进程中，将人力资源管理部门打造成"最受尊敬"的部门，从战略上肯定了人力资源管理工作对于企业全方位变革的重要地位。

在具体实施工作中，青岛啤酒非常重视人才库建设。在人才招聘方面，青岛啤酒结合自身经验并向其他企业探索先进的成果，确立了同时从内外部招聘和提拔人才的全新的人才培养的思路。外部招聘时，以应届毕业生为主，当然也通过企业文化认同度和业绩等方面的考核吸纳优秀的社会人才。在国际性人才引进方面，青岛啤酒积极引进有专长的优秀留学生，采用外国人在中国工作的方式，短期聘用并派驻海外。在内部招聘时，积极推动内部竞聘上岗常规化和制度化，这也有助于人岗适配，留住内部人才。

在培训方面，青岛啤酒投入大量资源搭建了总部—营销公司或子公司—车间的三个层级的培训体系。分别负责建立培训体系和制度，培训高级管理、技术及市场人员；负责培训营销公司或子公司的中层管理人员及普通员工；负责基层员工的日常培训。此外，为了提升核心人才的综合能力与胜任力，青岛啤酒还与许多大学或研究所合作，先后开办了多个 MBA 和研究生课程班，设立了国内酿酒行业唯一的博士后工作站。

2003 年，青岛啤酒建立了动态管理的三级核心人才库：与三级培训体系相对应，一级人才库主要包含企业中高层的管理人员以及技术和销售骨干人才；二级人才库则网罗了各区域销售公司的管理和销售人才；三级人才库则主要包括基层管理人才、专业技术人才和高级以上技术工人，功能是培育人才。三级人才管理库中都制定和实施了相应的动态评估和管理制度，包括职业培训、绩效评估和激励、成长和淘汰的机制，这种方式有助于企业维护和使用核心的人才，从而增强自身在人力资源方面的竞争优势。

同时，青岛啤酒也注重薪酬体系完善。随着公司的不断扩大和员工数量的不断增加，原有的工资制度已经严重不能适应公司发展的需要，薪酬激励制度改革迫在眉睫。青岛啤酒则搭建了物质激励和非物质激励全方位的激励体系。

在物质激励方面，青岛啤酒已经建立起了稳定的企业内各岗位的规范性的工作评估，涵盖了研究分析能力、个人知识和经验、管理复杂度及工作失误后果等多方面的指标，从而可以使员工形成对其经营管理团队等能力和价值的客观认识。在此基础上，打造了各层级员工的薪酬管理办法，形成了既以岗位为核心，又对于不同的人员有特定的管理办法的多元化的薪酬和激励的较为完备的体系。

在非物质激励体系方面，青岛啤酒的激励主要体现在以下 3 个方面：通过对三级人才库的动态管理为员工描绘了实现个人职业发展的远大平台和目标，借助于轮岗制度和双通道职业生涯等方式全面锻炼和提升员工的职业相关能力和素质；关注员工的个人需求和心理状态，从情感上获取认可并提供激励；借助于追求卓越的企业文化对员工的工作热情进行激发。

此外，青岛啤酒也建立了以业绩为导向的考核管理制度。青岛啤酒注重法律性约束体系的构建，在对劳动合同和保密等相关协议进行主动管理的基础上，构建了各种各样的管理约束机制，例如"职务岗位任职实习制度""管理人员轮岗制度"等。并且在全体职工中推行以结果为导向的目标和绩效管理，至2005年，青岛啤酒已经在总部的职能部门及部分子公司中推广了平衡积分卡的相关工作。这些科学的绩效考评措施和规范的引进及实施有助于企业摆脱传统的"人情"的困扰，更好地激励和使用人员。企业相应地设置了各级"待岗中心"来接纳那些无法胜任工作的员工并协助他们完成自身能力的提升。这些制度，不仅培养了全体员工的危机意识，更激发了他们积极向上的工作激情。

小结

青岛啤酒公司成功历经百年成为行业领军公司与其适时的战略变革和战略人力资源管理制度是密不可分的。从2002年青岛啤酒的"人力基础年"开始，青岛啤酒通过建立科学合理的招聘、薪酬、激励、绩效和企业文化制度保障集团人力资源战略顺利落地执行，支撑青岛啤酒快速发展。

四、市场营销管理

如图6-4所示，市场营销因素在企业整个生命周期中都是极为重要的因素，能够对企业的成长产生非常显著的正向影响。

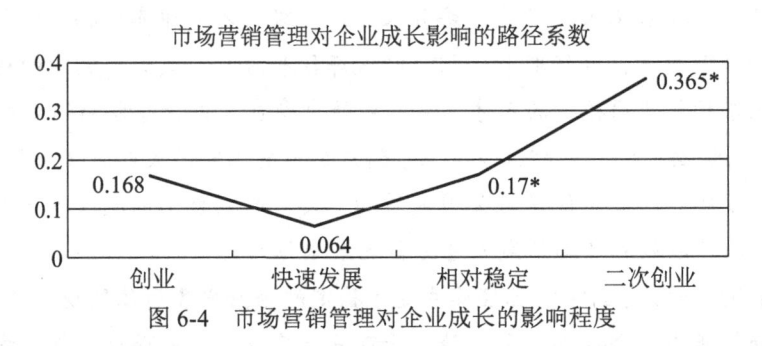

市场营销管理对企业成长影响的路径系数

创业 0.168　快速发展 0.064　相对稳定 0.17*　二次创业 0.365*

图6-4　市场营销管理对企业成长的影响程度

从企业生命周期的过程来看市场营销管理对企业成长影响程度是从高位开始，先下降再上升。对于创业和快速发展阶段的企业而言，市场营销并不会对企业经营业绩产生重大影响。在企业发展步入正轨、逐渐稳定时，市场营销因素的影响程度又再一次上升，并随着企业由成熟转为衰退并进行二次创业时，市场营销的重要性继续上升，相关性与影响程度均到高位。

在创业阶段，市场营销的显著性水平为0.053，接近本文设置的置信水平95%，因此在创业阶段，市场营销对企业成长的影响也不容忽视。创业始于机会识别，即发现市场中尚未得到满足的需求，然后通过创造产品或提供服务满足市场需求并从中获利，这就是一个创业的营销过程。在《创业营销》一书中给出了创业营销的定义，创业营销是以市场细分、市场定位为起点，经过定价、产品测试、公关宣传、渠道决策、产品推出、促销、广告等各个环节，形成一个运转过程，并对雇员聘用、融资等有至关重要的作用。他们认为"多数情况下，一个新企业成功或失败的原因是营销而非技术"，并反复强调了"产品定位和瞄准目标细分市场的核心决策"。因此，市场营销在企业创业阶段的作用可见一斑。

有了创业阶段的积累，进入快速发展阶段的企业逐渐在市场中取得有利地位，对消费者的吸引力也逐渐增强，品牌效应得到一定的凸显。然而，由于新的竞争者不断涌入市场，竞争变得更加激烈，产品、市场营销手段等会出现同质化，导致企业市场营销失效。同时，由于市场环境与需求是不断变化的，企业的市场营销策略很难适应每一次市场变化，给企业的市场营销管理带来巨大的挑战。因此，在快速发展阶段，企业市场营销管理对企业成长的影响表现为不显著。

接下来，企业发展进入了市场竞争更加激烈的相对稳定阶段。由于企业已经占据了一定的运营和分销渠道，为了在与竞争对手的战斗中占据有利地位，保住现有的市场份额，运营商会在原有推广的手段和方式上采取应对策略，因而企业会因为将有限的资源投入到这一方面而忽视了进一步的深入发展，如此，企业营销容易产生惰性而造成业务发展处于停滞不前的状态。因此，对于相对稳定阶段的企业来说，市场营销是"保江山"的关键因素。

在经历了一次完整的创业后，企业已经具备了较强的实力，然而市场是瞬息万变的，如果不能够进行持续的创新和变革，企业就会逐步走向衰亡。为了实现企业更高层次的目标，获取持续性的发展，企业应当在取得高速增长之后，主动实施更为彻底的根本性的内部变革，即开展二次创业。这是一种新的革命性的战略转变，能够协助企业进一步挖掘自身的潜力，在原有积累的基础上通过科学的管理实现进一步的发展和进步。而营销绩效与企业绩效息息相关，营销成功与否将会是企业二次创业能否成功的一个关键因素。

案 例

小罐茶的营销策略

中国是茶的故乡，茶文化发于神农，闻于鲁周公，兴于唐朝，盛于宋代。中国人的饮茶习惯不仅融合了儒、道、佛等诸派思想，沉淀为中国特有的茶文化，也随着商业贸易传播到日本、英国等国家，形成日本茶道、英式红茶等特色的茶文化。

然而，从一个产业的视角来看，我国的茶叶发展十分缓慢，仍然以农产品的形式在运营。2018年，中国茶叶国内销售量达到191万吨，市场内销额达到2661亿元；销售均价为139.3元/千克。茶叶的种类十分繁杂，大类上可以分为绿茶、白茶、红茶、黑茶、黄茶、青茶等大类，在每个大类下又继续细分，包括龙井、铁观音、普洱、大红袍等细分品类，初入茶叶市场的消费者很难快速选择到合适的品种。市场上的产品良莠不齐，缺少筛选机制，良品与次品掺杂，往往造成劣币驱逐良币的现象。

小罐茶的创始人杜国楹凭借敏锐的洞察力，在茶叶市场发现了商机。经过创业团队长达四年深入到茶叶原产地的调研，2014年，小罐茶横空出世。从买、喝、送三个消费场景解决了消费者买茶时难辨好坏、喝茶时程序复杂、送茶时没有明确的价值三大消费痛点。

小罐茶在茶叶市场上异军突起，快速成长为茶叶市场的佼佼者，除了产品本身的原因以外，其完善、成熟的营销模式也发挥了重要的作用。

在产品力方面，相比于纷繁复杂的茶叶市场，小罐茶更加聚焦，只选择了普洱茶、武夷大红袍、西湖龙井、铁观音、黄山毛峰、茉莉花茶、福鼎白茶、滇红茶八种茶作为产品。既涵盖了市场上主流的茶叶产品，也可以在细分领域中深耕，做出优质的产品。针对茶叶市场产品不一的情况，小罐茶找到了八位茶艺大师（非物质文化遗产），为小罐茶的品质提供保障。

小罐茶的团队通过深入地调研，准确地找到了茶叶市场的突破口，明确产品的定位在高端，目标受众为30～40岁对茶叶的了解尚浅的白领。这些人群，有了一定的资金积累，具有一定的消费能力，但是由于不了解茶叶，在茶叶的选择、冲泡等方面往往会遇到一些困难。小罐茶以统一的标准，为消费者提供高端的茶叶及周边产品。同时，通过包装设计、门店布置、网站设计等方面的高度统一与协同，营造了产品高端、彰显品位的调性。

小罐茶的外观设计可谓精益求精。独创的独立式铝罐包装，给整个茶叶市场带来了变革。传统的包装方式容易受潮，且茶叶容易受到挤压。小罐茶采用铝罐兼具防潮和保护茶叶的作用，且铝制材料环保可回收。独立包装一次一泡，解决了入门者掌握不好取茶量的问题，也更加干净卫生。小罐茶的密封膜经过3万次测试，在揭膜的体验与密封性之间实现完美平衡。此外，小罐茶的门店是由苹果门店的设计师设计，所有线下店铺高度统一，也与品牌的形象高度一致。

销售力也是小罐茶的核心营销能力之一。小罐茶打出"贵客到，小罐茶"的口号，完美契合小罐茶的产品定位。同时，小罐茶投资巨额广告，在央视、卫视、参考消息、互联网新媒体客户端、线下广告位（如机场）全方位广告覆盖，线上线下联动，迅速抓住消费者的眼球。广告中私人飞机、董事长办公室、总统套房、聚会送礼等场景反映了小罐茶的定位，也与小罐茶买、喝、送三个消费场景相呼应。同时，小罐茶也进行跨界营销。比如端午节期间通过与五芳斋合作，推出茶粽组合，打造浓浓的中国味。

在产品、定位与市场推广的多重作用下，2018年，年仅4岁的小罐茶就实现了超过20亿的营业收入，这在"小而散"的茶叶行业里已经是十分优异的成绩。营销见长的小罐茶对于产品价值的打造不仅仅停留在营销层面，2017年底，小罐茶投资15亿元在黄山建设中国茶行业首个工业4.0智能产业基地。这个按照工业4.0标准打造的智能工厂占地 300 余亩，将建设四大平台体系，包括行业共性技术研发平台，产品精加工及保鲜包装、产品质量安全检测平台，行业标准化服务平台以及产业链配套系统。同时，将建成自动化物流系统，由自动化仓库系统、自动化搬运与输送系统、自动化分拣与拣选系统及其电气控制和信息管理系统 5 个部分组成。已经有了良好的市场基础的小罐茶，在现代化技术的支撑下，小罐茶未来会有更广阔的发展前景。

小结

小罐茶的成功离不开其内在的营销基因。产品力、品牌力和销售力三管齐下，打造小罐茶高端、彰显品位的调性的同时，统一标准，简化消费者选购流程，并且通过全方位、高度统一的广告覆盖将产品展现给消费者。

五、企业文化

如图 6-5 所示，企业文化因素在企业成长的整个生命周期中都起到了一定的制约作用，只是在不同时期制约程度有所不同。

企业文化对企业成长影响的路径系数

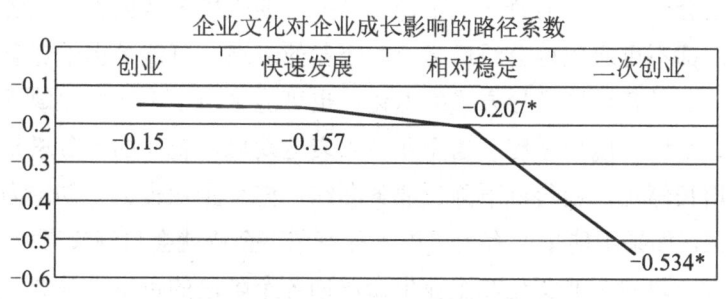

阶段	创业	快速发展	相对稳定	二次创业
路径系数	−0.15	−0.157	−0.207*	−0.534*

图 6-5　企业文化对企业成长的影响程度

在企业成长和发展的整个生命周期过程中，企业文化对企业成长影响的方向较为稳定。具体来说，在创业阶段和快速发展阶段，企业文化并不会对企业成长产生显著影响，而进入相对稳定和二次创业阶段以后，企业文化对企业成长有显著的制约作用。

创业阶段企业的特点表现为规模小、人员少、规章制度不完善等。在创业之初，企业会将企业的资源和精力都集中于生产和市场活动方面，而企业文化管理往往带有浓厚的企业家色彩，受到企业家的行事风格、价值理念等影响。同时，这一阶段企业处于很不稳定的状态，这种以企业家为中心的企业文化尚未得到企业内员工的普遍接受和认可。因此在创业阶段，企业的创业故事很可能成为企业文化的素材，但是在这一阶段企业文化很难对企业产生引领作用，不会对企业经营绩效有显著的影响。

而在企业的快速发展阶段，顾名思义，需要首要解决的问题又成了"发展"。随着企业规模的扩大，业务领域得到拓展，市场份额迅速增长，企业的员工人数也不断上升，管理者更多的精力关注着产品质量、销售收入、利润增长一类的发展性指标，无暇关注企业发展可能遇到的其他的一些问题。企业文化作为企业迅速成长的过程中的副产品而存在，对于企业的发展和成长所能起到的作用实在有限。不仅如此，有的企业自上而下地将企业文化书面化，甚至是由第三方撰写企业文化，而不是由企业所有成员共同参与将已经存在的以及计划追求的企业文化高度抽象成文。这样总结出的企业文化既不能够反映企业内部人员的风格、愿望和追求，也不能够成为企业发展遵循的准则和真正能体现企业的文化标志，甚至会误导企业发展。因此，在快速发展阶段企业文化管理并不会对企业的发展带来积极的影响。

到了相对稳定阶段，企业的增长速度逐渐减缓，内部结构和制度也趋于完善甚至臃肿，资产和人员规模都趋于稳定，工作开展的流程繁复于工作内容。由于分工的不明晰、潜规则的盛行以及利益集团的形成，企业内部难免出现各种各样的冲突和矛盾，然而已有的规章和制度难以解决这些问题，并且高层管理者在采取以往的管理方式应对这些复杂局面时也难免感到"有心无力"。此时，企业文化"软力量"如果仍以快速发展阶段甚至创业阶段的标准来规范、约束和协调员工，企业相对稳定阶段的内部问题不仅无法解决，甚至还会为旧制度规范和文化架构所制约，束缚了企业更进一步的发展。

二次创业是企业生命周期中绝处逢生的一个重要阶段，这一阶段企业的经营状况关系到企业是否还会延续。任何企业，不论其鼎盛时期规模多么庞大，或者是曾经的业绩如何辉煌，最后都不可避免地会经历衰退。企业的衰退，可能是由于竞争激烈而带来的市场饱和，也可能是管理层领导方式的退化，也可能是由于企业文化缺乏变革，无法与新的经营目标、市场环境相适应。当企业步入衰退期后，企业的业务增长速度出现持续的下降，甚至增长停止，销售额下降、业务萎缩，整个企业丧失了创造力、创新精神和鼓励变革的氛围。如果不能采取有力措施进行变革，企业就会日渐衰微，最终走向死亡。从文化视角而言，忽视企业文化在企业生命周期各个阶段的可变性是企业走向衰退或灭亡的重要原因。当企业进入衰退期，原本在稳定期就有所显现的企业文化的消极影响逐渐扩张，进一步恶化成较为极端的强调规章至上，过分重视形式主义，以求稳定和谨慎为第一要义的等级森严的企业文化。由于创新能力枯竭，企业管理层只求维持现状，企业已经步入垂暮之年。当企业的创新精神受到长时间的压制后，企业的发展必将受到重大的影响。

案 例

诺基亚公司文化探析

2013年9月3日，微软发布收购公告，正式宣布收购诺基亚的手机业务。这次交易意味着昔日手机行业的霸主诺基亚彻底沦为江湖游侠。对于诺基亚的衰败，有观点认为是诺基亚的傲慢毁掉了自己，有观点认为是诺基亚的保守封杀了自己，也有观点认为是糟糕的团队作践了自己……说到底，是诺基亚的企业文化阉割了自己。虽然诺基亚提出"科技改变生活"的经营核心理念，但是在企业实际经营方面，并没有认真贯彻这一理念，企业的创新意识、营销理念以及组织行为等在内的亚文化故步自封，非但没有因为科技改变生活，反而阻碍了诺基亚科技的进步和演化。

有能力无胆识

华为高级顾问、中国人民大学吴春波教授认为，诺基亚败给苹果和三星的原因是缺少创新文化，而有能力无胆识则是诺基亚创新文化的硬伤。智能终端的创新方面，诺基亚比苹果公司早了很多年，1996年的第一款智能手机诺基亚9000就能实现上网和收发电子邮件等功能，技术全球领先。然而这款手机只吸引了一些商务用户，并没有得到大众的追捧，这导致诺基亚在智能手机方面的创新底气不足。诺基亚公司的团队曾经在内部展示过一款只有一个按键，能提供掌中购物、随时进行地理定位并提供移动中的竞技游戏服务的彩色触屏手机，然而由于对创新的畏惧导致这款手机并没能面世。2006年诺基亚新任CEO康培凯曾是诺基亚的CFO，更偏爱传统，无意创新。他上台以后提出"让强者更强"的主张，合并了诺基亚智能手机和功能手机业务，虽然巩固了诺基亚老牌功能机的地位，却也失去了智能手机的市场。2007年当苹果公司抢先推出iPhone系列的概念和产品时，诺基亚的设计师常常表现出令人遗憾的无奈。

只想当绅士

诺基亚的创新文化沉闷而内敛，不仅抑制了研发的活力，也影响了企业的市场营销活动。相比于更"炫"、更娱乐、更时尚的苹果，诺基亚的品牌形象更像是一个西装革履的传统绅士，虽然略显呆板，但是务实工作、值得信赖。在过去20年间，诺基亚的品牌形象收获了市场的信任，诺基亚成为最成功的手机品牌，也正是由于曾经的辉煌，诺基亚非常珍惜自己的绅士形象，而忽视了消费者市场格局的变化。诺基亚在形象上的坚守，不但与"科技改变生活"的核心理念错位，也给了消费者完全不同于苹果及三星等新秀品牌的印象。诺基亚这种倔强的市场偏好，导致自己陷入困境。面对消费观念和生活观念迅速转变的消费者市场，以及互联网环境中长大的青年成为消费主力的变化，诺基亚我行我素，给了苹果、三星以及OPPO、vivo、小米等品牌乘势而上的机会。

组织决策低效

过于保守的企业文化也导致决策层在做出战略决策时摇摆不定。面对以苹果、三星为代表的新兴智能手机异军突起，诺基亚反应略显迟缓。直到2008年诺基亚的管理团队才不得不正视iPhone的操作系统已成为自己面临的最大挑战这一事实，面对严峻的市场竞争，诺基亚转型的决策显得优柔寡断，一边试图修改原有的Symbian（塞班）操作系统，一边匆忙开发新的操作系统MeeGo（米果）。然而，负责这两项工作的两个团队为了引起公司高管的注意，选择了互相竞争而不是精诚合作，各自的最终目的都是为了获得公司决策层支持，而摇摆的决策层，在紧要时并没有表现出应有的锐度。

2010年，加拿大人埃洛普成为诺基亚首位非本土CEO，为了缩短其产品在市场上追赶 iPhone 地位的周期,他做出停止开发诺基亚自主智能手机操作系统的决策。但使用微软 Windows 移动操作系统的产品销售状况并不好,两个月之后,诺基亚再次向激烈的市场竞争妥协,并于 2012 年年中决定为了削减开支而大规模裁员,但颓势已无可挽回。

小结

创新文化成就了苹果,而缺少创新的文化则葬送了诺基亚。作为一家以科技为主导的公司,不追求锐意进取的企业文化阻碍了其研发、生产、营销以及人力资源管理等企业内部管理的方方面面,最终必将导致企业跟不上发展趋势而被淘汰。

六、技术创新

如图 6-6 所示,创新因素在企业生命周期的快速发展阶段和相对稳定阶段对企业成长起了较大的促进作用。

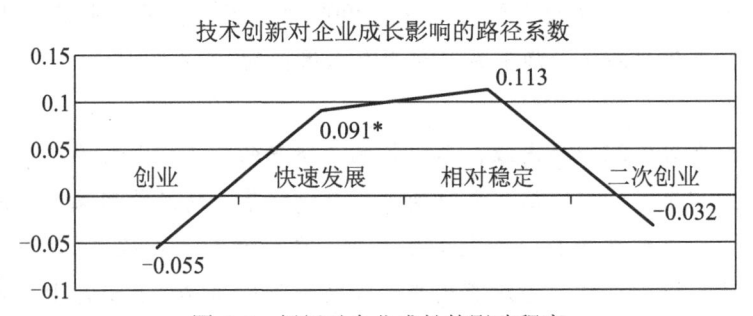

技术创新对企业成长影响的路径系数

阶段	路径系数
创业	-0.055
快速发展	0.091*
相对稳定	0.113
二次创业	-0.032

图 6-6 创新对企业成长的影响程度

从企业生命周期的过程来看创新对企业成长的影响变化,是从低位开始,先上升再下降的。对于创业的企业而言,创新因素对企业成长的影响并不显著,随着企业进入快速发展阶段,创新因素的重要程度骤升。在企业发展步入正轨、逐渐稳定时,创新因素的影响变得不再显著,并随着企业由成熟转为衰退并进行二次创业时,其重要性再度下降。

当处于生命周期中的创业阶段时,企业需要集中精力解决迅速增长和扩张的需求,因而将大部分资源用于营销活动以抢占市场优势的企业难以再投入大量的研发资金和研发人员用于创新能力的提升,并且后一种做法也会导致衡量企业成长的市场份额、资产总额增长比率等指标的不理想,反而不利于体现企业的成长性。此外,由于创业期的技术创新属于首创性技术创新,其标志是新产品的出现和新产业的形成。这类创新难度大、风险高,需要投入大量的人力物力,这一时期在技术上还处于"尝试、纠错"阶段,一般的风险投资也多从这个阶段进入。并且由于首创型技术创新所涉及的技术系统要素整合、技术要素的组织整合等工作量巨大,从而必然导致创新技术需要较长时间才能成熟,研发投入转化为现实的生产力时间上比较滞后。因此在创业阶段,创新能力与企业成长性之间呈现负相关。

在快速发展期，企业不断革新技术满足消费者的需求，企业的产品越来越多地得到市场的认可。到这一阶段，企业经过一段时间的发展已经积累了一定的技术创新能力。但是面对日渐扩大的市场需求和激烈竞争，企业需要不断完善已有的技术，并使之成为市场中的主导和标准，这一阶段的技术竞争表现为产品和工艺创新的竞争。企业通过自主创新，不断形成新的产品和工艺上的渐进突破，市场空间越来越大，技术成熟的速度越来越快。因而在这个阶段，技术创新的作用也十分重要。此外，在企业的成长期，制度创新对促进企业成长也起着不容忽视的作用。在创业阶段，企业成长的活力可能更多地来自于企业家的抱负、热情和创造力，而随着企业的成长，组织人员增多、机构膨胀、经营日益复杂，只有创新的、不断趋于完善的企业内部各项制度才能够保证企业运营的内在秩序。制度创新可以降低企业运营中不必要的摩擦的成本，保障企业内部信息交流的畅通，从而提升企业的组织行为的效率。战略创新方面。在成长阶段，技术为市场所接受，竞争对手增多，竞争趋于激烈。企业方向相对明确，就是迅速占领市场、扩大市场份额。企业开始制定战略。经过了初创期的市场残酷的选择，进入成长阶段的企业继承了一定的创新能力，并且在技术和管理上得到长足的进步，占据了一些市场竞争的优势，企业创新的作用日益凸显。

经过前几个生命周期的成长和积累，进入相对稳定阶段的企业已经在市场上得到了一定的地位，产品和知名度都已经被消费者接受，销售额和利润都稳定增长；在企业内部，技术、财务和管理都日趋规范和完善，并且能够较容易地通过各种渠道融资。在这一阶段企业成长的主要动力在于充分发挥市场优势，保持高速、稳定的增长。由于企业的市场、产品定位已基本稳定，企业在这一阶段的技术创新主要在已有技术上的更新与升级，不断优化用户体验。但是，由于市场环境和市场需求是瞬息万变的，企业进行技术创新存在较高风险，企业无法保证企业投入大量财力物力进行的技术创新可以满足市场的需求，在创新成果推向市场以前，企业也无法确定这些创新可以帮助企业在市场地位、销售收入、盈利能力等方面更上一层楼。

随着企业的市场份额与产品销售的萎缩和下降，企业逐渐步入了生命周期中的衰退阶段。企业将重点转向业务重构与转型以及组织机构与制度改革，此时由于企业处于紧急状态，而技术研发与创新需要较长的时间，所以企业较多的是通过业务转型，而非技术创新的方式来进行自救。另外创新对二次创业阶段企业推动力不强的另一个重要原因，那就是我国企业面临着并不规范和完善的市场竞争环境与竞争信息，开展原创性技术研发的能力有所不足。在现有阶段，我们的技术创新仍然停留在对产品的外观或附加功能上进行的一些优化和调整，相较于国外企业对核心技术的掌握，很难获得持久的竞争优势。又由于目前我国对知识产权的保护还没有形成一个良性和完善的环境，相关政策法规的制定和实施都还有待提升，因此企业也很难迅速地获益于其技术创新。因而，企业创新对于其成长的推动作用并不显著。

案例

海底捞的服务创新

1994年成立的海底捞曾经只是四川省简阳市街边的一家麻辣烫小店。然而几经沉浮，现在海底捞已经成为中国餐饮百强企业，各餐饮企业及各大商学院和管理学院迫不及待地想要挖掘海底捞"成功的秘密"。海底捞在服务方面的创新表现得如此突出，其驱动力主要体现在以下几个方面：

1. 以外部顾客为导向

掌握了外部顾客需求的具体信息，海底捞就可以在顾客等位时发挥其在服务上的创新优势。海底捞率先针对年轻女性这一消费群体在等待区提供美甲服务，满足了这一细分群体追逐时尚和美丽的需求。对于那些带着孩子来就餐的顾客，考虑到抱着孩子就餐不便，海底捞在通风较好的安静空间提供婴幼儿睡觉的小床并安排专门的员工看护，贴心地满足了家庭聚餐的需求。

2. 发挥内部中高层管理者作用

要成功实现服务上的创新，不仅要充分掌握外部市场的需求和信息，还需要企业内部的有力的推动。在海底捞，店长以上管理人员被要求每月提交一份服务创新的评估报告，这份报告既包括对服务改进的想法和创意，又是对中高层管理人员业绩进行考核的重要参考。如此，在海底捞，店长及以上管理人员都有着充分的心理动力来开展持续性的服务创新。

3. 调动基层员工积极性

可能是海底捞的创始人张勇来自于基层的缘故，他特别擅长挖掘和鼓励员工的创新意识，很多被广为称道的服务细节都来自于基层员工的建议。例如，为戴眼镜的顾客提供眼镜布，贴心地用塑料袋帮助客人把手机包起来，针对女性顾客的生理周期提供卫生用品等等。甚至，在等位区，顾客除了可以玩棋牌游戏、免费上网以外，还能够享受美甲和擦皮鞋等免费服务。并且，在海底捞内部，这些服务细节上的创新都是以员工的名字来命名的，其他门店的使用还需要给创始人缴纳一定比例的费用，对于员工来说，这不失为一种大大提升成就感和归属感的管理方式。

在餐饮行业，服务在一定程度上决定着企业的长期成长，海底捞能够将服务创新做成行业典范，与它自身的公司战略和保障机制也是密不可分的。

4. 清晰的战略目标及激励

海底捞认为，顾客选择餐饮服务企业的标准不止于食物，更包含对服务的需求，因而，为了提供贴心、周到、优质、使顾客满意的服务，海底捞必须在坚守"顾客至上"及"三心服务（贴心、温馨、舒心）"理念的基础上持续不断地探索和开展服务创新。

在海底捞内部，员工是受到充分尊重和关怀的，人性化的管理不仅给员工带来了工作的动力，提升了其对企业的认可和满意度，也在企业中根植了"信任与平等"的氛围和文化。对于每一位海底捞员工,只要工作干得好,都有得到提拔的机会,这种内部晋升的人力资源制度有助于使企业安心工作,更好地去了解顾客的感受,开展高质量的服务,为企业的长远发展毫无保留地贡献力量。

事实上,在海底捞内部,员工的职业发展路径是十分清晰的,从一线员工到优秀员工到领班到大堂经理到店长、区域经理再到大区经理,每一位具备优质服务和创新服务能力的员工都能够一步步实现自身职业生涯的成长和跨越。海底捞内部的评优活动有助于员工对评选标准的理解和运用,并能够促进员工间的良性学习与竞争的循环,有助于激发这些大部分来自农村的淳朴员工的工作热情和干劲,在企业中树立榜样,传递尊重和认可的价值取向。

为了更好地在企业中倡导创新服务的文化,培养员工的进取意识,海底捞专门设置了从10~100元不等的创新奖励基金。而基金的认定和发放标准主要以每天1个小时的午会中员工对工作相关问题的解决和建议的提出,一旦他们的想法和建议被认为是有意义和价值的,并且能够被采纳与实践,员工就能够获得相应的创新奖励。

在关怀内部员工这方面,海底捞也发挥了其贴心的内部服务的优势和精神,为了解决员工的后顾之忧从而使他们在工作中充满激情,安心服务,针对年轻员工、双职工等具体情况,海底捞相应为他们安排了特别的住宿,甚至还斥资在四川简阳建立了一所供员工孩子免费上学的寄宿制学校。

小结

海底捞正是凭借对于顾客和员工创新式的服务,使得顾客在海底捞享受到了远比其他餐厅更多样也更贴心的服务,并且使员工对于海底捞的忠诚度保持在相当高的程度。由于服务形式的可复制性较强,壁垒较低,海底捞在经营的过程中不断创新,用更丰富和更真诚的服务保持着在消费者心目中服务的性价比最高的形象。

七、运营管理

如图 6-7 所示,运营管理因素在快速发展阶段和二次创业阶段对企业成长具有显著的促进作用,而在创业阶段和相对稳定阶段则不具有显著的影响。

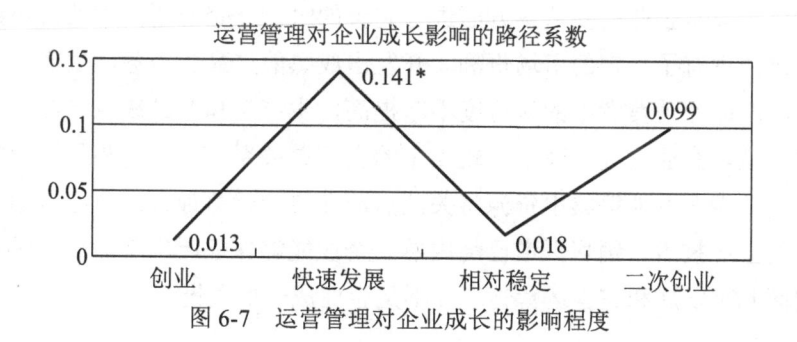

图 6-7 运营管理对企业成长的影响程度

从企业生命周期的过程来看运营管理对企业成长的影响变化，其对于企业成长的影响是从低位开始，历经上升下降和再次上升。对于创业阶段的企业而言，运营管理的重要性并不显著，随着企业快速发展，运营管理因素逐渐变得非常重要，而在企业发展步入正轨、逐渐稳定时，运营管理的重要性下降，不再对企业经营业绩产生重要影响，在二次创业阶段，运营管理也不再对企业成长发挥作用。

创业阶段企业的主要任务是设计、开发、生产新产品并推向市场，在市场中谋求一席之地。因此，在创业阶段，企业经营的重点是通过销售渠道铺设，使消费者可以接触到产品，通过合理的市场营销手段，使企业的产品或服务得到市场的认可，从市场竞争中脱颖而出，占据一席之地。此时，企业生产规模、人员规模以及市场规模都比较小，相应的管理工作并不复杂，主要依靠创业者自身的能力进行简单的统筹。由于创业阶段产量小、市场需求正在打开，企业对于高效的生产管理和科学的供应链管理要求并不高。所以在创业阶段，运营管理是否科学合理并不是影响企业成长的关键因素。

企业进入到快速发展时期后，企业的市场规模不断扩大，相应的技术和管理水平也不断改进和完善。在这一时期，企业的核心技术已经比较成熟，行业的产品标准和质量体系已经开始形成，产品的需求有了比较迅猛的增长。随着规模的扩张和销量的爆发式增长，这一阶段的企业常常会面临着企业管理和经营决策方面的挑战。企业的运营管理是否能与企业规模的扩张相匹配直接关系到企业是否能够保持持续的成长。经历了创业阶段的发展和积累以后，快速发展阶段的企业已经对自身所在行业的市场及其发展趋势有了比较清晰的认知，企业对市场的把握能力逐渐增强，但是企业并没有找准自己的核心竞争力，仍然存在被后来者模仿的竞争压力。与此同时，企业规模不断扩大，人员不断增加造成企业内部管理在内容上的复杂和难度上的增加，企业的快速增长对管理者提出了更高的要求，对企业的运营管理也提出了更高和更多的要求。快速发展阶段，企业为实现规模的扩大、业务的发展和市场的扩张需要投入包括资本在内的多种资源，为了协调各类资源，使其产生最大的协同效应，更需要做好企业综合计划的设计和生产的精益管理。而此时由于生产规模扩大，极易造成质量问题和库存问题，这就要求企业通过严格的质量监管和库存控制来提高顾客满意度、减小不必要的成本耗费。除此以外，必须集中资源准备做上下游信息的整合者。因而在快速发展阶段，运营管理对于企业成长有极大的促进作用。

相对稳定阶段是企业需要从各方面进行完善的时期。企业所面对的市场经过长期快速的发展，已经占有了一定的市场份额，开发出成熟的产品和服务，生产工艺和技术逐渐趋于成熟，产品在消费者中的认可度不断提高，生产量和产品线也已经基本确定，生产过程基本定型。企业已经构建了比较稳定的上下游关系，供应商和经销商关系也已经建立和稳定，使得企业能够集中资源将关注点放在自身优势最大的产品方面。而此时企业原有产品的生产技术、销售渠道已经成熟，企业能够保证所生产的产品满足设计的质量标准。因而此时发展和完善运营管理并不是企业成长的关键。

如果企业无法保持自身创新性和效率,则可能进入衰退,从而需要通过二次创业保证企业的存活。在二次创业阶段,面对产品不再受到消费者青睐,企业市场份额持续下滑,内部组织结构冗杂,管理体制僵化,缺少创新活力的企业,亟须进行彻底的变革,包括企业家经营理念的改变、经营战略转型、提振员工士气、重新进行市场定位、重塑企业文化、激发创新活力等,而运营管理所涉及的流程优化、工艺改进、质量控制、供应链整合等虽然可以对企业的经营与管理起到优化和提升的作用,但是并不能对企业经营带来实质的转变。另一方面,随着企业在二次创业阶段进行大换血式的战略转型,企业既有的生产模式、管理方式、供应链关系等也都随之进行大幅度的调整。企业已有的运营管理体系也很难与二次创业转型后的企业运营管理需求相匹配。因此,在二次创业阶段企业运营管理对企业成长的影响不甚显著。

案 例

戴尔公司供应链管理

戴尔计算机公司成立于1984年,当时,其创始人Michael Dell在创业之初抱着一种最简单的经营理念,即为每一位客户量身定做计算机。为了实现这一目标,戴尔需要比同业竞争者更加精确和及时地了解客户的具体需求,从而为他们提供满意的产品。正是这种创新的商业模式使戴尔在电子商务市场上占据了有利的地位,最终将其送上了全球领先的PC直销商的市场宝座。戴尔公司2018年的总收入为786.6亿美元,在世界财富500强排名93。目前戴尔已经成为被全球各国的企业、政府、各种机构和个人用户认可的个人计算机供应品牌。

和市场上大部分的计算机厂商的商业模式不同的是,戴尔公司的主营业务集中于个性化的电脑整机组装和服务,例如提供各式网络服务器、网络交换机、笔记本电脑和台式计算机等,并不从事直接的计算机配件生产。然而这种直销模式直接带来了戴尔公司的巨大成功,它先后战胜了IBM、康柏等老牌实力雄厚的计算机公司,其供应链管理模式能够以最快的速度将符合客户需求的产品寄送到其手中。通过这种模式,戴尔可以最大限度地降低库存,保证了低成本运营,按单装配也提高了其效率,使得许多大型的跨国企业、中小企业、政府和各种机构以及个人消费者都愿意在戴尔定制相应的计算机。

这种精准掌握客户需求并以最快速度上门服务的直销模式成为了业内竞相模仿的榜样。然而,由于经营时间和进入门槛的缘故,戴尔始终在产品和服务的多样性,以及量身定做的安装支持和系统管理等各种解决方案上拥有绝对的优势。1988年,戴尔公司成功上市,多年来其股票价值已经上涨了接近300倍。1994年,戴尔公司的网站上线,再次引领了电子商务的潮流,通过提供详细的配件资料与价格以及及时的技术咨询服务,缩短了用户线上选购的周期,再次占领了国际市场。

戴尔能够为顾客提供优质和满意的服务，离不开其与软件供应商的良好合作。由于互相之间的实时的信息交换，供货商和戴尔都能够节省库存成本，且能够最大限度地降低生产和运输流程中的可能的瑕疵，帮助戴尔更好地获取客户和完成订单。

戴尔的直销模式优势，源自于其供应链的优势。在与供应商和消费者的关系上，成功地实现了供应链功能和伙伴协作的整合，具体包括以下几点。

1. 精简和集中供货商

在世界各地，戴尔拥有5座工厂，这是因为戴尔对供货商的评估和考核较为严格，只有那些在品质、物流和服务等方面的表现满足要求的供货商才能被保留，并且供货商被要求在戴尔自己的工厂旁边搭建仓库以降低戴尔的库存和组装周期。这样一来，一些不符合要求以及不愿意配合的供应商就难以进入到戴尔的高效率供应链，这种做法极大地提高了配件的流通性，以及不同零件间的兼容性，使得戴尔从少而精的供货商那里实现了供应链的高效和优势。

2. 重视供应链信息的流通速度和透明度

戴尔了解供货商，但是为了实现供应链的高效管理和其优势的发挥，需要通过建立实时和透明的信息交流体系。戴尔的直销模式决定了接单即产生销售的挑战，为了让供货商根据戴尔的出货计划而维持合适的库存量，戴尔在注重双向的信息流通的同时还必须建立起与供货商之间的高水平的信任，否则一个环节出了问题，供应网络和链条就会出现大的问题。具体来说，戴尔会定期向供货商公布一些关键的销售数字，包括预估的零件需求量和刚接到的订单等。

3. 控制研发和设计所占的比重，尽量放大伙伴价值

戴尔非常明确自身的核心优势在于对供应链的管理，因此其余的非核心的业务就应当尽量地简化，其研发费用不到整体营收的2%，这是因为戴尔选择将这件事交给具有比较优势的供应链上的伙伴来做，这可以最大限度地提高效率，获取企业成长。例如，戴尔曾经把笔记本电脑相关的研发和设计工作交给台湾的一家合作伙伴来完成，这对于后者来说，也不失为一个绝好的成长的机会。然而，这种分工也对供货商提出了更高的要求，在戴尔公司的网络直销模式中，供货商必须在最短的时间内根据客户需求组装好产品并交给物流送达，并且要避免这个过程中可能出现的差错，对于供货商来说，与戴尔合作也是一项具有难度的工作。

然而戴尔更需要考虑的是如何更好地管理和运营供应链，从而为合作双方都创造更高的价值，并且在双方遇到困难时，彼此也能够互相协助。如戴尔急需大出货量，应付账款急剧增加，此时供货商如果缩短付款时间就能很大程度上降低戴尔的压力。因此整个供应链的价值与合作伙伴个体的价值在这个角度上是一致的。

戴尔分别使用现金的"供货商关系管理"系统（SRM）和"顾客关系管理"软件（CRM）来管理全球各地的供货商和顾客订单，使供货商可以更精准地满足顾客的需求，及时作出预测和反应。戴尔把"前端顾客"跟"供应链后端供应商"的信息无缝隙地连在一起，

对市场需求作出更快反应,从而摆脱了库存成本对传统计算机供应商的限制。

戴尔的成功不仅仅表现在其销售额和利润的增长,也体现在其客户忠诚度的提升,以及对客户信息的收集,例如,戴尔公司获取的客户产品编号、购买周期等的数据能够帮助其对市场的转变和公司转型等进行提前的有价值的预测。并且采集的信息也有助于戴尔敏锐地随着市场变动而采取应对措施。戴尔通过高度的个性化定制和低廉的价格赢得市场,获取了竞争优势。戴尔的创新在于它改良生产流程的能力。直接和消费者打交道。戴尔最显著的优势就是能够通过自己的供应链模式越过经销商直接与消费者接触。戴尔采取的先接单、后生产的流程,不必担心产品在卖场滞销,能够以最"新鲜"的原料组装计算机供应顾客。

小结

在传统的制造业中开创了引领市场方向,改变产业形态的新的销售模式是戴尔的供应链管理成功的关键。并且,信息技术的发展使得电子化供应链管理的优势更加凸显,存货的周转天数大大下降,交货时间也大幅缩短,实现了"信息对库存的取代",改变了传统的计算机厂商受到库存限制的局面,高效整合了顾客需求和供货商的生产,实现了戴尔与众不同的成功。

八、风险管理

如图 6-8 所示,风险管理因素在创业阶段和快速发展阶段对企业的影响显著,而在相对稳定和二次创业阶段对企业的影响能力十分有限。

风险管理对企业成长影响的路径系数

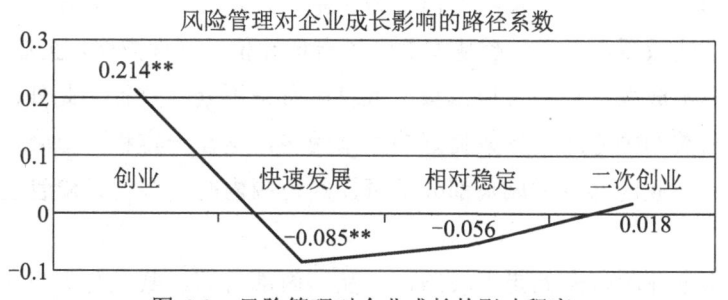

创业: 0.214**
快速发展: −0.085**
相对稳定: −0.056
二次创业: 0.018

图 6-8 风险管理对企业成长的影响程度

从企业的整个生命周期来看,风险管理对企业的影响从高位开始,随后急速下降。对于创业阶段的企业而言,风险管理的重要性非常显著,但随着企业进入快速发展阶段,风险管理因素对企业成长的作用由促进转为抑制,进入到相对稳定和二次创业阶段以后,风险管理对企业成长的影响消失。

初创阶段的企业就如同行驶在汪洋大海的一叶扁舟,任何一点小小的风浪都可能给企业带来倾覆的危险。这一阶段,企业的风险主要来自于市场、财务、管理等多个方面。

对于企业来说,市场的风险可能是产品不被市场接受、开拓市场对资源投入的需求过高、尚未产生规模效应而在价格上处于劣势、市场定位及营销策略出现失误等。在资金方面,无论是研发还是市场拓展,都对资金有大量的需求,而初创期的企业收入不稳定,企业内部难以形成稳定的现金流支持企业发展,而对于规模较小的初创企业来说,外部融资渠道少且成本相对较高,资金的约束始终是创业阶段的财务风险。管理方面,创业企业规模较小,在经营目标、市场定位等重大问题上主要依靠企业家的判断,无法通过科学的流程降低决策失误的风险;另一方面,由于创业企业人员较少,管理层级相对简单,往往会忽视规章制度的建立,存在着内部协调失衡的隐患。除此之外,市场政策、技术革新等风险在创业阶段也不容忽视。处于创业阶段的企业要经受各种风险的挑战,而创业企业本身抵御风险的能力较差,因而创业阶段提高风险管理意识,对企业持续成长有深远的影响。

快速发展阶段,企业品牌的知名度有所提高,产品得到市场的认可,占据一定的市场份额。随着销量的提升,企业经营的重点转移到保持生产技术领先和产品质量稳定方面来。这一阶段,市场风险有所下降但是仍然存在;企业的现金流相对稳定,财务的风险得到一定程度的缓解;随着企业发展壮大,企业对内部管理的重视度提升,在一定程度上降低了管理的风险。为了保证企业的快速发展,企业在这一阶段应该在保持审慎的同时勇于开拓,不断创新,助力企业实现弯道超车。在这一阶段,面对瞬息万变的市场环境,企业在制定决策和执行战略的过程中必须果断,及时识别并抓住机会,如果企业过于保守,不敢承担风险反而会错失良机,束缚企业的发展。

进入相对稳定阶段以后,不仅企业的经营状况趋于稳定,企业所面临的内外部环境也趋于稳定。资金方面,经过前面两个阶段的努力,企业已经积累了一定的实力,企业内部现金流充裕,外部融资渠道拓宽且成本降低,财务风险显著下降。市场方面,经过与市场的磨合期,企业对于消费者的需求和对生产技术的发展趋势有了更深刻的理解,即便市场竞争依然激烈,企业已经基本奠定了市场地位。管理方面,企业内部规章制度、组织建设已经基本成型,一切工作都按部就班、有条不紊地进行。此外,企业与政府、媒体等外部的利益相关方之间形成良好的关系网络,这在一定程度上降低了企业的外部风险。因此,在企业内部各类风险都处于可控的范围内时,强化风险管理对于推动企业成长收效甚微。

企业在二次创业阶段开始走下坡路,产品、内部管理,甚至财务方面的问题开始暴露出来。诸多问题中,产品的问题最为突出。由于市场需求的转变,企业的主要产品很难保持长盛不衰,过时甚至被市场淘汰的问题不可避免。企业产品销量开始大幅下降,企业的盈利能力变弱甚至开始出现亏损。管理方面,由于制度僵化,企业对外部环境反应变得迟钝,企业逐步老化导致核心员工纷纷外流,人才流失又进一步加速企业衰退,形成恶性循环。二次创业阶段企业经营的重点在于主营业务转型升级和组织架构优化,通过产品与技术的提升培养新的竞争力,重获市场优势地位。风险管理在这一时期并不是企业关注的主要内容,因此也不会对企业成长造成显著的影响。

案例

五谷道场的崛起与倒下

五谷道场2004年由中旺集团创始人王中旺以5100万元的注册资金正式成立,凭借"非油炸健康品"的独特定位迅速走红,2006年在国民健康意识逐渐觉醒的时刻,五谷道场打出"拒绝油炸,留住健康"的宣传语,一时间闻名全国,家喻户晓。

起步阶段的五谷道场非常重视市场营销,斥巨资在央视及各大知名媒体投放广告,媒体宣传取得巨大成效,五谷道场仅用了一年的时间就在已经相对成熟的方便面市场中开辟了15亿元的非油炸方便面市场。根据新秦商务发布的方便面市场品牌知名度排名,2006年市场上品牌知名度最高的为康师傅,而成立仅两年的五谷道场在市场中排名第七。

然而好景不长,面对市场需求的快速增长,五谷道场也不断投入资金扩大生产。同时,伴随着企业规模的扩大,管理问题逐渐暴露出来。内忧外患之下,五谷道场这家曾经月产值高达6000万元的方便面新秀已经变得负债累累,负债超过6亿元,资产负债率524%,工厂处于全面停产状态。2008年10月,五谷道场北京公司宣布破产,提出重整申请,并于2009年易主中粮。

五谷道场的失败主要是由于对风险的忽视,主要包括战略上盲目扩张所带来的财务风险、市场不利变动如信贷紧缩的市场风险、内部管理无法及时跟进的管理风险。

1. 财务风险

五谷道场提出的非油炸更健康的概念受到消费者追捧,一时间市场需求火爆,产品供不应求。为了满足旺盛的市场需求,五谷道场的生产线从创业初期的8条增加到2006年的32条,到2007年继续扩大产能,生产线增加到48条。仅三年的时间,五谷道场的生产线翻了六倍,生产基地遍布全国。生产线的扩张需要巨额的投入,再加上广告与研发费用,加剧了五谷道场资金的紧张。最终被爆出资金链断裂,引发拖欠货款、拖欠广告费、拖欠员工薪水,甚至无法正常发货的情况。

创业初期的五谷道场可以说是非常成功的,然而欲速则不达,五谷道场盲目地进行战略扩张而忽视公司自身的经营实际,最终也只是昙花一现。

2. 市场风险

随着健康、养生的理念深入人心,五谷道场非油炸方便面迅速打开市场,一时间供不应求。然而市场风险始终存在,既包括宏观经济层面的系统风险,也包括五谷道场所面对的非系统性风险。2007年全球经济都受到美国次贷危机的影响,全球经济走势低迷,国内经济下行,央行政策紧缩,市场流动性下降。受到经济环境的影响,五谷道场也曝出拖欠员工工资及经销商费用等消息,也面临着银行贷款的压力。内忧外患之下,五谷道场不顾外部市场的种种风险,坚持高速扩张,最终走到濒临破产的绝境。

3. 管理风险

对于不断成长的企业而言，扩张是必由之路，企业通过扩大生产规模与市场规模达到规模效应，如研发费用被摊薄、单位固定成本有效降低等，然而也应注意到，形成可持续的规模效益离不开公司在行业、市场中的持续发展以及经营模式保持持续的营利性。然而一旦市场出现波动，规模扩张反而会放大市场下降带来的不利影响。

当五谷道场未来的市场份额保持增长时，这种大规模的扩张策略与市场需求相匹配，可以给企业带来更多的利润。然而如果未来市场存在较大的不确定性，这种扩张策略的风险也是来自多方面的。一方面，市场规模的增长是否能与企业扩张的规模保持一致，另一方面，快速扩张往往会带来一些管理的问题，如技术滞后、人才匮乏、运营管理低效等。

4. 技术风险

五谷道场率先在市场上推出非油炸方便面，打造了15亿元的新市场，离不开其在技术方面的高要求。为了达到非油炸方便面的生产标准，五谷道场的生产线基本是从日本进口的，生产线的建造成本高达2000万元，与之相对比，油炸方便面的技术已经相对成熟，建设一条生产线只要数百万元。五谷道场盲目地进行生产扩张，极大地增加了公司的成本。同时，为了保持与已有的油炸方便面品牌的竞争优势，五谷道场将产品的价格压得较低，进一步压缩了企业的利润空间，甚至在经营后期利润为负。

五谷道场当时不仅面临战略风险、市场风险和管理风险，还面临着技术风险。技术风险的来源主要有技术本身缺陷、市场变化以及技术投资与管理。五谷道场的非油炸方便面生产线成本相对高昂，安装时间长，在需求巨大、供不应求的情况下，五谷道场急剧扩张生产线，这使得生产成本膨胀，技术投资资金随之大量投入，但是由于产品并不能马上生产、出售，从而资金回收困难，这种激进的技术投资与管理蕴含着极大的技术风险。

小结

我国很多企业在发展中容易忽略的一方面，就是缺乏风险意识与对风险管理的认知。对于企业来说，风险管理是最后一道防线，也是最重要的一道防线。对于企业或者组织，若要实现健康和持续发展的目标，应具备以下3个条件：完善的企业或组织的内部管理制度；建立健全的管理职能组织构架；合适且明确的企业战略与企业文化。此三者分别是企业或组织的外部免疫系统、内部主要骨架和精神动力。

有良好的免疫系统才能保证远离各种病毒与风险，是企业的第一道防御墙；健康完善的骨架保证了良好的企业架构，以确保良好的运作，是企业进一步发展和成长的基础；适宜的企业战略确保了企业前进的方向，良好的风险管控才能保障企业稳步前行。

九、社会资本管理

如图 6-9 所示，社会资本因素对企业成长的影响并不显著，在企业成长的整个生命周期中对企业成长的影响程度也因阶段不同而有一定差异。

社会资本管理对企业成长影响的路径系数

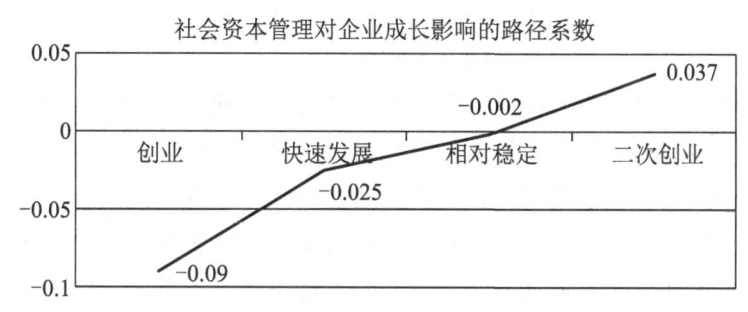

创业 -0.09，快速发展 -0.025，相对稳定 -0.002，二次创业 0.037

图 6-9　社会资本管理对企业成长的影响程度

从企业生命周期的过程来看社会资本对企业成长的影响变化，其对于企业成长的影响是随着企业成熟逐渐上升的。

对任何一家新成立的企业来说，在创业的起步阶段，由于企业掌握的资源较少，面临外部市场、政策，内部资金、产品等各方面的压力，需要通过获取外部资源的支持从而改善这种脆弱的状态。因而在这一阶段，为了获取政府或银行等机构的支持，创业者相当重视建立和维护企业外部的关系，这对于促进企业在长期中的发展和成长有重大的意义。创业阶段外部资本的作用主要体现在三个方面：企业家社会资本可以有效帮助企业寻找到合适的创业机会；通过企业家的个人社会关系网络，在企业寻找交易对象时，企业家社会资本有助于节约交易成本；企业家通过其个人社会关系网络，可以将分散的资源集中起来，为企业在创业初期提供金融资本。在一些较大的城市，为了给创业者提供批量的外部关系的支持以促进其实现良好的生存和发展，政府经济管理部门往往会建立和维护一些创业"孵化器"的项目，这与本研究的观点是一致的。尽管企业社会资本在创业期具有至关重要的作用，然而在企业发展的创业阶段，社会资本却是最匮乏的时候，企业与政府、银行等融资机构、新闻媒体、商业伙伴之间的关系尚未建立，企业社会网络薄弱，缺乏可利用的社会资本，此时企业需要倚重于企业中某些个人的社会资本，来支撑企业生存和发展。然而个人社会资本转化为企业社会资本，既存在不确定性和风险，又极有可能由此产生较高的交易成本。因而在创业初期，尽管社会资本对于企业而言很重要，但由于企业自身资源限制，其往往对于企业成长的促进作用十分有限。

然而，当企业处于快速发展期时，我们发现企业的外部关系对其成长性产生的影响并不显著。这可能是因为企业自身实力与对外部资源和关系的依赖性之间存在此消彼长的关系。具备一定实力的企业已经不需要刻意地维护外部政企和银企关系，这是因为当政府和银行发现企业的发展使得其具有了较大的经济价值时，他们会更愿意主动对其进行帮助和投资。此时，企业在外部关系管理中也具有更强的议价能力，能够挑选合作伙伴并对他们提出一定的要求，从而为自身的发展获取各种优惠的政策。因此基于上述分析，社会资本对处于快速成长阶段的企业成长性的影响不甚显著。

当企业进入相对稳定的发展成熟期之后，逐渐积累起了社会资历，加强了宣传和社会影响力，建立起了更多的企业网络关系，社会资本的资源约束逐渐解除。并且企业进入相对稳定阶段后，行业秩序和规范已经逐渐健全和成熟，市场也已培育完成，企业可以从市场获取各种发展所需资源。因而企业社会资本不再是支撑和促进企业成长的重要因素，其对企业的作用转变为提供组织创新和技术创新的支持，让企业长久保持在成熟期，延缓衰退期的到来。在企业进入到相对稳定阶段后，单纯依靠社会资本的缺点会日益凸显。此时企业应当通过练习"内功"，增长自身市场营销能力、人力资源能力以及技术创新能力不断获得发展的动力，而并非是通过依赖外部资源促进自身成长。

企业进入二次创业的衰退期后，经营业绩直线下降，严重者面临倒闭。这一时期，企业原有的发展模式面临淘汰，发展前景并不明朗，需要对企业进行较大的战略调整，通过二次创业帮助企业重新获得发展机会。在企业的衰退时期，成功的二次创业不仅能够使企业摆脱困境，甚至可能铸就更大的辉煌。与创业期相似，企业在二次创业时期借助社会资本获得二次创业机会和关键资源。但不同的是，此时的企业已经具有完善的关系网络，与合作伙伴、供应商、客户与政府部门之间都有较强的互动。因此，二次创业时期的企业需要对原有社会关系网络进行延伸，发现新的发展思路。除了机遇，社会资本能给企业提供二次创业的关键资源。如果企业没有大量的社会资本积累，就很难获得资源，走出衰退期。尽管更多的社会资本存量给企业二次创业带来了更多的机遇，但也有可能限制企业的发展思路。由于二次创业阶段需要变革和创新，而固有的社会资本往往是以往发展模式的遗产，因而很难帮助企业摆脱原有的发展路径而进行二次创业。因而在二次创业阶段，社会资本对于企业的发展并不具有显著的影响。

案 例

瑞幸咖啡的社会资本

2019年5月，成立仅17个月的瑞幸咖啡在美国纳斯达克上市，成为最快上市的公司。回顾瑞幸咖啡的发展历史，瑞幸咖啡2017年6月成立，2017年10月在北京银河SOHO神州优车总部大堂，瑞幸咖啡的第一家线下门店开业。创始团队不断摸索，2018年1月分别在北京、上海等13个城市试营业。自此，瑞幸咖啡开始了在全国范围内的快速扩张。仅四个月以后，瑞幸咖啡即在全国范围内开设超过500家门店，至2018年底，瑞幸咖啡已经覆盖全国22个城市，线下门店数量超过2000家。根据瑞幸咖啡的招股书，截至2019年3月31日，瑞幸咖啡在全国的门店数量已经达到2370家，并计划2019年底，门店总数超过4500家。咖啡巨头星巴克进入中国20年以来，在全国的门店数也只有3521家，瑞幸咖啡增速之快可见一斑。随着瑞幸咖啡门店数量增加的，还有瑞幸咖啡的销量增加。经过 1 年多的发展,瑞幸咖啡用户超过 1680 万,2018 年销售咖啡及其他产品合计 9000 万杯。

瑞幸咖啡能够上演 17 个月快速上市的神话,"烧钱"起到了巨大的作用。2017 年 11 月,成立不久的瑞幸咖啡斥重金邀请汤唯、张震两位明星代言,这两位重量级明星深受白领群体欢迎。同时,线上线下同步的宣传极大增加了产品的知名度。瑞幸在线下的宣传以分众广告为主,主要在写字楼和住宅楼的电梯间内投放。线上宣传方面,瑞幸咖啡通过微信 LBS 广告精准将广告投放给门店附近的白领。同时,瑞幸咖啡通过分享链接、邀请好友等方式进行社交电商营销,实现宣传范围最大化。此外,依托资本的支持,瑞幸咖啡大量补贴给消费者,低价策略吸引了大量用户,瑞幸咖啡 APP 一度成为餐饮类 APP 第一名。

瑞幸咖啡自成立以来,快速攻城略地,实现门店数量的爆发式增长,离不开社会资本的支撑。一方面门店快速扩张,租金、装修费占用了大量的资金;另一方面,巨额的广告费、"卖一单赔一单"的配送费用,以及无穷尽的补贴可谓是在"烧钱"。根据瑞幸咖啡的招股书,2018 年亏损 2.32 亿美元,2019 年 1 季度仍然亏损,甚至连瑞幸咖啡的 CEO 钱治亚也不知道什么时候可以实现盈利。钱治亚曾是神州优车的 COO,离职以后创立了瑞幸咖啡。她多年的运营管理经验不仅为瑞幸咖啡注入了互联网思维,组建了创业团队,还带来了大量资金。2017 年,在众多创业企业还在为如何找到创业资金而发愁时,瑞幸咖啡就已经拥有 10 亿元人民币的创业资金,可谓是"含着金汤匙出生"。瑞幸咖啡董事长陆正耀同时也是神州优车的董事长。借助其社会关系,他与神州优车副董事长、大钲资本创始人黎辉、愉悦资本创始人刘二海组成"铁三角",发动社会资源,源源不断地为瑞幸咖啡带来投资资金。上市以来的四轮融资的投资人,几乎全部为神州的"朋友圈"。从成立到上市不到两年的时间里,瑞幸咖啡通过股权融资获得了 7.5 亿美元的投资。2018 年 6 月,瑞幸咖啡 A 轮首次公开融资就是 2 亿美元,大钲资本、愉悦资本、新加坡政府投资公司(GIC)、君联资本进场,将 A 轮估值抬到 10 亿美元。A 轮融资 5 个月后,瑞幸咖啡启动 B 轮融资,同样是 2 亿美元,估值则翻了一番到 22 亿美元。A 轮投资方除了君联资本之外全部跟投,中金公司也在这轮进入。上市前夕,瑞幸咖啡又获得贝莱德(BlackRock)的 B+ 轮投资,共计 1.5 亿美元,投后估值 29 亿美元。除了股权融资以外,瑞幸咖啡也通过债券融资的方式筹集资金,通过个人借款、抵押贷款等方式融资 12.85 亿元。

除了利用资金的优势,瑞幸咖啡也充分利用媒体资源。瑞幸咖啡自成立以来"叫板星巴克""疯狂扩张""光速上市"等话题不断,在各类媒体上高度曝光,引起社会热议。这同时也在一定程度上为瑞幸咖啡带来了极好的宣传效果。

小结

瑞幸咖啡实现 17 个月上市的神话,是其雄厚的资金实力、精准高效的市场营销、强执行力的市场运营综合作用的结果,而这些优秀的表现应归功于创始人团队在资金、媒体等方面积累的社会资源。瑞幸咖啡内部高速运转,外部借力媒体强势宣传、依托投资机构的风险投资快速扩张业务,双管齐下打破行业竞争格局,远远超越同类企业。

第二节 各关键因素在企业相同成长阶段相对重要性对比

上节中分析的各个影响因素对企业的成长性的影响程度主要通过路径系数的大小来体现,在本节中,我们将分析在企业处于同一生命周期的各个阶段中,各影响因素对企业成长性的影响程度,并且按照重要程度对各因素进行排序。

一、创业阶段

如表 6-1 所示,创业阶段推动企业成长的主要因素为风险管理、市场营销、企业家三个因素,风险管理的影响程度最强,其次是市场营销因素,企业家因素略逊于风险管理和市场营销两个因素。同时本文的实证研究结果表明,战略管理在这一阶段可能会抑制企业成长。

表 6-1 创业阶段各因素影响程度排序

企业成长影响因素	影 响 程 度	重要性排序
风险管理	0.214***	1
市场营销	0.168	2
企业家	0.114	3
人力资源	0.139	
运营管理	0.013	
社会资本	-0.09	
技术创新	-0.055	
企业文化	-0.15	
战略管理	-0.2***	

由于处于创业阶段的企业刚刚起步,面临着市场对销售额和声誉的要求,需要尽快解决规模小、可控资源少、知名度低、销路窄等问题以求得生存,相应地,在这一阶段的企业也面临种种困扰和不确定性,抗击风险的能力较差。企业在创业阶段面临着市场定位、品牌形象建立失误等市场风险,无法及时进行融资或偿还利息等财务风险,组织结构设计错误、部门难以协调等管理风险,以及政策风险、技术风险等威胁企业基本生存的问题,一旦有任何风险没有得到及时防范和控制,企业就会倾覆在市场大潮中。因而,在创业阶段,风险管理帮助企业在超速运行时及时刹车,避免发生严重的事故。风险管理成为企业维持生存的基本条件。

创业阶段，企业的知名度、美誉度都未形成，品牌定位和形象未建立，销售渠道刚刚开始铺设。而企业发展壮大的希望就是不仅到达消费者的手中，也到达消费者的心中，打响品牌，提高销售量和销售额，扩大消费者群体，在市场中占有一席之地，如果市场营销工作没有达到上述目标，那么企业就会淹没在创业大军中，无法突出重围。因而创业阶段的市场营销是至关重要的。

由于创业阶段的企业资源匮乏，企业家只有以身作则、身先士卒，充分发挥自己的人格魅力感召人才并激励其努力工作，用其创新和拼搏的精神感染团队成员，并充分发挥企业家的能力，确定正确的发展目标和制定科学的成长战略，带领企业员工跨越发展初期的重重障碍，才能使企业发展快速并步入正轨，尤其是企业家施展其关系能力，通过社会交往和联络为企业寻求机会。因而在创业初期，企业家自身的魅力、能力和精神也是创业初期推动企业发展进步的重要因素。

在创业阶段企业面临极大的不确定性。一方面外部市场竞争激烈，且市场需求不断变化。这要求企业必须不停地对企业战略进行调整，从不确定的市场竞争中找到突破口，打造企业自身的核心竞争力。另一方面，由于企业内部组织结构尚不健全，企业内部管理应保持高度的灵活性，时刻对外部环境的变化做出调整。因此，在这一阶段企业的主要目标是生存，设置明确的战略愿景会束缚企业的灵活性，出现僵化的问题，甚至会导致企业错失市场机会，限制企业成长。

因此，处于创业阶段的企业，影响其成长性的关键因素依次是风险管理、市场营销和企业家。对于战略管理则应当审慎对待，不要受制于所谓的"战略"。

二、快速发展阶段

如表 6-2 所示，快速发展阶段运营管理、企业家、技术创新三个因素对于企业成长具有积极作用，其中运营管理影响程度最强，企业家次之，然后是技术创新。其他因素则对企业成长的影响不显著。

表 6-2 快速发展阶段各因素影响程度排序

企业成长影响因素	影响程度	重要性排序
运营管理	0.141***	1
企业家	0.116***	2
技术创新	0.091***	3
人力资源	0.07	
市场营销	0.064	
社会资本	-0.025	
战略管理	-0.026	
风险管理	-0.085***	
企业文化	-0.157	

企业在快速发展阶段，销售额稳步上升，市场规模逐渐扩大，企业整体的生产和业务能力迅速提高。企业进入到快速发展时期后，随着企业资源投入规模的增加、业务的发展和市场的扩大，做好企业综合计划的设计是关乎企业在快速发展中保证运营管理能够满足需求的关键。并且由于此时市场需求增长，生产规模扩大，要求生产速度提高满足供货要求，对于生产的管理与安排要求极高，并且随之而来的质量问题和库存问题如果不能避免和解决，将对企业造成重大的打击，这就要求企业通过严格的质量监管和库存控制来提高运营效率、减小不必要的成本耗费。因而运营管理成为快速发展阶段企业的最为重要的影响因素。

快速发展阶段，企业家有着强烈的"将企业做大做强"的愿望和热情，这种强大的精神力量也鼓舞和激励整个团队为了企业的未来进行不懈奋斗，对整个企业的士气和内部氛围极为关键。企业的飞速发展带来了许多不稳定问题，而过高的人员离职率也是企业非常致命的问题，这需要企业家依靠其自身的魅力吸引和留住团队人才。该阶段，企业规模的快速扩大以及环境的变化在给企业带来机会的同时也带来了更多的威胁，企业家能否制定出正确的战略决策，直接决定着企业的生存与发展。而这有赖于企业家自身的计划、组织、领导和控制能力。因而在该阶段，企业家由于既要掌舵，保证企业在爆炸性增长中保持稳定和正确的方向，还要为未来的进一步发展制定远景和战略，因而其重要性更为突显。

随着企业在市场中逐渐占据了一席之地，在竞争激烈、机会稍纵即逝的市场中不断钻研开发新技术和工艺，并推动其成为行业之首，甚至是行业标准，对于帮助企业占据优势地位具有关键的作用。从创业阶段过渡到快速发展阶段，组织人员增多，组织结构逐渐复杂，通过制度创新理顺企业运作秩序，使之符合企业发展的要求是企业成长应有之义。此外，进行战略和市场创新，制定迅速占领市场、扩大市场份额的市场战略。能够促进在行业排行榜中不断进步。因而在快速发展阶段，创新能力对企业的成长发挥着关键性的作用。

进入快速发展阶段的企业在外部市场竞争中找到一席之地，产品得到消费者的认可，且市场知名度逐渐提升。企业表现出一定的盈利能力，销量攀升，现金流转正，且随着企业竞争力的提升，企业不断拓展外部融资渠道，创业阶段资金紧张的问题得到一定程度的缓解。企业内部管理体制逐渐完善，企业运营流程、规范逐渐明晰。相比于创业阶段，快速发展阶段的企业面临的风险有所下降，且随着企业竞争能力、盈利能力、融资能力、运营管理能力等方面的综合提升，企业抵御风险的能力也不断加强。这一阶段如果仍然保留创业阶段的经营逻辑，对于市场变化、内部风险等都谨小慎微，注定会限制企业的发展，导致企业失去很多成长的机会。

因此，在快速发展期的企业，其成长的主要影响因素按重要程度排序依次为企业的运营管理、企业家和技术创新。对于风险管理则应当恰当对待，处理不好会贻误战机，影响企业发展。

三、相对稳定阶段

企业进入相对稳定阶段后,人力资源管理方面会积累大量的问题,如人才相对短缺、岗位设置不合理、人员薪资职位不规范等。老员工往往存在知识老旧不能适应市场发展需要等问题,而新员工在招聘、培训,以及融入企业文化等过程中也存在种种问题与矛盾。而企业在发展壮大后,组织架构与岗位设置的不合理也暴露出来,组织问题亟待解决。并且在组织进入稳定发展状态后,创业初期的企业创新拼搏文化和快速发展阶段做大做强的强烈愿望逐渐消退,企业的士气变得低落,此时激励员工保持昂扬的斗志和奋斗精神成为人力工作的应有之义。因此,在企业相对稳定阶段,人力资源管理能力会对企业的成长产生极为显著的影响。

如表 6-3 所示,人力资源和市场营销两个因素可以有效促进企业成长,实证分析的回归系数表明人力资源的重要性更为突出。同时,我们发现在这一阶段企业文化对于企业成长产生了显著的抑制效果,并且抑制的程度较强。

表 6-3 相对稳定阶段各因素影响程度排序

企业成长影响因素	影响程度	重要性排序
人力资源	0.177***	1
市场营销	0.17***	2
技术创新	0.113	
企业家	0.023	
运营管理	0.018	
社会资本	-0.002	
风险管理	-0.056	
战略管理	-0.108	
企业文化	-0.207***	

企业进入相对稳定阶段后,主要产品进入生命周期的成熟期,市场增长几乎停滞,而竞争对手和替代品厂商的数量增多导致市场竞争变得更为激烈。此时,如果市场营销不能及时有所作为,企业的市场份额将很快被竞争对手吞食,企业的市场地位将严重下降。企业应当从产品规划、定价、促销以及渠道铺设等方面形成全面而主动的攻势,形成更加科学合理和更有盈利能力的产品线,并深入地优化产品线中每种产品,制定能够体现品牌地位与价值,在市场中保持有竞争力的价格,进行适度的促销活动提高销售量,并有选择性地更广地铺设销售渠道。如果企业营销产生惰性,将造成业务发展处于停滞不前的状态。相对稳定阶段的企业市场营销,是"保江山"的关键因素。

对于相对稳定阶段的企业来说,企业外部市场地位逐渐稳定,内部管理模式形成一定的规范。这一阶段应该注意的是随着企业各项经营都步入正轨,企业内部出现冗余,人员职责不清、业务流程繁复等问题日益严重。在这种情况下,如果将企业文化作为一种"软力量"去约束员工行为,则可能导致企业经营方向被保守的文化架构限制住,加速企业老化。

因此,在企业相对稳定阶段,人力资源和市场营销是企业成长的关键影响因素。而对于企业文化,则应当审慎对待。

四、二次创业阶段

当企业步入二次创业阶段(衰退期)后,企业需要一种凝聚力,企业家的个人作用也就再一次凸显,带领企业走出衰退的泥潭,进行二次创业。同时,企业家必须为企业的发展指明新的方向,并着手制定相应的规划。因此,这一时期企业家也再次成为企业是否继续成长的关键因素。由于该阶段,企业家需要通过个人魅力将涣散的人心重新激发,需要通过个人能力进行革新和再规划,企业家对于企业的挽救作用甚至比创业阶段的领头羊作用更为重要。

如表6-4所示,二次创业阶段影响企业成长的主要因素再一次发生变化。企业家在企业中的作用又重新凸显,成为推动企业成长最重要的因素。此外,市场营销对企业成长的促进作用依然显著,但是影响程度方面略逊于企业家因素。同时在这一阶段企业文化依然是可能制约企业发展的因素,对企业发展具有一定的负面影响。

表 6-4 二次创业阶段各因素影响程度排序

企业成长影响因素	影 响 程 度	重要性排序
企业家	0.394***	1
市场营销	0.365***	2
运营管理	0.099	
社会资本	0.037	
战略管理	0.033	
人力资源	0.02	
风险管理	0.018	
技术创新	-0.032	
企业文化	-0.534***	

企业进入二次创业阶段后,实现企业复兴最有效的方式是通过探究消费者新的需求,研发并生产新的产品和服务满足其新需求,通过新产品和服务的推广来带动企业二次创业。因而,通过市场调研确定公司新的发展方向,并据此制定合理的市场细分、目标市场选择与市场定位成为二次创业阶段的关键。因而市场营销能力在该阶段起到了至关重要的作用。

二次创业阶段,企业出现销量下滑、盈利能力下降等问题,主要原因可能是产品无法满足新的市场需求、企业失去创新活力、内部组织僵化导致资源利用效率降低等。这一阶段企业应理性地分析企业的优势与不足,在充分利用优势资源的基础上进行彻底的变革。相应地,企业的文化与价值理念也应该注入新的活力,适应环境的变化和企业的发展需要。如果一味地将形式主义的企业文化强加给员工，只会对企业活力产生抑制效果，加速企业衰老。

因此，在企业二次创业阶段，企业能否获取成长主要取决于企业家、市场营销这两个关键影响因素。而对于企业文化，则应当审慎对待。

综上所述，在不同成长阶段，各关键影响因素对企业成长性的影响作用存在较大差异，而每个阶段所需要的关键因素也有显著不同，其重要性排序如表6-5所示。

表6-5 各影响因素在企业生命周期不同阶段的重要性排序

关键因素 \ 生命周期阶段	创业阶段	快速发展阶段	相对稳定阶段	二次创业阶段
企业家	2	2		1
战略管理				
人力资源			1	
市场营销			2	2
企业文化				
技术创新		3		
运营管理		1		
风险管理	1			
社会资本				

第三节 基于生命周期的企业成长策略

依据企业成长的关键因素的实证研究结果，本节将阐述企业不同生命周期中显著影响企业成长的因素在不同阶段的发展策略。

一、创业阶段的企业成长策略

1. 风险管理策略

创业阶段是一个企业从无到有的过程，这时企业处于发展的初级阶段，往往规模比较小，所生产的产品品种比较单一，客户资源也相对贫乏，因此这个时期是企业生存的关键时期，如果企业能够合理运用资源，抓住市场机遇，逐步扩大生产，提高销售额，掌握大量的稳定客户，就会逐渐在市场上站稳脚跟，实现发展壮大；反之，在企业最脆弱的时期，任何一个意料之外的风险事件的出现，都会对企业造成严重的打击，甚至会威胁企业的生存。因此，在创业阶段风险管理是企业的重中之重，应该投入足够的精力来关注企业生存可能存在的风险，相应地成立风险管理部门，量身定制风险管理策略，以及制定一整套系统的风险管理制度，为今后的全面化风险管理打下良好的基础。

具体来看，企业在初创阶段主要面临以下几类风险：

1) 生产技术风险

在企业初创阶段，最关键也是最困难的就是生产技术的研发工作，由于一些技术壁垒和障碍的存在，企业往往很难获得一些生产中的关键技术，或者需要付出很高的研发成本，而且由于创业阶段企业规模和声誉的限制，通常很难吸引到优秀的技术人才，也缺乏足够的实力建设实验基地和购买设备；另外，即使企业投入大量的人力物力资源进行技术研究，结果也可能不尽如人意，这样企业仅有的创业资金就可能被消耗殆尽，从而使公司走向衰亡。

2) 市场风险

争夺市场份额一直是市场营销中的一个重要课题，任何一个企业的生存和发展都离不开对市场份额的把握。企业在创业伊始会面临各种各样的市场风险，例如新产品由于性能、稳定性及消费者惯性等因素一时无法被市场接受；开拓市场所需要的资源投入超出企业的承受范围；由于企业规模较小，无法取得规模效应，从而使生产成本过高，在价格上处于明显劣势；市场定位出现失误，营销策略选择错误等，这些风险因素都有可能造成企业在市场份额的争夺战中处于下风，最终被逐出市场。

3) 财务风险

资金的利用和融通在企业的发展过程中始终起到至关重要的作用，"巧妇难为无米之炊"，缺乏可利用资金对于一个企业来说就如同鱼儿离开了水，最终难逃死亡的厄运。处于初创阶段的企业在生产技术研发、市场拓展及品牌形象建立等方面都需要大量的资金支持，而一旦资金出现短缺，企业就不得不寻求外部融资，这样无疑会提高成本，而且对于一些中小规模的企业来说，外部融通通常是十分困难的，而且成本也相对偏高。

4) 政策风险

企业在经营过程中面临着来自于各个部门的监管和规范，创业企业作为一个行业的新进入者，政策风险是一个必须注意的问题，否则可能会因为违反国家或地方政府的环保政策、能源政策和科技政策等受到严重的处罚，从而提高生产成本。

5) 管理风险

企业在创业阶段决策者往往对自身产品的市场定位并不清楚，对整体外部环境的把握也容易出现偏差，因此经常会做出错误的战略决策，使企业走弯路，甚至走错路；另外，企业创立伊始由于人力资源的缺乏和规章制度的不完善，容易出现组织结构混乱，各个部门协调不力等现象，这些都会对企业的生存发展造成严重的威胁。

在企业创业阶段可采取以下策略。企业在初创阶段就如同一条行驶在汪洋大海的小船，周围充满了各种未知的风险，稍有不慎就会遭受灭顶之灾，因此在这个阶段风险管理是企业生存的关键所在，必须给予足够的重视。根据以往经验，企业在创立初期往往缺乏风险意识，急于扩大规模，盲目追求高回报的项目，因此在这一时期企业首先要明确风险管理目标，根据自身财务状况确定企业能够承受的最大风险，对于超过承受范围的风险要坚决予以规避；其次要建立完善的风险管理机制，设立专门的风险管理部门来监控企业所面临的各种风险，制定相应的风险管理措施；然后是对于风险控制工具的选择，企业要结合自身的实际情况，选择适当的风险控制工具；最后，要定期对企业风险管理活动进行监督，评价前一阶段风险管理措施的实施情况，并针对企业未来可能会面临的新的风险制定有效的措施。

扩展阅读

果小美——无视风险之祸

2016 年开始，一种无人看管的开放式货架悄然出现在写字楼中。2017 年底在无人便利店大火之后，无人货架也成为了新的风口，几乎全面布点在大公司、写字楼等地，具有开放货架、全面无人，高度依赖场景和人性等特点。由于更加贴近用户真实需求的线下场景，蕴藏极具价值的线下流量，创业者、巨头和资本对此趋之若鹜。据不完全统计，2017 年下半年，仅半年的时间里就有超过 50 家企业进入到无人货架赛道，吸引了包括阿里、IDG 等知名公司 50 亿元人民币的风险投资资金。

果小美也是无人货架赛道上的竞争者之一。果小美的创始人为阿里巴巴聚划算创始人阎利珉，2017 年 6 月果小美在成都成立之初就获得 IDG 数千万元人民币的投资。在资本的支持下，果小美运营仅 2 个月就在成都发展了数百家网点。融资的脚步并没有停止，在短短半年的时间里先后完成了六轮融资超过 5 亿元人民币。到 2018 年初，果小美的无人货架覆盖 59 个城市，服务企业超过 8 万家，货架终端近 10 万个，日均交易额超过百万元，在无人货架的赛道上成为头部企业。2018 年无人货架行业遇冷，外部投资机构更加谨慎，噩耗不断传来：猩便利的全线收缩，传出资金链断裂传闻；行业老玩家领蛙被便利蜂并购；七只考拉裁员九成，仅留仓储部门……果小美的状况也不容乐观，一方面业务持续亏损，似乎铺设的货架越多，亏得越多；另一方面，难以从外部获得新的投资资金，果小美在经历了发不出工资、商品缺货等风波之后，终于宣布果小美无人货柜停止服务，并全面撤柜。

果小美甚至整个无人货架行业快速崛起，又迅速凋零。这一大起大落的波澜令人唏嘘，然而，这些在创业阶段的企业无视风险，盲目扩张也是导致其溃败的主要原因。

首先是管理风险。果小美成立以后将业务发展的重点放在业务扩张上，追求覆盖了多少个城市、有多少个铺货点，而非实际的经营。于是在人员管理方面疏于管理，导致内部管理十分混乱，业务人员的欺骗行为比比皆是。果小美对于货架的布局有明确的规定，如货架应安装在封闭的办公区域，且办公人数超过 30 人。然而实际的情况是为了个人业绩，业务员开始造假，甚至将货架安置在幼儿园、汽车 4S 店、红酒仓库等点位。经公司排查，在一个月内撤掉了几千个问题货架，其中一位销售人员的造假点位甚至多达41个。无人货架建立在办公室场景,目标客户群是办公室白领,旨在解决便利店的最后10米。无人货架的亮点在于"无人",依赖白领的个人素质完成销售。然而这种销售模式存在很大的漏洞。一方面,高素质的白领大概率会在购买之后支付商品的金额,然而这一比例并不是100%。另一方面,由于这一漏洞的存在,货架维护人员也可能会在运送过程中中饱私囊。也正是这一原因,无人货架的货损率一直居高不下。

其次是财务风险。直至2018年果小美全面撤柜时,果小美仍然未能找到稳定的盈利模式,企业的运营依靠外部投资者的风险投资。在成本方面,以果小美为代表的无人货架在经营方面的优势在于节省了店面租金和人工成本。另外,果小美这种无人看管的经营模式带来了比普通便利店更高的货损率。同时,由于货架布局十分分散,对货架的运营、管理、补货等成本更高。此外,相比于传统的大型超市,果小美对上游供应商的议价能力较低,拿货成本更高。而在销售方面,由于无人货架在空间和形式上的限制,果小美的商品数量受到很大的限制,Sku数量一般不会超过50种。这导致果小美在盈利能力方面远不及传统的便利店。而且果小美为了吸引用户和培养消费习惯往往会进行大力度的促销活动,更进一步地削弱了果小美的盈利能力。成本方面难以控制,销售方面缺少绝对优势,这导致以果小美为代表的无人货架公司一直在烧钱,而难以实现盈利。以至于当外部投资中断时,果小美毫无招架能力,迅速就发生资金链断裂,不得不退出赛道。

最后是技术方面的风险。无人货架依托移动支付技术,更多的是商业模式方面的创新,本身没有什么技术壁垒,导致行业中很难出现绝对的垄断。而果小美同赛道中的其他竞争者一样,将全部重心都放在如何扩张,占领更多写字楼上面,而并没有认真思考如何降低货损率、如何优化供应链、如何提升消费者体验等真正束缚了无人货架的问题。创业初期果小美全国一共仅四五个人负责货品、货架等产品的采购,选品能力差,导致畅销商品供应不足,而滞销商品大量堆积。虽然后期业务扩大以后改为分大区采购,但并未从根本上解决供应链的问题。

小结

以果小美为代表的无人货架企业在资本的助推下盲目扩张,而疏于对内部人员进行管理,忽视技术优化的必要性,无视资金链断裂的财务风险,一味地烧钱圈地,最终当外部投资中断时只能坐以待毙。

2. 市场营销策略

在企业生命周期的创业期,企业市场营销的重点、运作过程和内容等都存在一些独特的属性。

第一,机会导向。这一阶段企业能够调动和支配的资源较为匮乏,因此为实现企业的生存和发展,创业者在制定企业的营销方案时较少受到既定思维模式的束缚,能够更为灵活地抓住各种机会,制定出适合创业企业成长的营销策略。

第二,注重关系。由于创业企业尚未打开市场,此时通过各种社会关系网络来开展营销有助于企业摆脱通用的营销法则和方案的束缚,这意味着在创业阶段,创业者应当有意识地培养和维护具备良好社会关系的人脉。

第三,灵活多变。由于相对传统的企业营销环境,创业企业要进入和占据全新的市场,各种因素都存在极大的不确定性,因而其面临的营销环境较为动荡。为了应对这种复杂多变的环境,创业企业应当积极主动地适时调整营销策略,从而运用营销的力量推动企业的一步步成长。

第四,营销反馈机制。不同于在发展较为成熟的企业中,营销人员需要制定合理的方案从而服务于其他的要素,创业企业的营销活动具备自身的特点,尤其是能够更强烈地反映企业的经营状况。通过对产品推广的方案的制定和分析,企业能够获取反思经营和战略并进行相应调整的机会,这有助于企业在长期成长中获取竞争优势。

运用 SWOT 方法对企业创业阶段的市场营销环境进行分析,可以得出创业阶段的市场营销环境如下所示。

外部机会:面对新的或未满足的市场需求;市场定位灵活。

外部威胁:社会筹资困难;人才不愿进入;企业风险大;其他企业的竞争;社会网络匮乏。

内部优势:市场反应快,经营灵活,成长性高;个人创造性、创新精神强;企业人际关系协调,员工具有共同的奋斗目标。

内部劣势:企业抗风险能力弱;缺乏明确的方针和制度;创始人危机与人治色彩严重,缺乏明确的方针和制度;人才紧缺,缺乏战略性思维。

当企业将其产品或服务投放市场,能否获得消费者的认可从而获取客观的销售额对于企业在未来的营销能力的积累有着重要的影响,因而该阶段营销力应以产品力为中心,同时带动价格力、销售力、渠道力的形成。这一阶段营销力还处于简单能力的地位,路径依赖性较弱。

创业阶段,企业的营销战略要突出"准"的特点:要看准市场机会、行情、顾客确切需要和消费行为特点以及技术特征,从而能够显著区分于同业的其他企业,精准地为顾客提供价格合适、技术完善、质量过关和贴心完善的服务,获取与顾客的长期商业关系,从而成功塑造品牌的价值,提高顾客的忠诚度。具体要重视以下几点营销策略:

1) 产品策略

创业阶段,因品牌尚未定型,企业应当继续在产品质量、生产技术和成本上进行提升和完善。为了降低生产成本,减少废品、次品数量,逐渐实现规模生产和效益,企业应当采用短线的产品策略,等企业的资金和生产经验充足,发展前景逐渐清晰后,可以逐步地丰富产品,扩大和深化产品线以进一步获取市场优势。

2）品牌策略

在企业创立之初，应当实施差异化的品牌战略，在消费者心目中建立和推广独特的品牌定位和概念。为了实现这一目标，企业应当充分地了解消费者心理，从而通过广告、公关等手段精准地进行品牌推广和信息传递，建立有助于提升市场占有率的品牌认知和形象。

3）价格策略

对于创业阶段的企业，针对市场上已有产品的类型，包括高价投放、薄利多销和中位定价的三种价格战略可选。高价投放主要针对企业的产品在市场上是独一无二的这一情况，此时需求的弹性较小，为了尽快回收成本和获取利润，企业应当采取这种价格模式。薄利多销的低价渗透模式主要是为了企业在诸多类似产品中杀出重围，尽快占据市场份额，排斥潜在竞争者。而中位定价主要是由企业自身的生产能力和产品生产周期决定的，这可以一定程度上避免高价和低价对企业带来的市场获利上的损失。

4）渠道策略

在企业初创的一段时间内，为了准确掌握消费者满意度和产品市场适应度等信息，企业应当充分考虑产品和品牌尚未定型的情况而采取较短的渠道进行分销，且较窄的渠道有助于企业的成本控制。同时，为了为未来的大规模销售预留空间，企业应当精挑细选那些具备较为丰富的销售经验的中间商来合作。这是企业追求长期利润最大化的体现。这一时期的渠道运营目标是加大市场覆盖面而不是市场占有率。企业应着重考虑借助区域经销商资源以有效降低渠道运营成本，以便集中有限资源进行市场认知教育的投入。

5）促销策略

因产品品牌无知名度亟须市场与消费者的认知，同时，这一时期的销量呈缓慢增长状态，企业难以确保产品的盈利率甚至会出现负增长，而且还要拿出较高的促销费用以促进消费者试用产品。企业促销重在大力宣传品牌和产品性能等可以迅速传递的信息，并且应当采用广告这种覆盖面较广的方式与公关和人员推销的结合。根据企业产品的不同，应当相应地选择不同的促销组合策略，例如，对于消费品的促销，应当以陈述式的广告为主，对于生产资料类产品的推销，应当以高效而精准的人员推销为主。高促销和低促销这两种促销战略在力度和花费费用上存在较大的区别。在创业阶段，产品销售量低且增长缓慢，由于销售量少而促销费用较高，企业通常亏本，即使有利润也比较微薄。营销目标是提高产品知名度和产品试用率。

案 例

58同城创业阶段的市场营销

58同城成立于2005年底，是国内领先的生活分类信息网站，站内有包括找房子、找工作、二手物品买卖、二手车、旅游、交友等各类生活信息，用户可以免费发布及查询。

58同城创业阶段的主要营销工具包括：海量文章、水军外链；网站内容的更新和扩展；明星代言；事件公关营销等。

从2008年58同城开始起飞，到2009年，58同城的外链几乎增加了500倍，对比百度的收录页面几乎零增加及仅翻一倍的站内文章，一年中，似乎58同城的主要工作就是进行网络营销的站点展示，让更多的网民知道58同城。因而58同城2年的网络营销策略可说是"外链策略"。

在2008年和2009年，在58同城默默无闻时，站内内容基本由编辑整理，内容较少，覆盖范围较窄，更新速度较慢。2010年，58同城的营销投入得到了回报，站内文章主要来源于增加的用户发布的信息，辅助了海量文章页面，网站与用户、用户与用户之间的交互也迅速提升。网站的内容更新速度迅速提高，而其业务的涵盖范围也不断扩展，内容也变得更加生动有趣。

2011年，58同城再次开展大规模营销，先后在北京的公交车和地铁上投放了大量广告，并借助人气暴涨的新生代影视剧小花杨幂打出了"58同城，一个神奇的网站"的口号，取得了较好的效果。

在58同城创业阶段的不断努力下，58同城取得了卓越的成绩，先后摘取了"中文网站50强""全球网站五百强""21世纪中国最佳商业模式奖""2008年度IT行业总评榜""2009年度最佳诚信分类信息网站"以及"北京创新企业30强"等桂冠和荣誉。这些成绩的取得又与水军链接、高质量信息、明星代言、事件炒作等一样成为58同城公关营销的手段，进一步提升了其在社会上的知名度和美誉度，促成了58同城后来的成功。

小结

创业阶段的58同城采取多维度的营销手段，一方面提高内容质量，扩大网站信息的宽度与深度；另一方面提升网站的知名度，通过水军、流量明星代言、事件炒作等方式让更多的用户了解到58同城。创业阶段的营销策略取得了阶段性的成功，不仅获得了各类奖项，也使其品牌在消费者心中留下深深的烙印。

3. 企业家策略

创业阶段，企业实力弱小，组织系统还不完善，产品所占市场份额低；企业资金匮乏；企业发展方向不明，前途未卜。在不确定环境下，尤其需要能力强、有魅力的企业家。又由于初创企业的资源有限，企业家精神和人脉关系有助于企业获取政策扶持和投资者的青睐。

在创业阶段，较为重要的企业家能力是其关系能力和创新能力。在初创期脆弱的外部环境下，企业家自身的人际关系网和私人关系在帮助其调配资源方面起到关键的推动作用。在该阶段创建者需要具备更多的发现机会的能力以及配置资源的能力，而对资源整合能力的要求则不是很高。

创业阶段的企业最大的困难就是能否留住人才，积聚人心，此时企业家的个人魅力也就显得极为重要。处于创业期的企业规模一般不大，选人用人也主要依据方便和亲近的原则，直接管理方式的使用意味着企业家的个人能力和魅力对企业的发展起着决定性的作用。这个阶段的企业家往往具有较高的威权和修为。

创业期的企业要经历的另一大挑战就是资源匮乏，此时企业家个人的社会资本和社会关系对于企业的生存和发展起至关重要的作用。企业家依靠个人社会资本获得企业生存和发展所必需的物质条件，依靠个人魅力吸引到企业生存和发展所必需的专业人才。企业家精神的含义要求企业家具有足够的风险承担能力、市场定位能力和机会识别能力，以及非凡的创新能力和掌控市场的能力，主要体现为个体企业家精神。创业阶段是最体现企业家精神的时期，企业家的个人社会网络不仅为其提供创业的各种机会，更是初创企业要实现持续成长所需资源的重要来源。企业家发展的个人关系网络有利于加强不同企业家之间的联系，了解到更多的信息，因此能够提高对风险的承担能力，也有助于企业成长的关键时刻果断作出适宜的决策。

企业想在激烈的竞争环境中熬过创业期，需要利润作为基本保障。而获取利润最根本的途径就是不断进行产品创新和技术创新。企业家只有具有强烈的创新与冒险精神，敏锐地观察到市场需求，通过产品创新不断满足顾客的需求，并通过这种创新来获取最大限度的长期收益。同时，企业家还应勇于引入新技术和新工艺，推动企业技术的不断升级和生产方式的不断发展。

由于初创期的企业既没有辉煌的历史，也没有优厚的待遇吸引员工，此时企业家本身的个人魅力，员工的荣誉感和使命感更多地来自于对企业家个人魅力的欣赏，企业家较强的个人魅力能带给员工关于对企业的未来的极大信心和激励，因此员工会愿意投入更多的热情和努力，产生较高的工作绩效。同时，他们对自己上司的景仰和崇拜之情也能为他们带来对自己所投身的事业的神圣感和自豪感。

为了解决初创期企业所面临的困难，企业家需要进行以下活动：

（1）寻找、识别并准确捕捉创业机会的活动。

（2）通过自己的社会关系网络，寻找企业合作伙伴和资金支持的活动。

（3）通过各种关系渠道，向社会推介和营销企业产品的活动。因此，与初创期对应的创业胜任力结构主要体现在：为了寻找、识别和积极捕捉创业机会，企业家需要具备发现和抓住机会的能力；为了寻求合作伙伴和资金支持，企业家需要具有获取资源的能力；为了营销产品和开拓市场，企业家需要具备较强的推销能力和游说能力。此外，由于创业活动本身具有很大的不确定性和高风险，企业家还应具有大胆主动的冒险精神、较强的自信、准确的直觉，以及持久的自我驱动和成就欲等特质。

创业阶段对企业家能力的要求是：创新能力、机会能力和关系能力。创新能力和机会能力是一个企业家创建企业所必备的能力。创业阶段的企业处于一种受机会驱动不确定性状态，因而企业家寻找并抓住机会的能力就变得尤为重要。初创期的企业面临各种资源都匮乏，企业家必须充分施展自己的关系能力，通过社会交往和联络来为创业不断寻求新的机会和途径。因此，在企业的初创期，企业家及其能力成为企业能否生存的关键因素。创新能力、机会能力和关系能力形成创业阶段的企业家能力束，对企业的成长起着至关重要的作用。

处于创业时期的企业家必须充分发挥个人企业家精神，制定大多数经营决策，如找准市场定位、明确企业的经营目标、注重自身的素质和能力、招募并吸引认同企业价值观的员工等。在创业期的特殊阶段，企业家的领导风格往往体现出高度的家长集权式、凡事亲力亲为；但是进入创业后期，企业规模的不断扩大，员工人数迅速膨胀，管理活动变得日趋复杂，创业者依靠个人能力已不能驾驭，于是企业家们开始谋求放权，引入职业管理团队，企业会遇到其成长过程中的第一次危机——领导危机。因此，在初创阶段，让企业家精神在企业内部得到有效传播，进而形成企业文化的核心层——精神层就显得非常重要。只有尽快形成初创期的企业文化，让部分有能力的员工在这种文化的熏陶下快速成长，进而可以有能力制定一些微观的决策，为企业家分担部分管理工作，使得企业家可以集中精力考虑更高层次的问题，如核心竞争力打造、战略制定、构建企业规范和管理制度等，企业才有可能会顺利进入成长期。

因此，初创期的企业家作用主要取决于其个人精神和能力。该时期内，企业家以敢于承担风险和创新的精神来推动企业成长，不仅需要带领企业在激烈的市场竞争中站稳脚跟，为企业今后的成长打好物质基础，也需要将个人企业家精神在内部得以有效传播，为企业文化的形成打下基础。

案 例

雷军与小米

从金山公司离职以后的雷军十分看好互联网热潮。他曾经说，"站在风口上，猪也能飞起来"。2010年4月6日，一直认准互联网行业的雷军正式创办小米公司，公司成立以后的第一个项目是小米司机，从事机动车违章查询业务。虽然由于政策原因初次创业尝试以失败告终，但是这次试水让创业团队认识到自己的实力。2010年6月，小米的技术团队开始开发第一个正式项目，MIUI系统，一年以后的2011年8月16日，在北京798小米正式发布自己的第一款智能手机。发布会现场小米收获了鲜花与掌声，雷军更是因为精彩的演讲被在场的投资人称为"雷布斯"。

回顾小米的创业阶段，雷军认为最艰难的过程在于团队的建立。雷军深知互联网时代下，单打独斗一定无法取得成功，他需要组建一支优秀的团队。他首先找到的是谷歌中国工程研究院副院长、工程总监、Google全球技术总监林斌。在谷歌工作以前，林斌曾是微软工程院总监,经过长达半年的接触与观察,二人决定携手创业。随后,金山词霸总经理黎万强、微软中国工程院开发总监黄江吉、谷歌中国高级产品经理洪峰也加入小米创业队伍。此外,雷军的创业热情也打动了摩托罗拉北京研发中心高级总监周光平,以及北京科技大学工业设计系主任刘德。至此,7位联合创始人各司其职,分别负责产品、操作系统、设计等业务。

在小米的经营模式方面,雷军也有大胆的构想。2010年的手机市场竞争异常激烈,苹果、三星等国际大牌占据了国内大量的市场份额,同时,步步高、vivo、魅族等国内品牌也已经在市场上深耕多年。市场的新进入者小米面临着巨大的挑战,雷军为小米指明了方向——互联网。小米的成长不是依靠发展用户,而是通过培养粉丝来实现。这种互联网的运营思维形成了小米的核心竞争力:满足消费者需求。无论是产品的设计还是系统的研发,都最大限度地满足消费者需求。小米开发的MIUI系统发布以后收集用户的反馈,然后不断进行调整,快速迭代,顺应市场的趋势。在雷军对互联网模式的坚定执行下,小米手机异军突起,在一片红海的手机市场中占有了一席之地,一度仅次于苹果和三星,成为中国手机市场的第三名。

在雷军的互联网思维指导下,小米公司的商业模式基本成型,产品逐步获得市场认可,销量不断增加。2011年首次销售达到30万台,2012年全年销量719万台,2013年再度翻番,销量达到1990万台。小米公司顺利度过艰难的创业阶段,进入快速发展阶段。而雷军的脚步并未停歇。2013年,雷军敏锐地觉察到物联网技术的广阔前景,开始打造小米生态链。在手机业务的基础上,陆续推出小米路由器、小米盒子、小米4k高清电视等产品。小米从单一的手机制造商逐步向"家庭互联网解决方案提供商"转型。2018年,小米在中国香港上市,得到了资本市场的认可。小米一步步成长,从手机业务发展成生态链,与雷军"我想率领一个中国公司,成为世界第一"的愿景越来越近。

小结

雷军在金山公司的工作经历以及作为天使投资人的投资经历为他形成互联网思维、组建小米公司的创业团队提供了很多帮助与支撑。另外,雷军沉稳的工作作风也融入到小米的产品风格之中。小米可以说是一家"实力"与"颜值"并存的公司。

4. 战略管理策略

对于创业阶段的企业来说,企业的首要目标是活下去。面对激烈的市场竞争、巨大的财务压力,以及不完善的内部管理体系,创业阶段的企业在进行战略管理时既要适度保持战略的刚性,也要注意保持战略的灵活性,对于内外部环境的变化及时做出调整,对市场机会保持敏感性,准确发现机会并付诸行动,即在战略的刚性与柔性之间达到有机的平衡,既保证企业有明确的发展目标,也要对市场保持敏感性,灵活调整企业发展方向。

在公司层面的战略方面，创业初期的企业面临的困难包括现金流紧张、市场份额较低、在产业链的话语权较弱等。因此，公司层面的并购战略、多元化战略、一体化战略等均不适用于这一阶段的企业。这一阶段过分强调公司层面的战略，一方面由于设定过于长远的目标，可能导致企业为了完成战略目标急功近利，为了尽快实现战略目标而忽略了企业内功的修炼。另一方面可能由于企业过于坚守战略目标，而在创业阶段失去灵活性，错失发展的机会，无法适应迅速变化的外部环境。

企业通过业务层的战略管理在市场竞争中找准自己的定位，并不断深耕，形成企业的核心竞争力。企业制定业务层战略时应该注意保持战略的灵活性，时刻保持对商机的高度敏感性。创业阶段的企业虽然已经形成企业的形态，但是企业的细分领域、商业模式、组织结构等仍在不断探索的阶段，市场机会稍纵即逝，可能给企业带来毁灭性打击的风险也随时可能发生。面对诸多的不确定性，企业应该将业务层面的战略管理重点放在识别市场机会、甄别经营风险上，对企业内外部环境的变化趋势形成一定的判断，并通过业务层的战略调整，帮助企业抓住机会，规避风险。

由于创业阶段企业内部组织结构尚不完善，企业职能层战略管理的目标就是充分调动企业内部各种资源，帮助企业提升竞争优势，实现业务层目标。创业阶段虽然企业内可能存在着职能缺失、职能不明晰等诸多问题，企业各职能部门应以实现企业战略为目标，各部门之间相互协调，高效合作，同时，也要配合企业战略的调整及时做出改变，通过各职能部门战略的执行完成组织战略的转型。

总体来说，创业阶段的企业资源主要投入到开拓市场、搭建组织结构、规避各类风险上，企业在创业阶段的经营目标就是找准自己的市场定位生存下去。在这一阶段，企业应进行适度的战略管理，不宜过度强调战略的重要性。企业在创业阶段的战略管理应该保持高度的敏感度和灵活性，随着外部市场环境和内部管理水平的变化而迅速做出调整，避免企业因过分坚持企业战略而错失发展的机会。

二、快速发展阶段的企业成长策略

1. 运营管理策略

快速发展阶段是企业由小到大、从弱到强的关键时期，是企业的技术和管理不断改进和完善的时期。在这一时期，企业的核心技术已经比较成熟，行业的产品标准和质量体系已经开始形成，市场对产品的需求有了比较迅猛的增长，而在这一阶段企业常常会面临着企业管理和经营决策方面的挑战，这直接关系到企业是否能够保持持续的成长。经过创业阶段的发展和积累，这一阶段的企业都会对自身所在行业的市场及其走向有一个比较清楚的认识，企业对市场的把握能力逐渐增强，但竞争优势并不十分明显，存在被后来进入者模仿的竞争压力。与此同时，企业规模不断扩大，人员不断增加，市场占有率也不断提高,这就带来管理在内容和难度上的增加,对企业管理者提出了更高的要求,对企业的运营管理也提出了更高和更多的要求。这一阶段的企业是依靠业务进行驱动发展的,因此,需要不断加强自身的核心业务及竞争力,保证企业快速发展的持续动力。

从运营管理的角度来看,对于快速发展阶段的企业来说,最为缺乏的是一个支撑企业从上到下成熟运营的体系。创业阶段企业往往专注于提供产品或服务,而没有明确的运营战略,即使有,也往往没有经过充分的沟通和分解,不具备实际意义。在这一阶段,企业管理层应该准确把握企业在短期和长期的竞争优势,制定运营战略,并使其得到所有员工的认同,从而为此共同努力。运营管理能力是企业自身发展的一种长期关键能力,在初创阶段有着影响企业未来发展方向和决定企业能否继续成长的关键作用。

这一阶段在人力资源管理上也产生一些挑战,一方面,老员工的工作积极性下降,合理的激励制度亟待开发;另一方面,新进入的员工需要进行培训、工作分配和管理,以迅速提高企业业务能力。这一点反映到运营管理中是企业管理人员和生产人员在效率上的低下,造成更高的生产和管理成本,无法使企业在日益激烈的市场竞争中通过价格优势继续保持竞争力。因此,成长阶段的企业应该关注运营管理与人力资源管理相结合,降低生产成本,提高生产效率。

由于企业规模不断扩大、设备不断添加,企业的运营设施布置成为一个重要问题,直接关系到企业的生产效率,影响企业发展。在服务业中,设施布置还需要考虑到顾客的参与,因此其本身也就是服务的一部分,是企业能否获得消费者满意的重要因素。

生产规模扩大的另一方面就是对企业的综合计划设计提出新的需求。当进入快速发展期,企业常常投入了如资本等多种资源进行规模的扩张、业务的发展和市场的扩大。然而,这种扩张不是毫无根据的,而应该是在对需求预测的基础上,对自身生产能力和顾客需求的一种匹配。综合计划在成本最小的目标下,改进了企业的人力、设备和库存管理。

在企业内部环境需要管理和改善的同时,外部竞争环境也是不得不考虑的环节。

企业要获得发展,在做好自身产品和服务的同时,必须集中资源做上下游信息的整合者,解决信息不对称导致的成本增加。这可以认为是供应链管理的雏形,上下游企业之间会比一般企业有更强的合作关系,包括信息共享、信息系统接入、稳定的需求供给合作等,能够为企业的进一步发展,提高竞争力提供资源。同时企业应该明确哪些服务和内容可以通过成本更低的互联网完成,哪些需要通过实体运营以增加企业影响力和产品知名度,企业应该根据自身特点和发展情况进行选取,没有通行的策略。

快速发展阶段的企业生产规模迅速扩大,还可能导致两个方面的产品问题。一是质量问题。不论企业自身生产或外包给其他生产厂商,规模的扩大都会造成质量的下降,比如为了迅速扩展而将外包厂商选择标准下降。此时企业面临着不断扩大的市场和越来越多的消费者,他们对企业产品还没有黏性和忠诚度,更多的是一种尝试性地使用。如果质量出现问题,与顾客期望的质量差别较大,就会影响企业市场规模的扩大。更好的发展应该是生产能力和市场需求的同步扩大。二是库存成本的上升。企业生产的产品越来越多，而正处于发展阶段的企业在销售渠道、配货能力等方面还有待提高，应该对库存进行一定程度上的控制，避免产品的积压，减少库存成本。

在这一阶段供应链管理中相应的策略包括致力于准时采购而降低成本的采购策略，降低库存水平而节省成本的库存策略，获取规模生产效益以节省成本的生产策略以及降低供应链成本的物流策略。

为了整合资源，为企业的进一步发展壮大提供基础，企业需要在管理规范化、统一化的同时对质量管理进行改造，主要包括以下几点。

（1）质量任务的分解，将质量管理的任务明确给相应的管理人员，确定其职责和义务。

（2）质量任务的执行，对相应的员工进行质量管理的培训，依据现代质量管理的理论与方法，对质量管理的过程进行控制，实现相应的质量功能。

（3）质量监督与协调，在进行产品和流程的质量管理过程中，应制定相应的评估与评价体系，促进质量管理的良性发展。

（4）质量管理系统的实施，随着企业规模的扩大，质量管理趋于复杂，需要借助先进的生产控制技术进行管理。在这一阶段，企业应该将质量管理的重点放在上下游合作伙伴的选择上，在原材料和供应渠道上保证产品价值能够被创造，并传递给消费者。

案 例

里兹·卡尔顿饭店

总部位于美国亚特兰大的里兹·卡尔顿饭店管理公司虽然规模不大，但由于由其管理的酒店都以最奢华的设施、最精美的饮食、最完美的服务和最高档的价格而闻名于世。在开发与经营豪华酒店这一行业中，"里兹"是公认的豪华与完美的代言人。

马尔科姆·波多里奇国家质量奖是美国商界的完美标准，是成功管理公司的指南。而里兹·卡尔顿饭店于1992年和1999年两度获得该奖项，并成为唯一获得该奖项的饭店。

该企业在业内取得的成功是与其先进的服务理念及严格的全面质量管理分不开的，前者来源于品牌创始人凯撒·里兹先生，在快速发展阶段对其进行了详尽的规定，并随着环境变化对质量管理的标准进行适度的变更和调整。

全面质量管理主要指关注顾客、坚持改进、提升工作质量和精确度量这些方面，其产生之初主要用于生产领域的管理。在里兹·卡尔顿饭店管理公司管理的每一家酒店中，全面质量管理贯穿于普通员工和高层管理者的日常工作中。为了表现对服务质量的重视，各酒店都会成立相应的质量管理小组以对产品和服务的质量进行审核并预先制定应对策略来保证其市场领先地位。例如，公司的"新成员饭店质量保证项目"，这是酒店管理公司为了确保每一家新加入的饭店提供的产品和服务都必须符合集团的定位和品牌的一项质量管理项目,旨在百分之百地满足顾客的需求。

对集团管理的每一家饭店的员工来说,里兹·卡尔顿规定了他们的工作使命就是让宾客得到真实的关怀和舒适。与此同时,坚持关注顾客满意度、建立组织文化、承担质量责任以及授权给员工和小组的质量管理的饭店集团还明确了员工与顾客之间的主人与客人的关系,强调为宾客提供个性化与具备人情味的服务。里兹·卡尔顿饭店曾经具体地将其服务程序概括为问候、满足宾客需求及亲切送别的三部曲,在三个步骤中,员工的服务都必须饱含热情和真情,尽量使用宾客的名字使其感受到饭店的贴心和亲切。

小结

里兹·卡尔顿饭店多年来对于服务的质量进行标准化的管理,规范了员工的行为与产品的质量,保证旗下所有的饭店的一致性。正是凭借着这样严格的质量管理和服务管理,里兹·卡尔顿饭店赢得了无数顾客的高度满意,在行业内塑造了豪华、完美的品牌形象。

2. 企业家策略

快速发展期是企业规模由小到大,实力逐渐增强最终实现创新鼎盛的关键阶段。企业的产品能否获得认可,企业能否实现盈利也在于这一阶段的发展。处于这一阶段的企业经营规模迅速扩张,员工不断增加,企业经营管理制度化、正规化,这对企业家原有的创业心态和高度集权提出了挑战,需要他们搭建新的专业、规范、高效的管理团队。

快速发展阶段,由于扩张的需求,企业家的个人魅力和威权领导仍然是不可或缺的,但随着企业制度逐渐形成,以及专业管理团队的引进,规范的内部管理制度和流程的作用逐渐凸显,企业家个人魅力的重要性已经开始下降。他们的角色逐渐转变为资源的整合者以及新的战略的制定者。

进入快速发展期,作为企业经营管理制度的构建者、执行者和维护者,企业家使用各项制度来维持企业的成长,接受授权与分权的挑战。企业家应该以创业历史为依据,树立企业价值观,以身作则、率先垂范,使用各种方式系统地营造和建立企业独特的文化。

快速发展阶段的企业家应该具备的能力有:

(1) 定位主营业务,培育企业的核心竞争力,打造自主品牌。

(2) 建立和优化组织结构和业务流程,规范管理制度,提高组织的执行力。

(3) 以身作则,树立企业的价值观,弘扬企业精神,通过宣传和影响构建企业文化。

快速发展阶段,企业家的战略定位能力和制度规范能力是最为重要的两种。战略定位能力能够保证企业始终致力于核心竞争力的打造,避免陷入盲目的多元化陷阱。制度规范能力要求企业家具备对企业各个职能领域的有效组织和规划,规范和完善管理制度,明确资源配置方向,组建高效的管理团队,对员工进行培训和监控等。

快速发展阶段的企业家精神主要体现在能否正确地找准企业战略,并保证战略得到正确而有效的实施，可以称之为一种内企业家精神。这一时期企业家的主要任务在于制定和实施正确的企业战略，把企业做大做强。通过企业内部的传导机制将企业家精神提炼到企业文化的高度，并建立起企业的愿景。

案例

美团与王兴

2010 年成立的美团，在不到九年的时间里却经历了"千团大战"、与大众点评战略性交易、收购摩拜、香港上市等重大事件，布局到店、到家、酒旅、出行四大业务板块，目前旗下有美团、大众点评、美团外卖、摩拜单车、美团跑腿、小象生鲜、榛果民宿、美团打车、猫眼等多款火爆的产品。

在创办美团之前，王兴曾有过多次创业经历：多多友、电邀、JustInput、游子图、校内网、饭否等。虽然多次创业经历都算不上成功，但是屡败屡战的王兴在这些失败的教训中不断摸索市场发展的趋势，他敏锐地发现了社交与商务交叉领域的空白，而风靡美国的团购网站 Groupon 就定位在这里。发现新商机的王兴表现出强大的执行力，2010 年 3 月 4 日美团网正式上线，随后窝窝团、拉手网、糯米网、大众点评等大量的竞争者开始涌入进来，随之而来的还有投资机构大量的投资资金，美团先后获得红杉和阿里巴巴的投资资金高达 6200 万美元。到 2011 年 5 月，国内市场大小团购网站多达 5000 家，为了抢占市场，各家团购网站使出补贴、广告等各种招数。然而 2012 年 8 月由于 Groupon 股价下跌，团购市场迅速冷却，没有了资金支持，一大批依赖价格战、补贴生存下来的团购网站随之倒闭。由于美团在市场扩张中稳扎稳打，并且掌握有充足的现金流，在"尸横遍野"的团购战场中，美团活了下来，团购市场的竞争格局初步形成。

进入快速发展阶段的美团市场份额逐年提升，2011 年"千团大战"时，美团的市场份额仅有 13.2%，与市场第一名拉手网相差了 1.6%。2012 年美团的市场份额超过拉手网，成为市场第一，到 2014 年美团网已经拥有 53.6% 的市场份额，占据团购市场的半壁江山。与此同时，从消费评价网站进入团购市场的大众点评也迅速崛起，四年间，市场份额从 9.2% 增长到 24.3%，跃居市场第二名，如图 6-10 所示。美团与大众点评的竞争十分激烈，不仅仅是金钱方面的争斗，甚至两家公司的地推人员也多次大打出手。两虎相斗必有一伤，最终损害的是投资人的利益。于是，作为两家公司共同的投资人，红杉资本的沈南鹏出面撮合两家公司合并。合并以后的美团点评占据超过 80% 的市场份额。随后，王兴领导下的美团点评进行了"无边界"的业务扩张，以餐饮外卖为主业，扩展了到店、酒店及旅游等业务，在餐饮外卖服务中美团外卖的市场份额超过 50%，相较于市场第二饿了么具有较大优势。

千团大战市场份额

	2011	2012	2013	2014
拉手网	14.8%	12.2%	9.3%	4.9%
美团	13.2%	24.1%	42.1%	53.6%
窝窝团	11.0%	13.7%	10.3%	6.5%
点评团	9.2%	14.2%	23.1%	24.3%
糯米网	8.0%	10.6%	9.9%	10.0%
其他	43.8%	25.2%	5.2%	0.7%

图6-10 "千团大战"市场份额

在战略方面，王兴凭借对市场敏锐的洞察力率先在社交与商务交叉领域发现了市场机会，找到了突破口。与其他团购企业不同的是，王兴对美团的定位不仅仅是对Groupon的模仿，他要打造的是一个"无边界"的电商平台。于是，2012年美团网推出了电影票线上预订服务，2013年推出酒店预订及餐饮外卖服务，2014年推出旅游门票预订服务，2016年推出面向商家的支付系统及供应链解决方案服务，2017年推出生鲜超市业务，依托其庞大的即时配送网络将业务范围向非餐饮类扩展，2018年进入出行领域，收购摩拜共享单车，试点美团打车。美团的战略是聚焦"Food + Platform"，以保持餐饮外卖业务的市场领导地位的同时，进一步改善平台的变现能力，审慎地探索新业务并不断加强新业务与核心业务之间的战略协同。也正是由于"不给自己设限"，美团才在O2O激烈的市场竞争中稳扎稳打，在开疆扩土发展新业务的同时，保持主业的地位。

在企业价值观方面，美团一直强调"以客户为中心"。早在创业阶段，美团就一直强调客户的重要性。美团是行业内最早提出随时退的团购网站。当其他团购网站向美团投来不解甚至鄙夷的目光时，这一小小的改变却为美团带来了大量的用户。在快速发展阶段，王兴更是将"以客户为中心"的理念贯彻到美团业务的各个方面。美团的业务扩展，皆是以用户在该领域的需求是否得到了最好的满足为决策依据，并且强调新业务与主业的协同。因此，美团的用户具有较高的黏性，根据美团的招股书显示，2016年交易金额的78%来自2015年年度交易用户的重复用户，2017年交易金额的82%来自2016年年度交易用户的重复用户。2015年到2017年，交易用户人均每年交易笔数分别是10.4笔、12.9笔和18.8笔。同时，美团建立有效的风险管理机制，通过事前一系列评估分析，不断改善现有业务流程或信息系统中可能存在的风险，优化管理机制，提升风险管理水平，持续降低危机发生的可能性，不断优化用户体验。

小结

进入快速发展阶段以后，美团并没有将业务局限在团购之中，而是随着市场的发展不断调整，围绕外卖、电影、酒店、旅行等领域扩展。王兴提出的"Food + Platform"明确了美团"无边界"的战略定位。在这样一个平台下，美团可以将业务拓展到不同的细分领域。哪里有客户的需求，哪里就有美团。这也是王兴对于"以客户为中心"的价值观的实践。不以产品的销售为导向，不以平台的盈利为导向，而是面向客户，满足客户的需求。

3. 技术创新策略

在快速发展阶段，企业的核心技术已经比较成熟，行业的产品标准和质量体系已经开始形成，市场对产品的需求有了比较迅猛的增长。这一时期的企业创新具有以下特点：

第一，创新的风险相对下降。创新形式主要集中在工艺方面，这可以同时解决大规模生产所需的工艺和专用设备的问题。并且有助于推动企业实现生产的标准化，从而降低成本，提高利润。

第二，自主创新的程度提高。高新技术企业要在其成长的后期和成熟阶段获得更进一步的发展，必须要抛弃纯粹模仿的技术路线，进行自主创新。随着市场要求的提升，技术的突飞猛进可能会对企业的创新能力提出更高的要求，由于进行技术研发需要大量的资金，单个企业，即便是实力雄厚、规模可观的大企业也很难完全依靠自身独立地获取技术创新的成功。因而，越来越多的企业选择与价值链上的供应商、顾客甚至竞争者开展技术合作，以实现资源和优势的互补以及资金和风险的分担，从而推动重大的技术创新的进展，缩短创新周期，获取创新的利益。而随着全球化的加剧，当企业成长到一定规模，就会面临全球化的竞争，为了实现资源的最优配置以及充分使用世界上最先进的技术，高新技术企业应当有意识地在自主创新的同时制定和实施全球化的创新战略。

进入企业的成长阶段，经营逐渐步入正轨，企业的规模和实力都逐步增大增强，此时，由于管理者看好企业的未来发展趋势，更愿意冒险开展技术创新从而在将来获得更好的回报。反之，如果此时管理者不看好企业未来的发展趋势或者企业的发展已经逐渐出现颓势，那么他们将不会热衷于冒风险进行相应的创新。因此，成长阶段的企业创新与企业在创业期的经营和管理状况密不可分，创新的动力多来源于对企业未来发展趋势的良性预期。相较于处于创业阶段的企业，这一时期，企业在技术创新上的活动主要集中于对已有的产品或技术进行相应的改良或改进，而非突破性地创造和引进一种全新的概念。在已经具备一定的技术、资金和心理准备后，创业者将注意力从产品开发逐渐转向市场开拓和品牌建立。

进入快速发展阶段，企业新的技术创新方面的关注点成为既能够节省成本又能够享受成果的合作创新的战略。这是因为，首先，企业已经在其发展历程中通过引进、吸收和消化积累了一定的技术能力和独特的技术特点，这有助于企业在开展合作创新时提供贡献并与原有技术优势相对接。并且，如果企业在自身技术能力不足的情况下贸然开展自主创新，不仅不利于企业研发能力的提升，还会影响原有技术能力的持续累积，导致知识和技能得不到锻炼。其次，与其他企业进行合作创新不仅可以通过在会议和交流中学习对方的优势，也是对自身技术能力的一次凝练的过程，有助于快速地提升企业原有的技术水平。并且，这种突破自身界限的合作创新的方式有助于有限的资金和人才在更大的范围内流通，帮助实现资源的合理和最优配置，有利于企业享受创新带来的成果和优势。

制度创新对提高创新型企业内部组织效率和促进企业成长的作用十分重要。早期创新型企业的活力可能更多地来自于企业家的抱负、热情和创造力，而随着企业的成长，组织人员增多、机构膨胀、经营日益复杂，各种资源的累积，需要有不断的制度创新来理顺这种企业内在运作的秩序，规范各类资源的配置，降低不必要的运营摩擦成本。只有这样，企业才可以实现高效的资源配置，提升组织行为效率。这时企业制度创新在促进组织高效和企业成长方面开始发挥更多的作用。

案 例

屈臣氏的创新魔力

屈臣氏自1828年创立以来，不断地在发展、创新，时至今日，它已成为全球数一数二的零售及食品制造机构。这些都离不开其独特的经营策略和公司决策者极富创新意识的思维。可以说，屈臣氏之所以能够快速发展起来，在亚洲迅速崛起，成为家喻户晓的零售品牌，业务遍布34个地区，共经营超过8400间零售商店，经营着食品、美容产品、洋酒、保健产品及机场零售业务等产品与业务，应当归功于自身富有创新意识的经营策略。

首先是准确的市场定位。在快消品行业，一直存在着各品牌间的激烈竞争和角逐，屈臣氏巧妙地避开了价格战，选择在提升消费者购物乐趣以及打造商品无形价值方面进行突破。屈臣氏率先打造了"个人护理专家"概念的主题商店，在传统的日化专营店的基础上用倡导"健康、美态、快乐"的理念将自己区分于其他竞争者。在经营产品上，也与一些综合品类的商场超市及本土化妆品专营店和日化精品店有所区别，在个人护理方面，包含15%的药品，35%的日化用品和30%的个人护理品。这种新颖而又精准的市场定位使得屈臣氏很快打开了中国市场，吸引了那些热爱生活、注重生活品质的消费者们的青睐。此外，屈臣氏注意到18～35岁的女性消费者既具备一定的消费能力，又追求时尚和新奇的购物体验，因此，在购物环境的打造上，特别注意迎合这一类目标顾客的特定需求，从而奠定了其在中国市场上获得成功的基础。

其次，在产品策略方面，屈臣氏始终坚守着自己追求"健康、美态、快乐"的经营理念。药品和保健品的经营体现了对健康的倡导，化妆品及护理用品的种类和比例凸显着对美的追求，独特的趣味性的糖果和公仔等传递着对乐观和快乐的生活态度的追求。

再次是其有别于其他同类企业的价格策略。屈臣氏并不一味追逐具有竞争力的价格，而是根据对女性顾客需求的调查数据，在了解对顾客的主要吸引力在于产品的精致和丰富程度的基础上制定的与需求一致的价格，同时兼顾廉价与高品质品牌的经营，并非只追求短期的盈利，而是希望与顾客保持持续性的关系，并在这方面拿出了足够的诚意与努力。例如，在2004年，屈臣氏曾经对消费者购买最频繁和支出最大的商品实行让利，使得1200多种保健与美容商品的价格低于市场平均价格5%左右，并承诺如果发现同类商品在其他地方以更低的价格出售，将双倍奉还给消费者价格差额。这种价格策略再次带给消费者前所未有的购物体验，获得了消费者的认可和由此而来的捆绑销售等带来的购买频率和数量上的潜在利润的增长，并再次巧妙地避过了快消品行业的较为常规的激烈价格战。

最后便是营销策略。专业化指导是屈臣氏的一个营销策略，因其拥有一支强大的专业健康顾问队伍，为顾客免费提供保持健康生活的咨询和建议。在顾客的消费行为中，有没有专业人员的指导对于其最终的购买决策起着很大的决定作用，因此，屈臣氏保留着一支较为专业的健康顾问队伍，并在店内陈列了一系列的个人护理资料，并使用先进的零售业订货与发货系统，以期通过这些细致而体贴的关怀对顾客的购买行为产生积极的引导。除此之外，特色化服务和社会营销也是其颇为成功的营销策略。屈臣氏对企业的社会责任的理解较为深刻，在社会营销方面，秉承"取之于民，用之于民"的理念，每年都会通过开展爱心购物活动，募集善款，帮助失学儿童，帮助他们重返校园。这一系列体现企业的社会责任感的行为在社会上为屈臣氏树立了正面的形象和良好的口碑。

小结

屈臣氏的成功告诉我们，每一个成功的企业都与各自的机遇以及所创立的品牌和理念息息相关，而这些归根到底还是离不开企业的创新思维和理念。只有源源不断的创意和先进的创新思维才是一个企业不仅能够取得成功而且还能够长久地屹立于行业之林而不倒的基石。

4. 风险管理策略

快速发展阶段的企业不同于创业阶段的企业，由于业务初具规模，有了一定的盈利能力，企业已经具备了抵御风险的能力，对于风险的态度也应该有所转变。企业不必对风险过分谨慎，应该在充分评估企业抗风险能力以后，为了追求企业的快速发展而主动承担一定的风险。在这一阶段企业应快速稳固市场地位，谋求市场份额、销量、利润等方面的快速增长，如果企业对于风险的态度过于保守，不愿意承担风险，则企业很可能会错过有助于提升经营业绩的机会。

具体来说，快速发展阶段的企业抵御财务风险的能力较强，企业在快速发展阶段可以增加投资，提高企业经营效率。当企业进入快速发展阶段以后，一方面企业自身盈利能力不断提升，另一方面随着企业市场份额的增加，企业在市场上的知名度也开始扩大，企业外部融资能力也会随之提升，融资渠道增加，融资成本降低。因此，相比于创业阶段，快速发展阶段的企业面临的财务风险下降。企业为了更快地获取利润和成长，可以扩大投资，也可以通过负债适当增加财务杠杆，撬动更大的利润空间。

快速发展阶段的企业已经初具市场规模，产品在消费者心目中得到了认可，并且经过创业阶段的摸索，企业探索出一套适应市场偏好的市场开发模式。这一阶段的企业要不断地巩固在既有市场的竞争优势，扩大市场份额，同时也要通过复制市场开发的成功经验，不断开发、拓展新市场，扩大企业的业务版图，增加企业在市场中的影响力。拓展新市场的过程中可能会遇到各种新的风险，但是企业有了一次成功的市场开发经验以后，对市场趋势的判断、对消费者偏好的理解等方面都更加成熟。在快速发展阶段，企业可以应对市场变化带来的风险，也不应畏惧拓展新市场的风险，企业应谨慎地评估风险，但是也可以适当地承担风险去谋求更广阔的市场空间。

进入到快速发展阶段的企业虽然产品或者服务已经得到市场的认可，但是由于消费者需求的变化、技术的进步以及竞争者的不断涌入，企业不能安于现状，仍然要通过技术创新不断革新企业的产品，优化企业服务。因此，在这一阶段技术风险仍然存在，企业必须对技术风险保持警惕，但是由于企业市场地位逐渐稳固，财务压力减小，企业对于技术创新应保持更开放和包容的心态，大胆创新，勇于试错。

对于管理风险，企业仍然要保持高度的警惕。在创业阶段，企业内部管理往往以企业家为核心，由企业家主导。经过创业阶段以后，企业的内部组织结构逐渐完善，如果企业继续由企业家主导企业的管理，不仅增加了企业家的负担，分散了企业家的精力，也会由于企业家个人的局限性、认知偏差等，导致企业陷入管理风险之中。这一阶段企业管理应依照企业的经营、发展需要，以规章、制度的形式逐步规范企业内部管理，使企业的管理都有据可查。

政治风险伴随着企业发展的各个阶段，在快速发展阶段，企业也应关注政治风险，并采取一定的风险防范措施。特别是在企业进入新的市场时，应提前对可能面对的政治风险进行评估。

进入快速发展阶段以后，企业承担风险的能力大幅提升，企业为了谋求快速的发展，可以加大投资、扩展市场、勇敢创新，对于财务风险、市场风险和技术风险方面的管理可以适当放宽，避免企业因经营过于保守而错失发展机会。同时，企业仍然要对管理风险和政治风险保持高度的警惕，特别是管理风险，随着企业规模的扩大，企业内部管理应该逐渐由企业家主导向企业规章制度规范进行过渡。

三、相对稳定阶段的企业成长策略

1. 人力资源策略

在相对稳定阶段，企业人力资源管理的目标就是通过提升人力资源管理的能力和水平帮助企业获取在这方面的竞争力，从而实现可持续的发展。人力资源管理比之前两个阶段更加完善，相关的各项工作的开展和处理都已经进入有章可循的局面，企业的实力提升，对人员的吸引力增强。此时人力资源管理的重点是帮助企业树立危机意识，认清企业成功的背后隐藏的危机，及时发现潜在的问题，做好充分的应对准备，采取有效的激励措施，保证组织的活力。人力资源管理工作面临的挑战是可能发生的关键人才职业发展遇到瓶颈，骨干人员跳槽以及企业创始人员之间可能出现的矛盾。

相对稳定阶段的企业人力资源管理工作，会有以下 5 个明显特点：

（1）人力资源管理规划和设计难度较大。相对稳定时期，企业各方面的运作都要求规范化和制度化，人力资源管理设计也不例外。但是，在创业阶段和快速发展阶段出现的大量机构以及遗留的人力资源问题，成为这个时期规划的难题。之前很多岗位设置存在不合理的现象，人员薪资职位等不够规范，这一阶段都亟待改善和优化。由于企业规模扩张对人力资源管理提出了新的要求，相应的，这一阶段人力资源管理系统的设计难度也随之增大。

（2）人员招聘吸引力增强，但要避免冗员、人浮于事。经过快速发展阶段，企业人员的招聘已趋于稳定。随着企业效益的增加，声望的提高，企业对外部优秀人才的吸引力已经很强，招聘并留住人才已不是困难的事情。另外，企业越来越重视人员的内部培养。企业及部门都有扩张的自信，易于产生人员高配、多配的现象。

（3）人才开发和培养力度加大。相对稳定阶段的企业已经有能力为员工提供全面专业的培训，并通过组织员工学习，开发员工的潜能。这一阶段，培训的内容已不仅局限于新员工的入职训练，还包括企业内部各个层级员工的专业培训，更具针对性。在培训方面，公司有实力提供完善的培训项目，提高员工的整体素质和工作效率。

（4）绩效考评体系需调整完善，以企业发展战略为导向。随着企业在社会上知名度的提升，企业会受到更多的关注。无论是企业发展的需要，还是公众的关注，都要求其内控以及绩效管理更加透明和公平。所以绩效考核，更多关注财务指标（其中现金流成为非常关键的指标）等定量指标，并从战略角度制定企业的绩效考核办法。

（5）有实力提供较好薪酬福利，增强企业吸引人才的竞争力。由于企业处于发展的较好时期，处在相对稳定阶段的企业，薪酬制度一般会高于市场平均水平。企业可为员工提供丰富化的物质福利和精神文化活动，激发员工的积极性。

处于相对稳定阶段企业的人力资源管理策略，应重视以下几方面工作：

第一，做好人力资源管理制度的设计。

在相对稳定阶段，企业拥有大量多样化的人才。企业要做的是完善各项程序和规章制度去发现、激励和培养人才。因而此时规范化、制度化的人力资源管理制度也有助于企业文化的成熟，从而形成主导文化并对公司实现文化管理发挥作用。这一阶段，企业逐步提炼出发展愿景，且从政策、制度、措施等不同层面制定具体化的人力资源战略规划，以应对企业发展的需求。

第二，做好人力资源预测和规划。

相对稳定阶段的企业，要以战略的目光审视全局，完成与之相适应的人力资源预测与规划。在人力资源预测时，更好地了解企业的特点及其经营的内外部环境，才能够正确地预测企业的未来走向，从而制定科学而合理的人力资源的规划。具体来说，企业在战略和人力资源方面的规划有助于企业了解到在未来的发展中所需的人才的类型和数量，从而更为准确地调整人力资源的结构。同时，一些人力资源管理的政策有助于企业的员工和部门更深入地理解和更灵活地运用人力资源的职能来促进组织的发展。这一阶段，企业为了控制成本，降低运营风险，应当逐步采取多样化的经营战略，同时，企业也应当采取与之相适应的分权式的管理，注重跨部门团队的作用，关注整体的绩效表现。

第三，做好人员招聘工作。

进入相对稳定阶段，企业已经拥有大量的人才储备，招聘的根本目的是为了保证企业正常的新陈代谢。相对稳定阶段的企业，采用的招聘对策是严格控制招聘人数，同时不断调整招聘标准。采取比竞争对手更为优秀的人才招聘战略，为入职人员提供发展规划，建立人才库。伴随着人才评价体系的完善和规范，企业可以更加规范地进行招聘和录用，从而实现人员的替换，执行企业战略，向关键岗位输送新鲜血液。此外，企业在相对稳定阶段应该引入裁员机制。一方面，通过有效的绩效管理把和岗位不匹配的人员重新分配或裁员；另一方面，企业可以通过裁员来降低人力成本。而对于相应产生的空缺，企业可以通过内部招聘的方式同时满足用人需求并激励员工，并且，企业还应当积极拓宽吸收人才的途径，兼容并包。这一阶段也对从事人力资源工作的员工提出了较高的要求，只有他们既能够深入地理解企业发展的具体用人需要，又能够准确地识别人才的特质，才能够使用科学合理的招聘流程和测评方法为企业的未来发展从人才市场中获取那些素质较高且德才兼备的优秀人才。

第四，做好人才培训和培养工作。

在相对稳定阶段，企业培训和开发集中在中层和基层管理者管理知识的培养与管理技能的提高，通过培训为企业的中长期发展战略进行更好的人才储备，解决老员工知识老化的问题。同时加强对普通员工规章制度的培训和对所有员工进行价值观培训，对于新职工的岗前培训也是培训成本支出的主要方面。人员培训要以创新意识为导向，培养公司的创新人才储备。通过培训，企业逐渐引导员工建立对企业运营和企业文化的认识，理解企业的战略发展战略，为自身制定合理的职业生涯发展目标，使企业发展和个人发展相统一，对员工实行长期的培训，提高员工的工作效率和积极性。

第五，完善绩效管理工作。

对于相对稳定阶段的企业，创新是企业持续经营和发展的重要保证。相对稳定阶段后期，企业逐渐丧失了创新的精神和激励，逐渐呈现大企业病的一些症状，因而这一阶段的绩效考核需要有意识地对学习和创新进行引导，公平而透明地对创新行为进行肯定和鼓励。通过公平、透明的绩效管理，设立专门的创新绩效指标，增加创新考核指标的权重，制定具体的考核方法，维持企业的活力和持续竞争力。绩效考核一方面要重视考核个人业绩，另一方面，在进行绩效考核时，要更进一步突出团队的重要性，要在团队整体业绩的基础上对个人的贡献进行公开、公平和公正地认定，并且在过程中充分保障普通员工的参与程度，从而将以人为本的思想贯穿于整个绩效考核工作的过程中，充分关注员工的个人需求，最终实现员工和企业的双赢。

第六，发挥好薪酬的激励作用。

在相对稳定阶段，人力资源管理的重点是有效激励和提高管理运作效率。企业的薪酬制度要配合绩效管理。在规范制度的同时，尤其要重视内外部的公平性。为了充分发挥激励机制在企业中的作用，企业应当推出一系列的与核心人员利益共享的薪酬和奖励计划，同时要注重监督和约束机制的建立。为了留住优秀的人才，助力企业的长远发展，除了以薪酬和待遇留人，企业还应当注重培养和建立"以人为本"的管理思想，为员工提供多方位的培训机会和上升空间。企业适宜采取以职位为基础，激励导向式的薪资策略。这种方式不仅可以提高本企业员工的积极性和认同感，也有助于提升员工满意度，降低员工流动率，从而为企业节省成本。

在薪酬方面，相对稳定阶段的企业一般会调整薪酬体系结构，注重建立稳定的员工队伍，提升长期报酬所占的比例，分配、晋升和奖励向创新岗位和创新员工倾斜。薪酬分配制度也需要以团队为基础，实行团队薪酬与团队绩效。通过采用多样化的激励手段，使员工的精神和物质需求得到满足，对企业目标产生更高程度的认同感。

在激励方面，相对稳定阶段的企业应该对员工的个体差异区别对待，在激励方法和手段上更多样化，使个人的需要和组织的目标最大限度地结合，充分调动员工的潜能，使激励的效用达到最大化。企业除了加强物质激励外，应采取多重职业途径来增加晋升机会，扩大员工的提升空间。

案 例

碧桂园的人力资源管理

碧桂园1992年成立，总部位于广东省顺德，2007年在港交所上市以来，碧桂园先后经历了2008—2009年次贷危机、2011—2012年的政策紧缩、2014年的市场疲软等各种危机，在2013年跻身千亿房企，2017年销售规模居行业第一。27年来碧桂园从顺德逐步走向全国，随后进军全世界，如今在美国、澳大利亚、马来西亚等国家均有布局。碧桂园重点布局在拿地价格低、销售价格低的三线城市，一路逆袭，已经深入到1100多个城市，服务400多万业主。

碧桂园从顺德走向世界，从三线城市起步到发展成为行业第一，这一过程并非一帆风顺。在以杨国强主席为首的管理团队的带领下，碧桂园不断改革，促进企业快速发展。

2011—2012年，由于房地产企业政策缩紧，房地产市场增速放缓，碧桂园的合同销售额连续下降。在整个房地产市场都不景气的大环境下，碧桂园从人力资源管理方面入手，先后推出了"成就共享"计划和"同心共享"计划，鼓舞士气，通过增加对人的激励，刺激企业快速成长。

2012年，碧桂园首次推出"成就共享"计划。"成就共享"计划的实质是一线员工参与项目分红，以此激励一线员工高效、高质量地完成集团项目。具体来说，在满足项目在一年内自有资金投入全额回笼；回笼资金大于自有资金投入与年化自有资金收益之和；项目净利润大于自有资金按年折算后的金额；在项目开发周期内不能出现重大质量、成本等问题等条件以后，集团将项目收益（净利润-自有资金按年折算的金额×30%）的20%作为奖金奖励给项目成员。"成就共享"计划的实施取得了显著效果，2013年集团合同销售额增长123%，进入千亿房企的行列。

然而在"成就共享"计划执行过程中难免遇到一些阻碍。一方面，由于"成就共享"只强调收益共享，对于风险没有明确的规定，很多项目经理开始盲目拿地，买地不慎的情况时有发生。另一方面，项目经理为了追求快，往往会忽略市场研究，导致产品的设计出现偏差，影响项目的最终效果。面对"成就共享"计划带来的种种问题，2014年碧桂园开始实行"同心共享"计划。

"同心共享"更多地强调"有福同享，有难同当"。"同心共享"制度规定，所有新获取的项目均采取跟投机制，项目经过内部审批定案后，集团投资85%以上，员工跟投不超过15%的项目股权，共同组成项目公司，同股同权，项目盈利参与分红，项目亏损则要承担相应的损失。"同心共享"计划的成效是十分显著的。截至2015年底，"同心共享"计划实施15个月以后，碧桂园集团项目从拿地到开盘的时间从6.7个月缩短至4.3个月，项目现金流回正时间不超过6个月的项目有12个，贡献现金2.4亿元。平均现金流回正时间由10~12个月缩短为8.2个月。2016年碧桂园集团合同销售额再次翻番，增长120%，进入3000亿军团也与"同心共享"计划的有效激励密切相关。

至此，碧桂园独特的人力资源管理制度——"双享制度"正式形成。在双享制度的刺激下，从集团高管到区域管理人员，乃至项目负责人，碧桂园集团上下一心，目标一致，同心协力推动碧桂园快速成长，塑造了如今碧桂园的成功案例。

小结

进入相对稳定期的碧桂园一方面受到宏观市场的影响，另一方面，随着企业的扩张，人才队伍的壮大，最初创始人的创业激情在企业发展中的作用不断弱化，企业的人员结构快速扩张，对于员工绩效的管理与激励迫在眉睫。碧桂园通过"成就共享"和"同心共享"两项制度，从项目收益中分红给项目成员，极大地激励了员工的积极性，集团在项目运营、盈利能力等方面都得到极大的提升。

2. 市场营销策略

"打江山容易，保江山难。"在相对稳定阶段，企业发展稳定、具有一定实力，但企业间市场营销的竞争可能更加激烈。相对稳定阶段的企业往往已经拥有一个专职的营销部门来实施营销工作，相比创业期与快速发展期所能够使用的资源要多，营销队伍也更加完善。同时，当企业的产品销售量和利润都达到一定的规模时，产品与市场日趋成熟饱和，行业利润率下降，利益相关者期望增加，压力增大，企业也会面临最强劲的市场竞争。企业创新精神减退，思想日趋保守；对外部市场反应速度下降；规章制度繁多，内部沟通交流出现障碍。为了获得持续性的竞争优势，企业需要通过各种方式如寻找新的细分市场，进行产品创新，开展营销策略创新等方式来进行相应的市场创新。

相对稳定阶段，企业的营销战略要突出"创新"的特点：主要通过寻求新的细分市场和发展原有产品的新用途来实现市场的拓展。寻求新的细分市场包含外延型细分（主要是地理细分）和内涵型细分（主要是人口细分）。通过设计改良、质量创新、风格调试、深度开发、推出新产品、与顾客建立新联系为顾客提供更完善的服务、开展国际市场经营等途径来实现产品的拓展。

产品策略：相对稳定阶段，企业应当集中力量改良产品和产品线，以提高产品的内在质量，通过外观、性能等方式吸引顾客，推动销售量的进一步增长。此外，为了提高顾客对企业品牌的满意度，也可以采取加强售后服务等方式对产品进行完善。

品牌策略：在这一阶段，主要应当采取的品牌策略是维护顾客对品牌的忠诚度。为了加强顾客与品牌之间的关系，企业应当从战略高度深度挖掘品牌的特征，从而更好地传播和维护品牌的形象，满足社会公众的多样化诉求。

价格策略：相对稳定阶段是价格竞争最为激烈的阶段，市场中充斥着许多的同类品牌和产品。为了突出重围，企业应当适时地降价以通过价格来进一步刺激需求。此外，也可以通过改进产品或服务的方式来占领市场。价格成为企业获得持续性优势的重要武器，企业可以通过采取低价促销，维持原价改善产品性能和提高价格差异化自身产品的方式来占领市场。

渠道策略：进入相对稳定期后，企业将面临最难对付的挑战，市场已经饱和，销量增长率开始下降，跟随品牌的增加使市场竞争更为激烈，企业的市场运营进入"精耕细作"阶段。它需要为成熟品牌寻找扩大市场的机会以延缓产品快速进入衰退期，这一阶段企业可以采用密集性分销并凸显其品牌美誉度。而"诸侯"利用手中的终端资源或向企业讨价还价以满足私欲，或将终端资源占为己有挪作他用，渠道成员受利益的驱使开始寻找替代品牌。面对渠道成员的忠诚度问题，企业渠道模式面临着双重选择：一种是重心下移走企业直营，但这一选择将加大企业的资源投入，对生产企业自身的规模和实力有着较高的要求。另一种是重新定义原有渠道成员，使其形成生产—物流—零售的渠道架构，利用原有经销商资源实施精细化运作，但同时要加强企业对终端的控制力相对稳定阶段，进一步对市场进行细分、渗透和开发，从而在深度和广度上赢得消费者，提升销售额。

促销策略：相对稳定阶段，广告的主要目的是寻求能够刺激消费者、增加产品使用频率的方法，以低费用的提醒式广告为主；大小众传播广告、组织传播、终端传播等宣传推广方式是这一阶段行之有效的市场渗透和营业推广的方式。

案 例

滴滴的市场营销策略

2010年前后，随着互联网技术的迅速崛起，"互联网+"开始渗透到生活的衣食住行各个方面。互联网技术也给传统的出行行业带来颠覆性的变革。

2010年易道用车成立，是中国的第一个网约车平台。随后2012年8月和2012年9月杭州的快的和北京滴滴先后上线。此外，摇摇招车、百米、大黄蜂等平台也在网约车市场中占据一席之地。而滴滴出行在经历了创业初期众多平台混战以后，2014年在全国市场占有68.7%的市场份额。随着滴滴与快的的战略合并，2015年滴滴的市场份额达到80%。2016年滴滴收购了全球网约车巨头优步在中国的业务以后，进一步巩固其领头羊的地位，2017年市场份额达到92.5%。

经历了危险的创业阶段，滴滴在快速发展阶段就在市场营销方面显示了极大的优势，如与火车站合作、线下地推等方式，在短短两年的时间里业务快速扩张，从北京扩展到全国，2014年滴滴在全国的市场份额为68.7%领跑市场，快的的市场份额为30.2%紧随其后。市场竞争格局从百家争鸣变成了两强争霸的局面。而滴滴继续通过市场营销手段抢占份额，最终成为行业巨头。

进入相对稳定阶段的滴滴在营销方面继续加大投入。2014年初，滴滴和快的分别得到腾讯和阿里的融资，有了充足的"弹药"，两家公司开启了一场史无前例的补贴大战。1月10日，滴滴率先宣战，乘客车费立减10元，司机立奖10元。快的也迅速做出反应，出台补贴方案。随后的四个月里，两家公司互不示弱，补贴金额不断调整。一直到5月17日，乘客端的补贴终止，8月10日，司机端的补贴也归零。一场声势浩大的补贴大战告一段落。据统计截至5月17日，滴滴预估补贴14亿元，快的补贴超过10亿元。全年补贴总金额高达40亿元。通过价格战的方式吸引了价格敏感型的顾客，取得了非常好的效果。补贴最高的时候，滴滴打车订单量峰值曾达到530万单，快的补贴期间日单数甚至超过了600万单。然而补贴归零以后，订单量也不可避免地出现大幅下滑，滴滴的日均订单量回落到300万单左右，快的的日单数下降了60%。

在这次补贴大战之后，滴滴又推出了打车红包。将真金白银的补贴变成一个产品，依托腾讯强大的社交流量，滴滴又进一步扩大传播范围。打车红包产品十分奏效，用户打车以后发到自己的微信群或者朋友圈里，有效吸收新用户。同时，滴滴也通过请明星发红包、企业冠名发红包、在电视台发红包等方式在公开渠道进行营销。

时间	滴滴打车	快的打车
2014年1月10日	乘客车费立减10元，司机立奖10元	
2014年1月20日		乘客车费立减10元，司机立奖10元
2014年2月10日	补贴降为5元	
2014年2月12日		司机补贴降为5元，乘客不变
2014年2月17日	乘客返现10～15元，新司机首单立奖50元	乘客返现11元，司机返现5～11元，称打车奖励金额永远比同行高1元
2014年2月18日	乘客随机补贴12～20元	乘客返现13元
2014年3月4日		乘客返现10元，司机补贴不变
2014年3月5日	乘客每单随机减免6～15元	乘客补贴金额降为5元
2014年3月22日		乘客返现3～5元
2014年3月23日	乘客返现3～5元	
2014年5月17日	乘客端补贴归零	乘客端补贴归零
2014年7月9日	司机端补贴降为2元	司机端补贴降为2元
2014年8月10日	司机端补贴归零	司机端补贴归零

除了补贴、红包等"烧钱"的营销，滴滴也是事件营销高手。2015年9月9日滴滴打车更名为滴滴出行，公司logo也从出租车变成了现在的橙色logo。这只是一次普通的产品升级，滴滴却借此闹得满城风雨，沸沸扬扬。早在9月4日，滴滴的App开启页面上就挂出了"再见"的活动海报，引起群众围观，之后开始通过辟谣、倒计时海报、H5等手段，一层一层地解开谜团。据了解，在活动当天制造的微博话题#滴滴打车再见#，讨论量高达5万，累计阅读量高达365.1万。

此外，滴滴也向曾经的竞争对手优步学习进行跨界营销。与滴滴合作过的品牌包括蒙牛、奔驰、可口可乐、Darry Ring、良品铺子、城市酒店等，甚至与《一步之遥》等影视作品也有合作。滴滴的跨界营销在时机、跨界领域、合作企业、跨界方式等方面拿捏恰到好处，每一次跨界营销都能赚足消费者眼球。

滴滴也非常擅长打感情牌，"如果现实是残酷的，至少梦想是美好的，全力以赴的你，今天坐好一点"引起了在大城市打拼的白领的共鸣，进而衍生出"如果……至少……"的滴滴体。2016年春运，滴滴的文案"回家是一种信仰"更是在微博上引发了近30万的讨论。滴滴正是紧紧把握客户群体的心理，才进行了一次次深入人心的情感营销。

小结

滴滴通过价格战快速攫取市场份额，吸引了市场中的价格敏感型消费者。由于这部分消费者忠诚度较低，滴滴又同时进行事件营销、跨界营销、情感营销等，增加消费者对于品牌的黏性，提高消费者的忠诚度。除了对于品牌的推广，滴滴的产品也不断调整升级，在传统出租车、快车的基础上增加了专车、豪华车、代驾、共享单车等服务，通过大数据提升用户体验，适应不断升级的消费者需求。

3. 企业文化策略

每个企业的文化都是独一无二的，企业文化无法被模仿。一方面，由于企业家在创业阶段和快速发展阶段对企业的主导地位，企业文化往往带有浓重的企业家个人色彩。另一方面，企业文化是企业物质、行为、制度到精神逐渐深入的高度提炼。因此企业文化既是企业价值观的核心，也是企业在市场中的形象，同时，也是企业员工行为的规范。《基业长青》中曾指出，"理念的真实性和公司持续一贯符合理念的程度要比理念的内容更重要"。这表明企业文化真正能够发挥引导企业成长作用的前提是企业的理念与企业实际经营的行为一以贯之。

经过创业和快速发展两个阶段的积累与沉淀，企业逐渐形成了特有的企业文化，对企业行为形成指引，受到员工的普遍拥护，并传承下去。因此，在这一阶段如何避免企业文化成为企业家文化，使企业文化深入人心，是这一阶段企业文化管理的重要工作。企业的行为是企业文化最好的体现。真正的企业文化并不是挂在墙上的口号，而是企业在进行经营决策时所反映的价值理念。只有当企业的行动与企业的文化相统一时，企业文化才能真正地引导企业员工以统一的价值观去规范个人行为，发挥凝聚、导向、激励、调试、约束和辐射的作用。

企业内部宣讲也是宣传企业文化的重要方式。企业应重视企业文化在企业内部的传播，从企业家，到企业中高层管理者，再到基层的员工，企业应以丰富多样的形式传播企业文化，让每一位员工都了解到企业文化的内涵，逐渐接纳企业的文化，最终使企业文化成为企业与员工共同的价值观。

在相对稳定阶段的企业文化管理，应高度关注企业文化的执行力。在企业层面应该避免企业文化成为一句空洞的口号，要通过企业的经营决策、企业的社会行为去实践企业文化。在员工层面，应该以丰富的形式去弘扬企业文化，包括内部的宣讲、管理者自身行为规范，只有这样才能形成统一的企业文化，推动企业向所有部门、员工共同的目标发展。

四、二次创业阶段的企业成长策略

1. 企业家策略

企业在经历了辉煌后，最终大都会步入衰落的阶段，面临业务下滑、丧失创新精神的局面。此时企业需要重振士气，凝聚所有的员工共渡难关。这时，企业家的个人的重要性也就再一次凸显，他们带领企业走出衰退的泥潭，进行二次创业。

这一阶段，企业家存在学习能力不足的问题，即企业之前的成功使得企业忽视客户价值和对外界环境的变化而变得迟钝。企业家曾经创建的为企业成长发挥重要作用的管理规章制度也可能开始变得僵化，成为阻碍企业发展的障碍。这时需要企业家根据以往的经验和外部环境的变化重新构建新的管理制度以维持企业的生存与发展。

二次创业阶段的企业面临较大挑战，此时，便需要企业家发挥个人魅力，给员工不断注入精神激励，通过建立健康向上的共同愿景，帮助员工重新建立希望和信心，进而成功进行二次创业。企业家如果得不到员工的信任，他的权威无从谈起。企业家与内部员工之间相互信任，才能同心同德，凝聚在一起开展企业的战略变革。

二次创业阶段，企业家应该着重进行产品创新，不断拓展新的领域，变革组织结构以及革新企业文化。此时企业家担负的重任与创业阶段企业家担负的具有某种相似性，比如寻找并抓住创业机会、重新进行战略定位等。该阶段，企业家需要具备的能力有：积极主动、自信、持久的自我驱动力、较高的权威、战略眼光、影响他人、关注成本、资源获取并进行整合的能力。企业家通过学习提升个体能力和个体创新能力，实现企业的创新是这一阶段的关键所在。

企业二次创业阶段，企业家只有像初创期那样，再次发挥其创新与冒险等企业家精神，勇于摒弃陈旧的组织形式，重新进行资源配置，才有可能为企业的二次创业打好基础。

案 例

TCL——鹰的重生

1982年，大学毕业的李东生被分配到惠州TTK家庭电器有限公司担任技术员。1985年成为TCL通信设备公司的首任总经理。近40年以来，李东生伴随着TCL集团一同成长。在李东生掌舵TCL期间，TCL集团先后经历了多次起伏，却一直保持着行业领先的地位。

1997年，TCL集团开始推行股份制改革，以"不动存量，动增量"为原则，在保护国有资产不会流失的同时，集团也顺利地从地方性国有企业转变为民营企业。

中国加入世界贸易组织以后，很多企业开始进行走出国门的探索，TCL也不例外。2004年和2005年两年，TCL先后收购了法国汤姆逊的电视机业务和阿尔卡特的手机业务。然而由于显像管技术迅速被液晶显示技术淘汰，收购的汤姆逊未能向TCL输入先进的技术，在海外的市场表现也十分惨淡。同时，受到智能手机的冲击，阿尔卡特的手机业务也只能跻身于中低端市场。2005年和2006年，TCL集团深受并购所累，连续两年亏损。2006年净利润甚至同比下降503%，其股票也戴上了*ST的帽子，面临退市风险。2006年7月，TCL总裁李东生发表《鹰的重生》系列文章，指出当前集团工作中的主要问题，并为TCL新一轮的变革创新活动指明了方向。

2010年前后，互联网电视开始出现，2012年，以小米、微鲸电视为代表的智能电视冲击了传统的电视行业，传统电视制造商面临着成为智能电视代工厂的危机。2014年，面对市场份额不断被攫取的状况，李东生提出智能+互联网和产品+服务的"双+"战略，拥抱互联网，开展智能终端业务。

在李东生的带领下，TCL的终端业务（包括彩电业务、家电和智能音箱业务等）蒸蒸日上，2018年上半年全球市场份额8%，仅次于三星和LG，2019年一季度NPD公布的最新北美的彩电销量数据显示，TCL电视首次超越三星，成为北美市场销量冠军。李东生不满于此，2018年他提出要进一步聚焦半导体显示和智能终端业务，2019年初，集团公布了重大资产重组方案，将包括电视在内的智能终端业务从TCL集团剥离，将业务重心放在半导体显示及材料业务方面。TCL集团很早就开始布局半导体显示业务。2009年，TCL集团合资成立华星光电，进军半导体显示业务。经过多年的沉淀与发展，TCL集团在半导体显示业务方面初见成效。2018年华星光电大尺寸液晶面板出货量全球第五，32英寸和55英寸UD产品出货量排名全球第二，华星光电销售收入占集团总收入的24.5%，成为集团重要的利润来源。李东生曾评价华星光电为TCL的骄傲，华星光电的成功也是离不开他的战略眼光。

半导体显示行业是一个资金密集型的行业，行业龙头京东方十年来在全国建设十条TFT-LCD生产线，投资额高达2592亿元。自华星光电组建之初，李东生便明确了华星光电的定位是要成为全球行业的领导者。TCL集团在半导体显示领域累计投资超过1500亿元，大小尺寸生产线投资均在高世代产线进行布局，没有落后产线的历史包袱，所以当行业迭代落后产线退出时，华星光电仍能保持高速成长。

作为一个技术密集型的行业，半导体显示行业的技术更替非常迅速，曾经称霸一时的显像管技术被液晶技术所取代也不过只有5年的时间。如今的半导体显示技术上除了液晶显示技术，有机发光二极管、量子点发光二极管、微发光二极管等技术推陈出新，层出不穷。TCL积极布局下一代新兴显示技术和材料技术。TCL集团旗下的子公司广东聚华是"国家印刷机柔性显示创新中心"的承建方，主要从事印刷与柔性显示关键共性技术研究。另一家子公司华睿光电则从事具有自主IP的新型OLED关键材料的开发，聚焦蒸镀型OLED小分子材料和印刷型OLED材料。

处在一个资金密集和技术密集的行业中，TCL一直希望在资本市场上为华星光电打通融资的渠道，2016年曾经尝试借壳深创投达到上市的目的，最后以失败告终。2019年，TCL通过了重大资产重组方案，TCL集团的业务中心向半导体显示业务聚焦。李东生的这一决策遭到了很多质疑。对于TCL的重组计划，深交所连发31问，包括了从出售资产必要性到交易支付安排，再到标的评估定价，以及标的公司与上市公司之间商标使用、资金拆借、关联担保等内容。同时，TCL的中小股东也对此次重组提出了许多质疑，包括出售资产的定价、半导体显示行业潜在的风险等。李东生为了坚定市场对TCL的信心，先后四次增持TCL股份。截至2019年6月，李东生用自有资金增持TCL股票已经达到5.29亿元，据统计，TCL集团的高管累计增持总金额在沪深两市上市公司中排名第二，高管累计增持股数在两市中排名第一。

专注于半导体显示业务以后的TCL集团未来发展将何去何从我们不得而知，然而在李东生"鹰的重生"精神的指引下，TCL集团一定可以跨过重重困难，实现基业长青。

小结

TCL集团伴随着改革开放40周年快速成长，期间经历过股份制改革的创新、全球化失利的低谷、互联网探索的艰辛，以及向半导体显示业务的转型。每一次变革都给企业带来巨大的挑战，而在"鹰的重生"企业家精神的激励下，在李东生卓越的战略眼光的带领下，在坚定执行企业战略的魄力下，TCL集团一次次走向企业生命周期的巅峰。

2. 市场营销策略

二次创业阶段的营销和创业营销有相同的地方，但由于两者起点不同，二次创业阶段有其自身的特点。处于这个阶段的企业，与大规模相伴随的是官僚主义、安于现状、不愿意变革等。具体表现包括人才流失，制度繁冗，业绩下滑，对外部刺激反应迟钝，等等。其发展已经不能满足用户日益改变和提高的需求，为了留住可能转向其他企业和品牌的顾客，保留自身的市场占有率和利润，企业应当及时推陈出新，提升销售份额。

二次创业阶段，企业的营销战略要突出"转"的特点：通过收割策略、产品策略、品牌策略、价格策略等方式及时针对市场的变化对产品做出相应的调整。

收割策略是一种减少产品种类，最大限度提取收益和尽快回收资金的营销组合策略。使用收割策略有助于快速占领因竞争者退出而空出的新的市场份额，也有助于企业整理渠道、节省销售费用等成本，最终有效提升当前的利润。

产品策略是指对现有的产品进行转型升级，推出新的产品作为企业的主打产品。对于企业来说，产品的竞争力永远是企业竞争的核心，由于目标消费群体发生转变或者市场环境发生变化，消费者的观念、偏好也会不断变化，企业应保持产品与时俱进，维持企业的活力。在二次创业阶段，企业基本已经积累了一定的资源，包括客户、技术、市场地位等，企业在二次创业阶段开发新产品时可以通过盘活已有资源，配合有力的宣传，使企业重新焕发生气。

品牌策略应当是通过各种方式进行品牌的重新定位。因为市场和消费者的偏好和认知是不断发生变化的，因而已有的品牌形象也会随之淡化甚至过时，此时，若不及时赋予品牌新的内涵和形式，就有可能面临逐渐老化最后被市场淘汰的风险。为了实现永续经营，品牌更新是企业在这一阶段为了继续赢得市场必须采取的措施。

价格策略则要注意，企业为了减少损失，稳定销售从而获取这一阶段的产品效益，为二次创业提供尽可能多的资金支持，多采取维持现有价格或保本定价的价格模式。具体采取哪一种定价方式需依据产品的销量情况来确定，同时也需考虑到对后继产品开发的影响。

案例

王老吉的市场营销

老北京人有句口头禅：头戴"马聚源"，脚踩"内联升"，身穿"瑞蚨祥"，腰缠"四大恒"。这是过去对中华老字号的最形象的描述，也表达了国人对于老字号的狂热。随着时代的发展，消费主力逐渐年轻化，新一代的消费者对老字号的热情逐渐减退，很多老字号一蹶不振，曾经凭借"百年老店"的品牌优势而辉煌一时的老字号纷纷开始走下坡路。据统计，从中华人民共和国成立初期到2006年近六十年的时间里，我国老字号企业的数量从近万家急速下降到两千家左右，这其中只有约10%的老字号企业经营效益可观，70%的老字号只能够勉强维持现状，20%的老字号已经濒临破产。

王老吉也是众多老字号中的一员，却成功地躲过了老字号的经营危机。在其他老字号收入不断下滑的情况下，王老吉巧妙地运用营销手段，从岭南地区的区域性品牌成功发展为全国性的品牌，在二次创业阶段顺利转型，成功实现老字号的复兴。

1828年，乳名阿吉的王泽帮在广州开了第一家王老吉凉茶铺，12年后，被誉为"药茶王"的凉茶铺开始生产茶包，到1997年，王老吉配方被加多宝公司从其后人那里取得。在这一年，"王老吉"品牌的红色罐装独家使用权也被管理王老吉药业前身公司的广药集团租给了香港鸿道集团有限公司，并于2005年再次续租20年。

红罐王老吉坚定地将自身定位为凉茶专家，因而只向市场投放单一的310毫升装的罐装凉茶，这种聚焦单一产品的策略使得其品牌力度更加强化。并且红黄两色的产品包装充分传递了中国传统的文化，在货架上显眼明亮的同时，也很容易取得消费者的文化认可，因此，红罐王老吉采用体现中国传统的红黄两色包装主色调，无疑相当到位。

红罐王老吉的定价主要依据消费者对品牌的认可等非价格变数，为了更好地突出产品功能而占领市场，王老吉在营销组合中选择从价格敏感度较低的餐饮业进行突破，受到广告宣传影响的消费者普遍认为凉茶的功能和价值高于其他的碳酸类或茶类饮料，心理价位较高，这使得王老吉成功地避开了酒水行业的价格战而另辟蹊径在价值战中独占鳌头，通过餐饮渠道获取了高额的销售利润。

红罐王老吉的促销手段主要包括广告、销售促进和公共关系。广告方面，在投放广告时充分考虑产品的定位，既有高端媒体，也会投放平民化的情景广告。销售促进顾名思义就是促销，王老吉通过给中间商、销售人员和消费者提供适当的优惠显著提升了产品的销售情况，增加了产品的市场份额。红罐王老吉通过赞助体育赛事等方式进行公共关系营销；此外，王老吉高度关注企业的社会责任，通过积极赞助教育事业、为灾区捐款等方式开展公益营销。王老吉作为一家老字号品牌，高度关注年轻消费者群体，为了网罗年轻一族，王老吉建立并丰富加多宝网站、联手PPLive，并联手新浪进行立体传播等进行互联网营销。

2002年起，加多宝集团采取了一系列的营销策略，但至2008年，红罐王老吉才以惊人的增速实现了销售额的增长，突破了200亿元的销售额总量。并且先后获得了一系列对消费者心理产生进一步影响的称号和奖项，例如"人民大会堂宴会用凉茶饮品""最畅销民族饮料品牌"等等，红罐王老吉的销量超越可口可乐和百事可乐，成为占据中国饮料市场的当之无愧的"第一罐"，与此同时，王老吉在国际市场，尤其是东南亚市场也获得了不俗的销售成绩，可以说已经逐步敲开了国外市场的大门。

小结

王老吉精准定位为凉茶专家，从餐饮行业进入市场，避开了已经形成垄断、竞争激烈的酒水行业。通过扁平化的分销渠道加强对终端销售的控制力，提升对市场的敏感度。运用广告、促销、赞助等多维度的营销手段提高品牌知名度，刺激销量增长。在全方位的市场营销策略下，王老吉虽以"老字号"自居，却与互联网时代下的新产品一样，焕发出新的活力，获得了年轻消费者的青睐。

3. 企业文化策略

二次创业阶段的企业处境非常艰难。企业市场份额开始下降，甚至收入也开始下滑。企业内部管理体制僵化，流程冗杂，效率低下，造成资源的极度浪费。企业沉浸在相对稳定阶段的辉煌之中，缺乏创新的动力与活力。面对日益下滑的经营局面，企业不得不进行业务调整，通过战略、人力资源、市场营销等方面的革新，激发企业新的活力，进行二次创业，重新开始企业的成长。

在这一阶段，企业经营的各个方面都面临着全新的局面，对企业文化的管理也应该进行变革。因此，在二次创业阶段企业文化管理的重点应该是随着企业业务的调整而进行调整，不能再套用相对稳定阶段的企业文化。在二次创业阶段，融入新元素的企业文化会对企业的发展起到刺激与激励的作用，有助于加快企业变革的步伐。如果企业文化因循守旧，保持着相对稳定阶段的保守与稳定，这样的企业文化很难满足二次创业阶段企业发展的需要，也必定会给企业成长带来不利的影响。

在二次创业阶段的企业文化管理最重要的就是要注入创新的活力，为企业的发展贡献力量，通过企业文化的革新对企业经营、内部管理等方面的转型起到导向作用。

第四节 关于企业成长关键因素的进一步探讨

本书第一章至第四章系统地梳理了关于企业、企业成长以及企业生命周期的理论和相关理论研究。本书第五章基于问卷设计收集的数据采用结构方程模型对企业成长关键因素进行了量化并展开了实证研究。研究结果显示企业家、市场营销、人力资源管理和运营管理以及技术创新五大因素在整体上均与企业成长显著正向相关，即五大因素越强，企业的成长性越好，与之前的大部分理论研究以及通常的实践经验较为相符。战略管理和风险管理对企业成长作用如何，取决于企业的发展阶段。然而，实证研究结果显示企业文化整体上与企业成长显著负相关，即企业文化越强或是风险管理能力越强，企业的成长性越差，特别在相对稳定和二次创业两个阶段，这种抑制作用更加明显。而社会资本则在统计意义上对企业成长无显著影响作用。基于以上实证研究结果，本节针对企业文化、风险管理、运营管理和社会资本四项影响企业成长的关键因素展开进一步的探讨，试图发现隐藏在实证结果和统计数据后的内在逻辑和联系。

一、探究企业文化：企业成长的双刃剑

尽管许多理论都认为企业文化对企业的绩效、成长性存在正向的影响，然而具体考量某一个企业时实际上对企业文化进行定义和度量都存在相当的困难，而企业文化作用于企业成长的机制也并非理论描述中的直接。在企业文化影响企业成长的过程中内部因素如企业家等，外部因素如商业环境的变化也会产生预料之外的影响。因此，很多情况下企业文化对企业的成长不但没有正向的影响，甚至还会产生阻碍作用。

何建湘等通过对中国近 30 年胡润富豪榜企业家成败的对比分析，发现失败的企业家也建立相应的企业文化，书中他以一度发展迅猛的托普公司为例具体阐述了企业文化在企业成长中的角色。托普公司成立于 1992 年，创始人宋如华等期望在新兴的电子科技领域中找寻机会，力图将托普建设成为对标 IBM 和惠普等国际科技领先者的一流公司。随着业务的快速增长并扩张到软件领域，托普在 1997 年成功借壳川长征上市，股票价格一路飙升，在 1998 年时市盈率一度达到近 1900 倍。与此同时，宋如华多方游说并灵活运用资本市场工具，使托普得以在 1999 年至 2002 年期间内以低价获取 1.2 万亩土地，在全国十几个省市建设了 27 个软件园区并拥有托普软件、炎黄在线和托普科技三家上市实体。另一方面，《托普典章》中写道，托普的企业文化是"诚实信用、以人为本、奉献社会"，并强调"先德后才，德才兼备"的用人准则。如果仅观察托普成立至 2002 年这段时间，似乎很容易得出托普的企业文化对拓普的快速成长有着积极正面的重大作用。然而在托普的快速发展下却埋藏着不少隐忧，首先是并没有能够获取长期稳定现金流的核心产品，软件园的建设也停留在建楼盖房的层面，并没有深层次的关于科技、人才和产品的建设、引入和打造。而在资本市场的操作中，宋如华还曾秘密利用内幕消息交易、炒作概念，诸此种种都与《托普典章》中提到的想法背道而驰。2002 年 8 月，一篇名为《托普泡沫》的报道对托普的经营模式提出了质疑，伴随着大量的追踪报道，真相不断浮出水面，宋如华 2003 年辞去所有职务，并于 2005 年移居美国。2011 年宋如华主动回国，刚入境就被逮捕，面临挪用资金和合同诈骗的起诉。

托普的轰然倒塌令人唏嘘不已，而其后所隐含的企业文化与企业成长的关系也发人深思。可见衡量企业文化并不能以企业章程或是内部资料中的语句或是字眼作为判断，

很多时候它们只是对外宣传的手段或是自我催眠的咒语。尽管企业文化的内涵令人感到困惑，然而企业内部确实存在的不言而喻的思维方式，行为处事时集体所遵循的准则在某种程度真实地反映着一个企业的文化。如上述托普的案例中，宋如华作为企业的创始人对托普企业文化有着举重若轻的影响。作为托普的核心人物，在托普成立十年之际他曾在高层动员会上围绕"托普、托普哲学以及未来 10 年的架构和体系"做主题演讲，畅想托普的未来。在托普辉煌之际，各地员工无不对他心怀敬仰。这种情况下，企业内部虽然也存在某种共识，但这种共识并不是围绕企业的核心信念而建立的，只是群体性思维的惯性。对此，吉姆柯林斯等所著的《基业长青》中认为构建高瞻远瞩的公司时并不需要高知名度的魅力型领导，他们甚至怀疑高知名度的风格可能不利于构建高瞻远瞩的公司。回到企业文化与企业成长的关系中，如果企业存在着围绕企业领导人的企业文化，那么这种文化对于企业成长可能有害而无利。

另一方面，企业文化对企业的影响还受其与企业的战略是否协同，能否契合商业环境变化等种种因素的影响。张勉等认为企业文化愈加与其所处的内外部环境一致，企业的财务绩效会愈好。李龙新提出企业应当建设自身发展需要的企业文化。海尔集团的首席执行官张瑞敏认为企业文化在外因不断变化的情况下是把双刃剑，并以日本家电企业在 20 世纪七八十年代的高速发展与现在的停滞不前作对比。当年有利于日本家电企业成长、促进其稳定发展的年功序列工资制度以及零部件内部制造等因素现在都成为了继续前行的阻碍。他认为企业应该不断与外界进行信息的交换，实现企业文化的动态构建，持续吸收新的知识，在组织结构方面则是建立有序而不平衡的架构。与此相呼应的是 IBM 的文化革新，在 20 世纪 80 年代之前 IBM 以"教派般的文化"而闻名，IBM 在内部建立了乡村俱乐部、管理发展中心等组织并鼓励内部人员的相互往来，其价值观则是沃森父子推崇的"尊重个人、竭诚服务、追求优异"。然而这样的价值观并不能让 IBM 一直长袖善舞，面对激烈的竞争和变革的科技，IBM 终于迎来了他的改革者郭士纳。在长达十几年的时间内，郭士纳大刀阔斧地采取行动，尤其是在企业文化上取得进展。改革后的 IBM 转为以绩效、顾客和市场为导向，强调持续学习和自我更新。理论界的研究和管理者的实践都在印证考量企业文化必须因时度势，强烈的文化如若不能适应企业自身发展步伐，那么它可能会抗拒内部的战略调整或是与外部市场的契合从而加速组织的衰退。

在考虑了上述诸多可能使得企业文化与企业成长性负相关的因素后，我们回归到原始数据以及采用调查问卷获得信息的方法本身，试图寻找在此过程中是否存在某些因素影响企业文化与企业成长之间的关系。首先是关于企业成长指标的设计，本书中我们以企业过去三年的收入、利润等单纯的财务指标衡量企业成长性，然而由于这些指标存在的滞后性和不够全面的问题，我们无法度量企业文化对顾客满意度、员工满意度以及企业创新等绩效因素的影响。此外，由于问卷调查的受访者均是企业 CEO 等高级管理人员，其自身对企业文化、公司前景的自信或许会影响其对企业文化的客观判断。具体来说，企业宣称的文化往往包括两个部分：一是企业拥有的现实文化；二是理想的企业文化。

由于受访者通常能够强烈地影响企业文化，他们很难意识到甚至会忽略现实文化与理想文化之间的差异，结果就是对企业文化的强度以及对企业与公司战略契合度的高估。另外，在问卷设计中，为减少受访人员回答的障碍，我们没有根据许多管理理论设定企业文化的类型和特征，因此无法就不同类型的企业文化进行区分和研究，这可以作为未来研究的方向和重点。

此外，尽管对企业文化的探讨大都建立在企业文化是可以被管理和影响的基础上，实际上仍有不少观点认为文化是融入企业整体中的一部分，应该作为反映企业经营情况的指标，而非管理者改变公司的着力点。刊登在2016年4月的《哈佛商业评论》中的《别责怪企业文化》写道，企业文化不是需要集中精力修复的对象，而应该是实施改革后自然而然的结果。因此，或许从数据上看企业文化与企业成长呈现负向的关系，然而比起研究企业文化是否存在哪些问题，管理者更应该探讨关于公司应该如何设计规划业务核心、运营模式等与公司日常运营密切相关的问题。

二、运营管理的迷思：从"中国制造"到"中国智造"

本书的实证结果显示运营管理只在快速发展阶段对企业成长产生显著影响，乍看结果似乎出人意料，然而隐藏在其后的则是中国企业近年来从"中国制造"向"中国智造"转变的趋势。自改革开放以来，中国经济持续了长达几十年的两位数的增长[①]，直到2012年才有所放缓。伴随着中国经济长期强劲的增长势头，大量的中国企业，尤其是工业制造企业凭借着在人力和能源等生产要素价格方面的优势在全球市场的竞争中脱颖而出，中国制造业在全球占比也在约30年的时间内从不足2%跃升到近25%。考虑到我们收集的两千余份问卷中有近70%的样本集中在2009年至2011年的期间内，调查期间内大量的样本企业的成长主要是充分依靠在劳动力成本和市场需求上的优势获取得的，而运营管理方面的重要性和建设则长久以来被忽略。另一方面，根据2017年武汉大学质量发展战略研究院发布的中国企业——劳动力匹配调查（CESS）报告显示，与中国制造业庞大的体量相比，近来制造业企业的利润率状况却并不乐观。中国企业——劳动力匹配调查（CESS）报告基于对超过千家湖北和广东的制造业的抽样调查发现2015年制造业企业的平均利润率为3.3%，有19.8%的企业甚至处于亏损状态。而2011年制造业企业的平均利润率约为6.2%，仅仅五年间利润率下降近47%。超过半数的企业管理者认为目前阻碍企业发展的主要因素是日益上升的劳动力成本和逐渐饱和的市场需求。

可以看到，中国制造业企业过去主要依靠的在劳动力成本和市场需求等方面优势伴随着在制造业体量的迅速增长，日趋激烈的全球化竞争日渐消弭。在此情景下，企业以往的战略难以为继，经营面临着巨大的挑战，亟须调整战略方向和经营思路，需要将目光转向之前有所欠缺甚至处于劣势的运营管理。运营管理主要是针对制造产品和提供

[①] 国家数据. http://data.stats.gov.cn/ks.htm?cn=C01&zb=A0501.

服务的过程与系统进行管理，通过对产品和服务在转化过程中各个阶段的检测、纠错和调整等程序从而确保最终满意的产出。CESS 根据 Bloom 等（2016）的"世界管理调查（WMS）"的调查方法显示中国制造业企业的管理效率得分为 0.54，一般来说低于 0.5 分的企业被认为是管理效率较差的。该调查方法下美国企业的管理效率得分为 0.64，可见中国企业在管理效率方面与美国企业仍存在不小差距。针对管理效率方面存在的不足，已有不少企业采用全面质量管理，目标管理法、质量控制（Quality Control）以及六西格玛体系等多种管理体系以完善其质量管理体系。

在运营管理对企业发展和成长作用不断凸显的同时，企业的运营管理也面临着许多机遇与挑战，并呈现出新兴的趋势。首先是运营体系中顾客参与度的提升。过去企业的产品和服务通过供应链层层传导最终到达客户，在传导的过程中实现价值的增加和转换。然而这一过程往往是单向的，没有考虑到客户的反馈和需求。由于顾客参与度不断提升，企业需要着眼于顾客，让商业价值从顾客处传导回来，使企业做出更加贴合顾客和市场的决策。其次，劳动力成本上升给企业带来巨大挑战，许多企业正在尝试加大技术研发投入以实现产业的转型甚至是升级，由此引发的技术密集程度的上升也会给企业的运营管理带来挑战。企业的运营管理系统的设计和运行需要与技术的复杂程度相匹配，并在技术快速更新换代的背景下持续自我更新。再次，全球化程度的提升等外部环境因素的影响使得企业的供应链增长并呈现动态、复杂的特点。应对上述因素带来的挑战，企业可采用柔性的运营管理体系以对需求端的变化做出快速反应，也可使用精益生产系统在投入资源量一定的情况下使最终的产出最大化。

综上，低廉的劳动力成本和巨量的需求在很长一段时间内驱动着中国企业的飞速增长，在此过程中企业的运营管理处于被忽略甚至缺失的状态。然而随着中国经济由快速发展阶段逐渐转向稳步增长阶段，大量企业尤其是制造业企业以往对运营管理的忽视以及在运营管理中存在的不足日益凸显，这些问题成为企业进一步发展的阻碍。为实现持续增长，企业需要采用全面的管理体系并充分考虑运营管理的发展和变化趋势。企业还需要增加在科技和创新方面的投入从而驱动企业的升级转型，提升企业在产业链和价值链中的地位和影响力，最终实现"中国制造"到"中国智造"的转变。

三、风险管理的艺术：防御措施的微妙平衡

企业经营中无可规避地会遭遇各种各样的风险，包括战略的风险、运营的风险、法律的风险和财务的风险等。面对种种可能的风险，企业会成立专门的风险管理部门，或将风险集中于企业层面进行整体的管控，或由企业的各个部门分别管理其对应的风险。根据风险的种类和重要程度，企业会采取如预防、规避、对冲、转移等方式，在投入资源一定量的情况下将风险可能产生的负面影响降到最低。在具体操作时，企业还会经常采用包括保险，金融衍生工具等在内的金融产品对企业的财务风险以及一些与利率、大

宗商品价格等密切相关的具体风险进行管理。

值得注意的是，企业的风险管理在本质上是一系列的防御措施。实证结果显示风险管理与企业成长呈负相关，我们认为主要有以下几个原因。

首先是风险管理的程度与企业的整体发展水平或存在一定的偏差。风险管理的过程包括对风险的识别，评估和量化等步骤以及随后采取的各项措施。因此，有效的风险管理需要对潜在风险做出准确的度量，平衡管理风险投入的资源和带来的收益。过于保守的风险管理可能会由于过多占用企业的资源而导致可用于投资的资源减少，进而导致企业的整体收益下降，甚至阻碍企业的成长。

其次，在实际中企业重点投入资源进行管理的风险未必是最终引发股东利益受损，公司市值下降的风险。CEB 在 2015 年关于风险的一项研究 "Reducing Risk Management's Organizational Drag" 表明，在过去的几十年间许多企业将过半的精力花费在如法律合规以及财务申报等具体事宜上，然而使得公司市值受损的风险实际上有约 86% 来源于战略风险。在风险管理中重点投入领域和实质上存在风险的领域的不匹配也会导致企业的风险管理对企业成长造成负面的影响。

此外，成功的风险管理还需公司在自身短期与长期利益中取得微妙的平衡。风险管理体系的建立以及具体措施的实施往往要求企业在长期内持续的投入，然而在三至五年的短时间内不一定会提升企业的收入、利润等财务指标。风险管理创造的价值更多体现在企业长期平稳、健康的运营上。2001 年发生的"安然事件"举世瞩目，原本营收过千亿且在各地拥有两万多名员工的安然公司在几周之内被曝出财务造假丑闻，随后申请破产，公司轰然倒塌。安然公司的崩溃在表面上看似是企业因为财务造假以及高层管理人员的腐败，然而隐藏在其后的是安然公司以盈利增长为公司的发展核心目标，鼓励冒险以及不惜一切代价去追求利润。安然公司过分追求盈利以及罔顾风险实际上是对于公司长期稳健发展的损害，长远来看阻碍企业成长。

综上，企业的风险管理是作为防御措施，其目的并不在于追求更高的收入或是更多的盈利，而是在不确定的环境中通过识别风险、度量风险并投入一定量的资源最小化风险给企业可能带来的负面影响。由于风险管理实质上占用了企业的资源，合理有效的风险管理必须在投入的资源和带来的收益之间取得平衡。此外，实践中许多企业重点进行风险管理的领域可能并非严重损害公司利益的风险所在，因而有针对性的风险管理甚为关键。另外。短期内风险管理可能对于企业的收入和利润等财务指标并没有直接的正向影响，但却是企业长期稳健运营和发展的必要因素。

四、社会资本在中国：经商中"关系"真的那么重要吗

近四十年中国的商业环境经历了激烈的动荡和巨大的变化，改革开放后市场经济不断深化的过程中企业成为调配资源、组织生产、推动创新的重要载体，企业家群体则是

实现了从无到有的飞跃。如果循着企业和企业家更迭的浪潮按图索骥，可以看到浪潮之中政府、银行、新闻媒体等组织机构与企业相互关联和作用。因此，不少观点认为企业的成长应当归因于与企业政府、银行和新闻媒体的良好关系。他们认为通过与这些组织机构保持密切联系，企业能够获得在产业、税收政策、融资渠道等方面的优势，并将这些资源和优势统称为企业的社会资本。实际上，中国企业面对的商业环境一直处在剧烈的变迁中，企业获得成功的机制也十分复杂。实证结果表明，"关系"和社会资本更多的是为企业提供生存和发展的土壤，而非企业成功的决定性因素。

改革开放和南方谈话催生了中国早期的企业家，当时甚至没有完整规范的企业产权制度，企业家无法实质上控制企业。即便是在没有法律保障的情况下，这些企业家凭借着他们的企业家精神在早期的草莽市场中为企业争取生存空间。之后随着《有限责任公司规范意见》和《股份有限公司规范意见》等法律文件的颁布以及深交所和上交所的成立，中国的现代企业制度体系和资本市场制度建设逐渐完备。在此过程中，中国企业开始参与全球市场的竞争并应对技术不断升级的挑战，企业的管理问题如战略制定和执行、技术投入和研发成为了影响企业成功的关键因素。外部环境以及社会资本一直在变迁，企业的成功不能简单归结于其对于社会资本的依赖；企业只有加强自身内功的修炼，重视对核心产品的管理，战略的定位才能在各种环境下都获得持续的发展。

此外，问卷设计的问题，我们关注的主要是企业与当地政府以及行业主管部门、金融机构、外部商业伙伴和新闻媒体是否建立了良好的关系。这些问题的数据可能会由于下列原因未能反映企业所拥有的社会资本的真实情况：一是问卷受访者或出于对敏感信息透露的顾虑并未填写企业与这些组织机构关系的实际关联状况；二是与这些组织机构的良好关系可能只是存在与企业特定的管理者和对方机构的管理者之间，私人之间的良好关系并不能确保企业在市场竞争中获得独特的资源。另外，随着中国经济市场化的不断深化，企业和金融机构、商业伙伴等的关系逐渐以市场机制为导向，双方更多的是基于各自的需求建立合作，在市场环境更为透明和开放的背景下，关系良好并不能使企业取得合作关系以外的优势。融资渠道方面如私募股权基金等机构的崛起以及新闻媒体方面自媒体等新兴媒体形式的涌现都使得企业不能通过固守与传统金融机构和新闻媒体的关系来获得稳定的资金来源或是信息传播渠道。

除社会资本自身的变迁以及问卷设计的因素之外，社会资本对企业的成长并没有显著的影响，还有可能是社会资本并不直接影响企业的成长，而是通过作用于企业家、战略管理等其他因素进而影响企业的成长。此外，尽管在结构方程模型中我们假设社会资本线性影响企业成长，但社会资本促进企业成长可能存在一个最优范围，即社会资本的过高或过低，与其他组织机构的关系过于紧密或过于松散均未能促进企业的成长，对此之后需要展开更加深入的研究和探讨。

附 录

一

附录 A 企业成长调研问卷

企业成长管理调研问卷

您好！非常感谢您参与"中国企业成长管理"课题研究。本调研旨在了解企业成长的影响因素，为企业持续成长提供政策建议。

您的回答将完全保密，所有问卷的数据将整体进行处理，仅仅是作为研究之用。再次感谢您的支持与合作！

《中国企业成长研究》课题组

第一部分 企业基本情况

> 以下问题请在符合您所在企业的实际情况的选项下打"√"，或在横线上填入相应的内容。

1. 您所在的企业属于：
   [A] 国有或国有控股企业　　[B] 集体企业　[C] 外资或外资控股企业
   [D] 民营、私营企业　　　　[E] 其他

2. 您企业所在的行业是：
   [A] 信息业：　　[a] 软件　　　[b] 通信业　　[c] 传媒　　[d] 硬件制造
   [B] 医药：　　　[a] 化学药　　[b] 生物制药　[c] 中药
   [C] 生产制造：[a] 消费品（服装纺织、汽车、消费电子、食品饮料等）
   　　　　　　　[b] 工业材料（化工、建材等）
   　　　　　　　[c] 基础材料（原油、煤炭、矿石等）
   　　　　　　　[d] 能源和公用事业
   [D] 服务业：　[a] 医疗保健
   　　　　　　　[b] 消费者服务（零售、教育培训、旅游、餐饮、休闲娱乐等）
   　　　　　　　[c] 商业贸易及服务（批发、交通、物流、广告、中介、咨询、设计等）
   　　　　　　　[d] 金融服务（银行、保险、证券、基金、信托、典当、投资等）
   [E] 房地产：　[a] 房地产开发　　　　　[b] 建筑施工
   [F] 其他_____

3. 您所在的企业从建立至今大约有几年_____

4. 是否为高新技术企业：

[A] 是　　　　　[B] 否

5. 是否为上市公司：

[A] 是　　　　　[B] 否

6. 您所在企业目前所处的成长阶段是：

[A] 创业阶段　　[B] 快速发展阶段　　[C] 相对稳定阶段　　[D] 二次创业阶段

创业阶段：企业成立不久，处于刚刚起步时期，企业规模较小，市场知名度不高，主要面临如何求生存的问题。

快速发展阶段：产品或服务适销对路，生产规模扩大，销售能力增强，企业的业务迅速增长。

相对稳定阶段：企业有较为稳定的主营业务，产品销售额保持在较为稳定的水平上，但是增长速度逐渐变缓，市场趋于饱和。

二次创业阶段：面对需求变化和竞争加剧，企业销售额下降，业务萎缩，此时，企业开始二次创业。

7. 贵企业所在行业的竞争程度如何？

[A] 非常激烈　　　[B] 比较激烈　　　[C] 一般　　　[D] 比较缓和

[E] 基本没有　　　[F] 不确定

8. 过去十年时间里，贵企业发展是否经历了一个或几个快速发展阶段？

[　] 是　　　　　[　] 否

9. 贵企业快速发展的原因，是由以下哪些因素所提供或引发的（多选题）？

[A] 新技术的出现　　　　　　　　　[B] 市场需求、竞争结构发生了大的变化

[C] 政府政策变化提供有利条件　　　[D] 企业技术与能力获得较大突破

[E] 融资能力获得较大发展　　　　　[F] 管理团队发生较大变化

[G] 购并、重组　　　　　　　　　　[H] 其他

10. 您所在企业总部所在地：_____省_____市（县）

11. 您所在企业在岗职工数：

[A] 100 人以下　　　[B] 100 人～499 人　　　[C] 500 人～1999 人

[D] 2000 人～5000 人　　　[E] 5000 人以上

12. 您所在的企业年销售收入（或营业收入）处于：

[A] 1000 万元以下　　　[B] 1000 万～4999 万元　　　[C] 5000 万～2.999 亿元

[D] 3 亿～10 亿元　　　[E] 10 亿元以上

13. 您所在企业总经理的性别是：

[A] 男　　　[B] 女

14. 您所在企业总经理的年龄：

[A] 30 岁以下　　　[B] 30～40 岁　　　[C] 41～50 岁　　　[D] 50 岁以上

15. 您所在企业总经理的教育程度：

[A] 高中程度以下　　[B] 高中毕业　　[C] 大学（本专科）　　[D] 硕士　　[E] 博士

第二部分　企业的运行情况

> 请您根据所在企业的现状，将下列每个条款与贵企业的现状进行对比，根据两者的符合程度逐一打分。极不符合选1，一般符合选4，完全符合选7，其他根据符合程度选择相应的数字，并请在所选择的数字上打"√"。

1. 我们企业拥有为员工拥戴和信任的绝对权威的领军人物
极不符合　　1----------2----------3----------4----------5----------6----------7　　完全符合

2. 我们企业领军人物对企业发展具有清晰的远景目标
极不符合　　1----------2----------3----------4----------5----------6----------7　　完全符合

3. 我们企业领军人物具有创新精神，善于变革
极不符合　　1----------2----------3----------4----------5----------6----------7　　完全符合

4. 我们企业领军人物善于把握关键的商业机会
极不符合　　1----------2----------3----------4----------5----------6----------7　　完全符合

5. 我们企业领军人物敢于承担风险
极不符合　　1----------2----------3----------4----------5----------6----------7　　完全符合

6. 我们企业领军人物管理能力（领导、组织、沟通、激励等）很强
极不符合　　1----------2----------3----------4----------5----------6----------7　　完全符合

7. 我们企业非常注重战略规划，具有清晰可行的发展战略
极不符合　　1----------2----------3----------4----------5----------6----------7　　完全符合

8. 我们企业的战略规划为员工充分了解并普遍认同
极不符合　　1----------2----------3----------4----------5----------6----------7　　完全符合

9. 我们企业能够准确判断宏观经济和国家政策的走势
极不符合　　1----------2----------3----------4----------5----------6----------7　　完全符合

10. 我们企业对行业发展状况及自身在行业中的定位有准确认识
极不符合　　1----------2----------3----------4----------5----------6----------7　　完全符合

11. 我们企业在发展中能很好地判断自身的优势和劣势
极不符合　　1----------2----------3----------4----------5----------6----------7　　完全符合

12. 我们企业的战略规划能够得到很好实施
极不符合　　1----------2----------3----------4----------5----------6----------7　　完全符合

13. 我们企业员工的工作绩效很高
极不符合　　1----------2----------3----------4----------5----------6----------7　　完全符合

14. 我们企业员工对公司的满意度很高
极不符合　　1----------2----------3----------4----------5----------6----------7　　完全符合

15. 我们企业为员工提供了很有市场竞争力的薪酬待遇
极不符合　　1----------2----------3----------4----------5----------6----------7　　完全符合

16. 我们企业有合理有效的分配激励机制
极不符合　　1----------2----------3----------4----------5----------6----------7　　完全符合

17. 我们企业重视对员工的培训，投入充裕的时间和资金
极不符合　　1----------2----------3----------4----------5----------6----------7　　完全符合

18. 我们企业建立了完善的人才招聘、考核、选拔机制
极不符合　　1----------2----------3----------4----------5----------6----------7　　完全符合

19. 我们企业有明确的远景、使命、核心价值观
极不符合　　1----------2----------3----------4----------5----------6----------7　　完全符合

20. 我们企业的文化有雄厚的存在基础，并被广泛认同
极不符合　　1----------2----------3----------4----------5----------6----------7　　完全符合

21. 我们企业的文化与战略目标、领导风格、员工特征、规章制度高度吻合
极不符合　　1----------2----------3----------4----------5----------6----------7　　完全符合

22. 我们企业的文化能够通过多种方式得到有效传播
极不符合　　1----------2----------3----------4----------5----------6----------7　　完全符合

23. 我们企业的文化能够影响、引导员工的工作表现
极不符合　　1----------2----------3----------4----------5----------6----------7　　完全符合

24. 我们企业的文化能够随着企业的发展适时调整
极不符合　　1----------2----------3----------4----------5----------6----------7　　完全符合

25. 我们企业能够准确把握顾客的需求，并能够很好满足顾客的需求
极不符合　　1----------2----------3----------4----------5----------6----------7　　完全符合

26. 我们企业能够对产品或服务进行卓有成效的定价
极不符合　　1----------2----------3----------4----------5----------6----------7　　完全符合

27. 我们企业能够有效建立和管理销售网络
极不符合　　1----------2----------3----------4----------5----------6----------7　　完全符合

28. 我们企业非常注重品牌建设
极不符合　　1----------2----------3----------4----------5----------6----------7　　完全符合

29. 我们企业能够有效进行广告宣传，有很强的促销能力
极不符合　　1----------2----------3----------4----------5----------6----------7　　完全符合

30. 我们企业市场开拓能力很强，能够利用多种手段进行差异化营销
极不符合　　1----------2----------3----------4----------5----------6----------7　　完全符合

31. 我们企业研发投入充足，研发密度（研发支出占销售收入的比例）很大
极不符合　　1----------2----------3----------4----------5----------6----------7　　完全符合

32. 我们企业很注重与高校、科研机构建立研发合作关系
极不符合　　1----------2----------3----------4----------5----------6----------7　　完全符合

33. 我们企业注重建立行业技术标准
极不符合　　1----------2----------3----------4----------5----------6----------7　　完全符合

34. 我们企业主导产品拥有的专利技术数量多，水平高
极不符合　　1----------2----------3----------4----------5----------6----------7　　完全符合

35. 我们企业不断有新技术和新产品推出

极不符合　　1----------2----------3----------4----------5----------6----------7　　完全符合

36. 我们企业的新技术、新产品能够带来超额利润

极不符合　　1----------2----------3----------4----------5----------6----------7　　完全符合

37. 我们企业与当地政府以及行业主管部门关系良好

极不符合　　1----------2----------3----------4----------5----------6----------7　　完全符合

38. 我们企业与金融机构的关系良好

极不符合　　1----------2----------3----------4----------5----------6----------7　　完全符合

39. 我们企业与外部商业伙伴（供应商、经销商）的关系良好

极不符合　　1----------2----------3----------4----------5----------6----------7　　完全符合

40. 我们企业与新闻媒体建立了良好的关系

极不符合　　1----------2----------3----------4----------5----------6----------7　　完全符合

41. 我们企业能够准确地匹配生产能力与市场需求量

极不符合　　1----------2----------3----------4----------5----------6----------7　　完全符合

42. 我们企业能够快速、全面满足顾客需求

极不符合　　1----------2----------3----------4----------5----------6----------7　　完全符合

43. 我们企业能够持续改善运营效率，降低成本

极不符合　　1----------2----------3----------4----------5----------6----------7　　完全符合

44. 我们企业运作流程稳定，质量管理体系可靠，发生问题时能快速解决

极不符合　　1----------2----------3----------4----------5----------6----------7　　完全符合

45. 我们企业有明确的风险管理目标

极不符合　　1----------2----------3----------4----------5----------6----------7　　完全符合

46. 我们企业有专门的风险管理部门

极不符合　　1----------2----------3----------4----------5----------6----------7　　完全符合

47. 我们企业有完整的风险控制措施（如分散、保险及金融衍生工具利用等）

极不符合　　1----------2----------3----------4----------5----------6----------7　　完全符合

48. 我们企业有很好的现金流（以现金存量与总资产的比率来衡量）

极不符合　　1----------2----------3----------4----------5----------6----------7　　完全符合

49. 我们企业有充裕的保险管理措施（如投保险种、投保数额及占企业资产比例等）

极不符合　　1----------2----------3----------4----------5----------6----------7　　完全符合

50. 您所在企业过去三年的**年平均主营业收入增长率**在哪个范围？

[A] 5%以下　　　[B] 5%～10%　　[C] 10%～20%

[D] 20%～30%　　[E] 30%～50%　　[F] 50%～100%

[G] 如果在100%以上，请您填写具体的数字 _____。

51. 您所在企业过去三年的**年平均利润总额增长率**在哪个范围？

[A] 5%以下　　　[B] 5%～10%　　[C] 10%～20%

[D] 20%～30%　　[E] 30%～50%　　[F] 50%～100%

[G] 如果在100%以上，请您填写具体的数字 _____。

52. 您所在企业过去三年的**年平均资产总额增长率**在哪个范围？

[A] 5% 以下　　　[B] 5%～10%　　　[C] 10%～20%

[D] 20%～30%　　[E] 30%～50%　　[F] 50%～100%

[G] 如果在 100% 以上，请您填写具体的数字 _____。

53. 您所在企业过去三年的**年平均市场份额提高率**在哪个范围？

[A] 5% 以下　　　[B] 5%～10%　　　[C] 10%～20%

[D] 20%～30%　　[E] 30%～50%　　[F] 50%～100%

[G] 如果在 100% 以上，请您填写具体的数字 _____。

第三部分　背景资料与开放性问题

1. 您在企业中的职位是：

[A] 高层管理者　　[B] 中层管理者　　[C] 基层管理者　　[D] 一般员工

2. 您所处的部门是：

[A] 总裁（经理或董事长）办公室　　[B] 综合办公室　　[C] 财务部门

[D] 市场部门　　[E] 生产部门　　[F] 人力资源部门　　[G] 研发部门　　[H] 其他

3. 您的性别是：[A] 男　　[B] 女

4. 您的年龄是：

[A] 30 岁以下　[B] 30～39 岁　[C] 40～49 岁　[D] 50～59 岁　[E] 60 岁以上

5. 您的最高学历或学位是：

[A] 大学（本专科）　　[B] 硕士　　[C] 博士

6. 您认为贵企业的最大优势在于？

_____

7. 您认为贵企业目前面临的最大困难是什么？

_____

8. 您认为还有哪些影响企业成长的关键因素在本问卷中未曾提及？

_____

再次感谢您的参与！如果您希望获得我们的研究报告，请留下您的联系方式：

联系电话：_____　E-mail：_____　联系人：_____

联系地址：_____　邮编：_____

附录 B 测量模型的结果汇总

测量模型的结果汇总

变　　量	标准化载荷	均　　值	标　准　差	信　度 a	析出方差 b
LC				0.880	0.550
LC1	0.768	6.01	1.147		
LC2	0.802	6.08	1.137		
LC3	0.745	5.95	1.148		
LC4	0.757	5.87	1.138		
LC5	0.693	6.00	1.846		
LC6	0.677	5.65	1.194		
SA				0.873	0.535
SA1	0.747	5.74	1.249		
SA2	0.729	5.19	1.252		
SA3	0.656	5.50	1.192		
SA4	0.697	6.00	1.051		
SA5	0.707	5.91	1.022		
SA6	0.839	5.26	1.110		
HR				0.882	0.556
HR1	0.680	5.09	1.156		
HR2	0.763	5.31	1.092		
HR3	0.760	5.23	1.206		
HR4	0.839	5.16	1.190		
HR5	0.722	5.16	1.342		
HR6	0.699	5.00	1.336		
EC				0.918	0.654
EC1	0.689	5.71	1.274		
EC2	0.825	5.18	1.362		
EC3	0.828	5.08	1.245		
EC4	0.872	4.96	1.295		
EC5	0.870	5.07	1.241		
EC6	0.750	5.21	1.221		
MA				0.866	0.520
MA1	0.729	5.55	1.148		
MA2	0.778	5.45	1.207		
MA3	0.793	5.32	1.294		
MA4	0.672	5.67	1.304		

续表

变　量	标准化载荷	均　值	标准差	信度 a	析出方差 b
MA5	0.637	4.92	1.476		
MA6	0.705	5.19	1.404		
TI				0.886	0.567
TI1	0.757	4.71	1.598		
TI2	0.698	4.83	1.741		
TI3	0.681	4.98	1.653		
TI4	0.794	4.36	1.884		
TI5	0.818	4.72	1.701		
TI6	0.759	4.80	1.657		
RM				0.803	0.506
RM1	0.717	5.62	1.394		
RM2	0.796	5.51	1.486		
RM3	0.677	5.68	1.320		
RM4	0.645	5.06	1.560		
PO				0.832	0.556
PO1	0.665	5.20	1.371		
PO2	0.765	5.37	1.281		
PO3	0.834	5.31	1.235		
PO4	0.707	5.34	1.336		
RC				0.847	0.532
RC1	0.733	5.08	1.567		
RC2	0.884	4.56	1.952		
RC3	0.813	4.71	1.771		
RC4	0.553	5.31	1.592		
RC5	0.611	4.62	1.828		
GR				0.834	0.561
RG	0.839	3.97	1.468		
PG	0.827	3.66	1.545		
AG	0.715	3.76	1.618		
MG	0.588	2.95	1.502		

模型拟合优度指数：
RMSEA=0.10；
GFI=0.439；AGFI=0.389；
CFI=0.578；NFI=0.473。

注：a 信度 = 标准化载荷之和的平方 /（标准化载荷之和的平方 + 计量误差之和）；
　　b 析出方差 = 标准化载荷平方和 /（标准化载荷平方和 + 计量误差之和）。

附录 C 因子分析矩阵

企业文化（EC）、企业家（LC）、技术创新（TI）、风险控制（RC）、市场营销（MA）五个因素与假设较为符合。人力资源（HR）的条目 17、18 以及战略能力的（SA）的条目 7、8、9 都与企业文化因素有些混淆。人力资源（HR）的条目 13、14、15 与运营能力（PO）的条目 42、44、战略能力（MA）的条目 25 指向相同主成分因子。但整体而言，较为符合预期假设。

	成分								
	1	2	3	4	5	6	7	8	9
EC4	0.720	0.220	0.228	0.208	0.065	0.204	0.062	0.038	0.055
EC3	0.699	0.311	0.230	0.251	0.067	0.121	0.051	0.078	0.040
EC2	0.691	0.218	0.217	0.223	0.085	0.136	0.048	0.143	0.048
EC5	0.557	0.133	0.131	0.120	0.034	0.154	0.011	−0.075	−0.081
EC6	0.521	0.030	0.071	0.024	0.107	0.098	0.248	−0.065	0.006
EC1	0.521	0.053	0.119	0.098	0.046	0.064	0.175	0.330	0.011
HR6	0.506	0.117	0.112	0.260	0.092	0.079	0.039	0.023	0.177
HR5	0.480	0.196	0.068	0.138	0.046	−0.049	0.116	0.040	0.182
SA1	0.449	0.257	0.137	0.182	0.421	0.017	0.092	0.315	−0.027
SA2	0.427	0.345	0.188	0.180	0.400	−0.077	0.026	0.188	0.031
SA3	0.257	0.188	0.132	0.033	0.256	0.164	−0.179	−0.029	−0.136
HR1	0.361	0.605	0.082	0.191	0.153	−0.029	0.076	0.061	0.147
PO2	0.134	0.602	0.276	0.180	0.069	0.292	0.207	0.122	0.005
HR2	0.397	0.595	−0.014	0.138	0.217	0.087	0.080	0.052	0.275
PO4	0.219	0.553	0.170	0.396	0.030	0.151	0.076	0.139	−0.047
MA1	0.254	0.546	0.222	0.029	0.095	0.142	0.404	0.114	−0.032
HR3	0.321	0.532	−0.009	0.076	0.183	0.111	0.088	−0.045	0.339
PO3	0.101	0.481	0.169	0.200	0.129	0.218	0.011	0.005	−0.020
SA6	0.448	0.455	0.131	0.177	0.247	0.034	0.138	0.178	0.153
SA5	0.280	0.436	0.023	0.039	0.318	0.111	0.205	0.338	0.093
TI5	0.143	0.190	0.781	0.049	0.064	0.016	0.217	0.008	−0.014
TI6	0.106	0.192	0.735	0.035	0.126	0.122	0.186	−0.090	0.003
TI2	0.245	0.026	0.672	0.154	0.070	0.201	−0.021	0.181	0.024
TI1	0.219	0.110	0.664	0.150	0.067	0.026	0.165	−0.015	−0.017
TI3	0.224	0.117	0.633	0.222	0.010	0.055	0.121	0.252	−0.006

续表

	成分								
	1	2	3	4	5	6	7	8	9
TI4	0.049	−0.012	0.599	0.115	0.034	0.028	−0.059	0.027	0.415
RC2	0.252	0.110	0.159	0.802	0.060	0.084	0.015	0.022	0.045
RC3	0.217	0.097	0.104	0.766	0.098	0.177	0.035	−0.046	0.014
RC5	0.180	0.031	0.081	0.694	0.073	0.152	0.038	−0.016	0.101
RC1	0.231	0.347	0.158	0.673	0.035	0.077	0.100	0.146	−0.052
RC4	0.102	0.286	0.120	0.569	0.091	0.153	0.135	0.129	0.021
LC4	−0.034	0.040	0.078	0.126	0.602	0.044	0.052	−0.027	−0.029
LC1	0.243	0.314	0.051	0.044	0.581	0.168	0.054	0.145	0.082
LC5	0.135	0.210	0.011	−0.131	0.544	0.145	−0.081	−0.024	0.005
LC6	0.403	0.310	0.075	0.168	0.520	0.104	−0.027	0.153	0.003
LC3	0.025	−0.037	0.038	0.122	0.496	−0.081	0.248	−0.019	0.040
LC2	0.035	−0.035	0.038	0.033	0.433	0.088	0.147	0.366	0.118
RM4	0.278	0.052	0.182	0.310	0.110	0.620	0.110	−0.023	0.068
RM1	0.088	0.159	−0.003	0.070	0.011	0.591	0.026	0.160	0.058
RM2	0.150	0.124	0.114	0.384	0.189	0.575	0.039	0.060	0.009
PO1	0.095	0.420	0.324	0.239	0.104	0.438	0.110	0.003	0.026
RM3	0.051	0.309	0.090	0.100	0.062	0.380	0.194	0.076	−0.121
MA3	0.068	0.100	0.144	0.068	0.169	−0.043	0.585	−0.039	0.020
MA6	0.141	0.264	0.230	0.072	0.007	0.181	0.501	0.019	0.048
MA2	0.143	0.365	0.126	0.020	0.040	0.109	0.425	0.010	−0.063
MA4	0.165	0.010	0.054	0.064	−0.011	0.161	0.423	0.396	0.043
MA5	0.293	0.087	0.227	0.173	0.181	0.355	0.416	−0.052	0.176
SA4	0.026	0.167	0.074	0.027	0.068	0.078	−0.107	0.647	0.000
HR4	0.142	0.143	0.084	0.050	0.033	0.043	0.046	0.053	0.793

提取方法：主成分，提取标准：特征值大于1。
旋转法：具有Kaiser标准化的正交旋转法。
a. 旋转在11次迭代后收敛。

附录 D 非标准化载荷系数表

主要变量			非标准化载荷系数	S.E.	C.R.	P
LC6	<---	η1：LC	1			
LC5	<---	η1：LC	0.968	0.155	4.127	***
LC4	<---	η1：LC	1.269	0.159	7.974	***
LC3	<---	η1：LC	1.066	0.143	7.439	***
LC2	<---	η1：LC	1.341	0.167	8.053	***
LC1	<---	η1：LC	1.118	0.149	7.493	***
SA1	<---	η2：SA	1			
SA2	<---	η2：SA	1.008	0.118	8.534	***
SA3	<---	η2：SA	0.744	0.103	7.197	***
SA4	<---	η2：SA	0.606	0.096	6.342	***
SA5	<---	η2：SA	0.531	0.083	6.425	***
SA6	<---	η2：SA	0.671	0.097	6.946	***
HR6	<---	η3：HR	1			
HR5	<---	η3：HR	1.158	0.139	8.34	***
HR4	<---	η3：HR	1.096	0.122	8.967	***
HR3	<---	η3：HR	0.987	0.122	8.072	***
HR2	<---	η3：HR	0.842	0.108	7.801	***
HR1	<---	η3：HR	0.877	0.119	7.361	***
EC1	<---	η4：EC	1			
EC2	<---	η4：EC	1.197	0.127	9.447	***
EC3	<---	η4：EC	1.215	0.121	10.007	***
EC4	<---	η4：EC	1.136	0.118	9.631	***
EC5	<---	η4：EC	1.109	0.113	9.801	***
EC6	<---	η4：EC	0.943	0.108	8.745	***
MA6	<---	η5：MA	1			
MA5	<---	η5：MA	0.824	0.117	7.037	***
MA4	<---	η5：MA	0.614	0.095	6.445	***
MA3	<---	η5：MA	0.983	0.112	8.815	***
MA2	<---	η5：MA	0.745	0.092	8.124	***
MA1	<---	η5：MA	0.756	0.095	7.986	***
TI1	<---	η6：TI	1			
TI2	<---	η6：TI	0.923	0.105	8.757	***
TI3	<---	η6：TI	0.884	0.096	9.218	***

续表

主要变量			非标准化载荷系数	S.E.	C.R.	P
TI4	<---	η6：TI	1.141	0.103	11.075	***
TI5	<---	η6：TI	1.084	0.093	11.612	***
TI6	<---	η6：TI	0.959	0.094	10.166	***
RM1	<---	η9：RM	1			
RM2	<---	η9：RM	0.962	0.14	6.894	***
RM3	<---	η9：RM	0.561	0.124	4.52	***
RM4	<---	η9：RM	1.058	0.15	7.072	***
PO1	<---	η：10PO	1			
PO2	<---	η：10PO	0.994	0.103	9.677	***
PO3	<---	η：10PO	1.101	0.104	10.56	***
PO4	<---	η：10PO	1.04	0.119	8.744	***
RC1	<---	η8：RC	1			
RC2	<---	η8：RC	1.339	0.171	7.849	***
RC3	<---	η8：RC	1.265	0.166	7.601	***
RC4	<---	η8：RC	0.897	0.142	6.325	***
RC5	<---	η8：RC	0.939	0.148	6.343	***
RG	<---	η7：GR	1			
PG	<---	η7：GR	1.037	0.091	11.453	***
AG	<---	η7：GR	0.982	0.093	10.53	***
MG	<---	η7：GR	0.738	0.085	8.709	***

附录 E 各观测变量的描述性统计

	N 统计量	极小值 统计量	极大值 统计量	均值 统计量	均值 标准误	标准差 统计量	方差 统计量	偏度 统计量	偏度 标准误	峰度 统计量	峰度 标准误
LC1	1289	1	7	6.01	0.032	1.147	1.315	−1.083	0.068	0.651	0.136
LC2	1289	1	7	6.08	0.032	1.137	1.292	−1.317	0.068	1.523	0.136
LC3	1289	1	7	5.95	0.032	1.148	1.318	−1.023	0.068	0.626	0.136
LC4	1289	1	7	5.87	0.032	1.138	1.294	−0.934	0.068	0.637	0.136
LC5	1289	1	56	6.00	0.051	1.846	3.408	15.06	0.068	417.6	0.136
LC6	1289	1	7	5.65	0.033	1.194	1.426	−0.641	0.068	−0.087	0.136
SA1	1289	1	7	5.74	0.035	1.249	1.560	−0.958	0.068	0.695	0.136
SA2	1289	1	7	5.19	0.035	1.252	1.567	−0.411	0.068	−0.200	0.136
SA3	1289	1	7	5.50	0.033	1.192	1.421	−0.605	0.068	0.037	0.136
SA4	1289	1	7	6.00	0.029	1.051	1.105	−1.149	0.068	1.524	0.136
SA5	1289	1	7	5.91	0.028	1.022	1.045	−0.950	0.068	1.304	0.136
SA6	1289	1	7	5.26	0.031	1.110	1.232	−0.496	0.068	0.359	0.136
HR1	1289	1	7	5.09	0.032	1.156	1.336	−0.298	0.068	0.030	0.136
HR2	1289	1	7	5.31	0.030	1.092	1.192	−0.444	0.068	0.164	0.136
HR3	1289	1	7	5.23	0.034	1.206	1.455	−0.542	0.068	0.304	0.136
HR4	1289	1	7	5.16	0.033	1.190	1.417	−0.424	0.068	0.120	0.136
HR5	1289	1	7	5.16	0.037	1.342	1.801	−0.474	0.068	−0.082	0.136
HR6	1289	1	7	5.00	0.037	1.336	1.786	−0.441	0.068	−0.095	0.136
EC1	1289	1	7	5.71	0.035	1.274	1.623	−0.955	0.068	0.724	0.136
EC2	1289	1	7	5.18	0.038	1.362	1.856	−0.541	0.068	0.045	0.136
EC3	1289	1	7	5.08	0.035	1.245	1.551	−0.418	0.068	0.120	0.136
EC4	1289	1	7	4.96	0.036	1.295	1.677	−0.433	0.068	0.065	0.136
EC5	1289	1	7	5.07	0.035	1.241	1.540	−0.418	0.068	0.036	0.136
EC6	1289	1	7	5.21	0.034	1.221	1.491	−0.459	0.068	0.028	0.136
MA1	1289	1	7	5.55	0.032	1.148	1.317	−0.711	0.068	0.538	0.136
MA2	1289	1	7	5.45	0.034	1.207	1.458	−0.818	0.068	0.891	0.136
MA3	1289	1	7	5.32	0.036	1.294	1.674	−0.746	0.068	0.559	0.136
MA4	1289	1	7	5.67	0.036	1.304	1.699	−0.968	0.068	0.678	0.136
MA5	1289	1	7	4.92	0.041	1.476	2.179	−0.498	0.068	−0.116	0.136
MA6	1289	1	7	5.19	0.039	1.404	1.973	−0.657	0.068	0.135	0.136
TI1	1289	1	7	4.71	0.045	1.598	2.554	−0.484	0.068	−0.263	0.136
TI2	1289	1	8	4.83	0.049	1.741	3.033	−0.600	0.068	−0.399	0.136
TI3	1289	1	7	4.98	0.046	1.653	2.733	−0.680	0.068	−0.199	0.136

续表

	N 统计量	极小值 统计量	极大值 统计量	均值 统计量	均值 标准误	标准差 统计量	方差 统计量	偏度 统计量	偏度 标准误	峰度 统计量	峰度 标准误
TI4	1289	1	7	4.36	0.052	1.884	3.550	-0.373	0.068	-0.842	0.136
TI5	1289	1	7	4.72	0.047	1.701	2.894	-0.587	0.068	-0.379	0.136
TI6	1289	1	7	4.80	0.046	1.657	2.746	-0.616	0.068	-0.204	0.136
RM1	1289	1	7	5.62	0.039	1.394	1.943	-1.132	0.068	1.051	0.136
RM2	1289	1	7	5.51	0.041	1.486	2.210	-1.039	0.068	0.680	0.136
RM3	1289	0	7	5.68	0.037	1.320	1.742	-1.224	0.068	1.647	0.136
RM4	1289	1	7	5.06	0.043	1.560	2.434	-0.744	0.068	0.107	0.136
PO1	1289	1	7	5.20	0.038	1.371	1.880	-0.746	0.068	0.441	0.136
PO2	1289	1	7	5.37	0.036	1.281	1.641	-0.806	0.068	0.716	0.136
PO3	1289	1	7	5.31	0.034	1.235	1.526	-0.528	0.068	0.077	0.136
PO4	1289	0	7	5.34	0.037	1.336	1.785	-0.760	0.068	0.487	0.136
RC1	1289	1	7	5.08	0.044	1.567	2.456	-0.805	0.068	0.198	0.136
RC2	1289	1	7	4.56	0.054	1.952	3.808	-0.444	0.068	-0.908	0.136
RC3	1289	1	7	4.71	0.049	1.771	3.136	-0.537	0.068	-0.562	0.136
RC4	1289	1	8	5.31	0.044	1.592	2.536	-0.946	0.068	0.365	0.136
RC5	1289	1	7	4.62	0.051	1.828	3.340	-0.469	0.068	-0.726	0.136

有效的 N（列表状态）1289

参 考 文 献

[1] Acs, Z. J., Audretsch D. B. Testing the Schumpeterian Hypothesis[J]. Eastern Economic Journal, 1988: 129-140.

[2] Adizes I. Managing Corporate Lifecyclcs[M]. Prentice Hall, 1999.

[3] Alchian A. Uncertainty, Evolution and Economic Theory[J]. Journal of Political Economy, 1950: 211-222.

[4] Anderson, J. C., Gerbing D. W. Structural equation modeling in practice: A review and recommended two-step approach[J]. Psychological Bulletin, 1988, 103（3）: 411-423.

[5] Andrews, K. R. The Concept of Corporate Strategy[M]. Dow Jones-Irwin, Homewood, IL., 1971.

[6] Ansoff, H. J. Corporate strategy[M]. New York: McGraw-Hill, 1965.

[7] Ardishvili A. Towards a theory of venture growth. Paper presented at the 1998 Babson Entrepreneurship Research Conference[M]. Ghent, Belgium, 1998, 5: 21-23.

[8] Arrow, K. J. 1964. Control in large organizations[M]. Management Science, 10: 397-408.

[9] Arthur, J. B. Effects of Human Resources Systems on Manufacturing Performance and Turnover[J]. Academy of Management Journal, 1994, 37: 670-687.

[10] Barney, J. B. Firm resources and sustained competitive advantage[J]. Journal of Management, 1991, 17: 99-120.

[11] Barney, J. B. Organizational culture: Can it be a source of sustained competitive advantage[M]. Academy of Management Review, 1986, 11（July）: 656-665.

[12] Ghosh, B. C. Tan Wee Liang. The Key Success Factors, Distinctive Capabilities and Strategic Thrusts of Top SMEs in Singapore[M]. Journal of Business Research, 2001, 10: 209-221.

[13] Becker G. Human Capital[M]. Chicago: University of Chicago Press, 1964.

[14] Best M. The new competition[M]. Massachusetts: Harvard University Press, 1990.

[15] Bettis, R. A, Hitt M. A. The new competitive landscape[M]. Strategic Management Journal, Summer Special Issue, 1995, 16: 7-19.

[16] Bird, A., Beechler S. Link Between Business Strategy and Human Resource Management Strategy in U.S.-Based Japanese Subsidiaries: An Empirical Investigation[J]. Journal of International Business Studies, 1995, 1: 23-46.

[17] Black, J. A., Boal K. B. Strategic resources: Traits, configurations and paths to sustainable competitive advantage[J]. Strategic Management Journal, 1994, 15（Special Issue）: 131-148.

[18] Bottazzi, G., Secchi A. On the laplace distribution of firm growth rates[J]. Working Paper, LEM.

[19] Brynjolfsson E., Kemerer C. Network Externalities in the Microcomputer Software: An Econometric Analysis Of the Spreadsheet[J]. Market Management Science, 1996, 42.

[20] Chamberlin E. The Theory of Monopolistic Competition[M]. Massachusetts: Harvard University

Press, 1933.

[21] Churchill N.C., Lewis V. L. The five stages of small business growth[J]. Harvard Business Review, 1983, 61 (3): 30-50.

[22] Coase. The Nature of the Firm[J]. Economica, 1937.

[23] Coleman, J.S. Social capital in the creation of human capital[J]. American Journal of Sociology, 1988, 94: 95-120.

[24] Collis, D. J. Research note: how valuable are organization capabilities? [J]. Strategic Management Journal, 1994, 15: 143-152.

[25] Conner K. An historical comparison of resource-based logic and five schools of thought within industrial organization economics: Do we have a new theory of the firm here[J]. Journal of Management, 1991, 17: 121-154.

[26] David, S. E. Tests of alternative theories of firm growth[J]. Journal of Political Economy, 1987, 95: 657-674.

[27] Das, T. K., Teng B.S. A resource-based theory of strategic alliances[J]. Journal of Management, 2000, 26: 31-61.

[28] Deng Z, Lev B., Narin F. Intangible Assets: Values, Measures, and Risks[M]. Oxford: Oxford University Press, 2003.

[29] Dierickx I., Cool K. Asset Stock Accumulation and Sustainability of Competitive Advantage[J]. Management Science, 1989, 35: 1504-1511.

[30] Dyer W. G. Cultural change in family firms[M]. Francisco: Jossey-Bass, 1986.

[31] Eliasson G. The Firm as a Competent Team[J]. Journal of Economic Behavior and Organization, 1990, 13: 275-298.

[32] ERZO G. J. LUTTMER. On the Mechanics of Firm Growth[J]. The Review of Economic Studies, Vol. 78, No. 3 (July 2011), pp. 1042-1068.

[33] George Taninecz. Global Grocers[J]. Industry Week, 1997, 17: 74.

[34] Grant, R. M. The resource-based theory of competitive advantage[J]. California Management Review, 1991, 33 (3): 114-135.

[35] Gregory, G. D, Lumpkin, G. T. Strategic Management: Creating Competitive Advantage[J]. New York: McGraw-Hill Companies, 2003.

[36] Greiner L. Evolution and revolution as organizations grow[J]. Harvard Business Review, 1972, 50: 37-46.

[37] Gupta et al. Firm growth and its determinants[J]. Journal of Innovation and Entrepreneurship, 2013, 2: 15.

[38] Hall, R. A framework linking intangibles resources and capabilities to sustainable competitive advantage[J]. Strategic Management Journal, 1993, 14: 607-618.

[39] Hall R. The strategic analysis of intangible resources[J]. Strategic Management Journal, 1992, 13 (2): 135-144.

[40] Hanks S H. Tightening the life-Cycle Construct: A Taxonomic Study of Growth Stage Configurations in High-Technology Organizations[J]. Entrepreneurship Theory and Practice, 1993, 18.

[41] Harrison R. Understanding your organization's character[J]. Harvard Business Review, 1972, 3:

119-128.

[42] Helfat, C. E. Know-how and Asset Complementarity and Dynamic Capability Accumulation: The Case of R&D[J]. Strategic Management Journal, 1997, 18: 339-360.

[43] Henderson R., Cockburn I. Measuring competence? exploring firm effects in pharmaceutical research[J]. Strategic Management Journal, 1994, 15, 63-84.

[44] Hitt, M. A., Hoskisson, R. E., Kim, H. International diversification: effects on innovation and firm performance in product-diversified firms[J]. Academy of Management Journal, 1997, 31: 771-801.

[45] Hodgson, Geoffery M. Economics and institutions: A manifesto for a modern institutional economics[M]. Cambridge: Polity Press, Philadelphia: University of Pennsylvania Press, 1988.

[46] Hofstede G. Culture's consequences[M]. Beverly Hills: Sage, 1980.

[47] Huselid M.A. The impact of human resources management practices on turnover, productivity, and corporate financial performance[J]. Academy of Management Journal, 1995, 38: 635-672.

[48] Jones C. I. R&D-based Models of Economic Growth[J]. Journal of Political Economy, 1995: 103.

[49] Kazanjian, R. K. Realization of Dominant Problems to Stages of Growth in Technology – based New Ventures[J]. Academy of Management Journal, 1988, 31 (2): 257-279.

[50] Kline S. J., Rosenberg N. An Overview of Innovation: from The Positive Sum Strategy – Harnessing Technology for Econnomic Growth[M]. National Academic Press, 1986: 275-305.

[51] Langlois R. Capabilities and Coherence in Firms and Markets.in Montgomery, C.A. Resource-based and Evolutionary Theories of Firms: Towards a Synthesis[M]. Norwell: Kluwer Academic Publishers, 1995: 71-100.

[52] Leng Jing. Corporate Governance and Financial Reform in China's Transition Economy[M]. Hong Kong University Press, 2009, Chapter 3.

[53] Lng L., Poulsen A., Stulz R. Asset sales, firm performance, and the agency costs of managerial discretion[J]. Journal of Financial Economics, 1995, 37 (1): 3-37.

[54] Likert R. The human organization[M]. New York: McGraw-Hill, 1967.

[55] Lippitt G. L., Sehmidt W.H. Crisis in a developing organization[J]. Harvard Business Review, 1967, 45: 102-112.

[56] Lippitt G. Organizational renewal [M] (Second Edition.). New York: Prentice-Hall, 1982.

[57] Lippman S., Rumelt, R. P. Uncertainty imitability: An analysis of interfirm differences in efficiency under competition[J]. Bell Journal of Economics, 1982, 13: 418-453.

[58] Gundry, L. K. Welsch, H. P. The Ambitious Entrepreneur: High Growth Strategies of Women-owned Enterprises[J]. Journal of Business Venturing, 2001, 3: 453-470.

[59] Litwin, G. H., Stringer, R. A. Motivation and organizational climate[M]. Boston: Harvard Business School Div. of Res., 1968.

[60] Maritan, C. A., Schnatterly K. Intangible Assets as Drivers of Value: Technology, Capabilities, and Management Systems[J]. Working Paper., SUNY-Buffalo and Univ. of Minnesota, 2002.

[61] Miller D., Friesen P.H. A longitudinal study of the corporate life cycle[J]. Management Science, 1984, 30: 1161-1183.

[62] Miller D., Shamsie J. The resource-based view of the firm in two environments: The Hollywood film studios from 1936–1965[J]. Academy of Management Journal, 1996, 39: 519-543.

[63] Mintzberg H., Waters J. Of strategies, deliberate and emergent[J]. Strategic Management Journal, 1985, 6 (13): 257-72.

[64] M. Kakati. Success Criteria in High-tech New Ventures[M]. Technovation, 2003, 8: 447-457.

[65] Neil C. Churchill, Virginia L. Lewis. The Five Stages of Small Business Growth[J]. New York: Harvard Business Preview, 1983.

[66] Nelson R., Winter S. An Evolutionary Theory of Economic Change[M]. Cambridge: Belknap Press, 1982.

[67] Nonaka I. A Dynamic Theory of Organizational Knowledge Creation[J]. Organization Science, 1991, 5: 14-37.

[68] Page A.S., Jones R. C. Business Growth. Fast Growth Management Decision, 1990, 28: 40-47.

[69] Penrose Edith. The Theory of the Growth of the Firm[M]. New York: Oxford University Press, 1959.

[70] Peng, M W, Heath P. The growth of the firm in planned economies in transition: Institutions, organizations, and strategic choices[J]. Academy of Management Review, 1996, 21: 492-528.

[71] Peter F D. Management: Tasks, responsibilities, practices[M]. New York: Haer&Row Press, 1973.

[72] Peteraf M. A. The cornerstones of competitive advantage: A resource-based view[J]. Strategic Management Journal, 1993, 14: 179-191.

[73] Peters, T. J., Waterman, R.H. In search of excellence[M]. New York: Harper & Row, 1982.

[74] Porter. The Competitive Advantage of Nations[M]. London: Macmillan Press, 1990.

[75] Prahalad S., Hamel G. The core competence of the corporation[J]. Harvard Business Review, 1990, 5: 79-91.

[76] Quinn R. E. Cameron K. S. Organizational life cycle and shifting criteria of effectiveness: some preliminary evidence[J]. Management Science, 1983, 29: 33-51.

[77] Rajan R., Zingales L. Rower in Theory of the Firm[J]. NBER, 1997, No. 6274.

[78] Richardson. The Organization of Industry[J]. Economic Journal, 1972.

[79] Robert M. G. Contemporary Strategic Analysis: Concepts, Techniques, Application[M] (Third Edition). New Jersey: Blackwell Publishers Ltd., 1998.

[80] Robinson J. The Economics of Imperfect Competition[M]. London: Macmillan, 1933.

[81] Ross Garnaut, Ligang Song, Yang Yao and Xiaolu Wang, "Private Enterprise in China", Chapter: A summary overview of emerging private enterprise in China[M]. ANU Press, 2012.

[82] R., Schoemaker P. J. H. Strategic assets and organizational rent[J]. Strategic Management Journal, 1993, 14: 33-46.

[83] Rumelt R. P. Theory, strategy and entrepreneurship in the competitive challenge[M]. Cambridge: Ballinger Publishing, 1987: 137-158.

[84] Schumpeter, J. A. The Theory of Economic Development[M]. Massachusetts: Harvard University Press, 1934.

[85] Scheer, A, Organizational Identity and Firm Growth: Properties of Growth, Contextual Identities and Micro-Level Processes[J]. Journal of International Management, 2017.

[86] Scott B.R. Stages of Corporate Development-Part 1, Case No.9-371-294. Intercollegiate Case Clearing House, Boston, Mass., 1971.

[87] Smith A. An Inquiry into the Nature and Causes of the Wealth of nations[M]. Oxford: Clarendon

Press，1776.

[88] Smith，K. G.，Mitchell，T. R. Top level management priorities in different stages of the organizational life cycle[J]. CE Summer - Academy of Management Journal，1985，28（4）：799-820.

[89] Solvay J.，Sanglier M A model of the growth of corporate productivity[J]. International Business Review，1998，7（5）：463-481.

[90] Steinmetz，Lawrence L. Critical stages of small business growth：When they occur and how to survive them[J]. Business Horizons，1969，12（1）：29-36.

[91] Storey，D. J. Understanding the Small Business Sector[J]. New York：Routledge. 1994，12：412-421.

[92] Teece，D.J.，Pisano G. The Dynamic Capabilities of Firm：an Introduction[J]. Industrial and Corporate Change，1994，3：537-555.

[93] Tomer J.F. Organizational Capital[M]. New York：Praeger Publishers，1987.

[94] Toke Reichstein. Firm Growth Rate Distributions，Firm Size Distributions and the Industry Life Cycle—Combining Evolutionary Simulation and Empirical Analysis[D]. A PhD-thesis of IKE group，Department of Business Studies，Aalborg University，2003.

[95] Victor M. Bennett and Daniel A. Levinthal. Firm Lifecycles：Linking Employee Incentives and Firm Growth Dynamics[J]. Strategic Management Journal，2017：38.

[96] Wernerfelt B. A resource-based view of the firm[J]. Strategic Management Journal，1984，5：171-180.

[97] Wiklund，Johan. Advancing Firm Growth Research：A Focus on Growth Mode Instead of Growth Rate[J]. Entrepreneurship Theory and Practice 34.2（2010）：261-288.

[98] Williamson Oliver E. Markets and Hierarchies：Analysis Antitrust Implications[M]. New York：Free Press，1975.

[99] Winter S.G. Understanding Dynamic Capabilities. A working paper of Reginald H. Joes Center，The Wharton School，University of Pennsylvania，2002，WP 2002-05.

[100] Y.H.V. Lun，K.-H. Lai and T.C.E. Cheng. Shipping and Logistics Management，Chapter 6，2010.

[101] Yoshhihiro Eshmai and Brians. Anderson. Firm Growth，Adaptive Capability abd Enterpreneurship Orientation[J]. Strategic Management Journal，2017，38：770-779.

[102] Youndt，M.A.，Snell，J.W.，Dean，J.W.，Lepark，D.P. Human Resource Management，Manufacturing Strategy，and Firm Performance[J]. Academy of Management Journal，1996，39（4）：836-866.

[103] Zollo M.，Winter，S. G. From Organizational Routines to Dynamic Capabilities. A working paper of Reginald H. Joes Center[D]. The Wharton School，University of Pennsylvania，1999.

[104] 宝贡敏. 现代企业战略管理 [M]. 郑州：河南人民出版社，2001.

[105] 岑成德. 上市公司成长性的实证研究 [J]. 商业研究，2002，15.

[106] CEB，"减轻风险管理对企业的负担"（Reducing Risk Management's Organizational Drag）.

[107] CEES 研究团队，程虹，都阳，等. 中国制造业企业如何应对劳动力成本上升？——中国企业—劳动力匹配调查（CEES）报告（2015—2016）[J]. 宏观质量研究，2017（02）.

[108] 陈德棉，姚晓芳. 高技术企业成长案例研究 [J]. 科学学研究，1999，3：85-91.

[109] 陈佳贵. 关于企业生命周期与企业蜕变的探讨 [J]. 中国工业经济，1995，11：5-10.

[110] 陈晓红，彭佳，吴小谨. 基于突变级数法的中小企业成长性评价模型研究 [J]. 财经研究，2004，11.

[111] 陈东升. 改革开放与中国企业家成长的四个浪潮 [N]. 21 世纪经济报道，2018-03-13（008）.

[112] 戴丽萍.企业成长的方式及其特征[J].企业改革与管理，2010，2：10-12.
[113] 邓荣霖主编.现代企业制度概论[M].北京：中国人民大学出版社，1995.
[114] 董俊武著，万君康指导.企业的本质、性质与企业成长的理论研究[D].武汉理工大学博士学位论文，2004：11.
[115] 杜纲，姚长佳，王军平.企业能力的关键维度及分析模型[J].天津大学学报（社会科学版），2002，4（2）：105-109.
[116] 杜纲，姚长佳，王义兴.企业能力的关键维度及其指标体系[J].数量经济技术经济研究，2001，11.
[117] 范柏乃，沈荣芳，陈德棉.中国风险企业成长性评价指标体系研究[J].科研管理，2001，1.
[118] 范明，汤学俊.企业可持续成长研究——一个一半框架对中国企业可持续成长的应用分析[J].管理世界，2004，10：107-113.
[119] 郭蕊.企业可持续成长能力的关键纬度及分析模型[J].科学学与科学技术管理，2005，11.
[120] 韩永学.企业生命周期的二阶段多重性周期曲线与混沌边界管理[J].商业经济与管理，2004，1.
[121] 韩太祥.企业成长理论综述[J].经济学动态，2002，5：82.
[122] 哈佛商业评论　别责怪企业文化[EB/OL].http：//www.hbrchina.org/2016-06-01/4151.html，2016-06-0.
[123] 哈佛商业评论　企业家迭代：王石柳传志们淡出，马云马化腾们接力[EB/OL].http：//www.hbrchina.org/2017-07-05/5293.html?ulu-rcmd=0_comdf_art_3_c12c8c1cae5c4564ac8ab77573f0d86d，2017-07-05.
[124] 哈佛商业评论　三招学会与风险共生[EB/OL].http：//www.hbrchina.org/2015-07-07/3131.html，2015-07-07.
[125] 何建湘，冷远红，叶康涛.兴衰30年——中国企业30年成败模式[M].北京：中信出版社，2015.
[126] 何强，许绍琛.昆明市民营科技企业成长因素分析与评价[J].经济问题探索，2005，6：139-144.
[127] 何维达.马克思与科斯的企业理论之比较[J].当代财经，1998，3：21-25.
[128] 江金彦著，戴达远指导.企业的成长：理论与解释[D].江西财经大学硕士学位论文，2003：5.
[129] 吉姆·柯林斯，杰里·波勒斯.基业长期[M].北京：中信出版社，2002.
[130] 连建辉，黄文峰.企业的同质性假设、异质性假设与企业所有权安排——两种治理观的经济学分析[J].当代经济研究，2002，9：57-64.
[131] 雷家骕.恰当认识企业成长的本质及其影响因素[J].化工管理，2009，3：88.
[132] 李柏洲，李海超.层次分析法在高新技术企业成长力评价中的应用[J].高科技与产业化，2004，9：17-19.
[133] 李国伟著，祁顺生指导.高新技术企业成长影响因素研究[D].湖南大学硕士学位论文，2006：20.
[134] 李龙新.从企业到企业文化的经济学解释[J].商业研究，2013（02）.
[135] 李维安，戴文涛.公司治理、内部控制、风险管理的关系框架——基于战略管理视角[J].审计与经济研究，2013（04）.
[136] 李烨，郭继辉.透析企业成长方式的变迁[J].中国高新技术企业，2008，4：18.
[137] 李业.企业生命周期的修正模型及思考[J].南方经济，2000，2：48-49.
[138] 刘灿.马克思企业理论与科斯企业理论的比较和再认识[J].当代经济研究，1997，3：57-61.
[139] 刘东.核心竞争力——企业成长的超久能源[J].企业改革与管理，2000，5：18-19.
[140] 刘刚.企业的异质性假设——对企业本质和行为基础的演化论解释[J].中国社会科学，2002，2：56-58.
[141] 刘刚.知识积累和企业的内生成长[J].南开经济研究，2002，2：47-51.
[142] 刘晔，彭正龙.企业进化的基因结构模型及其启示[J].商业经济与管理，2006，4：22-25.

[143] 路风.从结构到组织能力——钱德勒的历史贡献.(《战略与结构》的中文版序言,参见钱德勒著,孟昕译.战略与结构:美国工商企业成长的若干篇章[M].昆明:云南人民出版社,2002,11.
[144] 卢美月,张文贤.企业文化与组织绩效关系研究[J].南开管理评论,2006(06).
[145] 吕一博.中小企业成长的影响因素研究[D].大连理工大学博士学位论文,2008.
[146] 罗伯特·格兰特著,胡挺,张海峰译.公司战略管理[M].北京:光明日报出版社,2004:114.
[147] 马歇尔著,朱志泰译.经济学原理[M].北京:商务印书馆,1965.
[148] 冒乔玲.构建企业成长性评价指标初探[J].南京工业大学学报(社会科学版),2002,4:65-67.
[149] 聂锐,孟晓华.高技术企业创业早期成长阶段的管理问题[J].管理学报,2005,4:446-449.
[150] 澎湃新闻网(上海).中国制造业利润率5年跌近半 人工成本不到美国1/4[EB/OL]. http://money.163.com/17/0620/12/CNCG5GF2002580S6.html,2017-06-20.
[151] 裴蕾著,骆玲指导.四川高新技术中小企业成长动因研究[D].西南交通大学硕士学位论文,2008:19-21.
[152] 钱德勒著,重武译.看得见的手——美国企业的管理革命[M].北京:商务印书馆,1987:8.
[153] 荣兆梓.企业性质研究的两个层面——科斯的企业理论与马克思的企业理论[J].经济研究,1995,5:21-28.
[154] 宋春红,苏敬勤.市场营销与企业发展[J].技术经济与管理研究,1999,4.
[155] 宋旭琴.企业战略管理能力测度研究[J].科技与管理,2006,6.
[156] 隋波,薛惠锋.企业成长评价模型[J].系统工程,2005,23.
[157] 田佳卉.企业运营管理战略选择与实施分析[J].现代工业经济和信息化,2016(02).
[158] 王德禄,俞雷.企业创新特征与企业成长阶段模型分析[J].商业研究,2000,9.
[159] 王宏伟.论民营高科技企业的成长阶段和成功要素[J].公会论坛,2003,4:50-52.
[160] 王建军.论企业运营管理现代化[J].企业管理,2008(03).
[161] 王坤,蒋国平.企业成长相关理论回顾及整合构想[J].商业时代,2008,28:44-45.
[162] 王西麟.高科技企业成长论[M].广州:暨南大学出版社,1996:3-5.
[163] 王迎军.企业资源与竞争优势[J].南开管理评论,1998,1:34.
[164] 王云峰,贾建.高技术企业成长制约因素分析[J].1999,4:77-83.
[165] 威廉.J.史蒂文森,运营管理[M].第12版,北京:机械工业出版社,2015.
[166] 韦小柯,凤进.西方企业生命周期模型比较[J].商业研究,2003,7:180.
[167] 韦小柯,凤进.西方企业成长阶段理论述评[J].生产力研究,2005,1:220-222.
[168] 魏光兴.企业生命周期理论综述及简评[J].生产力研究,2005,6.
[169] 吴运建,周良毅.企业技术创新能力测度综述[J].科学学与科学技术管理,1995,16.
[170] 吴正刚,韩玉启,周业铮,等.复杂环境下企业能力演化机理研究[J].科学学与科学技术管理,2004,25(9):119-123.
[171] 邬爱其.企业网络化成长——国外企业成长研究新领域[J].外国经济与管理,2005,10:11-13.
[172] 邬爱其,贾生华,曲波.企业持续成长决定因素理论综述[J].外国经济与管理,2003,5:14-15.
[173] 邬爱其,贾生华.国外企业成长理论研究框架探析[J].外国经济与管理,2002,12:2-5.
[174] 邬爱其,贾生华.浙江省乡镇改制企业成长情况的实证分析[J].中国农村经济,2004,9:54-59.
[175] 席升阳.中西部地区高新技术企业成长模式的战略选择[J].河南科技,2004,6:9-11.
[176] 谢光亚,杨瑛.中国企业国际化成长动因及模式研究[J].国际经贸探索,2006.
[177] 谢科范,罗险峰.企业寿命周期分析[J].武汉汽车工业大学学报,1999,6.
[178] 邢以群,廉玉虹.高技术企业快速发展的影响因素探讨[J].特区经济,2005,3:111-112.

[179] 熊义杰.企业生命周期分析方法研究[J].数理统计与管理,2000,3.
[180] 徐国祥,檀向球,胡穗华.上市公司经营业绩综合评价及其实证研究[J].统计研究,2000,9.
[181] 徐艳梅.企业成长研究[J].北京工业大学学报,1999,12:53-56.
[182] 徐晔.企业成长的因素分析——基于我国上市企业的实证研究[J].科技进步与对策,2004.
[183] 许晓明,徐震.基于资源基础观的企业成长理论探讨[J].研究与发展管理,2005,4:91-98.
[184] 薛求知,徐忠伟.企业生命周期理论:一个系统的解析[J].浙江社会科学,2005,9.
[185] 杨杜.企业成长论[M].北京:中国人民大学出版社,1995.
[186] 杨瑞龙,刘刚.企业的异质性假设和企业竞争优势的内生性分析[J].中国工业经济,2002,1:88-95.
[187] 杨小凯.企业理论的新发展[J].经济研究,1994,7:60-65.
[188] 余春生,吴添祖.高新技术企业发展的一般规律研究[J].软科学,2000,3:21-28.
[189] 余伟萍.基于能力组合模型的企业持续发展研究[D].博士论文,2004.
[190] 张华著,朱方明指导.高技术企业成长研究[D].四川大学博士学位论文,2003:32.
[191] 张勉,李海,魏钧.企业文化和企业绩效的关系研究——一致性和均衡性的观点[J].企业管理.2007(08).
[192] 张平淡,艾凤义.成长型企业的三级跃迁发展模型[J].山东理工大学学报(社会科学版),2006,22.
[193] 张晓勇.企业成长状态评价指标体系研究[D].浙江大学博士论文,2006.
[194] 张之梅.中外企业成长理论研究述评[J].山东经济,2010,1:60-63.
[195] 赵定涛,雷明.动态环境下企业持续成长的模型与构建[J].管理科学,2006,19.
[196] 赵晓著,闵庆全指导.企业成长理论研究[D].北京大学博士学位论文,1999.
[197] 赵宗更,王晓凤,郭凤兰.高新技术产业生态系统模型初探[J].经济师,2004,3.
[198] 郑江淮.企业理论:演进经济学的观点述评[J].经济评论,2001,2:24-28.
[199] 朱和平,王韬等.中小型高科技企业成长性评价研究[J].证券市场导报,2004,5:64-68.
[200] 朱和平,王韬.中小型高技术企业成长因素的识别研究[J].企业纵横,2004,23:52-53.
[201] 祝爱民,赵德志,于丽娟.核心能力递进与高新技术企业成长[J].技术经济,2004,10:28-30.
[202] 周晖.企业生命模型研究[J].经济科学,2002.
[203] 周可,顾力刚.基于生命周期的企业成长模型研究[J].商业研究,2006,456.
[204] 刘刚.企业的异质性假设:对企业本质和演化经济学的解释[M].北京:中国人民大学出版社,2005.
[205] 冯苏京,企业1000年:企业形态的历史演变[M].北京:知识产权出版社,2010.
[206] 张维迎,理解公司——产权、激励与治理[M].上海:上海人民出版社,2014.
[207] 韩太祥.企业成长理论综述[J].经济学动态,2002(05).
[208] 王庆喜.企业资源与企业成长[J].商业研究,2004(15).
[209] 莫冬燕,杨真真,徐浩然.企业生命周期、媒体关注与内部控制有效性[J].财经问题研究,2018(01).
[210] 万伟等.研发投资强度与上市年龄——基于企业生命周期视角[J].科技和产业,2017(12).

后　　记

本研究基于企业资源基础理论，结合企业生命周期理论，试图探究企业的成长机制以及影响企业成长的关键性因素。通过对企业成长内生因素和外生因素的全面、系统的考察并结合定量研究的方法，本研究发现企业成长受到内生因素和外生因素的综合影响。

企业家作为企业的核心，是企业成长的内在动力和源泉，此外企业家通过企业家精神、企业家魅力和企业家能力直接作用于企业的成长，同时企业家魅力会影响其他成长因素，进而间接作用于企业的成长。

企业家、战略管理、人力资源管理、运营管理、营销管理和技术创新六大因素构成了企业的成长系统，企业文化与风险管理构成企业的防御系统，社会资本作为外生因素影响着企业的成长。尽管本研究已经解开了企业成长的神秘面纱，然而影响企业成长的因素纷繁复杂，各个企业成长的机制和路径不尽相同。因此进一步的研究还需要从更加细致和微观的视角出发，通过案例等方式具体研究某一个或几个企业的成长过程，深入挖掘企业成长的影响因素和企业的成长机理。

在本书关于企业成长影响因素的实证研究中，得到了几个有悖于常识的结论，如企业文化在企业的相对稳定阶段和二次创业阶段都对企业的成长带来负面的影响等。由于时间与精力有限，在本书中未对造成与假设不符结果的原因进行进一步探究及讨论。这一反常的结论作为本研究的一个新观点，可以作为未来探究企业成长影响因素的一个值得进一步研究的方向。

鉴于不同行业的企业有不同的成长条件，影响其成长的关键因素也有可能不太一致，可以在这方面继续深入研究。另外，本研究是对企业成长的一个时点的状态进行了研究，相当于在横切面上进行了研究，下一步还可以继续跟踪一些企业，从纵切面上进行研究。

在企业成长研究领域重要的是要加强对中国式企业成长管理的研究，从学术上讲好中国企业成长故事。中国企业无论数量还是质量，都在全球范围内占有十分重要的位置，但关于中国企业成长的系统研究成果少之又少，我们应共同努力研究、总结中国企业成功的经验，并形成系统、科学的方法论，为企业界所学习借鉴。

总之，关于企业成长的研究是一项很有意义的研究，但也是一项挑战性十足的研究，本书仅仅是一个开始，还需要我们持之以恒地深入研究下去。

王勇

致　　谢

本人本科学习的是理工科专业，硕士、博士阶段转向了工商管理。在我工作的前八年是从事水利水电的科学研究；后到企业工作，先后做过机械制造企业的厂长、互联网公司的高管；2002年回到清华经管学院先后在金融研究中心、EMBA教育中心、高管教育中心、企业家学者（GDBA）项目工作，并一直坚持进行企业成长的研究工作。

科学研究的经历、企业管理的实践以及与一大批知名企业家的深入交流，引发了我对企业成长，特别是中国企业成长之道进行深入研究的强烈兴趣。之前的研究、教学中，无论是企业管理理论、方法乃至案例大多都是国外的，我常想中国企业成功背后的智慧、逻辑、方法是什么呢？如何从学术、从方法论上来解释中国企业的成功呢？我们有责任进行深入、系统研究，并形成方法论加以输出，从学术上讲好中国企业成长故事。

正式的研究源于我在清华攻读博士学位期间，我的导师雷家骕教授给予我悉心的指导，帮助我开启了企业成长研究之路。十几年来，我一直坚持不懈地专注研究这一问题，特别是在2016年参与创办了清华经管中国企业发展与并购重组研究中心之后，更矢志于研究中国企业成长之道。在这一过程中，我得到了很多领导、同事、朋友的鼓励和帮助，特别是一大批中国知名企业家的认同和支持——他们提供数据、配合案例分析、接受访谈，使我能够获得第一手的宝贵资料。牟博娇博士、曹光璐博士、刘梦楚研究员等在资料收集、数据处理方面付出了辛勤努力。清华经管学院EMBA教育中心和高管教育中心的同事们，在问卷收集方面也做出了细致工作，提高了问卷调查的有效性。

在此，对所有给予我帮助支持的老师、领导、同事、同学们、企业家们致以深深的谢意！

也感谢我的家人对我工作的支持和理解！

王勇